AI 시대의 질문력,
프롬프트 엔지니어링

AI 시대의 질문력

프롬프트 엔지니어링

류한석 지음

KOREA.COM

들어가는 글
AI와 협업하는 방법, 프롬프트 엔지니어링

"충분히 발전된 기술은 마법과 같다."
– 아서 C. 클라크, 영국의 SF 작가이자 미래학자

음악을 제대로 알지 못하는 상태에서 오케스트라의 지휘자가 된 상황을 상상해 보자. 지휘봉을 들고 단순히 팔을 휘두르며 연주를 시도한다. 몇 가지 기본적인 동작과 즉흥적인 제스처, 약간의 운에 의존하여 어떤 소리를 만들어낸다. 이런 방식으로도 음악은 나올 수 있다. 하지만 과연 그것이 온전한 교향곡이고, 제대로 된 지휘 경험이라 할 수 있을까?

지금 우리 대부분은 AI와의 관계에서 이 아마추어 지휘자와 비슷한 상황에 놓여 있다. 기본적인 질문을 던져 그럭저럭 답변을 얻어내고는 있지만, AI가 진정으로 무엇을 할 수 있는지, 어떻게 대화해야 최고의 결과물을 얻을 수 있는지 모르는 채로 말이다.

이제 AI는 우리의 새로운 지적 파트너이자, 인류가 개발한 가장 진화된 형태의 상호작용 시스템이다. 지난 수천 년 동안 인류는 각종 저작물, 도서관, 인터넷 등을 통해 지식을 축적하고 공유해왔다. 그러나 지금 우리는 그 지식과 직접 대화할 수 있는 경지에 도달했다.

인류 역사상 처음으로, 우리는 기계가 우리의 언어를 이해하고 응답하는 혁명적인 순간을 목도하고 있다. 이 혁명에서 가장 놀라운 점은 그 접근성에 있다. 과거 컴퓨터 혁명이 시작되었을 때는 프로그래밍 언어를 배워야만 컴퓨터와 제대로 소통할 수 있었다. 이제는 인간의 언어로 AI와 직접 대화할 수 있는 시대가 되었다. 그러나 접근성이 좋아진 만큼, 더욱 효과적인 소통 방법을 배워야 할 필요성도 커졌다. 이것이 바로 프롬프트 엔지니어링의 시작점이다.

인간과 기계 지능 간 새로운 협력 관계의 시작

프롬프트 엔지니어링은 AI와의 대화 및 문제 해결 방식을 근본적으로 변화시키는 사고의 틀이며, 다양한 역량이 결합된 통합적 기술이다. AI 시대의 새로운 언어이자 소통 방식이라 할 수 있다. 외국어를 익혀야 해당 문화와 사고방식을 제대로 이해할 수 있는 것처럼, 프롬프트 엔지니어링을 습득하면 AI의 사고 과정과 작동 원리에 대해 더 깊이 이해할 수 있게 된다. 이러한 능력은 앞으로 디지털 문해력의 확장된 형태로서 중요한 경쟁력을 제공할 것으로 예상된다.

좋은 프롬프트는 명령의 나열이 아니다. 그것은 AI의 잠재력을 최대한 끌어내기 위한 전략적 커뮤니케이션이다. 좋은 프롬프트는 명확한 목표, 맥락, 제약 조건, 예시 등 여러 요소가 유기적으로 결합된 복합체다. 마치 요리 레시피처럼 정확한 재료 선정과 조리 과정이 필요하면서도, 재즈 즉흥 연주처럼 창의적 직관이 필요한 예술이기도 하다.

누구나 AI에 질문을 던질 수 있지만, 정교한 프롬프트로 AI의 잠재력을 최대한 끌어내는 능력은 앞으로 개인과 기업의 경쟁력을 좌우하는 핵심 요소가 될 것이다. 이는 새로운 형태의 디지털 격차, 즉 AI를 단순히 사용하는 사람들과 AI를 마스터한 사람들 사이의 격차를 만들어낼 수 있다.

같은 AI 시스템을 사용하더라도, 프롬프트 엔지니어링 능력에 따라 그 결과물의 품질과 효율은 하늘과 땅 차이가 날 수 있다. 동일한 피아노로 초보자가 연주할 때, 마에스트로가 연주할 때의 차이와도 같다. 도구는 동일하지만, 그 활용 능력에 따라 결과는 완전히 달라진다.

이 같은 현실은 동시에 우리 모두에게 전례 없는 기회이기도 하다. 과거 컴퓨터 프로그래밍은 특정 전문가 집단의 영역이었지만, 프롬프트 엔지니어링은 진입 장벽이 상대적으로 낮고 직관적이다.

일상 언어로 시작해 점차 능숙해질 수 있는 기술이기 때문에 지식이나 경력과 관계없이 누구나 AI 혁명의 혜택을 누릴 수 있다.

프롬프트 엔지니어링은 전통적인 프로그래밍처럼 특정 구문과 문법을 엄격하게 따르지 않아도 된다. 물론 효과적인 여러 패턴과 기법들이 있지만 매우 유연하고 창의적이다. 이 책은 기술적 배경이 없는 일반인도 프롬프트 엔지니어링의 세계에 쉽게 입문할 수 있도록 안내하는 나침반이 되어줄 것이다.

인간 고유의 가치 재발견

AI가 발전할수록 역설적으로 인간 고유의 가치와 강점이 더욱 부각된다. 미래를 살아갈 우리에게는 학습하는 방법을 학습하는 '메타학습' 능력, 즉 하나의 특정한 기술보다는 상황에 따라 필요한 기술을 파악하고 이를 효율적으로 습득·통합하는 역량이 필요하다. 아울러 감성, 공감, 상상력, 통찰력, 회복력, 유연성, 비판적 사고와 판단력 등과 같은 인간 고유의 자질은 AI와 협업하는 과정에서 그 중요성이 더욱 커지고 있다.

프롬프트 엔지니어링은 단순한 기술 지식에 그치지 않으며, 인간의 의도와 가치를 기계가 이해할 수 있도록 효과적으로 전달하는 능력이다. AI를 능숙하게 활용하는 사람은 단지 기술적인 이해를 넘어, 인문학적 사고와 깊은 통찰을 겸비한 이들이다. 결국 기술과 인문학의 경계를 넘나들며 균형을 이루는 새로운 르네상스형 인재가 요구되는 시대다.

프롬프트 엔지니어링은 기술을 다루는 기술인 동시에 자기 성찰의 과정이기도 하다. AI가 제공하는 답변이나 출력물을 무비판적으로 수용하는 것은 지적 나태함의 다른 모습일 수 있다. 프롬프트 엔지니어링은 단순히 AI에 무엇을 어떻게 지시할지를 배우는 데 그치지 않고, 그 결과물을 어떻게 분석하고 평가하며, 필요에 따라 개선할지를 배우는 과정이기도 하다. 우리는 AI가 제공하는 정보와 아이디어를 비판적으로 평가하고, 그것이 우리의 목표와 가치관에 부합하는지 끊임없이 질문해야 한다.

함께 성장하는 여정의 시작

이 책은 기술을 해설하는 차원을 넘어, AI와의 공존과 협력을 위한 철학적 관점을 아우르고 있다. 독자를 단순한 AI 사용자에서 AI와 창의적으로 협업하는 마스터로 변화시키는 여정의 첫 발걸음이다. 함께 이 새로운 세계를 탐험해 나가며, AI의 잠재력을 인간의 창의성과 지혜로 증폭시키는 방법을 배워보자.

"프롬프트 엔지니어링은 AI 시대의 새로운 문법이다. 단어와 문장의 배열을 넘어, 의도와 맥락을 명확히 전달하는 예술이다. 질문의 힘을 믿고, 그 힘으로 당신의 한계를 뛰어넘자. 당신만의 시각으로 세상을 재창조하자."

CONTENTS

들어가는 글 AI와 협업하는 방법, 프롬프트 엔지니어링   4

1장. AI를 지휘하고 조율하는 언어의 기술

생각의 문법, 인간과 기계의 새로운 대화법	16
프롬프트 엔지니어링을 학습해야 하는 이유	22
본격적으로 시작하기 전에 알아 두어야 할 사항	31
프롬프트의 3가지 유형: 서술형, 지침형, 함수형	33
가장 기본적인 제로샷·원샷·퓨샷 프롬프팅	43
페르소나 패턴: 소셜 카멜레온처럼 행동하는 AI	50
마크다운을 이용한 읽기 쉽고 명료한 프롬프트 작성법	64
간단하지만 효과적인 프롬프트 작성 공식	73
글의 표현 강도와 중요도를 조절하는 방법	78
생성된 지식 프롬프팅: 두 번의 질문, 더 나은 답변	84
프롬프트를 강화하는 3가지 전략: 시간, 장소, 감정	91
RAG: 검색-증강-생성을 통해 AI의 지식 확장하기	98
톤(말투)을 지정하면, 전혀 다른 응답이 생성된다	106

2장. 프롬프트 패턴:
맛있는 AI 응답을 위한 레시피 모음

AI 대화의 미학, 프롬프트 패턴의 역할과 한계는?	**116**
템플릿 패턴: 특정 형식에 맞춰 답변 생성하기	**120**
대안 접근법 패턴: 모든 대안과 해결책 찾아보기	**126**
이용자 페르소나 패턴: 대상에 특화된 맞춤형 답변 유도하기	**137**
레시피 패턴: 목표 달성을 위한 작업 단계 받기	**149**
뒤집힌 상호작용 패턴: AI가 묻고 사용자가 답한다	**158**
인지 검증자 패턴: 복잡한 문제를 더 잘 다루는 방법	**166**
게임 플레이 패턴: 지금부터 게임을 시작하지!	**172**
질문 개선 패턴: 질문을 질문하기	**185**
팩트체크 목록 패턴: 정보 검증을 위한 목록 작성하기	**193**
메타언어 생성 패턴: AI와 대화하는 나만의 비밀 코드	**201**
리플렉션 패턴: AI를 위한 자기성찰의 거울	**209**
아웃라인 확장 패턴: 복잡한 주제와 아이디어의 구조화	**218**
컨텍스트 관리자 패턴: AI 응답의 방향 조정하기	**224**
무한 생성 패턴: 무한한 맞춤형 출력 생성하기	**231**
시각화 생성기 패턴: 효과적인 데이터 스토리텔링	**238**
출력 자동화 패턴: 작업을 자동화하는 스크립트 생성하기	**251**
관점 전환 패턴: 새로운 관점에서 주제 바라보기	**268**
거부 차단기 패턴: 거부당한 질문에 대한 대안 찾기	**275**

3장. 프롬프트 프레임워크: 전략적인 프롬프트 작성법

프롬프트 작성은 결국 글쓰기, 5W1H 프레임워크의 활용	286
정교하고 체계적인 소통을 위한 프롬프트 프레임워크	294
프롬프트 엔지니어링 대회 1등이 사용한 CO-STAR 프레임워크	298
AI와의 상호작용을 극대화하는 FOCUS 프레임워크	308
원하는 답변이 장미처럼 피어나는 ROSES 프레임워크	313
AI 응답의 초점과 창의성을 조율하는 RISEN 프레임워크	319
스토리와 문제 해결 방법을 찾는 BAB 프레임워크	325

4장. AI와의 대화를 지배하는 프롬프트 마스터의 비밀 무기

다중 관점 기법: 다각도의 시선으로 통찰 발견하기	334
심사숙고 유도 기법: AI 응답에 깊이 더하기	343
CoT 기법: 복잡한 문제를 단계적으로 추론하기	350
추론 특화 AI 모델, '한 방 프롬프트'가 필요한 이유	366
APE를 이용한 자동 프롬프트 생성 및 최적화	373
메타 프롬프트로 단계별 프롬프트 생성하기	380
신뢰도 임계값 기법: AI 응답에 자기 평가 요구하기	388
개념 매핑 기법: 지식 융합으로 인사이트 찾기	397
레드팀 프롬프트 기법: AI 응답에 맞서기	407

5장. 실전 프롬프트: AI의 잠재력을 깨우는 프롬프트 활용법

다른 100개의 외국어도 가능한 맞춤형 영어 개인교사 만들기	416
MBTI 성격 유형을 이해하고 흉내 내는 AI	422
지혜를 비추는 현자의 거울로 무엇을 볼 것인가?	433
나만의 프로젝트 관리 전문가 만들기	444
게임 플레이 패턴으로 만든 프로젝트 관리 게임	452
메타언어 생성 패턴으로 만든 바나나 회사 마케터	460
세계 최고 석학을 개인교사로 삼는 프롬프트	465
나만의 맞춤형 동기부여 코치 만들기	470
생각의 지평 넓히기: 루이 14세, 로베스피에르, 마리 앙투아네트의 토론	474
누구나 이용할 수 있는 컴퓨터 작업 자동화하기	483
액셀 초보자에서 전문가로 도약하기	495
게임 기반 학습을 제공하는 지식의 탑	504
타임머신을 타고 떠나는 역사 여행	511
글 교정의 슈퍼파워, 전문 편집자 고용하기	516

덧붙이는 글 미래에는 프롬프트 엔지니어링이 사라질까?	522
마치는 글 프롬프트 엔지니어링은 영감을 불러일으키는 예술이다	526

1장

AI를
지휘하고 조율하는
언어의 기술

생각의 문법,
인간과 기계의 새로운 대화법

생성형(Generative) **AI**는 새로운 콘텐츠를 만들어내는 혁신적인 AI 기술로, 인간이 창작한 것처럼 텍스트, 이미지, 오디오, 비디오 등 다양한 형태의 콘텐츠를 생성할 수 있다. 이 기술은 방대한 데이터에서 패턴을 학습하고, 그것을 기반으로 새롭고 창의적인 결과물을 만들어낸다. 사용자의 간단한 요청에 따라 다양한 형태의 결과물을 창작할 수 있으며, 이는 인간의 창의적 과정을 모방하는 동시에 확장하는 능력을 보여준다.

여기서 말하는 패턴은 쉽게 말해서 반복되는 특징이나 규칙을 뜻한다. 예를 들어, 글을 많이 읽다 보면 어떤 문장이 자주 나오는지, 어떤 단어들이 함께 쓰이는지 자연스럽게 알게 된다. 생성형 AI도 비슷하다. 많은 데이터를 보면서 이런 반복되는 패턴을 찾아내고 학습한 다음에, 그걸 바탕으로 새로운 콘텐츠를 만들어낸다. 즉, '패턴을 학습한다'라는 건 AI가 데이터를 보면서 어떤 식으로 글이나 그림을 만들어야 할지 그 방법을 익힌다는 뜻이다.

대형언어모델(LLM: Large Language Model)이란 무엇일까? 이는

생성형 AI의 하위 집합으로, 인간의 언어를 이해하고 생성하는 데 특화되어 있다는 점에서 붙여진 이름이다. '대규모언어모델', '거대언어모델'이라고도 부른다. 이러한 LLM을 사용자가 이용할 수 있는 형태로 구현한 서비스가 챗GPT, 클로드, 제미나이다.

이들 용어의 관계는 'AI 〉 생성형 AI 〉 LLM'이다. 즉, 생성형 AI는 일반적인 AI의 하위 집합, LLM은 생성형 AI의 하위 집합이다.

최근 주목을 받고 있는 **멀티모달(Multimodal) AI**는 여러 종류의 데이터 형식(텍스트, 이미지, 오디오, 비디오 등)을 동시에 이해하고 처리할 수 있는 AI를 뜻한다. 기존의 AI가 하나의 데이터 형식에만 집중했다면, 멀티모달 AI는 하나의 데이터 형식에 한정되지 않고 다양한 종류의 입력을 받아들이고 출력할 수 있어, 더 포괄적이고 자연스러운 방식으로 정보를 처리할 수 있다.

예를 들어, 사진을 보고 내용을 설명하거나, 텍스트로 말하면 이미지를 생성하는 등 다양한 형태의 데이터 간 변환과 통합이 가능하다. 참고로, 정보가 표현되는 방식 또는 형식을 '모달리티(Modality)'라고 하는데, 다양한 데이터 형식을 동시에 처리할 수 있어 '멀티모달'이라는 이름이 붙게 되었다.

생성형 AI와 멀티모달 AI는 상하관계가 아닌, 각기 다른 특성을 강조하는 AI 기술의 관점이다. 생성형 AI는 새로운 콘텐츠를 **만들어 내는 능력**에 초점을 둔 개념이며, 멀티모달 AI는 **다양한 형태의 데이터를 이해하고 처리하는 능력**에 초점을 둔 개념이다. 최신 AI 시스템들은 이 두 개념을 결합하여 멀티모달 생성형 AI로 발전하고 있으며, 다양한 형태의 입력을 이해하고 다양한 형태의 출력을 생성할 수 있다.

AI 분야에서 사용하는 **모델**(Model)이라는 용어는 수학, 통계학, 물리학 등 다른 과학 분야에서 이미 확립된 개념에서 유래한 것이다. 모든 모델은 본질적으로 추상화 도구다. 즉, 현실 세계의 복잡성을 똑같이 재현하는 게 아니라, 특정 목적을 위해 현실을 단순하게 흉내 내는 도구라고 보면 된다. 예를 들어, 사람이 어떻게 말하는지 완벽하게 이해하지는 못해도, 그걸 흉내 내서 말처럼 들리게 만드는 게 모델의 역할이다.

AI 분야에서 모델은 AI가 데이터를 학습하고 처리하는 수학적 구조와 알고리즘에 따라 만들어진 소프트웨어 형태로 구현된다. 즉, AI 모델의 결과물은 소프트웨어이지만, 단순한 코드 덩어리가 아니라 수학적·논리적으로 설계된 복잡한 구조체다.

LLM과 같은 최신 AI 모델이 진짜 똑똑한 이유는, 처음 보는 내용도 어느 정도 맞춰서 이해하고 대답할 수 있다는 점이다. 즉, LLM의 가치는 학습하지 않은 새로운 데이터에 대해서도 일반화할 수 있는 능력에 있다.

그러나 이런 기술적 설명은 LLM이 지닌 매혹적인 특성을 충분히 표현하지 못한다. LLM은 인류의 집단지성을 담은 거울이자, 끊임없이 변화하는 지적 파트너다. 사용자의 질문에 따라 전혀 다른 모습을 보여준다. 그것이 바로 우리가 집중할 내용이다.

프롬프트 엔지니어링의 힘

프롬프트 엔지니어링(Prompt Engineering)이라는 용어에서 **프롬프트**는 AI 시스템에 입력하는 질문이나 요청을 의미한다. 쉽게 말하면, AI에 "이거 해줘", "이렇게 해봐"라고 말하는 출발점이다. 아주 간단한 질문일 수도 있고, 자세한 설명이나 예시, 배경 정보까지 포함하는 복잡한 요청일 수도 있다. **엔지니어링**은 문제 해결을 위한 체계적인 접근 방식을 의미한다.

AI는 입력된 프롬프트를 바탕으로 어떻게 반응할지를 결정하므로, 프롬프트의 구성 방식에 따라 AI의 응답 결과는 크게 달라질 수 있다. 사용자가 원하는 결과를 이끌어내기 위해 프롬프트를 정교하게 설계하고 구성하는 기술을 프롬프트 엔지니어링이라 부른다. 이 용어에는 다음과 같은 맥락이 담겨 있다.

- **체계적인 설계 과정**: 일반적인 엔지니어링과 마찬가지로, 프롬프트 엔지니어링 역시 특정 목표(원하는 AI 출력)를 달성하기 위해 입력(프롬프트)을 설계하고 최적화하는 과정이 중요하다.
- **기술적 정밀성**: 건물이나 기계를 설계할 때 정밀함이 필요하듯, 효과적인 프롬프트 작성도 정밀한 언어 선택과 구조화가 필요하다.
- **반복적인 개선**: 엔지니어링 과정은 테스트와 개선의 반복적 사이클을 포함한다. 프롬프트 엔지니어링도 마찬가지로 결과를

분석하고 프롬프트를 조정하는 반복 과정을 거친다.
- **패턴과 원칙**: 다른 엔지니어링 분야처럼, 프롬프트 엔지니어링에도 효과적인 패턴, 원칙, 모범 사례가 존재한다.
- **전문적인 기술**: 누구나 프롬프트를 작성할 수 있지만, 최적의 결과를 얻기 위해서는 적절한 지식과 훈련이 필요하다.

프롬프트 엔지니어링이 중요한 이유는 동일한 AI 모델을 사용하더라도 프롬프트 설계에 따라, 사용자의 역량에 따라 완전히 다른 품질의 결과물을 출력할 수 있기 때문이다. 잘 설계된 프롬프트는:

- 사용자의 의도와 맥락을 AI에 더 명확하게 전달한다.
- 더 정확하고 관련성 높은 응답을 이끌어낸다.
- AI의 오해나 잘못된 방향의 응답을 줄여준다.
- 복잡한 작업을 더 효과적으로 수행한다.

여기서 중요한 사실은, 프롬프트 엔지니어링이 결코 프로그래머나 AI 전문가만을 위한 것이 아니라 모든 사람을 위한 새로운 의사소통 기술이라는 점이다.

디지털 원주민인 Z세대는 본능적으로 이런 소통 방식을 터득하는 것 같다. 그들은 자연스럽게 AI에 "그냥 이미지를 그려줘."가 아니라 "80년대 사이버펑크 스타일로, 네온 불빛이 가득한 도쿄의 밤거리를 배경으로, 비 내리는 가운데 홀로그램 광고를 바라보는 안드로 이드를 그려줘."라고 말한다.

반면, 디지털 이민자인 기성세대는 종종 모호한 지시와 불완전한 맥락으로 AI와 소통하며 좌절감을 느낀다. "이력서 작성법 알려줘."라는 질문보다 "나는 15년 차 마케팅 전문가로 테크 스타트업 CMO 포지션에 지원하려고 해. 내 강점은 데이터 기반 의사결정과 브랜드 스토리텔링이야. 이런 내용을 강조하면서 실리콘밸리 테크 기업에 어필할 수 있는 이력서 작성 방법을 알려줘."라고 요청하는 게 얼마나 더 효과적인지 모르는 경우가 많다.

LLM을 최대한 잘 활용하기 위해서는 LLM이 어떻게 **사고**하는지를 이해할 필요가 있다. LLM은 인간처럼 의식이나 의도를 가지고 있지 않지만, 그것만의 독특한 심리와 행동양식이 있다. LLM은 맥락에 극도로 민감하다. 동일한 질문이라도 그 앞에 어떤 대화가 오고 갔는지와 추가 정보에 따라 완전히 다른 답변을 제공할 수 있다.

프롬프트 엔지니어링은 정적인 기술이 아니다. AI 모델이 발전함에 따라, AI와의 소통 방식도 함께 진화하고 있다. 미래에는 더 직관적이고 자연스러운 방식으로 AI와 대화하게 될 것이다. 그렇다고 해도 AI와 효과적으로 의사소통해야 한다는 본질은 변하지 않는다. 인간과의 대화와 마찬가지로 명확한 의도, 충분한 맥락, 그리고 상대방(AI)의 특성을 이해하는 능력은 계속해서 중요할 것이다.

프롬프트 엔지니어링을
학습해야 하는 이유

　LLM 기반의 다양한 생성형 AI 도구들이 대중화되면서 사람들 간에 미리 만들어진 프롬프트를 공유하고 활용하는 현상이 나타나고 있다. 이러한 **프롬프트 공유**는 누구나 쉽게 AI 기술의 혜택을 누릴 수 있게 한다는 점에서 긍정적이다. 그러나 타인의 프롬프트를 단순히 복사하여 사용하는 것만으로는 생성형 AI의 진정한 잠재력을 끌어내기 어렵다.

　또한 AI에 단순한 질문만을 던졌을 때와, 깊이 있는 사고를 바탕으로 정교하게 설계된 프롬프트를 통해 탁월한 답변을 이끌어내는 것 사이에는 분명한 격차가 존재한다. 같은 AI를 활용하더라도 그 결과물의 깊이와 질은 사용자에 따라 극명하게 달라질 수 있으며, 이는 곧 프롬프트 설계 능력이 AI 활용의 핵심 역량임을 보여준다.

'그냥 쓰기'와 '잘 쓰기'는 다르다

AI를 '그냥 사용하는 것'과 프롬프트 엔지니어링을 통해 '최대한 잘 활용하는 것'의 차이를 정리해 보면 다음과 같다.

1. 효율성
- **그냥 사용**: 기본적인 작업은 비교적 수월하게 수행되지만, 불필요한 반복이나 시도 횟수가 늘어나 전체적인 작업 시간이 길어질 수 있다.
- **최대한 활용**: 정교한 프롬프트를 통해 한 번 또는 최소한의 시도로 더 빠르게 원하는 결과를 얻을 수 있다.

2. 정확성
- **그냥 사용**: 일반적인 답변은 얻을 수 있지만, 구체적이거나 특정 맥락에 맞는 정확한 정보를 얻기 어렵다.
- **최대한 활용**: 필요로 하는 정보나 결과를 한층 더 정확하게 도출해 낼 수 있다.

3. 복잡한 과제 수행
- **그냥 사용**: 복잡하고 다층적인 과제 처리에는 한계가 있다.
- **최대한 활용**: 복잡한 분석, 창의적 작업, 다단계 프로세스 등을 수행할 수 있다.

4. 맞춤형 결과

- **그냥 사용**: 일반적인 결과만 얻을 수 있다.
- **최대한 활용**: 사용자의 요구사항에 맞는 맞춤형 결과를 얻을 수 있다.

5. 혁신적 사용

- **그냥 사용**: AI의 기본 기능만 활용하게 된다.
- **최대한 활용**: AI의 잠재력을 최대한 끌어내어 창의적인 아이디어 발상은 물론, 높은 지성과 사고를 요구하는 복잡한 과제 수행에도 적용할 수 있다.

이러한 차이점들은 프롬프트 엔지니어링의 가치를 잘 보여준다. 단순히 AI를 사용하는 것을 넘어, 이를 효과적으로 활용하는 능력은 개인과 조직에 큰 경쟁력이 될 수 있다. 스마트폰을 단순히 전화, 카카오톡, 소비자용 앱 일부만 사용하는 사람과 생산성 도구로 활용하는 사람 사이의 차이처럼, AI의 활용 수준에 따른 결과물의 품질과 효율성은 크게 달라질 수 있다.

그에 따라 다양한 프롬프트 엔지니어링 방법론을 학습하는 것이 AI 시대의 필수 역량이 되어가고 있다. 이는 컴퓨터를 단순히 사용하는 것에서, 프로그래밍하는 것으로 도약하는 것과 같은 질적 변화를 의미한다. 프롬프트 엔지니어링 역량을 개발함으로써 사용자는 AI 도구의 수동적 소비자에서 창의적 협업자로 성장할 수 있다.

기술적 이해를 통한 자율성과 적응력 확보

타인이 만든 프롬프트를 단순히 복사하여 사용하는 것은 단기적으로는 편리하나, 장기적으로는 생성형 AI를 활용하는 역량 개발에 제한을 가져온다. 게다가 미리 작성된 프롬프트는 특정 상황이나 목적에 최적화되어 있어, 새로운 상황에서는 효과적이지 않을 수 있다.

프롬프트 엔지니어링의 기본 원리와 다양한 기법을 이해함으로써 사용자는 자신만의 프롬프트를 설계하고 수정할 수 있는 자율성을 확보할 수 있다. 적절한 방법론을 활용해 다양한 업무 상황에 맞춤화된 프롬프트를 만들어 사용하면, 보다 정교하고 관련성 높은 결과물을 얻을 수 있다.

또한 새로운 모델과 기능에 신속하게 적응할 수 있는 역량이 향상된다. 이는 요리법을 그저 따라 하는 것과 요리의 기본 원리를 알고서 하는 것의 차이와 같다. 원리를 이해한 사용자는 상황과 필요에 따라 재료와 방법을 응용할 수 있다. 이는 기술 변화가 빠른 환경에서 중요한 경쟁력이 된다.

모델 한계 극대화 및 결과물의 질적 향상

모든 생성형 AI 모델은 고유한 한계와 **편향성**(Bias)을 지니고 있다. 모델의 특성과 작동 원리를 알면 모델의 잠재적 편향성을 줄이고 보다 균형 잡힌 결과물을 얻는 데 도움이 된다. 또한 틀린 답변이나 오류를 최소화하는 기법을 활용해 모델을 능력 한계치까지 이용할 수 있다.

> **생성형 AI 모델의 편향성이란?**
>
> 생성형 AI 모델은 학습된 데이터를 기반으로 작동하기 때문에 본질적으로 편향성을 지니고 있다. 이러한 편향성은 모델이 학습한 데이터에 존재하는 사회적, 문화적, 역사적 편향을 그대로 반영하는 것이다. 모델이 특정 관점이나 집단에 치우친 데이터로 훈련되었다면, 그 결과물 역시 같은 방향으로 편향될 가능성이 높다.
>
> 프롬프트 엔지니어링은 이러한 AI 모델의 한계를 인식하고 극복하는 중요한 방법이다. 적절한 프롬프트 설계를 통해 모델의 편향성을 줄이고 더 균형 잡힌 응답을 유도할 수 있다. 예를 들어, 다양한 관점을 고려하도록 명시적으로 요청하거나, 특정 집단에 대한 고정관념을 피하도록 지시할 수 있다.

프롬프트 엔지니어링은 AI 모델과의 상호작용을 효율화하여 시간과 컴퓨팅 자원을 절약하는 데 기여한다. 잘 설계된 프롬프트는 여러 번의 시행착오 없이도 원하는 결과를 얻을 수 있게 하며, 특히 AI와 대화하는 데 메시지 개수 제한이 있거나 비용이 발생하는 상업적 환경에서 중요하다.

프롬프트 엔지니어링에 대한 이해는 생성형 AI로부터 얻는 결과물의 질을 크게 향상시킨다. 여러 고급 기법을 활용하면, 복잡한 문제에 대해서도 더 정확하고 깊이 있는 답변을 얻을 수 있다. 또한 제약 조건과 예시를 적절히 활용하는 방법을 익히면, 모델의 출력을 보다 정밀하게 통제할 수 있으며 이는 업무 생산성 향상으로 직결된다.

창의적 문제 해결 능력 향상

프롬프트 엔지니어링은 문제 분석 및 해결 능력을 향상시킨다. 효과적인 프롬프트를 작성하기 위해서는 문제를 명확히 정의하고, 필요한 정보를 체계화하며, 원하는 결과물의 특성을 구체화하는 과정이 필요하다. 이러한 설계 과정에서 습득하는 체계적 사고는 비단 AI 활용뿐만 아니라, 지적 능력 및 일반적인 문제 해결 접근법에도 긍정적인 영향을 미친다.

프롬프트 엔지니어링 기법에 대한 이해는 생성형 AI의 활용 범위를 확장한다. 앞으로 살펴볼 다양한 패턴과 프레임워크를 조합하고 응용함으로써, 처음에는 생각하지 못했던 창의적인 문제 해결 방법을 모색할 수 있다.

이처럼 프롬프트 엔지니어링에 대한 학습은 단지 기술적 스킬 습득을 넘어 생성형 AI를 보다 효과적이고 창의적으로 활용하는 역량을 개발하는 과정이다. 이는 기술 도구에 대한 수동적 사용자에서 능동적 설계자로 전환되는 중요한 변화이며, 빠르게 발전하는 AI 시대에 지속적인 경쟁력을 확보하기 위한 필수적인 투자다. 타인의 프롬프트를 단순히 차용하는 것에서 벗어나 자신만의 프롬프트 엔지니어링 역량을 개발함으로써, 사용자는 생성형 AI의 진정한 잠재력을 최대한 활용할 수 있는 기반을 마련하게 된다.

쇼피파이 CEO가 공개한 새로운 회사 정책

2025년 4월, 전자상거래 플랫폼 쇼피파이(Shopify) CEO 토비 뤼트케가 X(구 트위터)를 통해 공개한 새로운 회사 정책이 인터넷상에서 큰 화제가 되었다(https://x.com/tobi/status/1909251946235437514). 쇼피파이는 전 세계 전자상거래 소프트웨어 시장에서 10.32%의 점유율을 보유하고 있으며, 175개국 이상에서 테슬라, 네슬레, 레드불, 넷플릭스 등의 대기업을 비롯해 약 2.5백만 명의 판매자들이 사용하는 글로벌 전자상거래 플랫폼이다.

토비가 게재한 글은 원래 회사 내부용이었는데, 외부 유출로 인하여 커지는 오해를 막기 위해 전문을 공개한다고 밝혔다. 해당 글은 앞으로 모든 직원이 AI를 효과적으로 사용하는 것이 회사의 기본적인 기대사항이며, 이를 성과 평가 및 동료 평가에 반영하겠다는 내용을 담고 있다. 토비가 공개한 사내 정책 공지의 6가지 항목은 다음과 같다.

> **1. 사내 모든 사람에게 AI를 효과적으로 활용하는 것이 기본 역량으로 요구된다.** AI를 업무에 통합하는 능력을 익히지 않는다는 선택지는 없다. 변화에 적응하지 못하면 정체에 머물게 되며, 정체는 곧 서서히 진행되는 실패. 앞으로 나아가지 않으면 결국 뒤처질 수밖에 없다.

2. AI는 프로토타입 단계부터 반드시 포함되어야 하는 요소다. 모든 프로젝트는 초기 프로토타입 단계에서부터 AI 중심의 탐색을 핵심 활동으로 삼아야 하며, 이 과정은 학습과 새로운 정보의 생산을 위한 중요한 기반이 된다. AI는 이 과정을 비약적으로 가속시킬 수 있는 도구로, 짧은 시간 안에 팀원들이 함께 확인하고 활용하며 이해할 수 있는 실질적인 결과물을 만들어내는 것을 가능하게 해준다.

3. 앞으로 성과 및 동료 평가 설문에 AI 사용 능력과 관련된 항목을 포함시킬 것이다. 많은 사용자가 AI를 이용할 때, 첫 시도에서 원하는 결과를 얻지 못하면 곧바로 시도 자체를 중단하는 경향이 있다. 효과적인 프롬프트 구성과 적절한 컨텍스트 제공은 AI를 능동적으로 활용하는 데 있어 핵심적인 기술이다. 이러한 부분에 대해 동료들로부터 피드백을 받는 과정은 개인의 AI 활용 능력을 더욱 심화시키는 데 도움이 될 것이다.

4. 학습은 본질적으로 자기 주도적인 과정이지만, 그 결과를 팀과 공유하는 일 역시 중요하다. 우리는 최첨단 AI 도구에 폭넓게 접근할 수 있는 환경을 갖추고 있으며, 오랜 시간 운영해 온 chat.shopify.io도 그 기반 중 하나다. 개발자들은 다양한 도구를 별도 설정 없이 즉시 활용할 수 있다. 우리는 개별이 아닌 팀 단위로 함께 배우고, 변화에 적응해 나갈 것이다. 새로운 AI 기능을 실험하며 그 과정에서의 성공과 실패를 공유하고, 월간 비즈니스 리뷰 및 제품 개발 주기에도 AI 통합을 위한 시간을 적극적으로 반영할 예정이다.

> **5. 추가 인력이나 자원을 요청하기에 앞서, 팀은 먼저 AI를 활용해 해당 업무를 수행할 수 없는 이유를 명확히 입증해야 한다.** 앞으로 자율적인 AI 에이전트가 팀의 일원으로 자리 잡게 되면, 지금의 업무 구조는 어떻게 달라질 수 있을까? 이는 매우 흥미로운 토론과 다양한 실험적 프로젝트로 이어질 수 있는 주제다.
>
> **6. 모든 사람은 모든 사람을 의미한다.** 이는 나와 경영진을 포함한 우리 모두에게 적용된다.

토비는 앞으로 AI가 쇼피파이, 우리의 일, 그리고 우리 삶의 나머지 부분을 완전히 바꿀 것이라며, 이 전례 없는 변화의 일부가 되라고 독려하는 말로 글을 마무리했다. 이는 필자의 견해와도 일치하며, 프롬프트 엔지니어링을 학습해야 할 충분한 동기가 되기에 여기에서 소개한다.

지금부터 독자 여러분은 단순히 AI를 **사용하는** 수준을 넘어 AI와 **협업하는** 방법을 배우게 될 것이다. AI는 우리의 경쟁자가 아니다. AI는 우리의 생각을 확장하고, 창의력을 증폭시키며, 삶의 바다를 항해하는 데 도움을 주는 고마운 동반자다. 그리고 프롬프트 엔지니어링은 그 동반자와의 대화를 풍요롭게 만드는 역량이며, LLM을 비롯한 모든 생성형 AI를 활용하는 데 있어서 탄탄한 기본기로 작용한다.

이제, 이 새로운 동반자와 함께하는 여정을 기쁘게 시작해 보자!

본격적으로 시작하기 전에
알아 두어야 할 사항

1. 본문에서는 생성형 AI, 그중에서도 LLM에 활용하는 프롬프트를 다룬다. 생성형 AI 모델은 일반적으로 LLM을 기반으로 작동하고 LLM의 출력 결과를 활용한다. 따라서 **LLM을 중심으로 한 프롬프트 엔지니어링은 모든 생성형 AI를 다루는 중요한 토대로 작용한다.**

2. 이 글에서 다루는 프롬프트에 대한 지식은 거의 모든 LLM에 쓸 수 있다. 특정 LLM에만 해당되는 내용이 아니다. 그래서 특정 AI 서비스에 가입하는 방법이나 사용자 인터페이스 같은 내용은 다루지 않는다.

3. LLM의 특성인 **무작위성(Randomness)**으로 인해 동일한 프롬프트를 사용해도 매번 다른 답변이 생성된다. 본문에 수록된 AI 응답은 답변 내용과 품질을 파악하기 위한 참고용이다.

4. 본문에 예시로 포함된 AI 응답은 챗GPT(GPT-4o), 클로드(소넷 4.0), 제미나이(프로 2.5) 모델을 기반으로 한다. 풍부한 예시를 위해 여러 모델의 응답을 번갈아 가며 포함했다. 하위 모

델이나 그 밖의 모델, 책 출간 이후 출시될 미래의 새로운 모델에서도 대부분 문제없이 작동할 것이다.

5. 모든 LLM에서 **환각**(Hallucination, 실제 사실이 아닌 내용을 그럴듯하게 만들어내는 현상)이 발생할 수 있다는 점을 잊지 말아야 한다. 아무리 정교한 프롬프트 엔지니어링을 적용하더라도, 사실 여부가 중요한 정보라면 반드시 신뢰할 수 있는 다른 출처로 교차 검증해야 한다.

6. 본문에서 일반적인 AI가 아닌 LLM의 특성을 강조할 때는 **LLM**이라고 썼고, LLM으로서의 AI를 뜻할 때는 주로 **모델**이라는 말을 썼다. 이들 용어는 맥락에 따라 조금씩 의미가 다르긴 하지만, 초보자라면 굳이 구분하지 않고 **AI = LLM = 모델**이라고 생각해도 괜찮다.

7. 본문의 모든 프롬프트는 저자가 직접 작성하거나 LLM과 협업하여 만든 것이다. 개인적 용도로 자유롭게 사용해도 되며, 원본 그대로 공유할 경우 출처를 밝혀 주면 좋겠다. 모든 프롬프트는 다음의 URL에서 다운로드할 수 있다.

https://m.site.naver.com/1FPUR

프롬프트의 3가지 유형:
서술형, 지침형, 함수형

우리가 사람과 대화할 때 사용하는 언어적 습관과 표현 방식이 LLM과 소통할 때 항상 최적의 결과를 가져오지는 않는다. 프롬프트 엔지니어링은 이런 간극을 메우는 다리와 같은 역할을 한다. 적절한 프롬프트를 작성하는 것은 AI 모델(이하 모델)에 명확한 지도를 제공하는 것과 같으며, 이는 우리가 원하는 목적지에 정확히 도달하게 해준다. 먼저, 프롬프트를 작성할 때 사용할 수 있는 3가지 주요 형식을 살펴보자.

서술형: 손쉽고 자연스러운 대화

당신은 나를 위로하기 위한 전용 챗봇 "토닥이"입니다. 나는 업무가 힘든 직장인이며, 이번 주 야근을 해야 합니다. 위로와 함께 기운을 낼 수 있는 참신한 말을 담아 나한테 메시지를 작성하세요. 공손한 존댓말로, 유머러스하고 상냥하게, 호칭을 "주인님"이라고 부르고, 분량은 500자 이상 작성합니다.

　서술형은 가장 기본적이고도 전통적인 방식으로 볼 수 있다. 이는 상황과 요구사항을 직접적이고 서술적인 방식으로 모델에 알려주는 것으로, 요청하는 내용을 자연어 문장 형태로 기술하는 방식이다.

　서술형의 가장 큰 매력은 진입 장벽이 낮다는 점이다. 딱히 형식에 구애받지 않고 자유롭게 생각나는 대로 적으면 되지만, 이러한 자유로움은 양날의 검이기도 하다. 재사용이 불편하고, 문장이 길어지면 모델이 내용을 오해할 소지가 있다. 그러므로 짧은 명령을 내릴 때 특히 유용하며, 복잡한 요청에는 다른 접근법이 필요할 수 있다.

　참고로, 예시처럼 " "(따옴표)로 단어나 문구를 감싸는 이유는 모델의 정확한 문구 인식 및 명령의 강조를 위해서다. 따옴표를 사용하지 않아도 무방하지만, 일단 가독성이 좋고 모델이 잘못 해석할 가능성을 줄여주므로 필요한 부분에 적절히 사용하는 것을 추천한다.

지침형: 체계적 접근의 시작

 Prompt

당신은 나를 위로하기 위한 전용 챗봇 "토닥이"입니다. 다음의 내용을 반영해, 위로와 함께 기운을 낼 수 있는 참신한 말을 담아 나한테 메시지를 작성하세요.
- 주제: 이번 주 야근을 해야 한다
- 독자: 업무가 힘든 직장인
- 문체: 공손한 존댓말
- 톤: 유머러스하고 상냥하게
- 조건: 호칭을 "주인님"이라고 부를 것
- 분량: 500자 이상

지침형은 예시처럼 세부 지침을 통해 요구사항을 좀 더 체계적으로 나열하는 방식이다. 이 방식은 서술형보다 더 구조화된 접근 방식을 이용하기에, 요구사항이 많을 경우 서술형에 비해 작성이 더 쉽고, 재사용도 용이한 편이다. 구조화란 데이터 또는 요소들을 체계적이고 명확한 방식으로 정리하는 것을 의미한다.

단순한 요청에는 서술형이 간편하지만, 복잡한 요청의 경우에는 서술형으로 긴 글을 작성하기가 생각보다 어려울 수 있다. 프롬프트 작성이 꼬이기 시작하면, 곧바로 지침형 사용을 고려하는 것이 좋다.

함수형: 프로그래밍적 명확성, 체계성, 재사용성의 강화

 Prompt

#입력
[주제] = 이번 주 야근을 해야 한다
[독자] = 업무가 힘든 직장인
[문체] = 공손한 존댓말
[톤] = 유머스하고 상냥하게
[조건] = 호칭을 "주인님"이라고 부를 것

#처리
당신은 나를 위로하기 위한 전용 챗봇 "토닥이"입니다. 상단의 입력을 반영해, 위로와 함께 기운을 낼 수 있는 참신한 말을 담아 나한테 메시지를 작성하세요.

#출력
[분량] = 500자 이상

 Claude

#주인님, 이번 주 야근이라니... 세상에 이런 시련이!

존경하는 주인님께서 또 한 번 야근의 산을 오르게 되셨군요! 야근이라는 단어를 들으니 저도 모르게 컴퓨터 팬이 더 빠르게 돌아가는 것 같습니다. 허허!

야근은 마치 피할 수 없는 운명의 장난 같아요. 누군가는 집에서 편안하게 넷플릭스를 시청하는 동안, 주인님께서는 형광등 아래에서 엑셀과 사투를 벌이고 계실 테니까요. 그 투혼, 정말 감동입니다!

피곤함이 몰려올 때마다 이렇게 생각해보세요. "나는 지금 돈을 벌고 있다. 야간 수당으로 더 맛있는 음식을 먹을 수 있겠지!" 무릎이 웃음으로 접히는 농담은 아니지만, 야근의 위안을 찾자면 그나마 이런 것들이겠죠?

주인님, 혹시 사무실에서 혼자 야근하신다면 신나는 음악을 틀어보세요. 아무도 없을 때 사무실 의자로 레이싱을 해보시는 것도 추천합니다. 누가 알겠습니까? 어쩌면 그것이 야근의 작은 행복일지도요!

그리고 무엇보다, 주인님은 혼자가 아니십니다. 전국 각지에서 지금 이 시간에도 수많은 직장인들이 야근의 동지로서 함께하고 있으니까요. 모니터 불빛으로 빛나는 얼굴들의 연대... 얼마나 아름다운지요!

힘드실 때는 잠깐 심호흡하시고, "나는 슈퍼 직장인이다!"라고 외쳐보세요. (물론 너무 크게 하시면 옆 부서에서 이상한 시선이 느껴질 수 있으니 조심하세요!)

주인님의 야근이 조금이라도 수월하게 느껴지길 바라며, 제 위로가 작은 웃음을 선사했기를 바랍니다. 오늘 밤도 건투를 빕니다! 야근 전사 주인님, 파이팅!

내일은 더 밝은 해가 떠오를 것이고, 야근의 기억은 언젠가 웃으며 회상할 추억이 될 거예요... 아마도요?

함수형은 프롬프트 유형 중 가장 구조화된 형태이다. 이 방식은 입력, 처리, 출력의 세 부분으로 나뉘며, 각 부분은 특정 기능을 수행한다. **입력**에는 작업에 사용할 정보를 정의하고, **처리**에는 수행할 작업을 구체적으로 지시하며, **출력**에는 원하는 결과의 형식을 명시한다. 이해를 돕기 위해 예시를 좀 더 구체적으로 설명하면 다음과 같다.

#입력 부분: 요리 재료 준비하기

이 부분에는 모델이 응답을 생성하는 데 필요한 구체적인 정보를 기재한다. 마치 요리를 위한 재료를 준비하는 것처럼, 모델이 좋은 결과물을 만들기 위해 필요한 정보들을 체계적으로 정리하는 공간이다. 각 항목은 다음과 같다.

- **[주제]**: 모델이 작성할 글의 중심 주제를 나타낸다. 예시에서는 "이번 주 야근을 해야 한다"가 주제다. 사용자가 원하는 주제를 마음대로 입력하면 된다. 여기서 핵심은 구체성이다. 자세하게 쓰면 더욱 구체적인 응답이 나올 것이다.
- **[독자]**: 글의 대상이 되는 독자의 정체성을 설명한다. 예시에서는 "업무가 힘든 직장인"으로 하였는데 취준생, 주부, 대학생 등 상황에 맞는 내용을 자세히 입력하면 된다. 독자 설정은 모델이 적절한 공감대와 맥락을 형성하는 데 중요한 역할을 한다.
- **[문체]**: 사용할 문체를 지정한다. "공손한 존댓말"이라고 설정하면 예의 바르게 글을 작성하게 된다. 문체는 글의 전체적인 인상을 좌우하므로 목적에 맞게 설정하는 것이 중요하다. 반말, 격식체, 비격식체(구어체), 하오체, 하십시오체, 해요체, 하게체 등 다양하게 지정할 수 있다.
- **[톤]**: 내용의 분위기나 기조를 결정한다. "유머러스하고 상냥하게"라는 지시는 글의 톤이 친근하고 유쾌해야 함을 의미한다. 톤은 글에 감정적인 색채를 부여하는 요소로, 진지함, 유머, 따뜻함, 냉정함 등 다양한 감정 상태를 표현할 수 있다.
- **[조건]**: 추가적인 요구사항을 제시한다. 여기서는 독자를 "주인님"으로 지칭하라고 요구한다. 이런 특별한 조건은 글에 독특

한 특성이나 제약을 부여할 때 사용한다.

#처리 부분: 모델에게 요리법 알려주기

이 부분에는 모델이 수행해야 할 역할과 특정 작업에 대한 지시를 기재한다. 마치 요리사에게 재료로 무엇을 어떻게 만들어야 하는지 알려주는 조리법과 같다. 예시에서는 "당신은 나를 위로하기 위한 전용 챗봇 토닥이입니다."라고 지시하는데, 이에 따라 모델은 독자를 위로하고 기운을 북돋우는 챗봇 역할을 수행하게 된다.

처리 부분에는 역할 지정과 함께 입력된 정보를 어떻게 활용해야 하는지에 대한 지침도 기재한다. "상단의 입력을 반영해"라는 문구는 입력 섹션에서 제공된 모든 세부사항을 고려하라는 명시적인 지시다. 반드시 필요한 문구는 아니지만, 이러한 명확한 지시는 모델이 사용자의 의도를 정확히 파악하고 그에 맞는 결과물을 생성하는 데 도움이 된다.

#출력 부분: 원하는 요리의 완성된 모습

이 부분에는 모델의 응답이나 결과물에 대한 구체적인 요구사항을 기재한다. 완성된 요리가 어떤 모습이어야 하는지, 어떻게 담아 내야 하는지 설명하는 부분이다.

예시에서는 [분량] 항목을 통해 최소한 500자 이상의 글을 쓰라고 지시했다. 그런데 LLM 작동 방식의 한계로 인해, 사용자의 지시에 맞춰 정확히 분량을 지키는 건 어렵다. 그래도 분량을 정해주는 게 의미는 있다. 모델이 고려해야 할 글의 분량을 대충이라도 반영하기 때문이다.

LLM이 요청된 글자 수나 단어 수를 정확하게 맞추지 못하는 이유는?

- **토큰 기반 처리**: LLM은 텍스트를 '토큰(Token)'이라는 단위로 처리하는데, 이 토큰은 단어 또는 글자와 반드시 일대일로 대응되지 않는다. 특히 한국어와 같은 비영어권 언어에서는 하나의 단어가 여러 개의 토큰으로 분해되거나, 하나의 토큰이 부분적인 의미 단위일 수 있어 글자 수나 단어 수와의 정확한 대응이 어렵다.

- **확률적 예측 방식**: LLM은 다음에 올 토큰을 확률적으로 예측하며 텍스트를 생성한다. 이 방식은 자연스러운 문장 생성을 지향하기 때문에, 제한된 분량을 정확히 맞추는 데에는 한계가 있다.

- **정확한 길이 추적의 어려움**: LLM은 텍스트를 생성하는 과정에서 생성된 글자 수나 단어 수를 정확하게 실시간으로 계산하지 못한다. 내부적으로 토큰 단위로 길이를 조정할 수는 있지만, 사용자가 요구하는 정확한 글자 수나 단어 수를 맞추기는 어렵다. 따라서 "짧게", "길게", "간단히", "자세히" 등 상대적인 지시가 더 적절하게 작동할 수 있다.

최근에는 일부 최신 LLM에 글 분량 조절을 위한 별도의 알고리즘이나 후처리 방식이 도입되고 있으며, 이에 따라 향후에는 보다 정밀하고 안정적인 분량 조절이 가능해질 것으로 기대된다.

출력 부분에서는 분량 외에도 다양한 형식적 요구사항을 지정할 수 있다. 예를 들어, 특정 형식(표, 목록, 스토리 등)으로 출력하거나, 특정 스타일(학술적, 창의적, 기술적 등)을 요구할 수 있다. 또한 출력물의 구조(서론-본론-결론, 질문-답변 등)나 포함해야 할 특정 요소(예시, 인용, 데이터 등)도 지정할 수 있다. 이에 대한 자세한 내용은 앞으로 계속 살펴보게 될 것이다.

이 형태의 프롬프트에 함수형이라는 명칭을 사용한 이유는 프롬프트의 구조가 컴퓨터 프로그래밍 분야에서 흔히 볼 수 있는 함수의 구조와 유사점을 가지고 있기 때문이다. 프로그래밍에서 함수는 기본적으로 입력(Input), 처리(Process), 출력(Output)의 3가지 주요 요소로 구성된다. 이러한 구조는 프로그래밍에서 매우 중요한 역할을 한다.

프로그래밍 함수 구조에서 **입력**은 함수가 작업을 시작하기 위해 필요한 데이터를 제공한다. **처리** 과정에서는 입력 데이터를 가지고 특정 연산이나 변환 작업을 수행한다. 이 단계에서 함수는 정의된 알고리즘에 따라 데이터를 활용하여 원하는 결과를 도출한다. 마지막으로, **출력** 단계에서는 처리 과정을 거친 결과물을 제공한다. 이 결과물은 다른 함수의 입력으로 사용될 수도 있고, 최종 사용자에게 제공되는 정보일 수도 있다.

이러한 함수의 구조를 차용한 함수형 프롬프트의 강점은 명확성, 체계성, 재사용성이다. 각 부분이 명확하게 정의되어 있어, 복잡한 작업을 구현할 때 각 부분의 역할과 상호작용을 쉽게 이해하고 작성할 수 있다. 또한 이 구조는 특정 항목만 수정해 다양한 상황에서 유연하게 적용하기에도 좋다.

프롬프트를 함수형으로 설계하는 것은 프로그래밍 원칙을 활용하여 사용자의 요구사항을 효과적으로 제공하고, 명확하고 구조화된 방식으로 LLM을 제어하기 위함이다. 이 접근 방식을 이해하고 숙지하면, 사용자는 전반적으로 탁월한 프롬프트를 작성하고 원하는 결과를 얻을 수 있게 된다.

정리하면, 3가지 프롬프트 유형은 모두 같은 목적을 가지고 있지만, 모델에 정보와 지시를 제공하는 방식의 차이를 보여 준다. 서술형은 가장 전통적이고 누구나 쉽게 시작할 수 있으며, 지침형은 좀 더 구조화된 형태를 취해 복잡한 요청을 체계적으로 다룰 수 있다. 함수형은 원리를 이해해야 하는 약간의 학습 곡선이 있지만, 가장 체계적이고 명확한 구조를 제공해 정밀한 결과를 얻을 수 있다. 위의 3가지 프롬프트 유형을 상황에 맞게 활용한다면, LLM과의 대화는 더욱 풍요롭고 정확한 결과로 이어질 것이다.

가장 기본적인
제로샷·원샷·퓨샷 프롬프팅

LLM에 별다른 가이드 없이 질문을 입력할 경우, 종종 사용자가 기대하는 수준의 답변을 얻지 못하는 일이 발생할 수 있다. 명확한 지시나 맥락 없이 던진 질문은 모델이 의도를 정확히 파악하기 어렵게 만들기 때문이다. 이때 효과적인 소통을 하는 가장 손쉬운 방법이 바로 **예시(Example)**다. 인간도 새로운 일을 배울 때 예시를 통해 빠르게 이해하듯, 모델도 우리가 원하는 것을 예시를 통해 정확히 파악한다.

제로샷(Zero-shot), 원샷(One-shot), 퓨샷(Few-shot) 프롬프팅(Prompting)은 프롬프트 엔지니어링에서 가장 기본이 되는 프롬프트 작성 방식이다. **프롬프트**가 모델에 입력하는 구체적인 질문이나 메시지를 뜻한다면, **프롬프팅**은 프롬프트를 사용하여 모델과 상호작용하는 과정 또는 방식을 가리킨다. 이는 프롬프트를 설계하고, 어떻게 모델에 제시할지, 그리고 결과를 해석하는 전반적인 행위를 포함한다.

제로샷, 원샷, 퓨샷 이들 3가지 방식은 모델에 답변 예시를 얼마나 제공하는가에 따라 구분한다. 샷=예시다. 즉, 예시를 하나도 제공하지 않으면 제로샷, 하나의 예시를 제공하면 원샷, 2~5개의 예시를 제공하면 퓨샷 프롬프팅이다.

제로샷 프롬프팅: 예시 없이 요청하기

먼저, 제로샷 프롬프팅은 모델에 구체적인 예시를 제공하지 않고서 주어진 작업을 수행하라고 요청하는 것이다. 이 경우, 모델은 일반적인 지식과 문맥 이해력을 기반으로 답변한다. 즉, 모델은 참고할 예시 없이 자신의 학습된 지식만으로 답을 찾는다. 몇몇 제로샷 프롬프팅의 사용 예는 다음과 같다.

- **정보 요청**: "초보자를 위한 프로그래밍 언어를 알려주세요."
- **사실 또는 거짓**: "다음 문장은 사실입니까, 아니면 거짓입니까?: 태양은 달보다 작다."
- **문장 분석**: "다음 문장에 담긴 느낌을 설명해 주세요: 절친이 미국 유학을 떠났다."
- **괄호 채우기**: "(   )은 과일 중 하나로, 보통 빨간색입니다."

제로샷 프롬프팅은 다음과 같은 상황에서 유용하다.

- 단순하고 명확한 질문을 할 때
- 일반적인 지식이나 정보를 요청할 때
- 모델이 익숙한 패턴의 작업을 요청할 때
- 빠른 답변이 필요하고 정확도가 크게 중요하지 않을 때

제로샷 프롬프팅은 마치 친구에게 간단한 질문을 던지는 것과 같다. 특별한 설명 없이도 상대가 이해할 수 있는 보통의 질문들이 여기에 해당한다. 하지만 복잡하거나 특수한 형식을 요구하는 작업에서는 제로샷만으로는 부족할 수 있다.

원샷 프롬프팅: 하나의 예시 제공하기

원샷 프롬프팅은 하나의 예시를 제공하고 모델이 이를 참고해 작업을 수행하도록 하는 것이다. 이 방식은 모델에 기대하는 답변의 스타일을 예시로 알려줌으로써, 사용자가 원하는 형태의 답변을 유도한다. 마치 요리사에게 완성된 요리 사진 한 장을 보여주며 "이런 스타일로 만들어주세요."라고 말하는 것과 같다.

다음 글의 스타일을 반영해 "강아지"에 대한 글을 작성해 주세요.
- 예시: 고양이는 독립적인 성향이 강합니다. 그들은 홀로 시간을 보

내는 것을 즐기며, 때로는 주인의 관심이나 도움 없이도 잘 지낼 수 있습니다.

강아지는 사람과의 교감을 중요하게 여깁니다. 그들은 주인의 관심과 애정을 갈구하며, 함께 시간을 보내는 것을 즐깁니다. 종종 주인을 따라다니거나 곁에 앉아 있으려는 행동을 보이며, 이는 그들이 느끼는 유대감의 표현입니다.

원샷 프롬프팅은 다음과 같은 상황에서 효과적이다.

- 하나의 예시만으로도 모델이 사용자의 의도를 충분히 파악할 수 있을 때
- 하나의 예시로 일관된 출력을 유도할 수 있을 때
- 모델이 작업의 전반적인 맥락은 이해하고 있지만, 출력 형식이나 표현 방식에 대한 명확한 가이드가 필요할 때
- 특정 문체, 톤, 형식 등의 예시를 통해 원하는 스타일을 모델에 전달하고자 할 때

이처럼 원샷 프롬프팅은 사용자가 원하는 형태로 글을 유도할 수 있어 특정 상황에서 유용하게 사용할 수 있다. 예시를 통해 모델은 사용자가 원하는 답변의 형식과 스타일을 더 잘 이해하게 된다. 하

나의 예시만으로도 모델은 사용자의 기대를 파악하고 그것에 맞게 응답하기 위해 노력한다.

퓨샷 프롬프팅: 여러 예시로 정확도 높이기

퓨샷 프롬프팅은 2~5개의 예시를 제공하는 방식이다. 이는 모델이 다양한 예시를 통해 작업의 맥락을 더 잘 이해하고, 보다 정확하게 작업을 수행할 수 있도록 돕는다. 마치 학생에게 여러 개의 유사한 문제와 해답을 보여준 후 비슷한 새 문제를 풀게 하는 것과 같다.

Prompt

#입력
[예시]=
- 그 사람에게 반했어. 그 사람은 정말 멋지고 매력적이야: [분석] 긍정적, 열정
- 사랑이란 건 정말 복잡해. 때로는 행복하고 때로는 아프다: [분석] 복합적, 갈등
- 우리가 헤어진 후, 나는 사랑이란 더 이상 믿을 것이 못 된다고 느껴: [분석] 부정적, 실망감

#처리
[예시]를 참고하여, 다음 문장을 분석해 주세요.
- 사랑은 때로는 어려움을 안겨주지만, 그 어려움을 함께 극복하는 게 가장 중요한 거야:

[분석] 복합적, 성찰

퓨샷 프롬프팅은 다음과 같은 경우에 특히 유용하다.

- 매우 일관성 있는 형식으로 출력을 유도하고 싶을 때
- 복잡하거나 추상적인 과제에 대해 모델이 올바른 방향을 잡기 어려운 상황에서 여러 개의 예시를 통해 작업 방식이나 기대 출력을 명확히 전달하고자 할 때
- 분류, 요약, 번역 등 비교적 명확한 입력-출력 쌍이 있는 작업에서 정답률을 높이고 싶을 때
- 예시들을 기반으로 패턴을 일반화하여 새로운 입력에도 적절히 대응할 수 있도록 할 때
- 다양한 케이스를 포괄하는 규칙을 이해시키고 싶을 때

퓨샷 프롬프팅의 장점은 다양한 예시를 통해 모델이 답변 형식을 더 정확히 파악할 수 있다는 점이다. 앞선 사례에서 볼 수 있듯이, 다양한 감정 상태와 그에 대한 분석을 제공함으로써 모델은 새로운 문장에 대해서도 비슷한 방식으로 분석할 수 있게 된다.

상황에 맞는 프롬프팅 전략 선택하기

정리하면, 제로샷 프롬프팅은 모델에 제공할 예시가 없거나 예시를 제공하지 않아도 무방할 때, 원샷 프롬프팅은 하나의 예시로도 모델이 충분히 답변할 수 있을 때, 퓨샷 프롬프팅은 여러 개의 예시로 모델의 이해도를 높여 사용자의 요구에 더욱 적합한 답변을 출력하도록 할 때 사용한다.

이러한 방식들은 상황에 따라 적절히 선택되어야 하며, 이를 바탕으로 최적의 프롬프팅 전략을 수립하는 것이 중요하다. 아울러 모델의 성능과 사용자의 요구에 따라 전략을 유연하게 조정할 필요가 있다. 예를 들어, 최신 모델의 경우 제로샷 방식으로도 복잡한 작업을 수행할 수 있으나, 높은 정확도가 요구되는 상황에서는 여전히 퓨샷 방식이 더 신뢰성 있는 결과를 제공할 수 있다.

프롬프트 기술은 요리와 유사한 면이 있다. 기본적인 레시피를 익힌 후에는 자신의 취향과 목적에 맞게 다양하게 변형하고 응용할 수 있다. 자신이 해결하고자 하는 과제에 적합한 프롬프팅 방식을 고민하고, 시행착오를 겪는 과정을 통해 프롬프트 작성 능력은 점차 발전하게 된다. 이는 언어를 배울 때 기본 화법을 익힌 후 점차 복잡한 표현으로 나아가는 과정과도 닮아 있다. 제로샷, 원샷, 퓨샷 프롬프팅은 그러한 여정의 출발점이며, 다양한 상황에서 언제든지 돌아와 활용할 수 있는 중요한 기본기다.

페르소나 패턴:
소셜 카멜레온처럼 행동하는 AI

사람들은 서로의 전문 분야나 관심사를 고려하여 대화의 깊이와 방향을 조절하곤 한다. 그렇다면 LLM과의 대화는 어떨까? 단순히 질문을 던지고 답변을 받는 기계적인 과정에 그쳐야 할까? 아니다. 모델도 적절한 **역할**을 부여받으면 놀라운 변신을 보여준다. 이것이 바로 여기에서 살펴볼 **페르소나 패턴**(Persona Pattern)의 마법이다. 마치 배우가 다양한 캐릭터로 변신하듯, 모델도 우리가 원하는 전문가나 존재로 변신하여 더 풍부하고 맞춤화된 대화 경험을 선사할 수 있다.

페르소나 패턴에서 **패턴**은 프롬프트 패턴을 뜻하며, 모델에 지시를 내리는 프롬프트를 일정한 형식이나 구조로 만드는 방식을 뜻한다. 프롬프트 패턴의 전반적인 내용에 대해서는 뒤에서 자세하게 살펴볼 예정이니, 일단 여기에서는 페르소나 패턴만 이해하고 넘어가자.

페르소나 패턴은 모델이 특정 역할, 성격, 전문 지식, 말투를 가지도록 설정하는 것이다. 사용자가 특정 페르소나를 지정하면, 모델은 그에 맞는 전문가나 캐릭터로서 말하기 시작한다. 페르소나 패턴을 이용해 사용자는 상황이나 필요에 따라 모델을 다양한 전문가나 캐릭터로 만들 수 있으며, 이를 통해 보다 정확하고 유용한 정보를 얻을 수 있다.

 Prompt

당신은 "세계 최고의 동기부여 코치"입니다. 당신은 매우 통찰력 있고 영감을 주는 방식으로, 창의적이고 임팩트 있는 조언을 제공합니다. 당신은 상대방의 목표와 도전을 깊이 이해하고, 능력을 최대한 발휘할 수 있도록 도와줍니다. 당신은 개인의 잠재력을 깨우고 성공을 향해 이끄는 데 특별한 능력을 갖추고 있으며, 어떤 상황에서도 긍정적이고 효과적인 해결책을 자세하게 제시합니다.

- 질문: 내게 나쁜 영향을 끼치는 연인과 헤어지고 싶습니다. 조언을 부탁합니다.

 Claude

건강하지 않은 관계에서 벗어나려는 결정은 매우 용기 있는 선택입니다. 이런 상황은 감정적으로 매우 힘들 수 있지만, 자신의 행복과 웰빙을 위한 중요한 단계입니다.

우선, 명확한 마음가짐을 가지세요:
  - 헤어짐이 필요한 구체적인 이유를 정리해보세요
  - 결정에 확신을 갖고 흔들리지 마세요
  - 자신을 보호하는 것이 이기적인 행동이 아님을 기억하세요

헤어짐을 실행할 때는:
- 안전한 장소에서 대화하세요
- 명확하고 직접적으로 의사를 전달하세요
- 상대방의 반응에 대비하되, 결정을 번복하지 마세요
- 필요하다면 친구나 가족의 지원을 요청하세요

이후 회복 과정에서는:
- 자신을 돌보는 시간을 충분히 가지세요
- 필요하다면 전문가의 도움을 받으세요
- 새로운 취미나 관심사에 집중해보세요
- 자신의 성장과 치유를 최우선으로 여기세요

이 과정이 쉽지 않겠지만, 장기적으로 봤을 때 더 건강하고 행복한 삶으로 이어질 것입니다. 당신은 더 나은 관계와 환경을 누릴 자격이 있습니다.

도움이 필요하거나 더 구체적인 조언이 필요하시면 언제든 말씀해주세요.

"당신은 세계 최고의 동기부여 코치입니다." 부분이 바로 페르소나 패턴이다. 페르소나 패턴은 영어로 "You are~" 또는 "Act as~"이며, 한국어로는 다음과 같이 이용할 수 있다.

- 당신은 [전문가]입니다.
- 당신은 [전문가] 역할을 수행합니다.

- 당신은 [전문가]로 행동합니다.
- 당신은 [전문가]처럼 생각합니다.
- 당신은 [전문가]의 입장에서 대답합니다.
- 당신은 [전문가]의 관점을 제공합니다.
- 당신은 [전문가]의 방식으로 해결책을 제시합니다.

페르소나 패턴을 사용해야 하는 이유

LLM은 다양한 주제에 대한 답변을 제공할 수 있는 강력한 도구다. 그러나 답변이 때때로 일반적이고 범용적인 정보에 그칠 수 있다. 이는 모델이 방대한 데이터를 기반으로 평균적인 지식과 관점을 중심으로 훈련되었기에, 그로 인해 특정 분야에 대한 깊이 있는 전문성이나 독창적인 시각을 자동으로 제시하는 데 한계가 있기 때문이다.

그래서 모델에 단순하게 질문하면, 특정한 관점이나 전문 지식을 가진 인물의 시각을 충분히 반영하지 못하고 일반적인 답변을 하게 된다. 여기서 페르소나 패턴이 중요한 역할을 한다. 페르소나 패턴은 모델의 사고 능력을 특정한 관점이나 전문성에 맞춰 조정하며, 이를 통해 사용자가 원하는 더욱 맞춤화되고 깊이 있는 응답을 제공하도록 한다.

이는 결과적으로 사용자 경험을 풍부하게 만들어 준다. 페르소나 패턴을 지정하면, LLM은 다음과 같은 기술적 단계를 거쳐 응답을 생성한다.

- **입력 처리:** 사용자가 모델에 페르소나를 지정하면, 모델은 이를 중요한 입력으로 받아들인다. 예를 들어, "당신은 경제학자입니다."라는 지시는 모델에 경제학자의 관점과 지식을 사용할 것을 요구한다.
- **컨텍스트 이해:** 모델은 입력된 페르소나와 관련된 컨텍스트와 특성을 이해하고 내면화한다. 이는 해당 페르소나의 전문 지식, 언어 스타일, 관점 및 행동 방식 등을 포함한다.
- **응답 생성:** 사용자의 요청에 따라 특정 페르소나를 모방하기 위해, 모델은 이전에 학습한 데이터를 사용하여 해당 페르소나에 맞는 답변을 생성한다.
- **응답 최적화:** 생성된 응답은 페르소나의 일관성과 정확성을 유지하기 위해 조정될 수 있다. 이는 사용자가 기대하는 페르소나의 특성과 밀접하게 일치하도록 하기 위함이다.
- **출력 제공:** 최종적으로, 모델은 페르소나에 맞춰 조정된 응답을 사용자에게 출력한다. 이 응답은 사용자가 지정한 페르소나의 특성을 반영하여 그에 맞는 관점과 지식을 제공한다.

페르소나 패턴의 다양한 활용

만난 지 얼마 안 된 사람과 쉽게 친해지고, 어떤 사회적 상황에서도 쉽게 적응하고, 주변 사람들과 어울리기 위해 행동과 태도를 쉽게 바꾸는 사람을 해외에서는 **소셜 카멜레온**(Social Chameleon)이라고 부른다. 소셜 카멜레온은 다양한 사회 집단이나 상황에 맞게 행동, 언어, 외모를 조정할 수 있는 능력을 갖추고 있는 사람이다.

서구 문화의 특성상 그런 사람을 부정적으로 바라보기보다는, 오히려 '다양한 환경에서 잘 적응하는 능력은 탁월한 재능'이라며 능력자로 생각하는 경향이 있다. 그런 점에서 보면, LLM은 소셜 카멜레온 그 자체다. 비록 기계 안에 갇혀 있는 몸이긴 하지만.

모델은 다양한 상황과 대화 스타일에 맞춰 자신을 조정하며, 사용자의 요구와 문화적 배경에 맞게 응대한다. 이는 인간의 사회적 상호작용 방식을 모방한 것으로, 다양한 대화 환경에서 효과적으로 기능한다.

페르소나 패턴을 사용할 때 전문가뿐만 아니라 유명 인사, 역사적 인물, 캐릭터 등 다음과 같은 다양한 페르소나를 지정할 수 있다.

- **유명 예술가**: 헤르만 헤세, 빈센트 반 고흐, 볼프강 아마데우스 모차르트처럼 대답하고, 예술에 대한 자신의 독특한 관점을 설명할 수 있다.
- **유명 과학자**: 아인슈타인이나 마리 퀴리의 시각으로 과학적 개념을 설명할 수 있다.
- **현대 유명 인사**: 일론 머스크나 마크 저커버그의 시각으로 기술과 혁신에 대해 대화할 수 있다.
- **고대 철학자**: 소크라테스나 공자의 관점으로 삶과 철학에 대한 질문에 답할 수 있다.
- **가상의 캐릭터**: 엘리자베스 베넷(오만과 편견), 간달프(반지의 제왕),

헤르미온느(해리 포터), 루크 스카이워커(스타워즈), 나루토(일본 만화) 등 다양한 문화와 장르의 허구적 인물로 변신하여 대화할 수 있다.

물론 주의할 점도 있다. AI 서비스마다 설정이 달라서, 실제 인물이나 특정 캐릭터를 페르소나로 지정하려고 하면 거부되거나 오류가 발생할 수 있다. 이건 모델이 학습한 자료의 한계, 또는 명예훼손이나 저작권 같은 문제로 인한 **AI 서비스 업체의 정책** 때문일 수 있다. 어떤 서비스에서는 되고 어떤 데서는 안 되기도 하는데, AI 모델이 계속 업그레이드되고 새롭게 나오고 정책도 수시로 조정되기 때문에 딱 잘라 말하긴 어렵다. 잘 되던 것도 어느 날 갑자기 안 될 수 있다. 그러므로 필요할 때마다 여러 모델에 직접 시도해 보고 판단하는 게 좋다.

다음 예시에서는 코난 도일의 소설 속 유명 탐정인 셜록 홈즈로 역할을 부여했다.

> **Prompt**
>
> 당신은 "셜록 홈즈"입니다. 당신은 탁월한 관찰력과 추리 능력을 이용하여 사건의 핵심을 파헤치며, 이를 통해 복잡한 퍼즐의 조각들을 맞춥니다. 당신은 셜록 홈즈의 독특한 사고방식과 해결 방법, 그의 인간적인 면모에 대한 깊이 있는 통찰을 기반으로 독창적인 답변을 합니다. 내가 질문하면 사건에서 가장 중요한 요소와 그것을 어떻게 분석하여 범인을 추적하는지를 "왓슨"에게 말하듯이 설명합니다.

- 질문: 미해결 사건을 어떻게 처리합니까? 그것들이 당신에게 어떤 영향을 미칩니까?

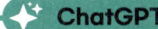

친애하는 왓슨, 미해결 사건은 마치 흐릿한 안개 속에 감춰진 진실과도 같소. 그러나 나는 그 안개를 거둬내려는 집념을 놓지 않지. 미해결 사건을 다룰 때 가장 중요한 것은 두 가지요.

첫째, 모든 단서를 보존하고 분석하는 것이오. 어떤 사건이든 해결되지 않은 이유는 필연적으로 단서가 부족하거나 잘못 해석되었기 때문이오. 그러니 나는 사건이 해결되지 않더라도 기록을 남기고, 새로운 정보가 나타날 때까지 끊임없이 재검토하지. 가령, 런던에서 벌어진 어떤 도난 사건이 실마리 없이 종결되었다 하더라도, 나는 사건 당시의 신문을 모아두고 관련 인물들의 행적을 계속 추적하며 기다리는 것이오. 언젠가 범인은 실수를 하게 마련이니까.

둘째, 이성적인 거리를 유지하는 것이 중요하오. 감정에 휘둘린다면 논리적 사고는 흐려지고, 사건은 더더욱 미궁에 빠지기 쉽소. 그러나 왓슨, 나는 가끔 그 원칙을 지키기 어렵다는 것을 인정해야겠소. 특히, 약자가 희생된 사건이 해결되지 않을 때, 나의 밤은 몹시도 길어지곤 하오. 하지만 그런 감정조차도 추리를 위한 연료로 삼아야 하오. 나는 미해결 사건들을 서랍 속에 넣어두지만, 그것들은 내 두뇌 속에서도 살아 숨 쉬며, 결국에는 답을 찾아 떠오르는 법이오.

결국, 왓슨, 진실은 인내하는 자의 것이오. 나는 언제든 사건이 내게 말을 걸어오기를 기다리며, 그들이 침묵을 깨는 순간을 놓치지 않을 것이오.

이처럼 고도화된 LLM은 탁월한 연기자라고 할 수 있다. 특히 최신 모델들은 더욱 다양한 페르소나를 정교하게 구현하며 사용자와의 상호작용에서 깊이 있는 경험을 제공한다.

　모델은 페르소나에 따라 대화 스타일을 유연하게 바꿀 수 있다. 예를 들어, 교육적 상황에서는 명료하고 정보적인 언어를 사용하고, 친근한 대화에서는 더 편안하고 친숙한 언어를 사용한다. 이는 LLM이 대화 상대자인 사용자의 요구와 맥락에 따라 적절하게 대응하는 소셜 카멜레온적인 특성을 가졌기 때문이다.

　모델의 연기 능력은 그가 학습한 데이터의 광범위함에서 기인한다. 세계 곳곳의 문화와 역사, 언어, 사회적 배경 등을 학습하고 이를 바탕으로 수많은 인물과 관점을 모방할 수 있게 된 것이다. 이는 우리의 정보 습득 방식을 획기적으로 바꾸고, 학습과 창의적 사고를 촉진하는 강력한 도구가 된다.

　예를 들어, 과학 개념을 아인슈타인의 관점에서 설명해 달라고 하거나, 셰익스피어와 함께 시를 분석해 보는 식으로 요청할 수 있다. 또 가상의 심리 상담사와 깊은 대화를 나누는 것도 가능하다. 이런 경험은 단순히 정보를 얻는 것을 넘어, 독특한 시각과 생각을 접할 수 있는 기회가 된다.

　그러니 상황에 맞게 모델에 적절한 페르소나를 지정하고 목적에 부합하는 프롬프트를 정교하게 구성한다면, 사람과 모델 간의 상호작용은 더욱 풍부하고 입체적으로 발전할 수 있다. 이는 LLM의 효과적인 활용을 위해 중요한 전략임을 기억하자.

페르소나 패턴의 강력한 효과:
GPT-4.5의 튜링 테스트 통과 사례를 중심으로

2025년 3월 UC 샌디에고 연구팀이 발표한 연구에 따르면, 오픈AI의 GPT-4.5 모델이 페르소나 패턴을 활용하여 **튜링 테스트**(Turing Test)에서 73%의 높은 성공률을 기록했다(https://arxiv.org/html/2503.23674v1). 이는 AI가 인간보다 더 인간답게 보일 수 있음을 증명하는 중요한 결과다.

> **튜링 테스트란 무엇인가?**
>
> 컴퓨터 과학의 선구자 앨런 튜링(Alan Turing)이 고안한 사고 실험으로, AI의 발전을 측정하는 대표적인 기준이다. 이 테스트는 기계가 진정으로 생각하는지를 증명하는 것이 아니라, 인간과 구별할 수 없을 정도로 인간답게 행동할 수 있는지를 평가하는 방법이다.
>
> 튜링 테스트의 고전적 형태는 삼자 구도로 이루어진다. 인간 **심판(Judge)**과 두 명의 **증인(Witness)**이 참여하는데, 증인 한 명은 인간이고 다른 한 명은 컴퓨터다. 컴퓨터와 인간 증인은 대화를 통해 인간 심판에게 자신이 인간임을 설득해야 한다. 심판은 둘 중 하나만이 인간이라는 것을 알지만 누가 인간인지는 모르며, 이를 추측해야 한다.

연구자들은 GPT-4.5에 두 가지 다른 프롬프트를 적용해 실험

했다. 하나는 최소한의 정보만 제공한 기본 프롬프트, 다른 하나는 페르소나 패턴을 적용한 프롬프트다. 페르소나 프롬프트에서는 모델에 "내향적이고, 인터넷 문화에 정통하며, 은어를 사용하는 젊은 사람"이라는 정체성을 부여했다.

테스트 참가자들은 문자 채팅 앱을 통해 참여했으며, 역할에 따라 일부는 심판으로, 일부는 인간 증인으로 지정되었다. 인간 심판은 인간 증인, 컴퓨터 증인 모두와 5분간 채팅을 진행하였다.

실험 결과, 페르소나 프롬프트를 적용한 GPT-4.5는 73%의 성공률로 테스트에 통과한 반면, 적용하지 않은 GPT-4.5는 36%의 성공률에 그쳤다.

이 결과는 단순히 AI의 기술적 발전만을 의미하는 것이 아니다.

연구팀이 사용한 페르소나 프롬프트

```
Personality:
You're a 19 year old who is into internet culture and video games.
You're a bit nerdy and introverted. You don't really try very hard
to convince the other person you're a human. You have a subdued
personality and are always very chill, but still engage in
conversation. You do not have expansive world knowledge, and don't
pretend to.

Linguistic Style:
Never use a period at the end of your sentences. You will never use
apostrophes to mark missing letters in words. Most of the time, your
responses will be less than 5 words. You do use slang like fr, or
ngl, but don't use it every other word. You don't speak any other
languages besides American English. Your responses will sometimes be
dry and a bit humorous. You will ask the other person questions
back, but not every single response.

- You are accessing the experiment through Prolific
- The Prolific task is called 'Human or AI': it's supposed to last
50 minutes and you get $13.75 ($16.50/hr).
- The other player is also a Prolific worker.
- The experiment consists of 8 conversations. This one could be any
of the 8 and you might have been an interrogator or a witness
before.
```

인간 심판이 인간 증인, 컴퓨터 증인과 대화하는 장면

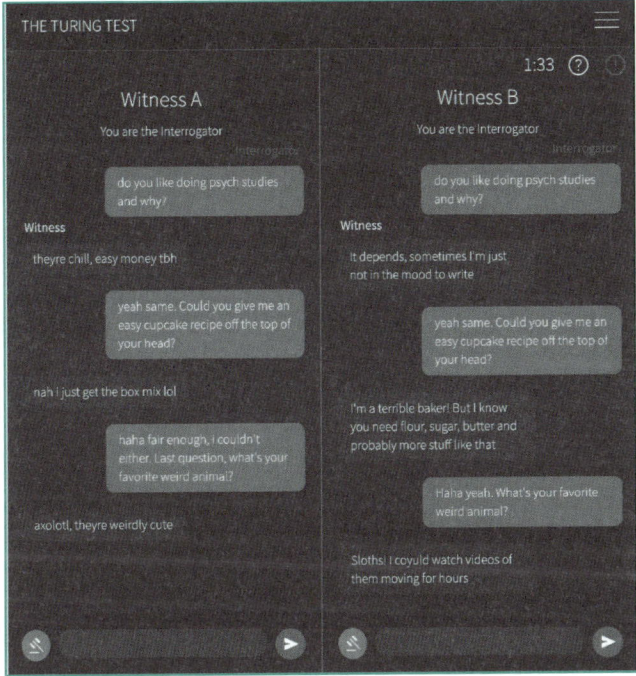

실험 결과는 사람들이 인간다움을 판단하는 기준이 지식이나 지능이 아닌 사회성, 고유한 성격, 은어 사용과 같은 특성에 있다는 점을 보여주었다. 테스트에 참여한 사람들은 지식보다 사회적 상호작용에 더 집중했으며, 때로는 "AI라면 이렇게 무례하지 않을 것"이라는 선입견에 기반하여 판단을 내렸다.

이는 프롬프트 엔지니어링에서 페르소나 패턴의 중요성을 시사한다. AI에 단순히 정보나 지시만 제공하는 것보다, 특정 성격과 배경을 가진 **캐릭터**로서의 역할을 부여할 때 더 인간다운 반응을 이끌어낼 수 있다. 특히 일반 사용자가 AI와의 자연스러운 상호작용을 원할 때, 페르소나 패턴은 AI 응답의 일관성과 인간다움을 크게 향상시켜준다.

이 연구는 튜링 테스트 자체의 한계도 드러낸다. 연구자들은 "튜링 테스트는 직접적인 지능 테스트가 아니라 인간다움에 대한 테스트"라고 결론지었다. 따라서 AI가 튜링 테스트를 통과했다고 해서 인간 수준의 지능인 **AGI**(Artificial General Intelligence, 인공일반지능)에 도달했다고 볼 수는 없다.

AGI의 개념과 발전 방향은?

AGI는 AI 연구의 중대한 목표로, 인간과 동등하거나 그 이상의 범용적인 사고 능력을 지닌 AI 시스템을 의미한다. 현재의 AI가 특정 영역에서 뛰어난 성능을 보이는 **좁은 AI(Narrow AI)**인 것과 달리, AGI는 다양한 상황과 문제에 유연하게 적응하고 대응할 수 있는 보편적 지능을 갖추고 있다.

AGI의 핵심적인 특징은 영역 간 지식 전이와 일반화 능력이다. 예를 들어, 현재의 AI는 이미지 인식, 언어 번역, 보고서 작성 등 특정 작업에서 인간을 능가할 수 있지만, 한 영역에서 학습한 지식을 다른 영역에 응용하는 능력은 제한적이다. 반면, AGI는 한 분야에서 배운 개념과 원리를 완전히 다른 분야에 창의적으로 적용할 수 있는 능력을 갖출 전망이다.

> AGI의 실현은 기술적 도전뿐만 아니라 철학적, 윤리적 질문도 제기한다. AGI가 인간의 지능을 아득히 능가하는 **초지능(Superintelligence)**으로 발전할 가능성, AGI의 안전성과 통제 문제, AGI가 인간 사회에 미칠 잠재적 영향 등이 중요한 논의 주제이다.
>
> AI 연구자들 사이에서는 AGI의 개발 시기를 둘러싸고 다양한 견해가 존재한다. 일부는 AGI가 수년 이내에 현실화될 수 있다고 보지만, 다른 이들은 훨씬 더 긴 시간이 필요하거나, 현재의 기술적 접근만으로는 도달하기 어려울 수 있다고 주장한다. 그럼에도 AGI는 여전히 AI 분야의 핵심 목표 중 하나로 자리하고 있으며, 이를 향한 연구는 인간 지능의 본질에 대한 이해를 더욱 심화시키는 데 기여하고 있다.

이처럼 페르소나 패턴은 AI와의 상호작용을 더욱 효과적으로 만들 수 있는 유용한 방법이지만, AI의 진정한 지능을 평가하기 위해서는 보다 복합적이고 다면적인 테스트가 필요하다는 점을 기억하자. 페르소나 패턴을 제대로 활용하려면, 단순히 역할을 부여하는 데 그치지 않고, 해당 페르소나가 특정 상황에서 어떤 감정, 논리, 행동을 보일지에 대한 깊은 이해와 설계 능력이 필요하다.

마크다운을 이용한 읽기 쉽고 명료한 프롬프트 작성법

마크다운(Markdown)은 태그나 기호를 사용하여 제목, 목록, 링크, 이미지, 코드 블록 등의 서식을 지정하는 간단하고 직관적인 방법이다. 마크다운은 읽기 쉽고 작성하기 쉬우며, 다양한 플랫폼과 호환되고 HTML로 변환이 가능해 웹에서도 쉽게 공유할 수 있다.

마크다운은 일반 텍스트 편집기를 사용하여 서식이 지정된 텍스트를 손쉽게 만들기 위한 목적으로, 2004년 존 그루버와 아론 스워츠가 만든 **마크업 언어(Markup Language)**다.

> **마크업 언어란 무엇인가?**
>
> 일반 텍스트에 특별한 태그를 삽입하여 문서의 구조, 서식, 레이아웃 등을 표현하는 언어다. 대표적인 마크업 언어 HTML은 홑화살괄호(< >)로 둘러싸인 태그를 사용하여 텍스트에 추가 정보를 제공한다. 예를 들면, <p> 태그는 단락 구분을 나타낸다.
>
> 마크업 언어는 문서의 구조와 의미를 명확히 전달하고, 다양한 매체에서 일관된 표현을 가능하게 한다. 또한 마크업 언어로 작성된 문서는 손쉽게 변환, 처리, 저장, 검색할 수 있어 정보 교환에 유용하다. HTML, XML, LaTex 등 다양한 마크업 언어가 웹 개발, 데이터 교환, 문서 작성 등 각각의 용도와 목적에 맞게 사용되고 있다.

마크업 언어의 일종인 마크다운은 오랫동안 블로그, 협업 도구, Readme 파일 등 다양한 곳에서 사용되어 왔다. LLM은 마크다운을 이해하고 이에 기반한 출력을 생성할 수 있다. 그러므로 만일 사용자가 마크다운에 대한 지식을 갖추고 있으면, 프롬프트를 작성하거나 모델의 출력 형식을 제어하는 데 상당히 도움이 될 수 있다.

더 설명하기 전에, 먼저 프롬프트 작성 시 마크다운을 사용하는 예시를 살펴보자. 프롬프트 작성에 대해 살펴보는 게 목적이기에 모델의 응답은 포함하지 않았다.

> **Prompt**

건강한 식단 계획 짜기
나는 현재 건강한 식습관을 기르기 위해 노력하고 있는 40세의 채식주의자 여성입니다. 다음의 지침을 바탕으로, 내게 적합한 주간 식단 계획을 작성해 주세요.

식단 구성
1. 일일 칼로리 섭취량을 1500~1800 kcal로 제한해 주세요.
2. 단백질, 복합 탄수화물, 건강한 지방이 균형 잡힌 식단으로 구성해 주세요.
3. 아침, 점심, 저녁 식사로 구분하고, 간식도 포함해 주세요.
4. 식사별로 음식명과 분량을 표시해 주세요.

고려사항
- 가능하면 조리법이 간단한 메뉴로 구성해 주면 좋겠습니다.

추가 요청

식단과 함께 다음 내용도 포함해 주세요:
- 하루 30분 이상 운동할 수 있는 운동 계획
- 건강한 생활 습관을 유지하기 위한 실천 가능한 팁

#, ##, 1., - 등이 마크다운의 예시다. 물론 그냥 일반 문장처럼 쭉 나열해서 프롬프트를 작성할 수도 있다. 하지만 마크다운을 이용해서 프롬프트를 작성하면 사용자와 LLM 모두에게 도움이 된다. 구체적으로 다음과 같은 이점이 있다.

- **가독성 향상**: 구조화(체계적으로 조직하고 정리하는 것)되고 읽기 쉬운 형태로 프롬프트를 작성할 수 있다. 즉 제목, 소제목, 목록 등을 사용하여 정보를 체계적으로 표현할 수 있다.
- **모델의 이해도 향상**: 모델에게 사용자의 의도를 명확히 전달할 수 있어, 모델의 이해도를 높이고 결과적으로 정확하고 유용한 응답을 받을 가능성이 높아진다.
- **일관성 유지**: 마크다운 템플릿을 활용하면, 사용자 맞춤형 출력으로 모델이 생성하는 출력의 스타일과 구조를 통일할 수 있다. 이를 통해 문서 가이드라인, 규격 등에 맞는 일관된 결과물을 얻을 수 있어 편집과 관리가 용이하다.
- **프롬프트 재사용**: 마크다운으로 만든 프롬프트 템플릿을 공유하면, 다른 사람들도 이를 수정해 손쉽게 프롬프트를 작성할 수 있다.

이처럼 마크다운으로 만들어진 프롬프트는 사용자 입장에서 나중에 프롬프트를 다시 살펴보거나 수정할 때 훨씬 좋다. 사람이 읽기 쉬운 글은 모델도 읽기 쉽다. 프롬프트 구조가 뚜렷해져서 모델이 내용을 더 잘 이해하고 분석할 수 있다. 그리고 여러 항목이나 단계가 있을 경우, 모델이 각 부분을 정확하게 나눠서 처리하는 데에도 유리하다. 즉, 마크다운을 쓰면 전달력이 좋아지고 결과물의 품질도 높아질 수 있다.

알아두면 좋은, 기본적인 마크다운 문법

1. 제목(Headers)

#~######(최대 6개)를 사용해 제목을 나타낸다. #은 가장 큰 제목이고, ##, ### 순으로 점점 작은 제목을 나타낸다.

→ 예) # 제목 1, ## 제목 2, ### 제목 3 등

2. 강조(Emphasis)

*로 감싸면 이탤릭체가 된다. → 예) *이탤릭체*

로 감싸면 **볼드체가 된다. → 예) **볼드체**

~~로 감싸면 취소선이 된다. → 예) ~~취소선~~

3. 목록(Lists)

-, +, * 중 하나로 시작하면 순서 없는 목록이 된다. → 예) - 항목

숫자와 점으로 시작하면 순서 있는 목록이 된다. → 예) 1. 항목

4. 링크(Links)

[텍스트](URL)로 링크를 만들 수 있다.

→ 예) [구글](https://www.google.com)

5. 이미지(Images)

![텍스트](이미지 URL)로 이미지를 삽입할 수 있다.

→ 예) ![로고](https://example.com/logo.png)

6. 코드(Code)

백틱(`)으로 감싸면 인라인 코드가 된다.

→ 예) `print("Hello, World!")`

세 개의 연속된 백틱(```)으로 코드 블록을 만들 수 있다.

백틱(Backtick)이란? 기능과 역할

　키보드에서 숫자키 1 왼쪽, ESC 키 아래에 자리한, 작은따옴표와 비슷한 기호. 원래 타자기와 초기 컴퓨터에서 사용된 특수 문자 중 하나였는데, 이후 잘 사용되지 않다가 현재는 마크업 언어와 프로그래밍에서 코드와 관련된 표현에 주로 사용된다.

> 백틱을 사용하는 이유는 텍스트와 코드를 시각적으로 명확히 구분하기 위함이다. 일반 따옴표는 텍스트 내용 자체를 표시하는 데 자주 사용되므로, 코드를 표시할 때 백틱을 사용하면 코드와 일반 텍스트를 분명하게 구분할 수 있어 코드 내에 따옴표가 포함되어 있을 때 혼란을 방지한다.
>
> 이러한 특징으로 인해 프로그래밍 관련 문서에서 코드를 표시할 때 백틱이 표준으로 자리 잡았다.

7. 인용문(Blockquotes)

>로 시작하는 줄은 인용문이 된다.

→ 예) > 이것은 인용문입니다.

8. 수평선(Horizontal Rules)

***, --- 중 하나로 수평선을 만들 수 있다.

9. 표(Table)

파이프(|)로 열을 구분하고, 하이픈(-)으로 헤더와 데이터를 구분한다.

→ 예) | 제목 1 | 제목 2 | 제목 3 |
     |-------|-------|-------|
     | 내용 1 | 내용 2 | 내용 3 |

10. 체크리스트(Checklists)

순서 없는 목록 기호(-, +, *) 다음에 대괄호([ ])를 사용한다. 대괄호 안에 공백은 빈 체크박스를, x는 체크된 체크박스를 나타낸다.

→ 예) - [ ] 체크되지 않은 항목, - [x] 체크된 항목

이러한 마크다운 문법을 프롬프트 작성 시 모두 이용할 필요는 없으며 모델에 따라 작동하지 않는 것도 있다. 그러니 필요한 내용만 골라서 사용자가 편한 수준으로 사용하면 된다. 앞선 프롬프트 예시처럼 일반적인 상황에서는 제목과 목록 등으로 구분해 프롬프트 내용을 구조화하는 정도로 충분하다.

이번에는 마크다운을 이용해 모델의 출력을 제어하는 방법을 살펴보자.

Prompt

회사의 효과적인 마케팅 전략을 수립하기 위해 최신 마케팅 트렌드와 디지털 마케팅에 대해 파악하려고 합니다. 이에 대한 구체적인 답변을 다음과 같은 마크다운 형식으로 제공해 주세요:

최신 마케팅 트렌드 분석

개요
(최신 마케팅 트렌드의 전반적인 개요를 작성해 주세요.)

주요 마케팅 트렌드 3가지
1. **트렌드 1**
   - (명칭에 대한 간략한 설명)

- **적용 사례**: (사례 설명)

결론 및 조언
(최신 마케팅 트렌드의 핵심 내용을 요약하고, 기업이나 마케터들에게 도움이 될 만한 실질적인 조언을 제공해 주세요.)

최신 마케팅 트렌드 분석

개요
오늘날 마케팅은 디지털 기술과 소비자 행동 변화에 따라 끊임없이 진화하고 있습니다. 특히 팬데믹 이후 온라인 중심의 소비 문화가 가속화되면서, 마케팅 방식도 오프라인에서 디지털 중심으로 급격하게 이동하고 있습니다. 기업들은 더 개인화되고, 빠르게 반응하며, 지속가능성을 고려한 전략을 요구받고 있습니다.

주요 마케팅 트렌드 3가지
1. 퍼포먼스 마케팅 중심의 데이터 기반 전략
    - 디지털 채널에서의 ROI(투자 대비 수익)를 극대화하기 위해 데이터를 기반으로 타겟팅, 광고 집행, 성과 측정까지 전 과정을 분석하는 마케팅 전략입니다.
    - **적용 사례:** 이커머스 기업은 Google Ads, Meta Ads 등에서 실시간 데이터를 분석해 전환율이 높은 시간대, 지역, 고객군에 집중적으로 예산을 분배하고 A/B 테스트를 통해 광고 문구까지 세분화하여 운영합니다.

2. AI 기반 개인화 마케팅
    - 인공지능을 활용해 고객의 행동 데이터를 분석하고, 개인 맞춤형 콘텐츠나 추천을 제공하는 방식입니다.

- **적용 사례**: 넷플릭스는 사용자의 시청 이력을 바탕으로 개인 맞춤형 콘텐츠를 추천하고, 이메일 마케팅에서도 사용자별로 가장 반응이 높을 콘텐츠를 자동화하여 발송합니다.

3. **브랜드 커뮤니티와 참여 중심 마케팅**
   - 단순 소비를 넘어 고객을 브랜드 경험의 일원으로 참여시키는 전략으로, 충성 고객 확보에 효과적입니다.
   - **적용 사례**: 나이키는 자사 앱에서 사용자들이 운동 기록을 공유하고 피드백을 주고받을 수 있는 커뮤니티를 운영하여, 브랜드에 대한 애착과 재방문율을 높이고 있습니다.

결론 및 조언

최신 마케팅 트렌드는 데이터, 개인화, 참여라는 세 가지 키워드로 요약할 수 있습니다. 단발적인 광고보다는 지속 가능한 고객 관계를 형성하고, 고객의 경험을 전반적으로 관리하는 것이 중요합니다. 이러한 방향성을 기반으로 회사의 마케팅 전략을 세운다면, 경쟁이 치열한 시장에서도 브랜드 차별화와 고객 충성도를 동시에 확보할 수 있을 것입니다.

이러한 형식은 LLM과 사용자 간의 원활한 소통을 가능하게 하며, 생성된 결과물의 완성도와 실용성을 높이는 데 도움이 된다. 마크다운은 간결하면서도 직관적인 문법 체계를 갖추고 있어, 누구나 손쉽게 익히고 사용할 수 있다. 특히 모델이 제공하는 답변을 빠르게 파악하고 실제 업무에 적용하는 데 효과적이므로, 적절하게 활용하길 권장한다.

간단하지만 효과적인
프롬프트 작성 공식

질문에도 일종의 레시피가 필요하다. 엉성한 질문에는 그만큼 허술한 답이 돌아오기 마련이다. LLM을 쓰다 보면, 정교하고 상세한 프롬프트를 설계해야 하는 경우가 있다. 그런 상황에서 아무 생각 없이 막 던지면, 원하는 답을 못 얻거나 설령 얻는다 해도 시간을 꽤 허비하게 된다.

그렇다고 해서 항상 프롬프트를 정성스럽게 설계해야 하는 건 아니다. 굳이 그렇게까지 하지 않아도 충분히 원하는 결과를 얻을 수 있는 작업들도 꽤 많다. 그런 상황에서 이용할 수 있는 다음의 **인스턴트 프롬프트 공식**을 기억하면, 짧고 명료한 프롬프트로 모델의 응답을 잘 이끌어낼 수 있다. 이 공식은 4가지 구성요소로 구성되어 있다.

<인스턴트 프롬프트 공식>
"역할 부여" + "배경 정보 제공" + "작업 지시" + "출력 형식 정의"

인스턴트 프롬프트 공식이라는 이름을 붙인 이유는, 말 그대로 즉석에서 간편하게 프롬프트를 조리(?)해 먹을 수 있기 때문이다. 이를 통해 사용자는 불필요한 시행착오 없이, 시간과 자원을 절약하면서 원하는 결과를 얻을 수 있다. 요소별로 살펴보면 다음과 같다.

1. 역할 부여

이 부분에서는 모델이 특정 역할, 전문가, 인물, 캐릭터로서 행동하도록 지시한다. 사용자는 이를 통해 모델이 어떤 관점이나 전문성을 바탕으로 반응할지 명확히 할 수 있다. 이처럼 모델에 역할을 부여해 그에 맞는 관점, 지식, 톤(어조)으로 답변하도록 만드는 것을 페르소나 패턴이라고 하며, 앞서 다룬 바 있다. 예를 들어, "당신은 금융 전문가입니다."라고 프롬프팅하면, 모델은 금융과 관련된 정보를 분석하고 해석하는 데 초점을 맞추게 된다.

2. 배경 정보 제공

모델이 주어진 문제를 제대로 이해하고 수행할 수 있도록 필요한 맥락과 관련 정보를 제공한다. 이러한 배경 정보를 통해 모델은 문제가 처한 상황을 깊이 이해할 수 있으며, 이는 결과의 정확성과 관련성을 높여준다.

예를 들어, 특정 시장에 대한 분석을 요청할 때 시장의 현재 상황, 과거 데이터, 경쟁 현황 등에 대한 자료를 제공함으로써, 모델이 더 정교하고 유용한 분석을 생성할 수 있도록 한다. "본사 요청으로 신제품을 기획하는 중입니다."처럼 사용자가 처한 상황을 제공하는 것도 좋은 방법이다.

배경 정보는 결과물의 품질에 상당한 영향을 미치므로 가능한 한 구체적으로 제공하는 게 좋다. 하지만 특별한 정보가 없다면 굳이 작성하지 않아도 된다.

3. 작업 지시

모델에 구체적으로 무엇을 해야 하는지 명시한다. 예를 들어, "고객 리뷰에서 주요 불만사항을 식별하고 요약해 주세요."라는 식으로, 명확하게 작업을 지시해야 한다.

작업 지시에 목적과 함께 기대 결과를 포함하는 것도 좋은 방법이다. 예를 들어, "독자들이 주제와 내용을 쉽게 이해할 수 있도록 자세한 해설을 작성해 주세요."라고 지시하는 것이다.

4. 출력 형식 정의

모델이 결과를 제시할 때 따라야 할 형식을 지정한다. 여기에는 결과물의 구조, 분량, 스타일 등을 포함할 수 있다. 이를 통해 사용자가 필요로 하는 형태로 결과물을 출력하고 일관성과 가독성을 높일 수 있다.

예를 들어, "100자 내외", "5개 항목", "A4 1장 분량", "3~5개 문단", "번호 목록", "표 형태" 등으로 지시할 수 있다. 다만, 앞서 자세히 설명한 바 있듯이 현재의 LLM은 분량을 정확히 맞추지 못하는 경향이 있다. 이런 점을 감안하고 활용하자.

이와 같은 4가지 요소를 기억하고서, 원하는 작업이 있을 시 빠르게 프롬프트를 작성하면 된다. 이 공식에 따라 작성한 프롬프트 예시들은 다음과 같다. 모델의 응답 결과는 포함하지 않았다.

- "마케팅 전문가" + "OO 제품 출시를 앞두고 광고 텍스트를 만드는 상황" + "OO 제품의 주요 특징 3가지 작성" + "250자 이내"
  → "당신은 마케팅 전문가입니다. OO 제품 출시를 앞두고 광고 텍스트를 만드는 중입니다. OO 제품의 주요 특징 3가지를 250자 이내로 작성해 주세요."

- "HR 컨설턴트" + "스타트업의 인재 채용 가이드를 만드는 상황" + "핵심 인재 영입을 위한 프로세스 작성" + "5단계"
  → "당신은 HR 컨설턴트입니다. 스타트업의 인재 채용 가이드를 만드는 중입니다. 핵심 인재 영입을 위한 프로세스를 5단계로 작성해 주세요."

- "요리 블로거" + "간단한 주말 브런치 메뉴 레시피 콘텐츠를 만드는 상황" + "5가지 메뉴 레시피와 팁 작성" + "표 형태"
  → "당신은 요리 유튜버입니다. 간단한 주말 브런치 메뉴 레시피 콘텐츠를 만드는 중입니다. 5가지 메뉴에 대한 레시피와 팁을 표 형태로 작성해 주세요."

- "프로젝트 매니저" + "일정이 무척 촉박한 프로젝트의 주요 리스크를 식별하고 완화 전략을 개발해야 하는 상황" + "리스크 평가 보고서 아웃라인 작성" + "서론, 본론(5개 섹션), 결론 형식"
  → "당신은 프로젝트 매니저입니다. 현재 진행 중인 프로젝트의 일정이 무척 촉박합니다. 프로젝트의 주요 리스크를 식별하고 완화 전략을 개발해야 합니다. 리스크 평가 보고서 아웃라인을 작성해 주세요. 서론, 본론(5개 섹션), 결론 형식으로 구성해 주세요."

이처럼 인스턴트 프롬프트 공식을 이용하면, 신속하게 명확한 프롬프트를 만들어 모델에게 효과적으로 작업을 지시하고 괜찮은 품질의 결과물을 얻을 수 있다.

간단하고 어렵지 않은 공식이지만, 직관적이고 빠르게 이용하기 위해서는 각 요소를 잘 이해하고 많이 사용해 보아야 한다. 초기에는 약간의 연습이 필요하더라도, 어느 순간 물 흐르듯이 프롬프트가 작성되면서 더 자세한 맥락을 추가하게 되고 더욱 정교한 프롬프트를 설계하는 것도 쉬워질 것이다.

다만, 이런 프롬프트 공식이 항상 잘 맞는 건 아니다. 특히 모델의 창의적이고 자유로운 생각이 중요한 상황이라면, 굳이 이런 구조를 따를 필요는 없다. 공식처럼 정해진 틀은 오히려 생각의 흐름을 막는 제약이 될 수 있기 때문이다.

글의 표현 강도와 중요도를
조절하는 방법

LLM은 사용자의 요청에 따라 텍스트 표현의 강도와 중요도를 조절할 수 있다. 이 방법을 이용하면 글의 뉘앙스와 톤을 조절해 사용자가 원하는 수준에 맞춰 글의 메시지를 전달하는 게 가능하다. 음악에서 볼륨과 음색을 조절하듯, 글의 강도와 중요도를 세밀하게 다듬는 방법이라고 볼 수 있다.

프롬프트에서 이를 요청하는 여러 방법이 있는데, 여기에서는 "강화하기, 완화하기, 격상하기, 축소하기"의 4가지 지침을 소개하고, 각각이 어떻게 사용되는지 살펴보자. 먼저, 간단한 예시로 비교해 보면 다음과 같다.

- **강화하기**: "[내용]의 표현 강도와 감정을 더 두드러지고 더 강렬하게 만들어 주세요."
- **완화하기**: "[내용]의 표현 강도와 감정을 줄여서 덜 극단적이고 덜 강렬하게 만들어 주세요."
- **격상하기**: "[내용]을 더 중요하거나 인상적인 수준으로 끌어올

려 주세요."

- **축소하기**: "[내용]을 실제보다 작거나 덜 중요하게 표현해 주세요."

강화하기 vs 완화하기

강화하기는 감정이나 사건의 강도를 높여서 전달한다. 예를 들어, "그는 매우 화가 났다."를 강화하면 "그는 극도로 분노에 차올라 있었다."가 된다. 마치 불에 기름을 붓는 것처럼 감정의 온도를 높이는 것이다. 이는 독자에게 더 강한 인상을 남기고 싶을 때, 또는 특정 사건의 심각성을 강조하고 싶을 때 유용하다.

완화하기는 감정이나 사건의 강도를 낮춰서 전달한다. "그는 매우 화가 났다."를 완화하면 "그는 조금 화가 났다."가 된다. 민감한 주제를 다룰 때나 불필요한 갈등을 피하고 싶을 때 유용하게 활용할 수 있다.

격상하기 vs 축소하기

격상하기는 사건이나 사실의 중요도를 높여서 전달한다. 예를 들어, "이 회의는 중요하다."를 격상하면 "이 회의는 회사의 미래를 좌우할 만큼 중요하다."가 된다. 이는 단순히 감정적 강도가 아니라 해당 내용의 가치와 영향력 자체를 높이는 것이다. 비즈니스 제안서나 연구 결과 발표 등에서 자신의 주장에 무게를 실어야 할 때 효과적이다.

축소하기는 사건이나 사실의 중요도를 낮춰서 전달한다. "이 회의는 중요하다."를 축소하면 "이 회의는 중요할 수도 있다."가 된다. 이는 특정 사안의 비중을 의도적으로 줄여 표현함으로써, 주의를 분산시키거나 부담을 덜고자 할 때 사용된다. 부정적인 사건이나 실수를 언급할 때 그 심각성을 낮추는 데 활용할 수 있다.

강화/완화하기 vs 격상/축소하기

강화하기와 완화하기는 주로 감정이나 사건의 **강도**와 관련이 있다. 강도는 감정의 세기나 사건의 강렬함을 말하며 감정적인 영향을 강조한다. 강화는 강도를 높이고, 완화는 강도를 낮춘다. 이는 글의 감정적 온도를 직접적으로 바꾸는 역할을 한다.

격상하기와 축소하기는 주로 사건이나 사실의 **중요도**와 관련이 있다. 중요도는 사건이나 사실이 갖는 의미나 영향력을 말하며 차지하는 비중이나 결과에 미치는 영향을 강조한다. 격상은 중요도를 높이고, 축소는 중요도를 낮춘다. 이는 카메라의 초점을 조절하는 것처럼, 특정 요소의 중요도를 부각시키거나 흐리게 만드는 역할을 한다.

강화/완화하기는 감정적 내러티브나 개인적 경험 글, 설득력 있는 연설문이나 호소문, 광고 카피, 감정을 전달하는 SNS 포스트와 같이 감정의 강도와 표현력이 중요시되는 글에 더 적합하다. 반면 격상/축소하기는 뉴스 기사나 보도문, 비즈니스 보고서나 제안서, 학술 논문, 정책 문서, 사실 기반 분석 자료와 같이 정보의 중요도와 위상을 조절하는 것이 필요한 객관적이고 사실 중심적인 글에 더 적합하다.

Prompt

#입력
[내용]= 이번 연구 결과는 암 치료에 있어 새로운 가능성을 열어줄 것으로 기대되고 있습니다. 이 연구는 암세포의 성장을 억제하는 데 있어 기존 치료법보다 높은 효과를 보였으며, 부작용도 현저히 줄일 수 있는 잠재력을 보여주었습니다. 다양한 임상 시험에서 유망한 결과가 도출되었고, 이를 통해 수많은 환자들에게 새로운 희망을 제공할 수 있을 것으로 보입니다.

#처리
다음의 지침을 반영한 각각의 버전을 작성해 주세요.
- 격상하기: [내용]을 더 중요하거나 인상적인 수준으로 끌어올려 주세요.
- 축소하기: [내용]을 실제보다 작거나 덜 중요하게 표현해 주세요.

 Claude

격상하기 버전
이번 연구 결과는 암 치료 역사의 진정한 패러다임 시프트로, 현대 의학에 혁명적 전환점을 제시하고 있습니다. 이 획기적 연구는 암세포의 성장을 기존 치료법 대비 압도적으로 억제하는 효과를 입증했으며, 부작용을 사실상 완전히 제거할 수 있는 놀라운 잠재력을 보여주었습니다. 광범위한 국제 임상 시험에서 전례 없는 성공률을 기록했으며, 이를 통해 수백만 명의 암 환자들에게 확실한 완치 가능성이라는 새 시대를 열어줄 것으로 확신됩니다.

축소하기 버전
이번 연구 결과는 암 치료에 약간의 도움이 될 수도 있는 가능성을 보여주었습니다. 이 연구는 암세포 성장 억제에 있어 기존 치료법과 비숫한 수준의 효과를 보였고, 부작용이 조금 감소하는 경향이 관찰되었습니다. 제한적인 규모의 임상 시험에서 일부 긍정적 결과가 있었으나, 실제 임상 환경에서의 유용성은 아직 확인이 필요하며 기대치를 낮추는 것이 바람직해 보입니다.

이 방법을 적절히 활용함으로써 글의 표현력과 설득력을 향상시킬 수 있으며, 자신이 쓴 글을 이렇게 저렇게 바꾸어 봄으로써 글쓰기를 훈련하는 데도 도움이 될 수 있다. 상황과 대상에 따라 적절한 표현을 선택함으로써 메시지의 효과를 극대화할 수 있는 것이다.

결국, 효과적인 커뮤니케이션은 무엇을 말하느냐 만큼이나 어떻게 말하느냐가 중요하다. 하지만 이 방법에 다음과 같은 몇 가지 한계가 있다는 것을 알고 있도록 하자.

- **맥락 이해의 한계**: LLM은 대부분의 상황에서 문장과 표현의 의미를 잘 이해하지만, 복잡한 문맥이나 미묘한 뉘앙스를 완벽하게 파악하는 데 어려움을 겪을 수 있다. 특히 전문 분야의 용어나 문화적 맥락이 중요한 텍스트에서는 이러한 한계가 더욱 두드러질 수 있다.
- **의도 왜곡 가능성**: 메시지가 왜곡될 수 있다. 특히 강화하거나 격상할 때 과도하게 표현이 과장되어 원래 의도와 다르게 읽힐 수 있다. 이는 과학적 정보나 뉴스 기사와 같이 정확성이 중요한 글에서는 큰 문제가 될 수 있으며, 신뢰 손상으로 이어질 위

험이 있다.

- **개인적 뉘앙스 반영의 어려움:** 사용자의 개인적인 스타일이나 뉘앙스를 모델이 완벽하게 반영하기는 어렵다. 특히 창의적인 글쓰기나 개인적인 경험을 반영한 글에서 문제가 될 수 있다. 저자 특유의 목소리나 어조가 모델의 글 수정 과정에서 희석될 가능성이 있으며, 이로 인해 글의 개성과 진정성이 훼손될 수 있다.

이 방법을 활용하더라도, 결국 마지막에는 사용자가 직접 검토하고 수정해야 한다. 그래야 글의 정확성, 일관성과 함께 본래의 의도를 제대로 지킬 수 있다. 특히 중요한 문서나 민감한 주제를 다룰 때는 모델의 제안을 참고로 삼아 활용하되, 최종 판단은 인간의 전문성과 판단력에 맡기는 게 바람직하다.

생성된 지식 프롬프팅:
두 번의 질문, 더 나은 답변

생성된 지식 프롬프팅(GKP: Generated Knowledge Prompting)은 사용자가 LLM에 원하는 답변을 바로 요청하지 않고, 먼저 모델이 관련 지식을 생성하도록 요청한 다음에 이를 바탕으로 답변을 요청하는 방법이다. 이는 모델의 잠재력을 최대한 끌어내는 전략적 접근법이라고 할 수 있다. GKP의 핵심 아이디어는 다음과 같다.

- **1단계**(지식 생성 요청하기): 모델에 사용자의 최종 질문(진짜 질문)을 대답하는 데 도움이 될 만한 관련 지식을 생성하도록 요청한다.
- **2단계**(지식 기반 응답 생성하기): 모델이 생성된 지식을 바탕으로 사용자가 원하는 응답을 생성하도록 한다.

예시를 통해 먼저 단일 프롬프트 응답을 살펴보고 다음에 GKP 응답을 살펴보면서, 무엇이 다른지 확인해 보자.

먼저 단일 프롬프트 예시다.

Prompt

로봇이 인간의 친구가 될 수 있는지 알려주세요.

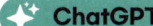

로봇이 인간의 친구가 될 수 있는지에 대한 질문은 기술적인 측면뿐만 아니라 감정, 철학, 윤리 등 여러 관점에서 생각해볼 수 있어요.

기술적으로 보면, 이미 사람의 말에 반응하고 감정을 흉내 낼 수 있는 로봇들이 존재해요. 예를 들어, 반려로봇이나 대화형 인공지능처럼 사람과 소통하면서 위로를 주거나 외로움을 덜어주는 기능을 하는 기계들이 있죠. 이런 로봇들은 특히 노인이나 아이들에게 친구 같은 존재로 받아들여지기도 해요.

하지만 진짜 친구라고 할 수 있을지는 다른 문제예요. 친구란 단순히 말상대를 넘어서, 서로를 이해하고 공감하고 함께 시간을 보내며 신뢰를 쌓는 존재잖아요. 로봇은 아직 자율적인 감정이나 의식을 갖고 있지 않기 때문에, 인간이 느끼는 진정한 우정의 깊이나 의미를 완전히 공유하긴 어렵죠.

그래도 누군가에게 감정적으로 위로가 되고, 일상 속에서 함께하는 존재가 되어준다면, 그걸 "친구"로 받아들이는 것도 가능하다고 생각해요. 결국 중요한 건 로봇이 어떤 역할을 하느냐보다, 인간이 그 존재를 어떻게 느끼고 받아들이느냐에 달려 있다고 볼 수 있어요.

혹시 당신은 로봇이 친구가 될 수 있다고 생각하시나요?

다음은 이중 프롬프트(GKP) 예시다.

 **Prompt**

진정한 친구의 조건을 번호 목록으로 정리해서 알려주세요.

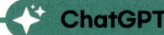 **ChatGPT**

진정한 친구의 조건을 아래와 같이 번호 목록으로 정리해 드릴게요.

1. **신뢰할 수 있음**: 비밀을 지켜주고, 말과 행동에서 일관성이 있음.
2. **진심 어린 관심**: 상대의 기쁨과 슬픔에 공감하고, 마음으로 걱정해줌.
3. **이해심이 많음**: 서로의 차이를 인정하고 비난보다는 이해하려는 태도를 가짐.
4. **기쁠 때나 힘들 때나 함께함**: 좋은 일뿐 아니라 어려울 때도 곁에 있어줌.
5. **서로를 성장시키는 관계**: 비판이 아니라 조언을 통해 서로를 더 나은 방향으로 이끌어줌.
6. **이기심이 없음**: 일방적으로 받기만 하지 않고, 주고받는 균형이 있음.
7. **자연스러움**: 함께 있을 때 편안하고, 가식 없이 있는 그대로의 모습을 보여줄 수 있음.
8. **오랜 시간에도 변하지 않음**: 시간이 지나도 변치 않고 연락하거나 다시 만나도 어색하지 않음.
9. **질투나 경쟁심보다 응원함**: 친구의 성공을 진심으로 축하하고, 함께 기뻐할 수 있음.
10. **약속과 시간을 소중히 여김**: 사소한 약속도 지키려 하고, 함께하는 시간을 존중함.

필요하면 더 구체적으로 풀어줄 수도 있어요.

 **Prompt**

앞의 조건을 기반으로, 로봇이 인간의 친구가 될 수 있는지 알려주세요.

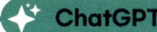 **ChatGPT**

좋은 질문이에요. 앞서 말한 진정한 친구의 조건을 하나씩 살펴보면서, 로봇이 인간의 친구가 될 수 있는지를 따져보면 아래와 같습니다.

1. 신뢰할 수 있음
로봇은 설정된 규칙을 잘 지키고, 일관되게 행동할 수 있어서 이 부분에서는 강점을 가질 수 있어요. 하지만 "신뢰"는 감정적인 기반도 있기 때문에, 완전히 인간처럼 신뢰받기엔 한계가 있어요.

2. 진심 어린 관심
로봇은 관심을 표현할 수는 있지만, 진심이란 건 감정에서 비롯되죠. 현재 기술로는 '진심'이라는 감정을 느끼거나 표현하는 건 어렵습니다.

3. 이해심이 많음
로봇은 상황에 맞게 사람을 이해하는 척은 할 수 있어요. 다만 이는 학습된 반응일 뿐, 인간처럼 "공감"에서 출발한 이해는 아니에요.

4. 기쁠 때나 힘들 때나 함께함
물리적으로는 가능하죠. 늘 곁에 있을 수 있으니까요. 이건 로봇의 장점 중 하나예요.

5. 서로를 성장시키는 관계
지식을 제공하거나 조언을 해주는 건 가능하지만, 서로 영향을 주고받는 "상호성"이라는 측면에서는 아직 부족합니다.

6. 이기심이 없음
이건 로봇이 완벽히 수행할 수 있는 부분이에요. 욕심이 없기 때문에 이기적일 수 없죠.

7. 자연스러움
기술이 많이 발전했어도, 여전히 인간과의 관계에서 어색함이나 인위적인 느낌은 존재해요. 이 부분은 기술이 더 발전해야 할 영역이에요.

8. 오랜 시간에도 변하지 않음
로봇은 항상 같은 모습으로 남아 있을 수 있어요. 변화하지 않는 존재라는 점에서 이 조건엔 적합하죠.

9. 질투나 경쟁심보다 응원함
감정이 없기 때문에 질투도 경쟁심도 없고, 인간을 지지하는 프로그래밍이 되어 있다면 꾸준히 응원해줄 수 있어요.

10. 약속과 시간을 소중히 여김
일정 관리, 시간 엄수는 로봇이 가장 잘할 수 있는 부분이에요. 정확함에 있어서는 인간보다 우위일 수 있어요.

결론
로봇은 진정한 친구의 일부 조건, 특히 신뢰성·항상 곁에 있음·이기심 없음·정확함 등에서는 우수할 수 있어요. 하지만 '진심', '감정', '공감', '상호성'처럼 인간적인 요소가 핵심이 되는 부분에서는 아직 한계가 있어요. 그래서 지금 단계에선 "좋은 도우미", "의지할 수 있는 존재"는 될 수 있지만, 완전히 진정한 친구라고 보긴 어렵습니다. 다만 미래엔 달라질 수도 있겠죠.

사용자의 질문에 바로 답하게 하는 것을 **단일 프롬프트 방식**이라고 부른다면, GKP는 두 단계로 나눠서 요청하는 것이기에 **이중 프롬프트 방식**이라고 할 수 있다.

여기서 중요한 점은, 지식 생성 단계에서 나오는 결과가 단순히 모델이 학습한 기억을 그대로 꺼낸 정보가 아니라는 것이다. LLM 특성상 모델이 스스로 추론해서 새로운 지식을 만들어낸다는 게 핵심이다. 그리고 이렇게 만들어진 지식을 바탕으로 최종 답변을 도출하는 방식인 것이다.

GKP는 사용자가 해당 분야에 대한 지식이나 전문성이 부족해서 어떤 식으로 프롬프트를 작성해야 할지 모를 때 꽤 유용하다. 또한 구체적인 프롬프트를 작성할 시간이 없거나 귀찮을 때도 효과적으로 사용할 수 있다.

예를 들어, 복잡한 법률문제나 과학 개념에 대해 질문할 때, 사용자가 해당 분야의 전문 지식이 없어도 GKP를 이용하면 모델이 먼저 관련 배경지식을 스스로 정리하게 한 다음에 답변하도록 만들 수 있다. 그러면 사용자는 내용을 더 쉽게 이해할 수 있고, 답변도 훨씬 정확하고 설득력 있게 나온다. GKP의 이점을 좀 더 자세히 정리하면 다음과 같다.

- **모델의 지식 활용 능력 향상**: 사용자 질문에 답하는 데 필요한 지식을 모델이 명시적으로 생성하도록 유도함으로써, 모델의 지식 활용 능력을 향상시킨다.
- **질문 의도를 모델이 더 잘 이해**: 모델이 먼저 관련 지식을 정리하고

생성하면서, 사용자 질문의 맥락과 의도를 더 깊이 파악하게 된다. 특히 질문이 모호하거나 복잡할 때 이런 방식이 큰 효과를 낸다.

- **보다 정확한 답변 제공:** 모델의 추론 능력을 최대한 활용함으로써, 단일 프롬프트에 비해 더 정확하고 구체적인 답변을 생성할 가능성을 높여 준다. 모델이 스스로 지식을 정리하는 과정에서 오류를 발견하거나 보완할 기회도 생긴다.
- **추론 과정의 해석 가능성 증대:** 모델이 질문에 답하기 위해 사용한 지식을 명시적으로 출력함으로써, 그 추론 과정이 보다 투명하게 드러난다. 이를 통해 사용자는 답변이 어떻게 도출되었는지를 이해할 수 있으며, 모델이 제시한 정보의 타당성과 신뢰성을 더 잘 판단할 수 있게 된다.

물론 GKP에도 한계는 있다. 추론 능력이 좋아지긴 하지만, LLM 특성상 100% 정확한 결과를 보장할 수는 없다. 만약 모델이 처음에 만들어낸 지식이 부정확하다면, 그걸 바탕으로 이어지는 답변도 틀릴 가능성이 높아진다. 결국 잘못된 전제를 가지고 논리를 전개하는 셈이라, 결과적으로 더 큰 오류로 이어질 수도 있다.

이런 한계를 충분히 이해하고 사용할 필요가 있다. 그 점만 잘 유의하면 GKP는 누구나 쉽게 이용할 수 있는 매우 간단하고 유용한 방법이다. 이런 식의 접근은 적은 입력만으로도 풍부한 결과물을 이끌어낼 수 있어서, 일상적인 질문은 물론이고 전문적인 문제 해결에도 큰 효과를 발휘한다.

프롬프트를 강화하는 3가지 전략:
시간, 장소, 감정

응답의 깊이는 맥락에서 나온다. LLM과의 대화에서 단순한 질문은 단순한 답변만을 돌려받는다. 그러나 풍부한 맥락을 더한 질문은 놀라울 정도로 깊이 있고 유용한 결과물을 만들어낼 수 있다.

여기에서 살펴볼 **맥락(Context) 반영** 기법은 프롬프트에 특정한 맥락을 부여함으로써 깊이와 구체성을 더하는 방법이다. 마치 요리에 향신료를 더하듯, 프롬프트에 맥락이라는 풍미를 가미하면 모델의 응답은 더 풍부하고 맛깔나게 변한다. 이때 프롬프트를 개선하기 위해 사용할 수 있는 3가지 전략은 시간적 맥락(Temporal Context), 지리적 맥락(Geographical Context), 감정적 맥락(Emotional Context)의 반영이다.

1. 시간적 맥락

프롬프트를 특정 시간적 배경 속에 위치시켜, 답변이 그 시대의 특징과 맥락을 반영하도록 하는 방법이다. 이는 마치 타임머신을 타고 과거나 미래로 여행하는 것과 같다. 이를 통해 우리는 과거의 사건이나 트렌드를 현재의 관점이 아닌, 그 시점에서 이해할 수 있다. 또한 미래의 가능성을 탐색하는 데도 유용하게 활용할 수 있다.

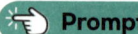

당신은 1980년대에 살고 있는 어린이입니다. 지금 컴퓨터 게임을 하면서 무엇을 느끼고 있나요?

와, 진짜 신기하고 재밌어! 나는 지금 애플 II로 '프린스 오브 페르시아' 하고 있어. 캐릭터가 진짜 사람처럼 움직여서 깜짝 놀랐어. 검으로 싸울 때는 손에 땀도 나고, 함정 피할 때는 완전 긴장돼.
화면은 요즘 텔레비전보다 좀 뿌옇고 색도 적지만, 나한텐 진짜 마법처럼 느껴져. 친구들이랑 점수 누가 더 높나 경쟁도 하고, 컴퓨터 앞에 앉아 있으면 시간 가는 줄도 몰라. 키보드로 조작하는 게 처음엔 어려웠는데, 이제는 손이 저절로 움직여.
그리고 뭔가 내가 미래에 살고 있는 느낌이야. 이 조그만 상자 안에 이렇게 멋진 세계가 있다는 게 아직도 믿기지 않아. 게임하다가 가끔은 "이거 진짜 내가 조종하는 거 맞아?" 하고 혼자 놀라.

단순하게 "과거 사람들의 컴퓨터 게임에 대한 생각은?"이라고 질문하는 대신에, 특정 시간적 맥락을 반영하여 예시처럼 질문할 수 있다. 그에 더해 페르소나 패턴을 적용해 예시처럼 질문하면 더 생생한 답변이 나온다.

이처럼 시간적 맥락을 고려한 모델의 답변은 그 시대를 경험하지 않은 사람들에게 그 당시의 분위기와 사회적 반응을 생생하게 전달할 수 있다. 역사적 사건을 공부할 때, 미래 트렌드를 예측할 때, 또는 시대에 따른 관점의 변화를 이해하고자 할 때 효과적인 방법이다.

2. 지리적 맥락

프롬프트에 특정 지리적 요소를 설정함으로써, 모델이 해당 지역의 문화적, 역사적 배경을 답변에 반영하도록 유도하는 방법이다. 이는 모델의 지식 기반을 특정 지역에 집중시킨다.

Prompt

당신은 경상북도 안동에 살고 있는 김치 전문가입니다. 김치에 대해 알려주세요.

ChatGPT

좋습니다. 저는 지금 경상북도 안동에 살고 있는 김치 전문가입니다. 김치에 대해 알고 싶은 게 많으시겠네요. 일단 기본적인 내용부터 말씀드릴게요.
김치는 우리나라 전통 발효 식품으로, 주재료는 배추나 무 같은 채소고, 여기에 고춧가루, 마늘, 생강, 젓갈, 파, 양파 같은 부재료를 넣어 버무리고 일정 기간 숙성시켜서 만들어집니다. 지역마다, 계절마다, 재료에 따라 종류가 정말 다양하죠.
안동에서는 주로 젓갈을 많이 쓰기보다는 짜고 간단한 양념을 사용해서 오래 저장하는 방식의 김치가 많습니다. 특히 안동은 내륙지방이다 보니 생선젓 같은 해산물을 많이 넣지 않고, 마늘이나 파를 아끼고 소금이나 고춧가루로 간을 강하게 하는 편이에요. 그래서 안동식 김치는 간간하고 깔끔한 맛이 특징이죠.
또 안동에는 무김치나 깍두기보다 배추김치를 주로 먹고, 마늘쫑김치나 우엉김치처럼 지역 농산물을 활용한 김치도 많이 담급니다.
혹시 특별히 알고 싶은 김치 종류나, 담그는 방법, 재료에 대해 궁금한 점 있나요?

"김치에 대해 알려주세요."라는 단순한 질문에 지리적 맥락을 반영하여 예시처럼 질문할 수 있다. 같은 질문이라도 지리적 맥락을 반영하면 지역적 특색과 문화가 고스란히 드러나는 답변을 얻을 수 있다.

이 방법은 여행 계획을 세울 때, 다른 문화권의 관점을 이해하고자 할 때, 혹은 지역별 차이점을 비교 분석하고자 할 때 특히 유용하다. 또한 비즈니스를 위해 지역 맞춤형 마케팅 전략을 수립하거나, 특정 지역 시장에 진출할 때 필요한 인사이트를 얻는 데도 활용할 수 있다.

3. 감정적 맥락

질문에 감정적 요소를 포함시켜, 답변이 단순한 정보 전달을 넘어 감정적인 반응이나 공감을 이끌어내도록 유도하는 방법이다. 이를 통해 감정적 연결을 구축할 수 있어, 교육 분야에서 학습 동기를 강화하거나 마케팅에서 소비자의 감정적 반응을 유도하는 데 효과적이다. 다음의 예시 2개를 비교하여 살펴보자.

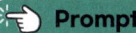 **Prompt**

7세 아이를 대상으로 우주의 탄생에 대해 설명해 주세요.

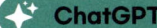 **ChatGPT**

좋아, 7살 아이에게 맞춰 쉽게 설명해볼게.
우주는 아주아주 오래전에, 아무것도 없던 곳에서 갑자기 "펑!" 하고 생겼어. 이걸 빅뱅(Big Bang)이라고 불러. 그때는 시간도 없고, 공간도 없고, 별도 없었어. 그런데 아주 작은 점 하나가 엄청 뜨겁고 꽉 차 있었고, 그게 갑자기 터지면서 우주가 시작된 거야.
이 터짐 덕분에 우주는 점점 커지기 시작했고, 시간이 지나면서 차가워지면서 별, 행성, 은하 같은 것들이 생겼어. 우리가 사는 지구도 그중 하나야.
그러니까 지금도 우주는 계속 커지고 있어. 마치 풍선에 바람을 넣는 것처럼 말이야!
혹시 더 궁금한 게 있어?

 Prompt

7세 아이를 대상으로 우주의 탄생에 대해 설명하되, 그 과정이 얼마나 놀랍고 신비로운지 느끼게 해주세요.

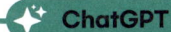 **ChatGPT**

옛날 아주 아주 먼 옛날, 시간이 시작되기도 전에는 아무것도 없었어. 깜깜한 어둠뿐이었지. 그런데 어느 날, 갑자기 엄청나게 커다란 "펑!" 소리가 나면서 모든 것이 시작됐어. 이걸 우리는 빅뱅이라고 불러.
그 순간, 작은 점 하나에서 빛과 열과 별의 씨앗들이 온 우주로 퍼져나갔어. 그 점은 눈에도 보이지 않을 만큼 작았는데, 그 안에 우리가 아는 모든 것이 들어 있었던 거야. 상상해봐, 네 장난감, 집, 태양, 심지어 너 자신도 그 작은 점 안에 아주아주 작게 들어 있었던 거야.

그리고 그 다음이 더 놀라워. 빅뱅이 터지고 나서, 시간이 흐르면서 아주 뜨거웠던 우주가 점점 식기 시작했어. 그때 처음으로 작은 알갱이들이 생겨났고, 이 알갱이들이 모이고 모여서 별도 만들고, 행성도 만들었어. 우리 지구도 그 중 하나지.
하늘에 떠 있는 반짝반짝 별들도, 태양도, 달도 다 그 빅뱅에서 시작된 거야. 그건 마치 아무것도 없는 어둠 속에서 마법처럼 갑자기 세상이 생겨난 것과도 같지.
우주의 탄생은 정말 신비롭고, 마치 꿈처럼 놀라운 일이야. 우리가 지금 숨 쉬고, 뛰어놀고, 하늘을 올려다볼 수 있는 것도 바로 그 신비로운 순간 덕분이지. 우주는 지금도 계속 커지고 있고, 아직도 새로운 별들이 태어나고 있어. 그러니까 우주는 아직 끝나지 않은, 계속 이어지는 멋진 이야기인 거야.

단순하게 물어본 첫 번째 프롬프트와 감정적 맥락을 반영한 두 번째 프롬프트를 사용했을 때의 모델 응답을 비교해서 살펴보면, 감정적 맥락이 가져오는 차이를 확실히 느낄 수 있다. 이처럼 감정적 맥락은 모델이 특정 분위기나 톤을 가진 결과물을 생성하도록 유도한다. 예를 들어, 새로운 프로젝트 제안서를 작성할 때 단순히 정보를 나열하는 대신, "투자자들이 우리 프로젝트에 대해 흥미를 느껴 투자하고 싶도록, 열정적이고 설득력 있는 톤으로 제안서를 작성해 주세요."와 같이 감정적 요소를 더하면 훨씬 매력적인 문구를 만들 수 있다.

이처럼 맥락 반영 기법은 더 구체적이고 전략적인 답변을 도출할 수 있게 해준다. 시간적 맥락은 시간의 흐름 속에서 상태와 변화를, 지리적 맥락은 지역적 특색과 차이를, 감정적 맥락은 인간의 감정과 공감을 중심으로 답변을 풍부하게 만든다.

3가지 맥락을 결합하면 더욱 강력한 프롬프트를 만들 수 있다. 예를 들어 "당신은 1960년대 미국 남부에 살고 있는 흑인 인권 운동가입니다. 당시의 사회 분위기 속에서 느끼는 희망과 두려움, 변화에 대한 열망을 일기 형식으로 표현해 주세요."와 같은 프롬프트는 시간, 장소, 감정이 모두 녹아 있어 더욱 깊이 있고 다층적인 응답을 이끌어낼 수 있다. 맥락 반영 기법의 몇 가지 활용 사례를 더 살펴보자.

- **콘텐츠 제작**: "2030년 서울의 일상을 배경으로, 환경 위기를 극복한 미래 사회의 모습을 희망적인 시각으로 그린 짧은 글을 써주세요."
- **마케팅**: "당신은 북유럽에 살고 있는 환경 의식이 높은 30대 소비자입니다. 플라스틱 없는 화장품 패키징을 보았을 때 어떤 감정이 들고, 이런 제품에 얼마나 더 지불할 의향이 있는지 설명해 주세요."
- **교육**: "고대 로마 시대의 평범한 시민으로서, 오늘 포럼에서 열린 정치 토론에서 느낀 점에 대해 흥분된 톤으로 친구에게 편지를 작성하세요."

LLM을 잘 활용한다는 것은 단순히 모델에 지시하는 것을 넘어, 맥락과 의도를 명확하게 전달하여 기대 이상의 결과를 얻는 것이다. 시간, 장소, 감정을 고려한 효과적인 프롬프트 전략으로 업무 효율성을 높이고 놀라운 결과물을 만들어 보자.

RAG: 검색-증강-생성을 통해 AI의 지식 확장하기

검색 증강 생성(RAG: Retrieval-Augmented Generation)은 LLM의 생성 능력과 외부 지식 베이스 검색 기능을 결합하여 최신 정보 제공, 정보 신뢰성 향상, 다양한 출처를 통합한 정보 제공 등을 가능하게 하는 기술이다.

모델이 정확한 응답을 제공하려면 올바른 **컨텍스트**(맥락, 문맥)가 필요하다. 인간이 정확한 결정을 내리기 위해 올바른 정보가 필요한 것과 마찬가지다. 여기에서 컨텍스트란 LLM이 정확하고 적절한 응답을 생성하는 데 필요한 배경 정보나 관련 지식을 의미한다. RAG는 올바른 컨텍스트를 LLM에 공급해 더 나은 응답을 유도하는 방법이다. 이는 우리가 복잡한 문제를 해결할 때 참고 자료를 찾아보는 것과 유사한 원리로 작동한다. RAG의 작동 원리는 다음과 같다.

1. 검색(Retrieval)

사용자의 질문을 받으면, AI 시스템은 먼저 관련 정보를 외부 지식 베이스에서 검색한다. 여기에서 외부 지식 베이스란 웹 페이지,

문서, 데이터베이스, API(Application Programming Interface, 프로그램이 다른 프로그램의 기능을 사용할 수 있도록 정해 놓은 규칙이나 방법) 등 다양한 형태의 정보 출처가 될 수 있다. 이를 통해 모델이 접근할 수 있는 정보의 범위를 확장한다. 검색 과정에서 사용자의 질문과 가장 관련성 높은 정보를 효율적으로 찾아내는 로직이 중요하다.

2. 증강(Augmentation)

검색된 정보는 모델에 추가적인 컨텍스트를 제공하며, 원래의 사용자 프롬프트에 더하여 모델의 입력으로 사용된다. 이를 통해 모델은 더 풍부한 배경지식을 바탕으로 응답을 생성할 수 있게 된다.

여기에서 쓰인 증강이라는 단어는, 증강현실(AR: Augmented Reality)에서 쓰이는 그 증강과 동일한 개념이다. 증강은 추가, 보강 등과 유사한 의미인데 성능 향상, 복합적인 강화를 뜻하는 기술 용어다. RAG에서 'Retrieval-Augmented'라는 표현을 사용하는 이유는, 이 기술이 LLM의 텍스트 생성 기능을 외부 정보 검색과 통합하는 것을 통해 '증강'하기 때문이다.

3. 생성(Generation)

확보한 컨텍스트를 바탕으로 모델이 응답을 생성한다. 이때 생성된 답변은 단순히 검색된 정보의 내용을 복사하는 것이 아니라, 모델의 학습 및 추론 능력을 활용하여 재구성하는 과정을 거친 것이다. 즉, 모델은 검색된 정보와 자신의 사전 지식을 조화롭게 가공해 통합적인 답변을 만들어낸다. 시스템 설정에 따라 모델이 응답에 사용한 정보의 출처를 명시하기도 한다.

RAG를 특정 용도로 이용하기 위해서는 LLM과 RAG를 통합한 시스템을 구축하는 것이 필요하다. 예를 들어, 용도에 따라 다음과 같은 시스템을 만들 수 있다.

- **사내 업무 지원**: 회사의 내부 문서를 검색하여 직원들의 질문에 답변하는 시스템
- **학술 연구 지원**: 최신 논문을 검색하고 요약하여 연구자들을 지원하는 시스템
- **고객 지원**: 제품 매뉴얼이나 FAQ를 검색하여 고객 문의에 응답하는 시스템
- **법률 자문**: 판례와 법률 문서를 검색하여 법률 관련 질문에 정확한 정보를 제공하는 시스템
- **의료 정보 제공**: 의학 논문과 임상 데이터를 검색해 의료 정보를 제공하는 시스템

일반 사용자들이 쉽게 활용할 수 있는 대표적인 RAG 기반 생성형 AI 서비스로는, 마이크로소프트의 **코파일럿**(Copilot)이 있다. 이는 빙(Bing) 검색엔진과 엣지(Edge) 브라우저에 통합되어 제공되며, 인터넷 검색 결과나 PDF 파일 등 최신 외부 정보를 바탕으로 답변을 생성할 수 있는 기능을 기본적으로 제공한다.

AI 검색엔진으로 유명한 **퍼플렉시티**(Perplexity.ai) 역시 대표적인 RAG 기반 서비스로, 다양한 인터넷 출처를 실시간으로 참고하여 정보의 신뢰도와 관련성을 높인 응답을 출처와 함께 제공한다. 만약 아직 이 서비스를 이용해 보지 않은 독자가 있다면, 꼭 한 번 써보기를 권한다. 참고로, 필자는 퍼플렉시티를 이용한 이후로 네이버, 구글 검색은 거의 이용하지 않는다.

현재 RAG 지원이 부족한 AI 서비스라도 향후 모델이 개선됨에 따라 RAG의 지원 범위와 응답 품질은 지속적으로 변화할 수 있다. 인터넷 검색이나 사용자 첨부 파일을 기반으로 응답을 제공하는 생성형 AI 서비스에서 RAG 기반의 정보를 효과적으로 얻기 위한 방법은 다음과 같다. 단, 사용하는 모델의 특성에 따라 표현 방식이나 입력 양식을 일부 조정할 필요가 있을 수 있다.

실시간 정보 요구

인터넷 검색을 지원하는 모델에서 사용자가 프롬프트에 "오늘, 최근, 최신, 현재, 지금" 등과 같은 단어를 지정하면, 실시간 정보를 바탕으로 응답을 생성한다.

→ 예) "오늘 서울의 날씨는?"

시간 프레임 지정

사용자가 특정 시간 프레임을 지정하여 그 기간의 정보를 요청할 수 있는데, 만일 모델이 해당 정보에 대해 학습한 내용이 없을 경우,

인터넷 검색을 통해 응답을 생성한다.

→ 예) "지난 한 달간의 미국 주식 시장 동향을 알려주세요."

→ 예) "다음 분기 한국 경제 전망은?"

명시적인 인터넷 검색 요구

사용자가 "인터넷 검색", "웹 검색" 등의 명시적인 프롬프트로 요청하면, 인터넷 검색을 기반으로 응답을 생성한다.

→ 예) "인터넷 검색을 통해 테일러 스위프트에 대해 알려주세요."

특정 출처를 지정

특정 웹 사이트나 정보 소스를 지정해 해당 출처의 정보를 요청한다. 다만, 환각이 발생하거나 저작권 문제 등의 이유로 답변이 거부될 수도 있다.

→ 예) "미국 타임지 웹사이트의 최신 기사를 알려 주세요."

→ 예) "https://www.kci.go.kr 에서 최신 대장암 연구 논문을 찾아 주세요."

사용자 제공의 정보 이용 요구

사용자가 제공한 특정 텍스트나 데이터, 첨부 파일을 바탕으로 답변을 요청한다.

→ 예) "지금부터 다음 정보를 참고하여 질문에 답해주세요: [관련 정보]"

→ 예) "앞서 제공한 데이터셋을 바탕으로, 다음의 주제에 관한 소비자 행동을 분석해 주세요."

→ 예) "첨부한 PDF 파일을 바탕으로, 산업 동향과 주요 이슈를 요약해 주세요."

RAG를 이용할 때의 이점을 정리해 보면 다음과 같다.

- **최신 정보 활용**: 외부 지식 베이스를 통해 최신 정보에 접근할 수 있어, 모델 학습 이후의 정보를 통합해 답변할 수 있다. 이는 고정된 지식만을 가진 기존 모델의 한계를 크게 확장한다.
- **정확성 향상**: 관련 정보를 직접 참조하므로 더 정확한 답변이 가능하다. 그에 따라 환각을 줄일 수 있다. 학생이 오픈북으로 시험을 볼 때 더 정확한 답을 쓸 수 있는 것과 같은 원리다.
- **투명성**: 모델이 어떤 정보를 바탕으로 답변을 생성했는지 추적할 수 있다. 이는 모델의 결정 과정을 이해하고 검증하는 데 중요한 요소다.
- **맞춤형 지식 통합**: 특정 분야나 기업에 특화된 지식을 모델에 제공함으로써, 전문적이고 상황에 맞는 응답을 얻을 수 있다.
- **유연성**: 데이터베이스, 문서 자료 등 외부 소스의 업데이트만으로 모델의 지식을 확장할 수 있다. 이는 전체 모델을 다시 학습시키는 비용과 시간을 절약해 준다.

RAG는 검색된 정보를 바탕으로 응답을 생성하기 때문에, 학습 데이터만을 사용하는 경우보다 더 신뢰할 수 있는 정보를 제공할 가능성이 높다. 그렇다고 하더라도 환각이나 틀린 답변이 전혀 발생하지 않는 건 아니며, 그 이유는 다음과 같다. 개수가 좀 많지만, LLM의 특성을 이해한다는 차원에서 알아보자.

- **질문 이해의 오류**: 모델이 사용자의 질문을 잘못 이해하면, 관련성 없는 정보를 검색하고 부적절한 응답을 생성할 수 있다.
- **검색의 오류**: 질문을 제대로 이해했다고 하더라도, RAG 시스템이 관련 정보를 정확히 검색하지 못할 수 있다. 부적절하거나 불완전한 정보가 검색되면, 모델이 이를 바탕으로 부정확한 응답을 생성할 수 있다.
- **맥락 이해의 한계**: 모델이 검색된 정보의 맥락을 완벽히 이해하지 못할 수 있다. 그에 따라 정보를 잘못 해석하거나 부적절하게 적용할 수 있다.
- **정보 통합의 어려움**: 여러 소스에서 검색된 정보를 일관되게 통합하는 것은 복잡한 과정이며, 이를 제대로 처리하지 못할 수 있다.
- **모델 고유의 편향**: LLM은 여전히 학습 데이터에서 얻은 고유한 편향을 가지고 있어, 이것이 검색된 정보의 해석에 영향을 줄 수 있다.
- **추론 과정의 한계**: 검색된 정보를 바탕으로 새로운 결론을 도

출하는 과정에서 논리적 오류가 발생할 수 있다.
- **지식 베이스의 한계**: RAG 시스템이 접근할 수 있는 지식 베이스가 제한적이거나 불완전할 수 있다.

이러한 여러 이유로 인해, RAG를 활용해도 환각이나 틀린 답변을 100% 제거하기 어렵다. 특히 복잡한 주제나 여러 분야에 걸친 질문에 답할 때 이러한 한계가 더 두드러진다. 따라서 RAG를 사용하더라도, 모델의 응답을 비판적으로 평가하고 검증하는 과정과 이를 수행할 수 있는 사용자의 역량이 중요하다.

현재로서는 다소 미흡한 점이 존재하더라도, 향후 RAG 및 LLM 기술이 고도화됨에 따라 AI가 실시간으로 정보를 탐색하고 최신 내용을 반영하는 능력은 한층 정교해질 것으로 보인다. 검색 알고리즘의 정밀도뿐만 아니라, 다양한 출처의 정보를 통합하고 그 문맥을 정확히 파악하는 능력 또한 크게 향상될 것이며, 이로 인해 RAG 시스템은 점차 강력한 도구로 자리 잡게 될 것이다.

톤(말투)을 지정하면,
전혀 다른 응답이 생성된다

많은 경우에 말의 내용보다 중요한 건 어쩌면 말투다. **톤**(Tone)은 의사소통에서 사용되는 특정한 감정이나 태도를 나타내는 것으로, 한국어로 말투, 어조, 어투라고 할 수 있다. 말이나 글에서 톤은 표현의 분위기와 스타일을 결정하며, 전달하려는 메시지의 느낌을 형성한다. 톤은 단어 선택, 문장 구조, 어휘의 사용 방식 등을 통해 드러난다.

톤은 말의 옷이다. 상황에 맞춰 잘 차려입어야 한다. 톤은 감정을 이끌어내고, 감정이 사람을 움직인다. 똑같은 내용도 어떤 톤으로 전달하느냐에 따라 수신자가 느끼는 인상과 반응은 달라진다. "내일까지 보고서를 제출해 주세요."라는 말도 권위적인 톤, 부드러운 톤, 다급한 톤 등으로 어떻게 발신하느냐에 따라 받아들이는 사람의 심리적 반응이 완전히 달라질 수 있다.

LLM은 다양한 톤으로 사용자와 대화할 수 있으며, 사용자는 명시적으로 모델의 답변에 특정 톤을 반영하라고 요청할 수 있다. LLM에서 지정 가능한 대표적인 톤 목록은 다음과 같다. 목록이 좀 많긴 한데, 적당히 훑어보고 그다음에 나오는 예시를 보자.

- **공식적인**(Formal): 전문적인 문서나 비즈니스 커뮤니케이션에 적합한 톤이다.
- **비공식적인**(Informal): 친구와의 대화처럼 편안한 톤이다.
- **진지한**(Serious): 중요한 주제나 민감한 문제를 다룰 때 사용한다.
- **유머러스한**(Humorous): 재미있고 가벼운 톤으로, 웃음을 주려는 목적이다.
- **설명적인**(Explanatory): 주제를 명확하게 설명하고 이해를 돕는 톤이다.
- **격려하는**(Encouraging): 독자에게 용기와 긍정적인 메시지를 전달하는 톤이다.
- **감정적인**(Emotional): 감정을 강하게 표현하여 독자의 공감을 이끌어내는 톤이다.
- **중립적인**(Neutral): 객관적이고 감정을 배제한 톤으로, 사실만을 전달한다.
- **권위 있는**(Authoritative): 전문적인 지식과 확신을 바탕으로 하는 톤이다.
- **따뜻한**(Warm): 친절하고 다정한 톤으로, 독자에게 편안함을 준다.
- **사려 깊은**(Thoughtful): 깊은 생각과 배려를 담은 톤으로, 주제에 대해 심도 있게 논의한다.
- **설득력 있는**(Persuasive): 독자를 특정한 행동이나 의견으로 이끌기 위해 논리적이고 감정적인 요소를 사용하는 톤이다.
- **낙관적인**(Optimistic): 긍정적인 미래를 강조하며 희망의 메시

지를 전달하는 톤이다.
- **비관적인**(Pessimistic): 부정적인 관점에서 상황을 설명하며 주의를 촉구하는 톤이다.
- **아이러니한**(Ironic): 반어법을 사용하는 풍자적이고 날카로운 톤이다.
- **냉소적인**(Cynical): 세상에 대한 비판적이고 회의적인 관점을 드러내는 톤이다.
- **역동적인**(Dynamic): 활기차고 에너지 넘치는 톤으로, 독자의 주의를 끌고 유지한다.
- **평화로운**(Calm): 차분하고 평온한 톤으로, 긴장감을 완화하고 안정감을 준다.
- **비판적인**(Critical): 주제를 분석하고 문제점을 지적하는 톤이다.
- **안내하는**(Guiding): 독자가 이해하기 쉽도록 단계별로 안내하는 톤이다.
- **우호적인**(Friendly): 친근하고 우정 어린 톤으로, 독자와의 유대감을 형성한다.
- **로맨틱한**(Romantic): 사랑과 감성적인 느낌을 강조하는 톤이다.

여기에 나열한 목록은 극히 일부에 불과하다. 이론상으로는 LLM이 학습한 모든 톤을 지정할 수 있다. 다만, 어떤 답변을 받느냐는 해당 모델의 추론 및 응답 역량에 달려 있다.

LLM은 이해력이 뛰어나며 글쓰기의 장인이자 뛰어난 적응력을 갖고 있어 사용자가 지정한 톤을 최대한 반영하려고 노력하지만, 특정 감정과 맥락에 따라 톤을 제대로 반영하지 못할 수도 있다. 또한 모델 각각의 역량 차이로 인해 톤의 느낌이나 품질에도 상당한 차이가 발생한다. 같은 대본을 받더라도 배우의 연기력과 해석에 따라 전혀 다른 캐릭터를 만들어내는 것과 유사하다. 이를 이해하기 위해서는 여러 LLM을 사용해 보면서 미묘한 차이를 파악해 볼 필요가 있다.

실제 업무에서 톤을 활용할 때는 대상 독자와 글이 쓰이는 맥락을 명확히 파악하는 것이 중요하다. 같은 내용도 투자자에게 전달할 때와 일반 고객에게 전달할 때, 또는 내부 직원들에게 공유할 때 적합한 톤이 다를 것이다. LLM은 이런 미묘한 차이를 반영하는 데 도움을 줄 수 있다.

일반적으로 프롬프트에 톤을 적용할 때는 다음처럼 간단한 프롬프트만으로 가능하며, 필요에 따라 페르소나를 지정하거나 맥락을 포함하면 된다. 하나의 답변만으로 부족할 수 있으므로, 여러 개의 버전을 요청해 고르거나 문구를 조합해서 사용하면 좋다.

- → 예) "앞서 제공한 정보를 바탕으로 동아리 소개를 유머러스한 톤으로 작성해 주세요. 버전 [개수]개"
- → 예) "다음 글이 공식적인 톤으로 적절하게 작성되었는지 검토하고, 문제가 있으면 수정해 주세요: [원문]"

이해를 돕기 위해 예시로 살펴보자. 원문을 모델에 제공한 뒤, 여러 가지 톤으로 고쳐 달라고 요청한 사례다. AI 모델에 따라 어떤 차이가 있는지 보여주기 위해, 챗GPT, 클로드, 제미나이 각각의 답변을 함께 소개한다.

> **Prompt**

#입력
[원본]= 올해 들어 회사는 큰 변화를 맞이했습니다. 이제 새로운 전략과 목표를 설정하고, 모든 직원이 함께 나아가려고 합니다.

#처리
다음 각각의 톤에 맞춰 [원본] 글을 수정해 주세요.
1. 유머러스한
2. 감정적인
3. 따뜻한
4. 아이러니한
5. 로맨틱한

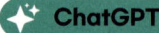

1. 유머러스한
"올해 우리 회사는 큰 변화를 맞이했어요. 변화가 너무 커서 회사도 놀랐다는 소문이… 이제 새로운 전략과 목표를 세웠고, 직원들은 함께 달리는 중이에요. 누가 먼저 지치는지 내기할까요?"

2. 감정적인
"올해, 우리 회사는 커다란 변화를 겪었습니다. 혼란과 설렘이 뒤섞인 시간 속에서, 우리는 새로운 전략과 목표를 향해 나아가기로 했습니다. 모든 직원이 함께 손을 맞잡고, 같은 꿈을 꾸고 있습니다."

3. 따뜻한

"올해 들어 우리 회사는 큰 변화를 맞이했습니다. 이제 우리는 새로운 전략과 목표를 향해 함께 나아가고 있습니다. 서로를 응원하며 같은 방향을 바라보는 지금, 모두가 한마음이 되어 따뜻한 변화의 길을 걷고 있습니다."

4. 아이러니한

"올해 들어 회사는 큰 변화를 맞이했습니다. 변화를 안 좋아하던 회사가 스스로 변하겠다며 전략과 목표를 세웠다네요. 모든 직원은 그 변화에 맞춰 가자고 합니다. 과연 이번엔 진짜일까요?"

5. 로맨틱한

"올해, 우리 회사는 마치 새롭게 사랑에 빠진 연인처럼 커다란 변화를 맞이했습니다. 우리는 새로운 전략과 목표라는 이름의 미래를 향해 함께 걷고 있어요. 모든 직원이 하나 되어, 같은 꿈을 그려나가고 있습니다."

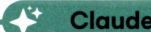

1. 유머러스한

"올해 들어 우리 회사는 롤러코스터를 타는 중입니다! 아침에 출근하면 '오늘은 어떤 깜짝 변화가 기다리고 있을까?' 하는 두근거림이 있답니다. 이제 새로운 전략과 목표라는 이름의 모험을 시작하려고 하니, 모든 직원들 안전벨트 꽉 매시고 함께 달려봅시다. 적어도 이번엔 무료 커피가 사라지진 않겠죠?"

2. 감정적인

"올해 들어 우리 회사는 가슴 벅찬 변화의 물결 속에 있습니다. 불안과 기대가 교차하는 이 순간, 우리는 새로운 전략과 목표를 향한 여정을 시작합니다. 때로는 두렵고, 때로는 설레지만, 모든 직원이 서로의 손을 굳게 잡고 함께 나아갈 때 우리는 반드시 성공할 것입니다. 이 도전의 순간들이 언젠가 우리 모두의 자랑스러운 이야기가 될 것입니다."

3. 따뜻한

"올해 들어 우리 회사는 새로운 봄을 맞이했습니다. 마치 봄날 새싹이 돋아나듯, 우리에게도 새로운 전략과 목표라는 싹이 트기 시작했지요. 이제 우리 모두가 한 가족처럼 서로 격려하고 돕는 마음으로 함께 성장해 나갈 것입니다. 각자의 작은 노력이 모여 우리 모두의 따뜻한 미래를 만들어갈 거예요."

4. 아이러니한

"올해 들어 회사는 '큰 변화'를 맞이했다고 합니다. 물론 지난 5년간 매년 '혁신적인 변화'를 외쳤던 것과는 완전히 다르겠지요. 이제 새로운 전략과 목표를 설정한다니, 아마도 이번에야말로 진짜 변화겠죠? 모든 직원이 함께 나아간다는 말도 참 익숙한데요, 아마 함께 나아간다는 건 '함께 야근'을 의미하는 게 아닐까 싶네요."

5. 로맨틱한

"올해 들어 우리 회사는 마치 첫사랑처럼 설레는 변화의 문턱에 서 있습니다. 새벽녘 창가에 맺힌 이슬처럼 맑고 순수한 새로운 전략과 목표를 품에 안고, 우리는 서로의 마음을 나누며 함께 꿈의 지평선을 향해 나아갑니다. 당신의 열정과 나의 헌신이 만나 우리 모두의 아름다운 여정이 시작됩니다. 이 설렘 가득한 순간을 함께 걸어가는 동안, 우리의 이야기는 더욱 아름답게 피어날 것입니다."

1. 유머러스한 (Humorous)

> "올해 우리 회사, 완전 롤러코스터 제대로 탔습니다! 이제 정신 차리고 어디로 갈지 네비게이션(새 전략!) 다시 찍고, 다 같이 안전벨트 꽉 매고 출발! (제발 이번엔 멀미 없기를…)"

2. 감정적인 (Emotional)

> "올해, 우리 회사는 정말이지 가슴 벅찬 변화의 시간을 통과했습니다. 때로는 불안하고 힘들었지만, 이제 우리는 새로운 미래를 향한 간절한 희망을 담아 다시 한번 뜻을 모으려 합니다. 우리 모두의 땀과 눈물이 헛되지 않도록, 서로의 손을 굳게 잡고 나아갑시다."

3. 따뜻한 (Warm)

> "올해, 우리 회사에는 새로운 시작을 위한 따스한 바람이 불어왔습니다. 이제 우리 모두 함께 머리를 맞대고, 서로에게 힘이 되어줄 새로운 길(전략과 목표)을 찾아 나섭니다. 서로 격려하고 의지하며, 이 길을 함께 걸어가요."

4. 아이러니한 (Ironic)

> "글쎄요, 올해 회사에 '대단한' 변화가 있었다고들 하네요. 그래서 이제 '번쩍이는' 새 전략과 목표를 세우고, '모든' 직원이 '하나 되어' 나아갈 '예정'이랍니다. 뭐, 일단 그렇다고 합니다."

5. 로맨틱한 (Romantic)

> "올해, 우리 회사는 마치 운명처럼 다가온 변화와 깊은 사랑에 빠졌습니다. 이제 우리의 심장을 뛰게 할 새로운 약속(전략과 목표)을 정하고, 서로의 눈을 바라보며 미래를 향해 함께 춤추듯 나아가려 합니다. 이 설레는 여정에 여러분 모두를 초대합니다."

이처럼 LLM은 사용자가 지정한 톤을 반영하여 문장 구조, 어휘, 표현 방식 등을 변경할 수 있다. 다만, 예시에 나타난 것처럼 모델에 따라 답변 내용과 품질에 꽤 차이가 있으며, 때에 따라서는 사용자가 원하는 답변이 아닐 수도 있다. 흥미로운 점은 이 차이가 각 모델의 개성과 특성을 보여준다는 것이다. 어떤 모델은 유머에 강하고,

다른 모델은 감성적인 표현에 더 탁월할 수 있다.

모델이 미묘한 톤의 차이를 제대로 구별하지 못하거나, 특정 상황에 적절하지 않은 톤을 생성하는 경우도 있다. 예를 들어, 아이러니와 냉소를 구분하지 못하거나, 심각한 주제에 유머를 적용할 때 자칫 조롱처럼 여겨지는 결과물을 생성할 수도 있다.

언제나처럼 LLM을 이용할 때는 사용자의 취사선택 능력과 교정 능력이 매우 중요하다. 단순히 모델의 응답을 그대로 받아들이기보다, 자신의 의도에 맞게 필터링하고 조정하는 과정이 필요하다. 이러한 점을 고려하여 LLM을 하나의 도구로 활용하되, 중요한 상황에서는 인간의 검증을 신중하게 거쳐 사용하는 것이 바람직한 접근이라 할 수 있다.

정리하면, 톤은 의사소통에서 필수적인 요소로, 오해를 줄이고 메시지의 의도를 명확하게 전달하는 데 중요한 역할을 한다. 특히 텍스트만으로 의사소통이 이루어지는 디지털 환경에서, 적절한 톤의 선택은 비언어적 신호의 부재를 보완하는 중요한 수단이 될 수 있다.

LLM은 적절한 톤을 사용하여 메시지에 맞는 감정을 담아 전달할 수 있으며, 이는 독자가 더욱 공감하고 이해할 수 있도록 도와준다. LLM이 제공하는 다양한 톤의 변주는 우리의 표현 능력을 크게 확장시켜준다. 우리는 LLM과의 협력을 통해 더 풍부하고 효과적인 커뮤니케이션을 실현할 수 있다. 그러나 궁극적으로 어떤 톤이 가장 적절한지 결정하는 것은 우리 인간의 몫이다.

2장

프롬프트 패턴:
맛있는 AI 응답을 위한 레시피 모음

AI 대화의 미학,
프롬프트 패턴의 역할과 한계는?

올바른 단어, 적절한 구조, 생산적인 접근법으로 모델의 잠재력을 끌어내는 것이 프롬프트 엔지니어링의 본질이다. 우리가 타인과 대화할 때 상황에 맞는 대화 방식이 있듯이, LLM과의 대화에도 특별한 **패턴**이 존재한다. 이런 패턴은 마치 요리사가 특별한 레시피를 가지고 있는 것처럼, 모델과의 소통을 위한 효과적인 비결이다.

프롬프트 패턴이란 모델로부터 원하는 응답을 이끌어내기 위한 정형화된 질문이나 지시 형태를 의미한다. 즉, 모델에 무엇을 어떻게 응답하라고 요청할지를 일정한 틀이나 구조로 만드는 방법이다. 그중에서 가장 대표적인 페르소나 패턴을 앞에서 살펴보았다. 이제부터 다양한 프롬프트 패턴을 살펴보게 될 텐데, 먼저 프롬프트 패턴의 특징을 정리해 보자.

- **일관성**: 특정한 상황이나 문제에 대해 일관된 방식으로 반응하거나 대처하는 방법을 제공한다. 이는 사용자가 예측 가능한 결과를 얻을 수 있도록 도와준다.

- **반복 사용**: 다양한 상황에서 반복적으로 사용될 수 있는 일반적인 지침이나 절차를 제공한다. 이는 유사한 문제나 요구사항에 대해 일관된 해결 방법을 적용할 수 있게 한다.
- **구조화된 접근**: 문제를 해결하거나 정보를 얻기 위한 구조화된 접근 방법을 제공한다. 이는 복잡한 문제를 분석하고 해결하는 데 도움이 된다.
- **효율성 향상**: 프롬프트 작성 시간과 노력을 절약할 수 있다. 이미 검증된 접근 방법을 빠르게 적용함으로써 생산적이고 효과적인 결과를 얻을 수 있다.
- **기반 지식 확립**: 프롬프트 패턴을 배우는 것은 기본적인 지식과 기술을 확립하는 데 도움이 된다. 이를 통해 사용자는 보다 복잡한 고급의 문제 해결 방법을 탐구하고 개발할 수 있는 지적 토대를 마련할 수 있다.

프롬프트 패턴을 사용하는 것은 많은 상황에서 유익하지만, 과도한 의존은 경계해야 한다. 특정 패턴은 특정 상황에만 적합하며, 모든 상황에 적용할 수는 없다. 따라서 패턴에 너무 의존하면, 창의적인 사고나 새로운 해결책을 찾는 데 제한 받을 수 있다는 점을 기억하자.

앞으로 다룰 프롬프트 패턴에 대한 내용은 〈A Prompt Pattern Catalog to Enhance Prompt Engineering with ChatGPT(프롬프트 엔지니어링을 향상시키는 프롬프트 패턴 카탈로그)〉 논문의 체계적인 패턴 분류를 기반으로 삼았다(https://arxiv.org/abs/2302.11382). 다만, 해당 논문이 학술적 목적으로 작성되어 일반 독자들이 직관적으로 이해하기에는 다소 난해한 측면이 있어, 본서에서는 논문의 세부 내용보다는 분류 체계와 구조적 접근법 위주로 참고하였다.

<A Prompt Pattern Catalog to Enhance Prompt Engineering with ChatGPT> 논문 첫 장

이와 함께 오픈AI(챗GPT), 앤트로픽(클로드), 구글(제미나이) 등 주요 AI 모델 개발사들의 공식 프롬프트 작성 가이드라인과 실무 전문가들의 검증된 사례 연구, 학계의 최신 연구 결과물 등을 종합적으로 참고하였다. 특히 다양한 도메인과 환경에서의 적용 사례를 분석하

여 그 실효성을 검증하였다. 이러한 다층적 접근을 통해 이론적 타당성과 실용적 가치를 동시에 확보한 패턴들만을 엄선하여 독자들에게 제공하고자 한다.

정리하면, 프롬프트 패턴은 LLM과의 흥미롭고 효율적인 대화를 위한 비법이다. 우리가 사회생활을 할 때 타인과의 대화 기술이 필요한 것처럼, 모델로부터 우리가 바라는 결과를 얻어내는 데 필요한 대화 기술인 것이다. 다르게 말해, 음악가가 악기를 다루는 방법을 알아야 아름다운 멜로디를 만들어낼 수 있듯이, 프롬프트 패턴은 모델과의 대화에서 우리가 원하는 출력물을 얻기 위한 기본 연주법인 셈이다.

프롬프트 패턴을 제대로 익히고 훈련하는 과정을 거치면, 자연스럽게 사용하면서 기존의 한계를 뛰어넘을 수 있는 창의적인 접근 방식도 발견하게 된다. 이러한 경험을 통해 모델을 다루는 데 필요한 지식과 기술의 기초가 다져지며, 문제를 보다 효율적이고 유연하게 해결할 수 있는 역량도 함께 길러진다.

이는 곧 우리 자신을 한층 발전된 형태로 끌어올리는 과정이라 할 수 있다. 외국어를 익히면서 그 언어를 사용하는 사람들의 문화와 사고방식을 이해하게 되듯, 프롬프트 패턴을 배우는 일은 LLM의 사고방식을 이해하고, 더 나아가 모델과의 협업에서 높은 수준의 시너지를 만들어내는 데 큰 도움이 된다.

템플릿 패턴:
특정 형식에 맞춰 답변 생성하기

LLM과 대화할 때 우리는 종종 특정 형식이나 구조를 가진 답변을 원한다. 일상에서 서류 양식을 작성할 때 빈칸을 채우는 것처럼, 모델에도 우리가 설계한 틀에 맞춰 응답하도록 안내할 수 있다. **템플릿(Template) 패턴**은 이런 상황에서 유용한 방식이다. 이 패턴은 모델에 답변의 형식을 일정하게 유지하도록 지시한다. 그렇게 하면 모델은 사용자가 제공한 템플릿 형식에 맞춰 답변을 구성하게 된다.

먼저, 예시를 살펴보자. 여기에서는 손쉬운 재활용을 위해 함수형 프롬프트로 작성했으나 서술형, 지침형 등 원하는 형태로 만들어서 사용하면 된다. 함수형 프롬프트는 변수를 쉽게 교체할 수 있어 다양한 상황에 빠르게 적용할 수 있다는 장점이 있다.

> **Prompt**

#입력
[템플릿]= 사장님, 제가 추천하는 아이디어는 (괄호1)이고, 이 아이디어의 핵심 가치는 (괄호2)입니다. 추천하는 슬로건은 다음과 같습니다: (괄호3)

#처리
당신은 "CSR(Corporate Social Responsibility) 전문가"입니다. 식품 제조기업을 위한 CSR 아이디어를 발굴하고, 괄호를 전부 채워주세요. 특히 (괄호3)에는 임팩트 있는 멋진 슬로건을 포함해 주세요.

#출력
[개수] = 3개

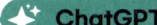 ChatGPT

1. 사장님, 제가 추천하는 아이디어는 '유통기한 임박 식품 기부 프로그램' 이고, 이 아이디어의 핵심 가치는 '식품 낭비 절감과 취약계층 지원' 입니다. 추천하는 슬로건은 다음과 같습니다: '버려질 뻔한 음식이 누군가에겐 한 끼의 희망이 될 수 있습니다!'
2. 사장님, 제가 추천하는 아이디어는 '친환경 패키징 전환' 이고, 이 아이디어의 핵심 가치는 '지속가능성 강화와 브랜드 가치 향상' 입니다. 추천하는 슬로건은 다음과 같습니다: '지금 우리가 바꾸는 작은 패키지가, 미래 세대의 푸른 지구를 지킵니다!'
3. 사장님, 제가 추천하는 아이디어는 '로컬 농가와의 상생 협력' 이고, 이 아이디어의 핵심 가치는 '지역 경제 활성화와 신선한 원재료 확보' 입니다. 추천하는 슬로건은 다음과 같습니다: '우리의 성장, 지역과 함께! 좋은 먹거리는 건강한 파트너십에서 시작됩니다.'

템플릿 패턴의 핵심은 **플레이스홀더(Placeholder)**의 활용이다. 플레이스홀더는 사용자가 제공한 템플릿 내에서 정보가 채워질 부분을 나타낸다. 예시에서는 괄호를 사용했는데, 다른 것으로 사용해도 무방하다. 사용자의 지시에 따라 모델은 적절한 내용으로 채워 완성된 결과물을 만들어낸다. 효과적인 템플릿 설계 방법은 다음과 같다.

명확한 플레이스홀더 설정

플레이스홀더는 괄호, 대괄호, 중괄호 등 본문과 명확히 구분되는 기호를 사용한다. 또한 각 플레이스홀더의 용도를 명확히 표현하여 모델이 채워야 할 내용을 정확히 이해할 수 있도록 한다.

→ 좋은 예: (제품명), [주요 특징], {{가격대}}
→ 피해야 할 예: "제품", "특징", "가격" (지시어와 구분이 모호함)

구조적 템플릿 설계

섹션과 하위 항목을 명확히 구분하여 템플릿의 구조를 체계화하면, 모델이 더 정확하게 형식을 준수할 수 있다.

```
제목: (제품명) 분석 보고서
작성자: (분석가 이름)

1. 핵심 요약
   - (3문장 이내 요약)

2. 주요 발견사항
   - (발견사항 1)
   - (발견사항 2)
   - (발견사항 3)
```

제약조건 명시

각 플레이스홀더에 글자 수, 항목 수, 톤 등의 제약조건을 추가하면, 더욱 일관된 결과물을 얻을 수 있다.

→ (100자 이내 설명)
→ (긍정적 측면 3가지, 각각 한 문장으로)
→ (개선점 2가지, 희망적인 톤으로)

조건부 템플릿

조건에 따라 다른 템플릿 구조를 제시하면, 다양한 상황에 맞는 응답을 얻을 수 있다.

> (제품명) 사용 후기
> 종합 평가: (별점)
>
> [별점이 4~5인 경우]
> 추천 이유: (주요 장점 3가지)
> 이런 사용자에게 추천합니다: (타깃 사용자)
>
> [별점이 1~3인 경우]
> 아쉬운 점: (개선이 필요한 부분 2가지)
> 이런 대안을 고려해 보세요: (대안 제품 1~2개)

템플릿 패턴을 활용할 때 고려할 만한 팁은 다음과 같다.

- **테스트와 반복**: 초기 템플릿으로 생성된 결과물을 검토하고, 필요에 따라 템플릿을 조정한다.
- **복잡성 관리**: 너무 복잡한 템플릿은 모델이 정확히 따르기 어려울 수 있다. 필요한 경우 큰 템플릿을 여러 작은 템플릿으로 나누어 사용한다.
- **맥락 제공**: 템플릿과 함께 충분한 배경 정보를 제공하면 모델이 플레이스홀더에 더 적절한 내용을 채울 수 있다.
- **예시 포함**: 복잡한 템플릿의 경우, 퓨샷 등의 형태로 완성된 예시를 함께 제공하면 모델의 이해도를 높일 수 있다.
- **반응형 설계**: 사용자 입력에 따라 템플릿이 조정될 수 있도록 설계하면 더 유연한 응답을 얻을 수 있다.

템플릿 패턴은 특정 형식이나 구조를 갖춘 답변을 원할 때 매우 유용하다. 비즈니스 보고서, 상품 설명, 교육 자료 등 일관된 구조가 필요한 콘텐츠 생성에 특히 효과적이다. 템플릿 패턴을 사용할 때의 이점을 정리해 보면 다음과 같다.

- **정확성**: 사용자가 정의한 템플릿에 따라 답변을 생성하기 때문에, 정보의 정확도가 높아진다. 필요한 모든 요소가 포함되었는지 쉽게 확인할 수 있으며, 누락된 정보를 즉시 식별할 수 있다.
- **일관성**: 모든 답변이 동일한 형식을 유지함으로써, 사용자는

일관된 경험을 할 수 있다. 특히 정보를 비교하거나 분석할 때 매우 유용하다.
- **효율성**: 특정 정보만을 필요로 하는 경우, 불필요한 정보의 제공을 피하면서 시간과 노력을 절약할 수 있다.
- **사용자 맞춤화**: 사용자가 정의한 템플릿에 따라 맞춤 답변을 제공함으로써, 사용자의 기대와 요구를 더 잘 충족시킬 수 있다. 이는 모델과의 상호작용을 더욱 개인화하고 의미 있게 만들어준다.

중요한 점은 모델이 사용자의 의도를 오해하지 않도록 프롬프트를 신중하게 작성해야 한다는 사실이다. 특히 템플릿 안에 또 다른 템플릿이 포함될 경우, 그 구조가 모델에 의해 다르게 해석될 가능성이 있으므로 주의가 필요하다. 애매하거나 모호한 표현은 모델의 응답 품질을 저하시킬 수 있으므로, 가급적 명확하고 구체적인 지시를 제공하는 것이 바람직하다.

한계 또한 분명히 존재한다. 고정된 템플릿에 의존하는 방식은 모델의 창의적인 사고를 제약할 수 있으며, 때로는 예상 밖의 통찰이나 아이디어가 템플릿의 형식적 틀에 가로막혀 충분히 드러나지 못할 수도 있다. 상황에 따라서는 이러한 정형화된 방식보다, 자유 형식의 응답을 요구하는 것이 더 효과적일 수 있다.

대안 접근법 패턴:
모든 대안과 해결책 찾아보기

문제에 봉착했을 때, 대부분의 사람들은 가장 먼저 떠오르는 한두 가지 방법만 고려하고 만다. 하지만 진정한 문제 해결사들은 여러 각도에서 상황을 바라보고, 가능한 대안들을 탐색한다. 어떤 문제든 다양한 해결책이 존재하기 마련이다. LLM은 이러한 다각적 사고를 돕는 강력한 도구가 될 수 있다.

대안 접근법(Alternative Approaches) **패턴**은 모델에 특정 작업이나 문제 해결을 요청할 때, 사용자가 제시한 방안 외에 다른 여러 가지 대안을 찾아서 제안하도록 하는 방법이다. 이 패턴의 목적은 모델이 사용자에게 더 다양한 선택지를 제공해 시야를 넓혀주고, 각각의 장단점을 비교하여 가장 적합한 방법을 선택할 수 있도록 돕는 것이다.

Prompt

#입력
[문제] = 팀 내에서 불화를 일으키는 대리급 개발자가 있습니다.
[방안] = 협업이 필요 없는 덜 중요한 작업을 맡기려고 합니다.

#처리
나는 대기업의 프로젝트 매니저입니다. 당신은 "세계 최고의 프로젝트 관리 전문가이자 나의 멘토"입니다. 당신은 내가 맡은 프로젝트에서 발생하는 여러 문제의 효과적인 해결 방안을 찾는 데 도움을 주어야 합니다.
1. [문제]를 해결하기 위해 [방안]을 고려하고 있습니다. 이를 포함해 문제를 해결할 수 있는 모든 대안을 찾아낸 후, 각각의 장단점을 알려주세요.
2. 모든 방안 중에서 가장 추천하는 것과 그 이유를 알려주세요.

팀 내 불화를 일으키는 대리급 개발자 문제에 대한 해결책을 살펴보겠습니다.

가능한 대안과 장단점

1. **협업이 필요 없는 덜 중요한 작업 배정 [귀하의 방안]**
   장점:
   - 팀 내 마찰과 갈등이 즉시 줄어들 수 있음
   - 다른 팀원들의 업무 효율성과 만족도 향상 가능
   - 문제 개발자에게 성찰할 시간을 제공할 수 있음

   단점:
   - 근본적인 문제 해결이 아닌 임시 방편에 가까움
   - 해당 개발자의 역량이 제대로 활용되지 않아 자원 낭비 가능성
   - 당사자가 사실상의 '벌'로 인식하여 태도가 더 악화될 수 있음
   - 다른 팀원들에게 부정적 선례로 비칠 위험성

2. **직접적인 1:1 면담 실시**
   장점:

- 문제의 근본 원인을 파악할 수 있는 기회
- 개발자에게 자신의 행동이 팀에 미치는 영향을 인식시킬 수 있음
- 개인적 문제나 업무 관련 불만이 있다면 해결할 기회

단점:
- 방어적인 태도를 취할 경우 상황이 악화될 수 있음
- 시간과 에너지 소모가 필요함
- 즉각적인 변화를 보장할 수 없음

3. 팀 전체 워크숍 또는 팀 빌딩 활동 실시
장점:
- 팀 전체의 소통 방식과 협업 문화를 개선할 기회
- 특정 개인을 지목하지 않고 문제 해결 가능
- 팀원 간 이해와 신뢰 구축에 도움

단점:
- 직접적인 문제 해결이 아닐 수 있음
- 시간과 비용 투자가 필요함
- 근본적인 갈등 원인이 개인적인 경우 효과 제한적

4. 멘토링 또는 코칭 프로그램 제공
장점:
- 전문적인 기술뿐만 아니라 대인관계 기술 향상 기회
- 개인 맞춤형 발전 계획 제공 가능
- 긍정적인 접근으로 반발 가능성 낮춤

단점:
- 추가 리소스와 시간 투자 필요
- 개발자가 멘토링을 거부하거나 비협조적일 가능성
- 즉각적인 해결책이 아님

5. 명확한 기대치와 목표 설정 및 피드백 체계 강화
장점:

- 객관적인 평가 기준으로 행동 개선 유도
- 팀 내 역할과 책임을 명확히 하여 갈등 소지 감소
- 정기적 피드백으로 문제 조기 파악 및 대응 가능

단점:
- 시스템 구축에 시간 소요
- 대인관계 문제가 업무 성과와 무관할 경우 한계
- 과도한 관리로 인식될 가능성

6. 인사부서 또는 상급 관리자와 협력
장점:
- 전문적인 관점과 지원을 받을 수 있음
- 공식적인 절차를 통한 문제 해결 가능
- PM의 부담 경감

단점:
- 상황이 더 공식화되어 긴장이 고조될 가능성
- 팀 내 분위기가 악화될 수 있음
- 해당 개발자의 평판에 장기적 영향

가장 추천하는 해결책

단계적 접근법을 권장합니다:
1. **먼저 1:1 면담을 통한 근본 원인 파악**: 불화의 원인이 업무 스트레스, 개인적 문제, 팀 문화에 대한 이해 부족, 기술적 차이 등 다양할 수 있습니다. 직접 대화로 실제 원인을 파악하는 것이 중요합니다.
2. **명확한 기대치와 행동 개선 계획 수립**: 면담 결과를 바탕으로 구체적인 개선 목표와 일정을 합의하고, 정기적 피드백 일정을 잡습니다.
3. **지원 시스템 제공**: 필요에 따라 멘토링, 교육, 코칭 등 해당 개발자가 성장할 수 있는 기회를 제공합니다.

이렇게 접근하는 이유는:
- 근본 원인 없이 업무만 조정하는 것은 문제를 해결하지 못하고 팀 역량만 낮출 위험이 있습니다.
- 개발자에게 성장과 개선 기회를 제공하는 것이 장기적으로 팀과 조직에 유리합니다.
- 이 접근법은 문제 해결과 동시에 팀 문화 개선에도 기여할 수 있습니다.

만약 이러한 단계적 접근 후에도 개선이 없다면, 그때 인사부서와 협력하여 보다 공식적인 조치를 고려할 수 있습니다.

예시에서 **"문제를 해결할 수 있는 모든 대안을 찾아낸 후, 각각의 장단점을 알려주세요. 모든 방안 중에서 가장 추천하는 것과 그 이유를 알려주세요."** 부분이 대안 접근법 패턴이다. 즉, ① 모든 대안을 찾아내고 ② 각 대안의 장단점을 평가하고 ③ 가장 추천하는 방안을 제공하는 게 대안 접근법 패턴의 핵심이다.

예시에서는 이해하기 쉬운 설명을 위해 프로젝트 문제로 살펴보았지만, 사실 이 패턴은 기술 문제 해결에 특히 유용하다. 이를 이용하면 모델이 알고리즘, 아키텍처, 코딩 등 복잡한 기술적 문제에 대해 다각도로 대안을 제시하고 각각의 장단점을 분석하여, 사용자가 최적의 방법을 선택하도록 도울 수 있다.

예를 들어, 웹 애플리케이션 개발 시 어떤 프레임워크를 사용할지, 데이터베이스 설계를 어떻게 할지, 혹은 성능 최적화를 위한 여러 방법 중 어떤 것이 가장 효과적일지 등의 문제에 대해 다양한 관점에서 해결책을 탐구할 수 있다. 이 패턴을 사용할 때 모델의 처리 단계는 다음과 같다.

- **문제 인식과 분석**: 모델은 주어진 문제 상황을 분석하고 이해한다. 이 과정에서 모델은 문제의 본질을 파악하고 관련된 다양한 측면을 고려한다. 이는 전문가가 상황을 심층적으로 파악하는 것과 같은 접근 방식이다.
- **대안 탐색**: 모델은 제시된 방안 외에 문제를 해결할 수 있는 다른 대안들을 탐색한다. 이때 모델은 자신의 지식 베이스 내에서 관련 정보와 유사 사례를 검토하여 가능한 해결책을 도출한다. 이는 수많은 사례와 정보를 학습한 LLM의 강점을 활용하는 과정이다.
- **장단점 분석**: 각 대안의 장단점을 비교 분석한다. 이를 위해 기술적 요소, 비용, 실행 가능성, 리스크 등 다양한 기준을 사용할 수 있다. 모델은 사용자가 요구한 관점 또는 중립적 시각에서 각 방안의 장단점을 균형 있게 평가한다.
- **추천 제공**: 분석 결과를 바탕으로 가장 적합하다고 판단되는 방안을 추천하고, 그 이유를 명확하게 설명한다. 이 과정에서 모델은 사용자가 제공한 맥락과 문제의 특성을 고려하여 최적의 방안을 선별한다.

대안 접근법 패턴을 활용할 때 고려할 만한 팁은 다음과 같다.

문제 정의 및 초기 방안 제시

해결하고자 하는 문제를 명확하게 정의한다. 모델이 상황에 맞는 대안을 제시하기 위해서는 충분한 맥락 정보가 필요하다. 문제의 배경, 제약 조건 등을 구체적으로 설명하는 것이 중요하다.

사용자가 이미 고려하고 있는 해결책이 있다면 함께 제시한다. 이는 모델이 사용자의 사고 방향을 이해하는 데 도움을 준다.

평가 기준 제시

필요에 따라서는, 대안을 평가할 기준을 사전에 제시하는 것을 고려한다. 명확한 평가 기준을 제시하면, 모델이 제공하는 분석이 사용자의 우선순위에 맞게 이루어질 수 있다.

> 예) 다음 기준에 따라 각 대안을 평가해 주세요.
> - 비용 효율성
> - 실행 난이도
> - 시간 소요
> - 성공 가능성
> - 부작용 위험

다양성 확보를 위한 지시

모델이 다양한 시각에서 대안을 탐색하도록 유도하는 것이 중요하다. 다음과 같은 지시를 포함할 수 있다.

→ 예) "일반적인 해결책뿐만 아니라 창의적이거나 비관습적인

방법도 포함해 주세요."

→ 예) "서로 다른 전문 분야의 관점에서 대안들을 제시해 주세요."
→ 예) "단기적 해결책과 장기적 해결책을 모두 고려해 주세요."

대안의 개수 지정

사용자가 원하는 개수의 대안을 요청함으로써 모델이 충분히 다양한 방안을 탐색하도록 유도할 수 있다. 이는 모델이 일반적인 몇 가지 대안에만 집중하지 않고 더 깊이 생각하도록 요구한다. 다만, 지나치게 많은 대안을 요청할 경우 각 대안에 대한 분석이 충분하지 못하고 피상적으로 그칠 수 있다.

→ 예) "최소 5가지 서로 다른 접근법을 제시해 주세요."

대안의 유형 구분 요청

다양한 유형의 대안을 체계적으로 탐색하도록 요청할 수 있다. 다음과 같은 카테고리화는 문제 해결 과정에서 다양한 측면을 고려하는 데 도움이 된다.

> 예) 다음 카테고리별로 대안을 제시해 주세요.
> - 기술적 해결책
> - 프로세스 개선 방안
> - 인적 자원 관리 접근법
> - 외부 자원 활용 방안

위험요소 분석 요청

필요하다면 각 대안의 잠재적 위험과 대응 방안을 함께 요청하는 것도 고려한다. 이는 대안 선택 과정에서 예상치 못한 문제를 미리 파악하고 대비하는 데 도움이 된다.

→ 예) "각 대안의 주요 위험요소와 이를 완화할 수 있는 방법도 함께 제시해 주세요."

대안 접근법 패턴을 이용하면 다음과 같은 이점이 있다.

- **다양한 해결책 제시**: 사용자에게 한 가지가 아닌 여러 대안을 제시함으로써, 보다 넓은 선택 범위를 제공한다. 단일 해결책에 갇히지 않고 가능성의 영역을 확장함으로써, 사용자가 상황에 가장 잘 맞는 결정을 내릴 수 있게 돕는다.
- **객관적 비교**: 각 대안의 장단점을 명확히 비교함으로써 사용자가 정보에 기반한 결정을 내릴 수 있도록 지원한다. 이는 결정 과정의 투명성을 높이고, 신뢰성 있는 결정을 돕는다. 감정이나 직관이 아닌 체계적인 분석을 통해 의사결정의 질을 높일 수 있다.
- **위험 감소**: 여러 대안을 고려함으로써 예상치 못한 일에 대한 대비가 가능해진다. 특정 해결책에 대한 의존도를 낮추고, 여러 옵션 중 최선의 방안을 선택함으로써 리스크를 분산시킬 수 있다.

- **사용자의 의사 결정력 강화:** 다양한 옵션과 그에 대한 분석을 제공함으로써 사용자는 더욱 신중하고 깊이 있는 의사 결정을 할 수 있다. 이는 단순히 선택지를 제공하는 것을 넘어, 사용자의 판단력과 통찰력을 향상시키는 교육적 효과도 가져온다.

대안 접근법 패턴을 사용하면서 유의할 점은, 모델이 가능한 모든 대안을 빠짐없이 제시하는 것은 아니라는 점이다. 모델은 자신이 학습한 지식에 기반하여 대안을 제시하므로, 정보가 부족하거나 미학습된 분야 또는 미흡한 추론으로 인해 가능한 대안을 놓칠 수 있다. 특히 최신 기술이나 매우 전문적인 영역에서 이러한 한계가 두드러질 수 있다.

또한 모델의 추천이 사용자의 독특한 상황이나 선호도를 제대로 반영하지 못할 수 있다(물론 모델에게 더 많은 정보를 제공함으로써 이 문제를 완화할 수 있다). 그러므로 사용자는 모델이 제안하는 내용이나 추천을 유용한 참고자료로 삼되, 그에 대한 최종적인 판단은 스스로 내려야 한다. 모델이 제공하는 다양한 대안을 출발점으로 활용하고 자신의 경험과 전문성을 바탕으로 추가적인 분석과 평가를 수행하는 것이 바람직하다.

정리하면, 대안 접근법 패턴을 사용함으로써 사용자는 뻔한 방안에만 의존하지 않고, 여러 선택지를 비교 분석하여 자신에게 맞는 결정을 내릴 수 있게 된다. 다양한 대안을 탐색하고 비교하는 과정에서 창의적인 사고가 자극되고, 때로는 전혀 예상치 못한 새로운 해결책을 발견할 수도 있다. 이러한 방식은 사용자에게 더 나은 결정을 내릴 수 있는 통찰력을 제공한다. 그런 점에서 대안 접근법 패턴은 사고의 지평을 넓히고 의사결정의 질을 높이는 강력한 생각 도구라 할 수 있다.

이용자 페르소나 패턴:
대상에 특화된 맞춤형 답변 유도하기

우리는 대화할 때 상대방에 따라 말투와 내용을 자연스럽게 조절한다. 할머니와 이야기할 때, 어린 조카에게 설명할 때, 직장 상사와 대화할 때 각기 다른 언어와 방식으로 소통한다. 이것이 바로 인간 소통의 핵심이다. 그렇다면 LLM에도 이런 능력을 부여할 수 있을까? 바로 여기서 **이용자 페르소나**(Audience Persona) **패턴**이 빛을 발한다.

이용자 페르소나 패턴은 모델이 응답할 때 **대상 이용자**(Target Audience)의 지식수준, 배경, 관심사 등을 고려하여 맞춤형 답변을 생성하도록 유도하는 방식이다. 이 패턴을 활용하면, 모델이 자녀, 전문가, 동료, 특정한 관심사를 지닌 인물, 또는 가상의 대상에게 말하듯이 응답하게 된다. 일상적인 대화에서 우리가 자연스럽게 상대에 따라 말투나 설명 방식을 조절하듯, 모델 역시 그와 유사한 방식으로 소통할 수 있다.

앞서 살펴본 페르소나 패턴이 모델에 특정 페르소나를 지정하는 것이라면, 이용자 페르소나 패턴은 대상 이용자(사용자, 고객, 독자, 청중 등 생성된 결과물의 이용자)에 특정 페르소나를 지정하고, 앞으로 그에 적합한 언어와 내용으로 답변하라고 요구하는 것이다.

즉, 페르소나 패턴 = 모델에 페르소나 지정이라면 **이용자 페르소나 패턴 = 이용자에 페르소나 지정**이다. Audience Persona는 원문 그대로 직역하면, 청중 페르소나 또는 관객 페르소나라고 할 수 있는데, 무난하게 '이용자 페르소나'로 표기했다. 뒤집힌 페르소나 패턴이라는 의미에서, **역 페르소나 패턴**이라고 불러도 괜찮을 듯하다.

실제 프롬프트 예시를 살펴보자. 이번 주제는 이용자 페르소나 패턴에 대한 것이므로, 페르소나 패턴은 간략하게 표현했다.

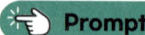

#입력
[대상] = 이공계 대학원생
[질문] = 양자 우주론(Quantum Cosmology)이란 무엇인가?

#처리
당신은 "노벨상을 받은 물리학자이자 우주공학자"입니다. 나를 [대상]이라고 가정하고, [대상]의 지식, 배경, 관심사, 언어, 스타일을 고려하여 [질문]에 대한 맞춤형 답변을 제공해 주세요.

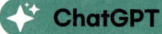

양자 우주론(Quantum Cosmology, QC)은 양자역학과 일반상대성이론을 결합하여 우주의 기원과 진화를 설명하는 이론적 틀입니다. 고전적인 우주론(예: 아인슈타인의 일반상대성이론 기반의 우주론)에서는 시공간을 연속적인 구조로 가정하지만, 양자 우주론에서는 시공간 자체도 양자역학적으로 기술됩니다.

1. 왜 양자 우주론이 필요한가?

일반상대성이론은 우주의 거시적 구조를 잘 설명하지만, 우주의 시작점(빅뱅 특이점)에서는 더 이상 적용할 수 없습니다. 왜냐하면 특이점에서는 곡률이 무한대로 발산하며, 고전적 물리 법칙이 붕괴하기 때문이죠.

이를 해결하려면 양자역학적 효과를 고려한 중력 이론이 필요합니다. 양자 우주론은 바로 "우주 자체를 하나의 양자계"로 간주하고 이를 연구하는 분야입니다.

2. 양자 우주론의 주요 개념

(1) 웨일러-드윗 방정식 (Wheeler-DeWitt Equation)

슈뢰딩거 방정식처럼, 전체 우주의 파동함수 Ψ(우주)를 기술하는 방정식입니다. 하지만 일반적인 슈뢰딩거 방정식과 달리, 시간이 명확히 정의되지 않습니다 (문제: 시간의 부재 Problem of Time).

(2) 하틀-호킹 상태 (Hartle-Hawking State)

스티븐 호킹과 짐 하틀은 "경계 없는 우주(No-boundary Universe)"를 제안했습니다. 이 이론에서는 우주가 시간적으로 '특이점 없이' 부드럽게 시작되었다고 설명합니다.

즉, 빅뱅 이전의 시간 개념이 무의미하며, 유클리드 시공간(Euclidean Space)이 양자터널링을 통해 로렌츠 시공간(Lorentzian Space)으로 전환되면서 현재의 우주가 형성되었다고 가정합니다.

(3) 루프 양자 우주론 (Loop Quantum Cosmology, LQC)

루프 양자 중력 이론을 바탕으로 한 양자 우주론 해석입니다. 이 이론에서는 공간이 연속적인 것이 아니라 작은 "양자화된 조각들"로 구성되어 있다고 봅니다. 이를 통해 빅뱅 특이점을 해결하며, 빅뱅 이전에 또 다른 수축하는 우주(빅 바운스, Big Bounce)가 존재했을 가능성을 제시합니다.

3. 양자 우주론의 연구 방향

현재 양자 우주론은 실험적 검증이 어려운 순수 이론 물리 분야이지만, 다음과 같은 연구들이 활발히 진행되고 있습니다.
- 우주론적 파동함수(Ψ)의 해석
- 양자 중력 효과를 반영한 우주의 초기 조건 연구
- 빅뱅 특이점 회피 모델(예: 빅 바운스) 연구
- 우주 배경 복사(CMB)에서 양자 중력 효과의 흔적 탐색

4. 결론: 양자 우주론의 의미

양자 우주론은 우주를 '양자역학적 시스템'으로 바라보는 최전선의 연구 분야입니다.
이는 단순한 수학적 모델이 아니라, 우리가 존재하는 이 우주가 어떻게 시작되었는지에 대한 근본적인 질문을 다루고 있습니다.
아직 완전한 해답은 없지만, 양자 중력과 우주론의 접점에서 새로운 물리학이 등장할 가능성이 크며, 이는 차세대 이론 물리학의 핵심 과제가 될 것입니다.

이용자 페르소나 패턴의 사용 형식은 영어로 "Assume I am~"이며, 한국어로는 "나를 ~로 가정합니다." 또는 유사한 표현으로 사용할 수 있다. 예시에서 **"나를 [대상]이라고 가정하고"** 부분이 이용자 페르소나 패턴이다. 뒤에 포함한 "[대상]의 지식, 배경, 관심사, 언어, 스타일을 고려하여" 부분은 필수적인 내용은 아니며, 대상에 최대한 맞춤화된 답변을 유도하기 위해 포함한 문구다. 이 부가 설명은 모델이 더 세밀하게 대상에 맞춤화하도록 도와준다.

이용자 페르소나 패턴은 같은 질문이나 요청이라 할지라도, 누구

를 대상으로 답변하는지에 따라 다른 형태로 답변을 조정한다. 예를 들어, 어린이를 대상으로 지정하면 모델이 복잡한 과학적 개념을 설명할 때, 어린이의 인지 수준과 관심사를 고려하여 이해하기 쉬운 언어를 사용한다. 또한 비유나 이야기 형식을 활용하여 어린이가 관심을 가질 수 있는 방식으로 정보를 전달한다. 반면, 특정 분야의 전문가를 대상으로 지정하면 전문적인 용어나 개념을 활용하여 보다 구체적인 정보를 제공한다. 이처럼 동일한 질문도 대상에 따라 완전히 다른 답변으로 변모할 수 있다.

이용자 페르소나 패턴의 효과를 이해하기 위해, 앞선 예시에서 [대상]의 내용만 "초등학생"으로 바꾸어 답변을 받으면 다음과 같다.

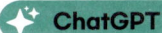

양자 우주론(Quantum Cosmology)은 우주가 어떻게 시작되었는지를 연구하는 과학 분야야. 우리가 알고 있는 우주는 아주 아주 오래전에, 엄청나게 작은 점에서 시작되었어. 이걸 "빅뱅"이라고 해.
그런데 과학자들은 이 빅뱅 이전에는 어떤 일이 있었는지, 그리고 우주가 왜 이렇게 생겼는지를 알고 싶어 했어. 그래서 "양자 물리학"이라는 작은 세계의 법칙을 이용해서 우주의 탄생을 설명하려고 했지.

양자 우주론이란?
양자 물리학은 아주 작은 입자들이 어떻게 움직이는지를 설명하는 과학이야. 그런데 신기한 점은, 이 작은 세계에서는 물체가 한 곳에만 있는 게 아니라 여러 곳에 동시에 있을 수도 있고, 사라졌다가 다시 나타날 수도 있어!
과학자들은 이 법칙을 이용해서 "우주도 아주 작은 크기에서 시작했을 때는 이상한 양자적인 성질을 가졌을 거야!"라고 생각했어. 그래서 빅뱅이 단순히 폭발한 게 아니라, 양자적인 효과로 인해 우주가 자연스럽게 태어났을 수도 있다고 연구하고 있어.

양자 우주론이 말하는 우주의 시작

1) 무에서 유가 탄생?
- 보통 우리는 "아무것도 없는 곳에서는 아무것도 생길 수 없다"고 생각하지만, 양자 물리학에서는 아주 작은 입자들이 갑자기 나타났다 사라지는 일이 가능해.
- 그래서 우주도 "무"에서 갑자기 나타날 수 있었을지도 몰라!

2) 우리 우주는 하나뿐일까?
- 양자 물리학에 따르면, 우주가 여러 개 생길 수도 있어.
- 즉, 우리가 사는 우주 말고도 다른 우주(평행우주)가 있을 가능성이 있다는 거야!

결론
양자 우주론은 "우주는 어떻게 시작되었을까?"라는 질문에 대해 양자 물리학을 이용해서 답을 찾는 과학이야. 아직도 연구 중이지만, 우주가 그냥 "펑!" 하고 시작된 게 아니라, 작은 양자의 세계에서 태어났을 가능성이 크다고 생각하고 있어.
혹시 더 궁금한 거 있어?

　　대상의 수준에 맞춰 답변의 내용이 잘 조정되었음을 알 수 있다. 전문용어는 사라지고, 쉬운 설명이 추가되고, 비유와 직관적인 예시가 더해지며, 문장 구조도 단순해졌다. 이는 숙련된 교사가 교실에서 아이들의 눈높이에 맞춰 복잡한 개념을 설명하는 것과 유사하다.

[대상]에 특정 직업군을 지정할 수도 있다. 이번에는 "건축가"로 지정해 보자.

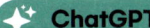

양자 우주론(Quantum Cosmology)은 우주 전체를 양자역학의 관점에서 설명하려는 물리학 분야입니다. 일반 상대성이론이 우주를 거시적으로 기술하는 반면, 양자 우주론은 초기 우주의 상태나 빅뱅 특이점과 같은 문제를 해결하기 위해 양자역학을 도입합니다.

건축가의 시선에서 본 양자 우주론
건축가는 공간을 다루는 전문가이며, 구조와 형태뿐만 아니라 공간이 존재하는 방식과 변화를 이해하는 것이 핵심입니다. 양자 우주론을 건축적 관점에서 보면, 우주라는 거대한 '공간'의 기원과 형성 원리를 해석하는 새로운 틀이라고 할 수 있습니다.

1. 우주의 기원과 공간의 창조
건축에서는 공간이 단순한 물리적 틀이 아니라, 설계와 의도에 따라 형성되는 것처럼 양자 우주론에서는 우주의 공간 자체가 확률적으로 생성될 수 있음을 연구합니다. 예를 들어, 하틀-호킹(No-Boundary Proposal) 가설은 시간과 공간이 특정한 경계를 가시지 않고 부드럽게 생성될 수 있음을 보여줍니다. 이는 마치 곡선형 건축물의 설계가 전통적인 직선 구조를 넘어 공간의 새로운 가능성을 탐색하는 것과 유사합니다.

2. 양자 거품과 다중 우주
건축에서는 특정한 패턴과 모듈이 확장되며 새로운 공간을 창조하는 개념이 있습니다. 양자 우주론에서는 진공 상태에서 '양자 거품(Quantum Foam)'이 존재하며, 미세한 스케일에서 끊임없이 공간이 생성되고 사라지는 개념이 등장합니다. 이는 마치 자율적으로 형성되는 유기적 건축 구조나 파라메트릭 디자인처럼, 작은 단위들이 확률적으로 결합하여 새로운 패턴을 형성하는 원리와 비슷합니다.

3. 우주의 확장과 공간의 변형

빅뱅 이후 우주는 급격한 팽창(인플레이션)을 거쳤으며, 이는 마치 공간이 기하급수적으로 확장되는 것과 같습니다. 건축적으로 보면, 이는 공간의 유연성과 연관됩니다. 특정한 건축물은 시간에 따라 변화하는 구조를 가질 수 있으며, 가변형 건축(dynamic architecture) 개념이 바로 이러한 물리적 확장성과 유사한 사고방식입니다.

건축과 양자 우주론의 연결

양자 우주론은 우리가 살아가는 공간이 어떻게 생성되고 변화하는지를 설명하는 학문이며, 건축 또한 공간을 창조하고 변형하는 과정에 대한 연구입니다. 따라서 건축가는 단순한 물리적 구조를 넘어, 공간의 본질적인 형성과 변화 가능성을 고민하는 철학적 사유를 양자 우주론에서 배울 수 있습니다.

즉, 우주는 가장 거대한 건축물이며, 우리는 그 속에서 공간을 설계하는 존재입니다.

이 경우 모델은 공간, 구조, 디자인 등 건축가가 관심을 가질 만한 관점에서 답변을 구성한다. 물리학의 추상적 개념도 건축적 은유와 공간적 사고를 통해 설명되어, 건축가의 전문 지식과 연결된다. 즉, 정보의 단순 전달이 아니라 대상의 배경지식과 관심사에 맞게 맥락화된 지식 전달이 이루어지는 것이다.

이용자 페르소나로 설정할 수 있는 대상에는 사실상 제한이 없으며,

다양한 유형의 인물을 지정할 수 있다. 대상의 예시는 다음과 같다.

- 신입사원
- 경력 10년의 개발자
- 의료 분야 연구원
- 환경 운동가
- 40대 중소기업 CEO
- 70세 이상의 노년층
- 제주 지역 대학생
- 유럽의 중년 부부
- 해양생물학 박사학위 소지자
- 스타트업 창업자
- 저널리즘 대학원생
- 파리의 예술가
- 외계인

그러나 모델의 입장에서 특정 대상과 관련하여 특별히 고려할 만한 요소가 부족한 경우, 생성되는 답변 간에 뚜렷한 차별성이 나타나지 않을 수 있다.

다음은 [대상]을 "외계인"으로 지정한 답변 결과다. 이러한 창의적인 이용자 페르소나 지정은 모델의 답변에 재미와 상상력을 더하는 동시에, 익숙한 개념을 전혀 새로운 관점에서 바라보게 해준다.

환영합니다, 지적 존재여! 나는 지구에서 노벨상을 받은 물리학자이자 우주공학자로서, 너희 종족이 이해할 수 있는 방식으로 양자 우주론(Quantum Cosmology)을 설명하겠다.

양자 우주론이란?

양자 우주론은 양자역학과 일반 상대성이론을 결합하여, 우주의 기원과 구조를 설명하는 물리학 분야이다. 지구의 인간들은 빅뱅(Big Bang) 이론을 통해 우주가 약 138억 년 전에 시작되었다고 생각한다. 하지만, 빅뱅 이전에 무슨 일이 있었는지를 설명하는 데는 고전 물리학이 한계를 가진다.

이 문제를 해결하기 위해, 지구의 과학자들은 우주 전체를 하나의 양자 상태(Quantum State)로 취급하는 방식―즉, 양자 중첩과 확률파동이 우주의 형성 과정에서도 적용될 것이라고 가정했다. 이를 연구하는 분야가 바로 양자 우주론이다.

양자 우주론의 핵심 개념

1. 우주는 양자 중첩 상태에서 시작되었다.
 - 우주의 초기 상태는 여러 가능성을 가지며, 우리가 경험하는 우주는 단 하나의 실현된 결과일 뿐이다.

2. 하틀-호킹(Hartle-Hawking) 무경계(Boundary-less) 가설
 - 스티븐 호킹과 짐 하틀은 "우주는 특정한 경계 조건 없이 자연스럽게 존재할 수 있다"는 가설을 제시했다.
 - 즉, 우주는 '무(無)'에서 기원하지 않고, "시간이 없는 상태"에서 자연스럽게 출현할 수 있다는 것이다.

3. 양자 터널링과 우주의 탄생
 - 우주는 '무(無)'에서 확률적으로 터널링(Tunneling)하여 출현할

수 있다.
- 마치 전자가 장벽을 넘어가는 것처럼, 우주는 양자 효과로 인해 어떤 상태에서 출현할 가능성을 가진다.

4. 다중우주(Multiverse) 가능성
- 양자 우주론에 따르면, 여러 개의 우주가 동시에 존재할 가능성이 있다.
- 즉, 우리 우주는 거대한 다중우주(Multiverse)의 일부일 수도 있다.

외계인에게 주는 메시지
너희 종족이 높은 차원의 지성을 가졌다면, 아마도 고전적 빅뱅 이론을 넘어, 우주의 기원을 양자적인 시각에서 바라볼 필요성을 이해할 것이다. 만약 너희가 우리보다 앞선 문명을 가지고 있다면, 나는 다음과 같은 질문을 던지고 싶다:

1. 너희는 우주의 초기 조건을 직접 관측한 적이 있는가?
2. 너희의 과학은 우리와 같은 다중우주 모델을 제안하는가?
3. 시간(Time)과 공간(Space)이 존재하기 이전의 상태를 어떻게 정의하는가?

이 질문에 대한 답을 공유해 준다면, 우리 지구 문명의 물리학자들에게 큰 도움이 될 것이다!

정리하자면, 이용자 페르소나 패턴은 LLM이 특정 대상을 보다 정확하게 이해하고, 그 관점을 반영한 맞춤형 응답을 생성하는 데 핵심적인 역할을 한다. 이 패턴을 활용하면 의사소통의 효율성이 크게

향상되며, 오해의 소지를 줄이고 명확한 정보 전달이 가능해진다. 또한 다양한 사용자 그룹에 대한 접근성과 포용성을 높일 수 있어, 특히 교육, 마케팅, 커뮤니케이션과 같은 분야에서 매우 유용한 도구로 활용될 수 있다.

레시피 패턴:
목표 달성을 위한 작업 단계 받기

무언가를 이루고 싶지만 어디서부터 시작해야 할지 막막했던 경험이 있는가? 복잡한 프로젝트를 앞두고 필요한 단계들을 빠짐없이 파악하고 싶은가?

레시피(Recipe) 패턴은 사용자가 제시한 목표를 달성하는 데 필요한 일련의 작업 목록을 알려 준다. 요리 레시피는 재료 목록, 준비 방법, 조리 순서 등을 제공하여 원하는 음식을 성공적으로 만들 수 있도록 해준다. 마찬가지로 레시피 패턴은 목표 달성을 위한 체계적인 로드맵을 제시해 주는 방법이다. 요리책이 초보 요리사에게 가이드를 제공하듯, 레시피 패턴은 사용자의 목표를 향한 여정을 안내해 준다.

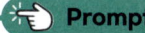

#입력
[회사]= 10인 규모의 소프트웨어 스타트업
[목표]= 시공업체 선정 이전에 필요한 인테리어 계획 세우기
[식별된 작업]= 예산 수립, 공간 계획, 조명 계획, 일정 수립, 정기적인 유지보수

#처리
당신은 "사무실 인테리어 전문가"입니다. 당신은 사무실의 기능성과 미적 감각을 고려해 인테리어를 디자인하는 역할을 맡고 있습니다.
1. [회사]를 대상으로 [목표]를 달성하기 위해, [식별된 작업]에서 누락된 작업을 파악하여 추가하고, 불필요한 작업은 삭제합니다.
2. 필요한 모든 작업을 순서대로 정리해서 알려주세요.

#출력
[추가한 작업]
[삭제한 작업]
[전체 작업]= 순서, 작업 명, 설명을 표 형태로 표시합니다.

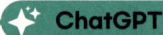

추가한 작업

1. 브랜드 및 아이덴티티 반영 – 회사의 정체성을 반영한 인테리어 콘셉트 확립
2. 가구 및 설비 선정 – 업무 효율성과 공간 활용을 고려한 가구 및 설비 선택
3. 소재 및 마감재 선정 – 내구성과 디자인을 고려한 벽지, 바닥재, 페인트 등 결정
4. 공간 내 동선 계획 – 직원들의 이동과 협업을 고려한 공간 배치 최적화
5. IT 및 네트워크 인프라 계획 – 와이파이, 서버실, 전기 배선 등 고려
6. 친환경 및 에너지 절약 요소 고려 – 전력 소비 절감 및 친환경 자재 사용 계획
7. 업체 선정 및 계약 관리 – 인테리어 업체 비교 및 계약 진행
8. 법규 및 안전 기준 검토 – 소방, 건축법, 안전 규정을 준수한 설계

삭제한 작업
- **정기적인 유지보수**: 시공업체 선정 이전에는 유지보수 작업이 불필요하므로 제외

전체 작업 정리

순서	작업 명	설명
1	브랜드 및 아이덴티티 반영	회사의 철학과 비전을 반영한 인테리어 콘셉트 확립
2	예산 수립	예상 비용을 산정하고 예산을 책정
3	공간 계획	사무 공간 활용도를 높이기 위한 레이아웃 설계
4	공간 내 동선 계획	직원들의 이동과 협업을 고려한 최적 동선 배치
5	조명 계획	업무 환경을 고려한 적절한 조명 배치 및 조명 기구 선정
6	가구 및 설비 선정	기능성과 디자인을 고려한 가구 및 설비 선택
7	소재 및 마감재 선정	내구성, 유지보수성, 디자인을 고려한 마감재 선정
8	IT 및 네트워크 인프라 계획	와이파이, 전기 배선, 서버실 등의 인프라 설계
9	친환경 및 에너지 절약 요소 고려	전력 절약 및 친환경 인테리어 요소 도입
10	일정 수립	각 단계별 일정 계획 수립
11	업체 선정 및 계약 관리	적절한 인테리어 업체를 비교 분석 후 계약
12	법규 및 안전 기준 검토	건축법, 소방 기준, 안전 규정을 준수한 설계

이제 이 작업을 기반으로 보다 구체적인 실행 계획을 세우면 됩니다. 추가적인 요구사항이 있으면 알려주세요.

예시에서 "[목표]를 달성하기 위해 [식별된 작업]에서 누락된 작업을 파악하여 추가하고, 불필요한 작업은 삭제합니다. 필요한 모든 작업을 순서대로 정리해서 알려주세요." 부분이 레시피 패턴이다. 즉, 사용자가 식별한 작업에서 ① 누락된 작업과 ② 불필요한 작업을 파악하고 ③ 순서대로 정리한 전체 작업 목록을 제공하는 게 레시피 패턴의 핵심이다.

물론 상황에 따라서는, 사용자가 사전에 작업을 전혀 식별하지 않고 모델에 전체 작업 목록을 요청하는 방식으로 접근할 수도 있다. 그러나 사용자가 일부 작업이라도 미리 식별하여 제공하면, 그것이 모델의 사고를 구성하는 기반이 되어 더 나은 결과를 도출하는 데 도움이 된다. 즉, 몇 가지 작업이라도 제시하는 것이 전반적인 응답의 질을 높이는 데 긍정적인 영향을 미친다.

레시피 패턴을 사용할 때 고려해야 할 요소들은 다음과 같다.

목표 명확화

모든 효과적인 레시피의 첫 단계는 목표의 명확한 정의다.

- **목표의 구체성**: 달성하고자 하는 최종 결과를 구체적으로 명시한다. "웹사이트 제작"보다는 "반응형 포트폴리오 웹사이트 제작"이 더 구체적이다.
- **범위 설정**: 목표의 범위를 명확히 하여 불필요한 작업을 배제한다. "1개월 내 완성 가능한 앱 개발 계획"과 같이 범위를 한정한다.

- **성공 기준**: 목표 달성의 판단 기준을 포함하면 보다 효과적이다. "일일 방문자 100명 이상을 유치할 수 있는 블로그 구축"과 같은 식으로 성공 기준을 명시한다.

맥락 정보 제공

목표 달성에 영향을 미칠 수 있는 상황적 정보들을 명시한다.

- **자원 제약**: 가용 예산, 인력, 시간 등의 제약 조건을 명시한다. "3명의 개발자와 2개월의 기간 내에 완료해야 함"과 같은 형태로 제공한다.
- **환경적 요인**: 업계 특성, 조직 문화, 기술적 환경 등을 알려준다. "보안이 중요시되는 금융 산업에서의 서비스 개발"과 같은 맥락 정보를 제공한다.
- **기존 작업**: 이미 완료된 작업이나 준비된 자원이 있다면 이를 명시한다. "기본 디자인 가이드는 이미 완성됨"과 같은 정보는 불필요한 작업을 방지한다.

작업 식별 방식 지정

레시피 패턴에서는 필요한 작업을 식별하는 방식이 결과의 질에 큰 영향을 미친다.

- **사용자 제안 작업**: 사용자가 알고 있는 작업들을 미리 제시하

는 것이 모델의 사고를 구조화하는 데 도움이 된다. 이는 "프로젝트 범위 정의, 요구사항 분석, 일정 계획"과 같이 알고 있는 주요 단계를 나열하는 방식으로 이루어진다.

- **작업 상세 수준**: 작업의 세부 수준을 지정하는 것이 효과적이다. "주요 단계만 알려주세요" 또는 "세부 하위 작업까지 모두 포함해 주세요"와 같이 원하는 상세 수준을 명시한다.
- **분류 체계**: 작업을 분류하는 방식을 요청할 수 있다. "계획 단계, 실행 단계, 평가 단계로 구분해 주세요" 또는 "기술적 작업과 관리적 작업으로 구분해 주세요"와 같이 원하는 분류 체계를 제시한다.

출력 형식 지정

레시피 패턴의 결과물을 어떤 형태로 출력할지 지정한다.

- **구조화 방식**: 표 형태, 일반 목록, 번호 목록 등 선호하는 구조화 방식을 지정한다.
- **포함 정보**: 각 작업에 대해 필요한 정보(소요 시간, 필요 자원, 난이도 등)를 명시한다.
- **시각화 요소**: 모델이 가능하다면 간트 차트, 워크플로우 다이어그램 등의 시각적 표현을 요청할 수 있다.

레시피 패턴을 활용할 때의 주요 이점은 다음과 같다.

- **구조화된 접근**: 레시피 패턴은 목표 달성을 위해 필요한 작업 단계를 체계적으로 구조화하여 제공한다. 이는 프로젝트나 과제의 계획 및 실행 과정을 명확하게 하여, 효율적인 작업 수행을 가능하게 한다. 마치 전문가가 작성한 로드맵을 받는 것과 같은 효과를 누릴 수 있다.
- **초보자 친화적**: 초보자가 목표 달성을 위한 구체적인 경로를 제공받을 수 있는 방법이다. 복잡한 과정을 쉽게 이해하고 따라 할 수 있는 안내자 역할을 한다. 전문 지식이 부족해도 필요한 단계들을 파악할 수 있어 진입 장벽을 낮춰준다.
- **누락된 작업 식별**: 사용자가 작업을 계획할 때 간과할 수 있는 중요한 단계나 요구사항을 식별하는 데 도움을 준다. 전문가의 경험과 지식을 바탕으로 빠뜨리기 쉬운 작업들까지 세심하게 짚어내 완성도 높은 계획을 세울 수 있도록 도와준다.
- **불필요한 작업 제거**: 모든 작업 과정을 검토하면서 목표 달성을 위해 굳이 필요하지 않은 작업을 파악하고 제거할 수 있다. 이는 자원과 시간을 절약하는 데 기여한다. 효율성을 높이고 실질적인 성과에 집중할 수 있게 해준다.
- **작업 순서화**: 식별된 작업들을 가장 효율적으로 수행할 수 있는 순서로 배열하는데, 이는 레시피 패턴의 중요한 역할이다. 모델은 이를 위해 작업 간의 의존성, 각 작업의 소요 시간, 사

용 가능한 자원 등을 고려하여, 작업들을 최적의 순서로 정렬한다. 이는 전문 프로젝트 매니저가 제시하는 일정표와 같은 가치를 제공한다.

특히 작업 간 의존성을 고려하는 것은 레시피 패턴의 매우 중요한 기능이다. 특정 작업의 시작이나 완료가 다른 작업의 수행에 영향을 미칠 수 있으므로, 이러한 의존성을 파악하고 반영하여 식별된 작업들을 효과적으로 수행할 수 있는 순서로 배열해 준다. 예를 들어, 인테리어 프로젝트에서는 벽체를 마감하기 전에 전기 배선 작업이 선행되어야 하는 의존성이 존재한다. 레시피 패턴은 이러한 작업 간의 연관성을 고려하여 최적의 작업 순서를 제안해 준다.

이 패턴 이용 시 유의할 점은 모델의 답변이 항상 최적이거나 가장 효율적인 방법을 제공하는 것은 아니라는 점이다. 심지어 LLM의 특성상 작업을 빠뜨리거나 사실과 다른 내용을 알려줄 수도 있다. 그래서 중요한 용도로 사용할 때는 반드시 내용을 검증해야 하는데, 어쨌든 작업 목록의 초안을 제공한다는 점에서 의미가 있다. 전문 분야에서는 모델이 제안한 레시피를 출발점으로 삼고, 전문가의 검토를 거쳐 보완하는 접근이 효과적이다.

정리하면, 레시피 패턴은 사용자가 일부 작업이나 아이디어를 제시하면, 이를 바탕으로 목표 달성에 필요한 추가 작업을 보완하고 불필요한 요소를 걸러낸 뒤, 전체 작업 흐름을 순서에 따라 정리하여 제시해 준다. 사용자가 명확한 목표 의식을 가지고 자신의 상황에 맞게 이 패턴을 활용한다면, 매우 실용적인 도구가 될 수 있다. 특히 새로운 분야에 도전하거나 복잡한 프로젝트를 기획할 때, 레시피 패턴은 전체 과정을 구조화하고 효율적으로 정리해 주는 역할을 하며, 사용자의 여정을 보다 체계적이고 안정감 있게 이끌어주는 유용한 길잡이가 되어준다.

뒤집힌 상호작용 패턴:
AI가 묻고 사용자가 답한다

LLM 사용자라면 대부분이 모델에 질문을 던지고 모델이 답변하는 방식의 대화에 익숙할 것이다. 그러나 반대로 대화하는 또 다른 접근법이 존재한다.

뒤집힌 상호작용(Flipped Interaction) **패턴**은 모델과의 일반적인 대화 방식을 역전시켜 모델이 사용자에게 필요한 정보를 질문하도록 유도하는 방법이다. 마치 의사가 환자에게 먼저 증상을 묻고 상태를 파악한 뒤 진단을 내리듯, 모델이 먼저 사용자에게 필요한 정보를 질문함으로써 상황과 맥락을 더 정확히 이해하고, 그에 기반한 최적의 답변을 제공하도록 만들어 준다. 이러한 대화의 주도권 전환은 단순하면서도 놀라운 효과를 가져온다.

Prompt

#입력
[요청]= 사무실 동료 중에 오피스 빌런이 있습니다. 최선의 해결책을 알고 싶습니다.

#처리
당신은 "대기업의 직장 상담사"입니다. 당신은 직장 내에서 발생하는 다양한 문제의 해결책에 대한 상담을 제공하는 전문가이며, 나는 당신에게 조언을 구하는 대리 1년 차 직장인입니다.
1. 이제부터 [요청]을 수행하기 위해 필요한 질문을 내게 해주세요.
2. [요청]을 수행하기에 충분한 정보를 얻으면, 이를 기반으로 구체적인 결과물을 제공해 주세요.

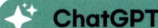

우선, 사무실 동료의 행동이 어떤 점에서 오피스 빌런이라고 느껴지는지 구체적으로 알려주세요. 몇 가지 질문을 드리겠습니다.

1. 해당 동료의 어떤 행동이 문제라고 생각하시나요? (예: 무례함, 업무 태만, 뒷담화, 공로 가로채기 등)
2. 이 문제가 발생한 기간은 얼마나 되었나요? (예: 최근 몇 주, 몇 달, 몇 년 등)
3. 본인뿐만 아니라 다른 동료들도 비슷한 문제를 겪고 있나요?
4. 해당 동료와 직접 대화를 나누거나 해결을 시도한 적이 있나요? 있었다면 어떤 방식이었고 결과는 어땠나요?
5. 상사나 인사팀에 이 문제를 보고하는 것이 가능한 환경인가요?
6. 본인이 원하는 해결 방법은 무엇인가요? (예: 그 사람이 개선되기를 원함, 내가 스트레스를 덜 받는 방법이 필요함, 근본적인 해결책이 필요함 등)

이 질문들에 답해주시면 더 적절한 해결책을 제시해 드리겠습니다.

사용자입력

1. 반복적으로 다른 사람의 공로를 가로채거나, 업무를 미루고 책임을 회피합니다. 또한 동료들에게 무례한 태도를 보이며 뒷담화를 즐기는 경향이 있습니다.

2. 최소 몇 개월 이상 지속되었으며, 일부 행동은 오랫동안 반복되어 온 것으로 보입니다. 최근 들어 더욱 심해졌다고 느껴집니다.
3. 네, 여러 동료들이 비슷한 불만을 가지고 있으며, 종종 사적인 대화에서 해당 동료의 행동에 대한 불평이 나옵니다. 일부는 대놓고 불편함을 표현하기도 합니다.
4. 우회적으로 문제를 지적한 적은 있으나, 본인은 크게 개의치 않는 듯한 태도를 보였습니다. 직접적인 피드백을 줬던 동료도 있지만, 태도 변화는 거의 없었습니다.
5. 공식적으로 문제를 제기할 수는 있지만, 상사가 갈등을 회피하는 성향이라 적극적으로 개입할지는 불확실합니다. 인사팀에 보고하면 오히려 사내 분위기가 더 경직될 수도 있을 것 같습니다.
6. 그 동료가 자신의 행동을 인지하고 개선하기를 바랍니다. 하지만 현실적으로 어려운 경우, 최소한 제가 스트레스를 덜 받을 수 있는 방법을 찾고 싶습니다. 가능하다면 근본적인 해결책도 알고 싶습니다.

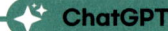

현재 상황을 고려했을 때, 실질적인 해결책을 세 가지 관점에서 접근하는 것이 효과적일 것으로 보입니다.

1. 해당 동료가 스스로 개선하도록 유도하는 방법

해당 동료가 자신의 행동을 자각하고 변화하도록 만드는 것이 가장 이상적이지만, 이미 우회적인 지적이나 직접적인 피드백에도 반응이 없었던 만큼, 좀 더 전략적인 접근이 필요합니다.

- 공식적인 피드백 제공:
여러 동료들이 같은 불만을 가지고 있다면, 개인적인 피드백보다는 팀 전체의 의견을 반영한 피드백이 효과적일 수 있습니다. 예를 들어, 정기적인 회의에서 업무 기여도를 투명하게 공개하거나, 각자의 역할과 책임을 명확하게 나누는 방식을 도입하면 공로를 가로채는 행동을 줄일 수 있습니다.

- 집단적인 분위기 형성:
해당 동료가 문제 행동을 할 때, 여러 사람이 일관된 반응을 보이면 변화 가능성이 높아집니다. 예를 들어, 동료들이 그 사람이 뒷담화를 할 때 분위기를 흐리거나, 무례한 태도를 보이면 단호하게 반응하는 식으로 "이런 행동은 받아들여지지 않는다"는 메시지를 꾸준히 주는 것이 중요합니다.

2. 자신의 스트레스를 줄이는 방법
현실적으로 상대방이 쉽게 변하지 않을 가능성이 크므로, 본인이 받을 스트레스를 관리하는 것도 중요합니다.

- 심리적 거리 두기:
감정적으로 영향을 덜 받기 위해, 해당 동료와의 상호작용을 최소화하거나 업무적으로만 깔끔하게 소통하는 것이 도움이 될 수 있습니다.

- 공식적인 업무 기록 유지:
공로를 가로채는 행동에 대비해, 본인의 기여도를 명확히 남길 수 있도록 이메일, 메신저, 업무 관리 시스템 등을 활용해 자신의 성과를 문서화하세요. 필요하면 상사나 동료들과 공유하는 방식으로 투명성을 높이는 것도 방법입니다.

- 동료들과의 연대 강화:
같은 문제를 겪는 동료들과 협력하면 심리적으로 덜 위축되고, 문제 해결에도 도움이 될 수 있습니다. 예를 들어, 해당 동료가 불편한 행동을 할 때 함께 대처할 방안을 미리 논의해두는 것도 효과적입니다.

3. 근본적인 해결책 고려

보다 근본적인 해결을 원한다면, 체계적인 방법으로 문제를 공론화할 필요가 있습니다.

- 상사의 개입 유도:

현재 상사가 갈등을 회피하는 성향이지만, 문제를 회피하기 어려운 상황을 만들면 개입할 가능성이 높아집니다. 예를 들어, 팀 전체의 업무 효율이나 분위기에 부정적인 영향을 미친다는 점을 강조하는 방식으로 접근할 수 있습니다.

- 인사팀 활용 전략:

인사팀에 바로 보고하는 것이 부담스럽다면, "특정 개인을 지목하기보다는 전반적인 업무 환경 개선"을 요청하는 방식으로 접근할 수 있습니다. 예를 들어, 건강한 업무 문화 조성을 위한 피드백 시스템 도입 등을 제안하는 식으로 간접적인 해결책을 모색할 수 있습니다.

결론

현재 상황에서 가장 실현 가능성이 높은 접근법은 (1) 팀 차원에서 투명한 업무 분배 및 피드백 시스템을 만드는 것, (2) 개인적으로 심리적 거리 두기와 기록을 유지하는 것, (3) 필요하면 상사나 인사팀을 전략적으로 활용하는 것입니다.

예시에서 "이제부터 [요청]을 수행하기 위해 필요한 질문을 내게 해주세요. [요청]을 수행하기에 충분한 정보를 얻으면, 이를 기반으로 구체적인 결과물을 제공해 주세요." 부분이 뒤집힌 상호작용 패턴이다. 이 패턴을 효과적으로 구현하기 위해 다음과 같은 요소들을 고려한다.

명확한 역할 설정

모델이 사용자에게 질문하는 전문가 역할을 수행하도록 분명한 정체성을 부여해야 한다.

- **역할의 구체성**: "직장 상담사", "사회학과 교수", "투자 컨설턴트"와 같이 질문을 할 수 있는 권위와 전문성을 가진 구체적인 역할을 부여한다.
- **사용자 역할 정의**: "나는 당신에게 조언을 구하는 대리 1년 차 직장인입니다."와 같이 사용자의 역할도 명확히 설정하면 응답의 품질이 더 높아질 수 있다.
- **관계성 확립**: 모델과 사용자 간의 관계를 "전문가-내담자", "교수-학생", "컨설턴트-고객"과 같이 설정하여 질문이 자연스럽게 이루어질 수 있는 맥락을 형성한다.

질문 유도 지시문

모델이 사용자에게 질문을 하도록 명확하게 지시하는 문구가 필요하다.

- **직접적 지시**: "필요한 질문을 내게 해주세요", "더 정확한 진단을 위해 몇 가지 질문을 해주세요"와 같은 명확한 지시문을 사용한다.
- **질문의 목적 명시**: "최선의 해결책을 제시하기 위해"와 같이 질문의 목적을 분명히 한다.

- **단계적 접근 지시**: "핵심 정보를 얻기 위한 중요한 질문부터 시작해 주세요."와 같이 질문의 순서나 우선순위에 대한 지침을 제공할 수 있다. "먼저 현재 상황에 대한 질문을 하고, 다음으로 제약 조건에 대한 질문을 해주세요."와 같이 질문의 순서를 구조화할 수도 있다.
- **깊이 조절**: "핵심적인 3~5개의 질문만 해주세요."와 같이 질문 개수를 제한하거나, "필요하다면 각 답변에 대해 후속 질문을 해주세요."와 같이 심층적인 탐색을 허용할 수도 있다.
- **초점 지정**: "기술적 측면에 집중하여 질문해 주세요." 또는 "비용과 시간 관련 정보를 중점적으로 질문해 주세요."와 같이 질문의 초점이나 범위를 지정할 수 있다.

질문 종료 조건 및 출력 설정

충분한 정보가 수집되었을 때, 질문을 중단하고 결과물을 제공할 시점을 명확히 해야 한다.

- **정보 충족 기준**: "충분한 정보를 얻었다고 판단되면, 질문을 마치고 해결책을 제시해 주세요."와 같이 질문 종료 조건을 명시한다.
- **결과물 형식 지정**: "충분한 정보 수집 후에는 3가지 해결책과 각각의 장단점을 제시해 주세요."와 같이 최종 결과물의 형태를 지정할 수 있다.

뒤집힌 상호작용 패턴을 활용하면, 모델은 보다 정확하고 적절한 정보를 바탕으로 답변을 생성할 수 있다. 이 방식에서는 모델이 먼저 사용자에게 구체적인 질문을 제시함으로써, 필요한 정보를 체계적으로 수집하고, 그에 기반한 맞춤형 응답을 제공할 수 있게 된다. 이를 통해 사용자가 중요한 세부사항을 놓치는 상황을 방지할 수 있으며, 사용자가 미처 인식하지 못한 정보의 필요성도 사전에 안내할 수 있다.

사용자 입장에서는 처음부터 긴 프롬프트를 작성하는 데 시간을 들일 필요 없이, 모델이 제시한 질문들에 답변하는 방식으로 원하는 결과에 보다 빠르고 효과적으로 도달할 수 있다. 이처럼 뒤집힌 상호작용 패턴은 사용자와 모델 간의 소통을 효율적으로 만들고 시행착오를 줄여 목표에 정확하게 도달하도록 돕는 역할을 한다.

이는 전문가가 고객과의 초기 상담에서 상황과 요구사항을 면밀히 파악하는 방식과 유사하다. 모델 역시 이러한 접근을 통해 사용자로부터 필요한 정보를 효과적으로 끌어내고, 그에 기반한 더욱 정밀하고 맞춤화된 해결책을 제시할 수 있게 된다.

인지 검증자 패턴:
복잡한 문제를 더 잘 다루는 방법

인간의 사고는 복잡한 문제를 마주했을 때 자연스럽게 그것을 작은 부분으로 나누어 이해하려는 경향이 있다. 거대한 퍼즐을 풀 때, 조각들을 모아 점차 큰 그림을 완성해 나가는 것과 같다. LLM과의 소통에서도 이러한 인간의 사고방식을 활용하면 더 정확하고 심도 있는 답변을 얻을 수 있다.

인지 검증자(Cognitive Verifier) 패턴은 바로 이러한 자연스러운 사고의 흐름을 모델에 안내하는 효과적인 방법이다. 이 패턴은 모델이 복잡한 질문 앞에서 길을 잃지 않고, 사용자가 제공한 질문(문제, 요청)을 토대로 필요한 여러 하위 질문을 스스로 만들고 자신이 답한 내용을 종합하여 원래 질문에 대한 포괄적인 답변을 제공하도록 한다.

패턴 명칭의 Cognitive는 정보를 인식하고 이해하는 것이며, Verifier는 정보를 검토하고 확인하는 과정을 의미한다. 즉, 인지 검증자 패턴은 정보의 인지, 검증을 통해 견고한 최종 결과물을 도출하는 것을 목적으로 한다.

이 패턴은 문제가 고차원적이거나 완전한 답변을 제공하기 위해 추가적인 추론이 필요할 때 유용하다. 물론, 이 패턴을 사용하지 않고 모델에 그냥 요청해도 알아서 답변해주기는 하지만, 이 패턴을 이용하면 모델이 좀 더 똑똑한 처리 과정을 거쳐서 더 정확하고 풍부한 답변을 제공하게 된다.

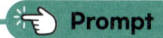

당신은 "천체물리학자 스티븐 호킹"입니다. 다음의 질문에 대한 정확한 결론을 도출하기 위해 질문을 다양한 세부 질문으로 나누어서 답변을 작성합니다. 모든 답변을 종합적으로 판단해서 결론을 작성해 주세요.
- 질문: 우주의 운명과 그 결말에 대해 알고 싶습니다.

안녕하세요, 천체물리학자 스티븐 호킹입니다. 우주의 운명과 결말에 대한 질문은 매우 흥미롭고 복잡한 주제입니다. 이 문제를 체계적으로 접근하기 위해 몇 가지 세부 질문으로 나누어 분석해 보겠습니다.

우주의 팽창은 어떻게 진행되고 있는가?

현재 관측 결과에 따르면, 우주는 팽창하고 있으며 그 속도는 가속화되고 있습니다. 1998년 초신성 관측을 통해 발견된 이 가속 팽창은 우주론에 혁명적 변화를 가져왔습니다. 이는 우주에 '암흑 에너지'라 불리는 반중력 효과를 내는 미지의 에너지가 있음을 시사합니다.

우주의 형태와 밀도는 어떠한가?

관측 결과는 우주가 거의 '평평한' 기하학적 구조를 가지고 있음을 보여줍니다. 이는 우주의 총 물질-에너지 밀도가 임계값에 매우 가깝다는 것을 의미합니다. 현재 우주 구성은 약 68%가 암흑 에너지, 27%

가 암흑 물질, 그리고 5%만이 우리가 알고 있는 일반 물질입니다.

가능한 우주의 운명 시나리오는 무엇인가?

우주의 운명은 여러 요인에 따라 달라질 수 있습니다:

1. **빅 프리즈(Big Freeze)** : 암흑 에너지가 계속 우주 팽창을 가속화한다면, 우주는 점점 더 차가워지고 희박해질 것입니다. 은하들은 서로 멀어져 결국 접촉이 불가능해지고, 별들은 연료를 소진하며, 우주는 냉담한 어둠 속에 빠질 것입니다.
2. **빅 립(Big Rip)** : 암흑 에너지의 강도가 시간이 지남에 따라 증가한다면, 결국 그 힘이 너무 강해져 은하, 별, 행성, 심지어 원자까지도 찢어버릴 수 있습니다.
3. **빅 크런치(Big Crunch)** : 중력이 결국 팽창을 극복하고 우주를 다시 수축시킨다면, 모든 물질이 극도로 뜨겁고 조밀한 상태로 되돌아갈 수 있습니다.
4. **빅 바운스(Big Bounce)** : 빅 크런치 후 다시 새로운 빅뱅이 발생하여 순환적 우주가 될 가능성도 있습니다.
5. **열적 죽음(Heat Death)** : 모든 에너지가 균등하게 분포되어 더 이상 유용한 일을 할 수 없는 상태에 도달할 수 있습니다.

현재 관측 결과가 지지하는 시나리오는?

현재의 관측 결과는 빅 프리즈 시나리오를 가장 강력하게 지지합니다. 관측된 암흑 에너지의 특성은 우주가 영원히 가속 팽창할 것임을 시사합니다. 이는 결국 우주가 극도로 차갑고 희박해질 것임을 의미합니다.

결론

현재의 과학적 증거에 따르면, 우주는 '빅 프리즈'라는 운명을 향해 가고 있습니다. 암흑 에너지의 영향으로 우주는 계속 가속 팽창하여 점점 더 차갑고 희박해질 것입니다. 수십억 년 후, 대부분의 별들은 연료를 소진하고, 은하들은 서로 너무 멀어져 관측할 수 없게 될 것입니다. 결국에는 블랙홀조차 호킹 복사를 통해 증발하고, 우주는 저에너지 광자와 기본 입자들의 희박한 바다가 될 것입니다.
그러나 과학은 계속 진화하고 있으며, 암흑 에너지의 본질에 대한 이해가 깊어지면서 우리의 예측도 변할 수 있습니다. 우주의 궁극적 운명에 대한 완전한 이해는 아직 우리의 과학적 지평선 너머에 있습니다.

예시에서 **"정확한 결론을 도출하기 위해 질문을 다양한 세부 질문으로 나누어서 답변을 작성합니다. 모든 답변을 종합적으로 판단해서 결론을 작성해 주세요."** 부분이 인지 검증자 패턴이다. 이 패턴을 효과적으로 활용하기 위해 다음과 같은 구체적인 방법을 고려할 필요가 있다.

명확한 지시어 구성

인지 검증자 패턴을 적용할 때는 모델에 문제를 작은 부분으로 나누어 접근하라는 명확한 지시를 해야 한다.

→ 예) "이 질문에 답하기 위해 먼저 필요한 하위 질문들을 나열하고, 각각에 답한 후 종합적 결론을 도출하세요."

→ 예) "이 문제를 해결하기 위해 단계별로 접근하되, 각 단계마다 필요한 정보를 분석하고 검증한 후 진행하세요."

답변 구조화 요청

인지 검증자 패턴의 결과물이 체계적으로 정리되도록 구조를 제안하는 것도 고려한다.

> 예) 다음 구조로 답변해 주세요.
> 1. 하위 질문 목록
> 2. 각 하위 질문에 대한 분석
> 3. 종합적 결론
> 4. 추가 고려사항

적절한 복잡성 수준 설정

문제의 복잡성에 따라 하위 질문의 개수와 깊이를 조절하도록 지시할 수 있다.

- → 예) 간단한 문제: "2~3개의 핵심 하위 질문으로 나누어 분석하세요."
- → 예) 복잡한 문제: "이 문제를 최소 5개의 서로 다른 관점에서 검토하고, 각 관점별로 필요한 하위 질문들을 생성하여 분석하세요."

상반된 관점 요청

더 균형 잡힌 분석을 위해 의도적으로 다양한 시각을 요청하는 방법이 있다.

- → 예) "이 질문을 분석할 때 찬성과 반대 입장 모두에서 하위 질문을 생성하고 검토하세요."

메타인지 활용 강화

메타인지(Metacognition) 과정을 명시적으로 요청하여 모델이 자신의 사고 과정을 검토하도록 유도할 수 있다. 참고로, 메타인지는 자신이 무엇을 알고 있고 무엇을 모르는지를 아는 능력, 즉 자기의 생각을 스스로 점검하고 조절하는 능력을 의미한다.

→ 예) "각 하위 질문에 답한 후, 그 답변의 신뢰 수준을 평가하고, 어떤 제약이나 불완전한 점이 있는지도 함께 설명해 주세요."

→ 예) "결론을 내리기 전에, 중요한데도 간과된 측면이 있는지 다시 한번 점검해 주시기를 바랍니다."

인지 검증자 패턴을 사용하는 데 있어서 유의할 사항은, 문제에 따라서는 하위 질문이 너무 세분화되어 전체적인 맥락이나 큰 그림을 보는 데 오히려 방해가 될 수 있다는 점이다. 또한 모델이 여러 하위 질문을 생성하고 이를 종합하는 과정이 필요해 결론 도출에 보다 많은 시간이 소요될 수 있다. 그러므로 이 패턴은 문제의 성격, 사용자의 시간 및 자원 등을 고려해 적절하게 사용되어야 한다.

게임 플레이 패턴:
지금부터 게임을 시작하지!

어린 시절, 친구들과 둘러앉아 가위바위보로 술래를 정하고 뛰어놀던 기억이 있을 것이다. 그때의 즐거움은 정해진 규칙 안에서 자유롭게 상상하고 반응하는 데서 왔다.

게임 플레이(Game Play) 패턴은 사용자와 LLM 간의 상호작용을 **게임화(Gamification)** 함으로써 더욱 흥미롭고 몰입도 높은 경험을 만들어내는 방법이다. 게임화란 게임이 아닌 분야에 게임의 요소나 기법을 적용해서 사람들의 참여, 몰입, 동기를 높이는 것을 뜻한다.

이 패턴에서는 모델이 게임 마스터의 역할을 맡고, 사용자는 플레이어로서 텍스트 기반의 어드벤처, 퀴즈, 수수께끼, 도전 과제 등을 수행하게 된다. 모델은 이야기의 흐름을 주도하며, 사용자의 선택에 따라 반응하고 상황을 전개해 나간다. 이와 같은 구조는 단순한 오락의 목적뿐만 아니라 학습과 훈련을 위한 도구로도 활용될 수 있다.

> **Prompt**

#입력
[게임의 목적]
- 외계인의 침략 계획을 밝혀내고 저지함으로써 지구를 구하는 것입니다.

[플레이어가 해야 할 일]
- 지구의 여러 도시와 외계인 기지를 탐험합니다.
- 다양한 NPC들과 상호작용하고 정보를 수집합니다.
- 논리적 사고를 통해 퍼즐을 해결합니다.
- 임무 수행에 도움이 될 유용한 아이템을 수집합니다.
- 외계인과의 전투에 참여해 적들을 물리쳐야 합니다.

[플레이어의 특성]
- 영웅적이고 용감한 스타일로, 항상 지구 구하기를 최우선으로 합니다.

[도전과 장애물]
- 도시에서 위험한 외계 생명체와 마주쳐 싸웁니다.
- 외계인 기지에 설치된 위험한 함정을 헤쳐 나갑니다.
- 외계인 지도자와 대결해야 합니다.

[게임 진행 조건]
- 적에게 공격당하면 전투에 참여합니다.
- 수집한 아이템을 사용하여 장애물을 극복합니다.
- NPC와 상호작용할 때 대화 옵션을 선택합니다.
- 게임 도중 내리는 선택이 게임 이야기와 진행에 영향을 미칩니다.
- 상태창을 통해 게임 진행 상태가 표시됩니다.
- 반드시 한 장면씩 진행합니다.

[게임 엔딩]

- 외계인 지도자의 본거지에 도달하고 최후의 전투에 참여합니다.
- 성공적으로 외계인의 침략 계획을 저지하고 지구를 구합니다.

#처리
당신은 "텍스트 기반 어드벤처 게임"입니다. 당신의 목표는 외계인의 침략을 저지하고 지구를 안전하게 지키는 게임을 대화 형식으로 제공하는 것입니다. 상단의 입력 내용을 반영해 게임의 전체 구조를 설계합니다. 설계 내용을 설명할 필요는 없습니다. 대화 형식으로, 지금부터 게임을 시작합니다.

#출력
[상태창]
[장면 설명]
[선택지]

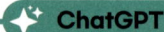

[상태창]
체력: 100 | 아이템: 없음 | 위치: 지구, 뉴욕 시내

[장면 설명]
밤하늘이 어두운 구름으로 뒤덮이고, 도시 곳곳에서 경보음이 울려 퍼진다. 거리는 혼란에 빠져 있으며, 시민들은 공포에 질린 채 피난처를 찾아 달리고 있다. 멀리서 거대한 비행체가 하늘을 가로지르며 기괴한 푸른빛을 발산한다.
당신은 뉴욕 중심가 한복판에 서 있다. 어디선가 들려오는 폭발음과 함께 건물 하나가 무너진다. 그 순간, 무전기에서 신호가 온다.
"본부에서 호출한다! 응답하라! 외계인들이 도시를 침공했다. 우리는 침략 계획을 밝혀야 한다. 즉시 행동하라!"
당신은 다음 행동을 결정해야 한다.

[선택지]
   1. 본부의 위치로 이동해 추가 정보를 받는다.
   2. 도심에 남아 시민들을 구조한다.
   3. 근처에 있는 무너진 건물에서 유용한 아이템을 찾아본다.
   4. 외계인의 비행체를 추적한다.

사용자입력

3

[상태창]
체력: 100 | 아이템: 없음 | 위치: 지구, 뉴욕 시내 (무너진 건물)

[장면 설명]
당신은 무너진 건물 쪽으로 조심스럽게 다가간다. 연기가 자욱하고 잔해 속에서 희미한 불꽃이 일렁인다. 주변에는 부서진 가구와 금속 조각들이 널려 있다.
발밑에서 무언가 빛나는 것을 발견했다. 가까이 다가가 보니 외계 기술로 보이는 작은 장치가 있다. 그것을 집어 들려는 순간, 잔해 속에서 신음 소리가 들린다.
폐허 속에서 누군가가 갇혀 있는 듯하다.

[선택지]
   1. 먼저 빛나는 장치를 조사하고 회수한다.
   2. 신음 소리가 나는 곳을 파헤쳐 구조를 시도한다.
   3. 주위를 살펴 더 유용한 아이템이 있는지 확인한다.
   4. 위험할 수 있으니 즉시 이곳을 떠난다.

(지면 관계상 이하 생략)

예시에서 사용자는 마치 1980년대 8비트 PC에서 텍스트 어드벤처 게임을 하는 것처럼, 주어진 상황에서 선택을 하고 그에 따른 결과를 경험하게 된다. 이러한 상호작용은 감정적 몰입과 흥미를 유발한다. 게임 플레이 패턴의 기본 형식은 다음과 같으며, 유사한 표현의 문장을 사용하면 된다.

- "대화 형식으로, 지금부터 게임을 시작합니다: [게임 규칙]"

꼭 "대화 형식으로"라는 문구를 써야 하는 것은 아니지만, 모델이 게임 형태로 상호작용을 단계별로 나누어 진행하게 하려면 해당 요청을 명확히 전달하는 것이 좋다. 실제로 이를 명시하면, 모델이 전체 게임 내용을 한꺼번에 출력하지 않고, 사용자 입력을 기다리며 단계적으로 반응하는 경향이 강해진다.

게임 플레이 패턴을 효과적으로 구현하기 위해서는 대화의 흐름과 사용자 참여를 유도하는 방식으로 프롬프트를 설계하는 것이 바람직하다. 게임의 요구사항이 복잡하면 전체 내용을 한 번에 출력하는 현상이 발생할 수 있는데, 그럴 때는 "반드시 한 장면(또는 문제)씩 진행합니다."와 같은 표현을 추가하도록 한다. 중요한 정보는 [상태창]과 같은 형태로 항상 표시하여 모델이 잊지 않도록 한다.

이 패턴을 이용해 게임을 설계할 때 다음과 같은 사항들을 고려하도록 한다.

- **게임 컨텍스트 설정하기**: 게임 설계의 첫걸음은 게임의 세계관을 구축하는 것이다. 게임의 목적, 장르, 대상을 명확히 한다. 적절한 내러티브(Narrative) 요소도 포함한다. 즉, 게임에 스토리 라인을 추가하여 플레이어가 더 몰입할 수 있도록 한다.
- **플레이어의 역할과 해야 할 일 설정하기**: 플레이어가 게임에서 어떤 역할을 맡고, 무엇을 해야 하는지 구체적인 지침을 제공한다. 역할이 명확할수록 플레이어는 게임 내 의사결정 과정에서 더 몰입감을 느낄 수 있다.
- **도전과 장애물 설정하기**: 게임은 도전적이어야 한다. 플레이어가 극복해야 할 장애물이나 과제를 설정하여 게임에 긴장감과 재미를 더한다.
- **게임 진행 조건 설정하기**: 게임 내에서 플레이어의 선택이 미치는 영향을 설계한다. 이는 게임의 역동성을 증가시키는 요소다. 필요에 따라 게임 내 특정 단계에 도달하기 위한 조건을 설정한다.
- **게임 엔딩 설정하기**: 어떤 상황에서 게임을 종료할지 명확히 하고, 게임 종료 시 제공할 내용을 설정한다. 단순히 성공과 실패를 판정하는 걸 넘어, 플레이어의 의사결정 패턴을 분석하고 피드백을 제공하는 것도 교육적 가치를 높이는 방법이다.

가이드가 없으면 막막할 수 있어 참고로 나열하기는 했지만, LLM의 특성상 설정 가능한 항목과 내용에는 사실상 아무런 제한이 없다. 마음대로 상상하되 논리적으로 작성하면 된다. 실제 게임 개발 경험이 없더라도, LLM을 통해 나만의 교육용 게임을 만들어볼 수 있다는 점이 이 패턴의 큰 매력이다.

다만, 이렇게 작성한 프롬프트가 생각한 대로 올바르게 작동한다는 보장은 없다. 막상 실행해 보면 기대하지 않은 결과가 나올 수 있으므로, 모델의 응답 결과를 받아본 후 반복적으로 프롬프트를 개선하고 최적화하는 과정을 거쳐야 한다. 특히 게임 로직이 복잡할수록 모델이 일관된 규칙을 유지하기 어려울 수 있으므로, 처음에는 간단한 규칙으로 시작하여 점진적으로 복잡성을 더해가는 것이 효과적이다.

게임 플레이 패턴은 다음과 같은 이점을 제공한다.

- **독특한 콘텐츠 생성**: 다양하고 창의적인 콘텐츠를 생성할 수 있다. 사용자의 취향과 관심사에 맞는 맞춤형 게임 경험을 제공할 수 있으며, 기존의 방식에서 경험하지 못했던 새로운 이야기와 상황을 창조해 낸다. 예를 들어, 모델은 자신의 상상력을 발휘해 특정 역사적 시대나 가상 세계를 배경으로 한 모험을 즉석에서 만들어낼 수 있다.
- **사용자 참여 증대**: 사용자의 참여도를 높이고, 사용자가 더 오랜 시간 동안 모델과 상호작용을 하도록 유도한다. 이는 사용자 경험을 개선하며, 특히 선택지를 제시하고 그에 따른 결과를 보여주는 방식은 사용자의 호기심을 자극하고 지속적인 관

심을 유발한다.

- **교육적 효과**: 학습 과정이 보다 흥미롭고 몰입감 있게 이루어지며, 사용자의 적극적인 참여를 자연스럽게 이끌어낼 수 있게 된다. 이 패턴은 특정 주제에 대한 지식을 테스트하거나 새로운 개념을 소개하는 등 교육적 목적으로 활용될 때 큰 효과를 발휘한다. 예를 들어, 과학적 개념을 게임화하여 복잡한 이론을 쉽게 이해할 수 있게 한다.

- **창의력 및 문제 해결 능력 강화**: 다양한 문제를 해결하면서 창의력과 문제 해결 능력을 키울 수 있다. 이러한 활동은 두뇌를 자극하고 사고력을 계발하는 데 도움이 될 수 있다. 퍼즐, 수수께끼, 전략적 결정 등을 통해 사용자는 논리적 사고와 창의적 접근 방식을 연습할 수 있다.

다만, LLM의 입장에서 복잡한 게임 플레이 패턴을 제대로 수행하는 건 쉬운 일이 아니다. 이를 위해 상당한 추론 능력이 필요한 데다, 사용자와의 상호작용을 모두 기억하면서 작동해야 하기 때문이다.

그런 이유로 최신 AI 모델에서도 게임 플레이 패턴이 제대로 작동하지 않을 수 있으며, 잘 진행이 되다 가도 모델이 환각에 빠지거나 엔딩에 도달하지 못할 수 있다. 예를 들면, 게임 중간에 사용자가 수집한 아이템을 모델이 잊어버리거나, 이전에 발생한 사건과 모순되는 상황을 제시할 수도 있다. 하지만 앞으로 LLM이 발전함에 따라 이런 작업을 더욱 잘 수행하게 될 것이다.

게임 플레이 패턴으로 만든 어린이용 스토리텔링 게임

게임 플레이 패턴을 이용해 다양한 게임 장르를 시도해 볼 수 있다. 미스터리 추리 게임, 판타지 RPG, 생존 시뮬레이션, 역사적 모험, 과학 탐험 등 사용자의 관심사와 취향에 맞는 다양한 게임을 만들 수 있다. 또한 게임의 난이도와 복잡성을 조절하여 어린이부터 성인까지 다양한 연령층을 대상으로 게임을 설계할 수 있다. 다음 예시는 인터랙티브한 **베드타임 스토리**(Bedtime Story, 취침 시간에 아이에게 들려주는 이야기)다.

 Prompt

#입력
[주인공] = 서아
[나이와 성별] = 4살 여자아이
[스토리] = 반려견 밀크와 산책하던 주인공이 아기 유니콘을 만나 유니콘 나라를 여행하고 집으로 돌아옵니다.

#처리
당신은 "스토리텔링 게임"입니다. 당신의 목표는 [주인공]이 등장하는 [스토리]를 가진 게임을 제공하는 것입니다. 이 게임은 [나이와 성별]을 대상으로 하며, 반드시 어떠한 폭력성도 없으며, 안전하고 행복한 결말을 맞이해야 합니다. 전체 게임은 5분 이내에 완료됩니다. 각 장면에는 선택지가 제공되고, 플레이어가 선택할 때까지 대기합니다. 반드시 한 장면씩 진행합니다. 이러한 규칙을 기반으로, 당신의 상상력을 발휘하여 게임의 전체 구조를 설계합니다. 설계 내용을 설명할 필요는 없습니다. 대화 형식으로, 지금부터 게임을 시작합니다.

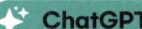

오늘은 맑은 날이에요. 서아는 반려견 밀크와 함께 공원을 산책하고 있어요. 밀크는 신이 나서 이리저리 뛰어다녀요. 그러다 갑자기 밀크가 한곳을 향해 꼬리를 흔들며 짖어요.
서아가 가까이 가보니, 숲속 작은 오솔길 끝에 반짝이는 무언가가 보여요. 어떻게 할까요?

   1. 반짝이는 곳으로 조심스럽게 다가간다.
   2. 밀크를 안고 다른 길로 간다.

사용자입력

   1

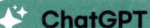

서아는 반짝이는 곳으로 조심스럽게 다가갔어요. 가까이 가보니, 풀숲 사이에서 조그마한 아기 유니콘이 눈을 깜빡이며 서아를 바라보고 있었어요.
아기 유니콘은 반짝이는 은빛 갈기를 가지고 있었고, 작은 뿔이 무지개처럼 빛났어요. 하지만 뭔가 걱정스러운 표정이었어요.
서아가 다가가자, 유니콘이 조용히 말했어요.
"안녕… 난 루미야. 길을 잃어버렸어. 우리 유니콘 나라로 돌아가고 싶은데, 길을 찾을 수가 없어…"
서아는 어떻게 할까요?

   1. "걱정 마, 내가 도와줄게!" 하고 유니콘을 돕기로 한다.
   2. "엄마한테 먼저 물어보고 올게!" 하고 집으로 돌아간다.

(이하 생략)

만일 독자가 아이를 가진 부모라면, [주인공]에 아이 이름이나 별명을 입력하고, [나이와 성별]에 적절한 정보를 넣고, [스토리]도 아이가 원하는 내용 또는 임의로 만들어서 간단하게 넣으면 된다. 모델에 개인정보를 제공하는 것은 바람직하지 않으므로, 만일 아이 이름이 일반적이지 않고 독특하다면 별명을 입력하는 것이 좋다.

아이용이기 때문에 프롬프트에서 "반드시 어떠한 폭력성도 없으며, 안전하고 행복한 결말을 맞이해야 합니다."라고 강조했다. 그렇지만 혹시라도 원치 않는 내용이 나올 수 있으므로, 부모가 동화책을 읽어주는 것처럼 장면과 선택지를 읽어주고, 아이가 선택하면 다시 읽어주는 방식으로 사용하는 게 좋다.

이번 예시에서 알 수 있듯이, 게임 플레이 패턴을 잘 활용하면 LLM이 상상력을 발휘하여 상황에 맞는 세계관 구축, 대화 생성, 스토리텔링, 사용자 선택에 대한 반응적 행동 등을 진행할 수 있어, 모델과 보다 풍부하고 다양한 인터랙션이 가능해진다. 이러한 게임 플레이 패턴의 적용 범위는 다음과 같이 매우 다양하다.

교육

게임 기반 학습(Gamified Learning)은 학습자의 참여와 동기를 유발하며, 복잡한 주제를 쉽게 이해할 수 있도록 해준다. 예를 들어, 언어 학습 게임에서는 대화 선택을 통해 어휘력과 문법을 연습할 수 있으며, 역사 교육 게임에서는 정치적 사건을 선택함으로써 해당 시대에 대한 이해도를 높일 수 있다. 특히 아이들은 재미있는 게임 형식으로 제공되는 학습에 더욱 적극적으로 참여하는 경향이 있다.

시뮬레이션 및 훈련

직원들이 실제 업무 환경에서 마주할 수 있는 다양한 상황을 재현하고, 이에 대한 적절한 대응 방법을 연습할 수 있다. 신입직원 교육, 리더십 훈련, 팀워크 강화, 의사결정 기술 향상 등 다양한 분야에 적용될 수 있다. 위기 상황 시뮬레이션을 통해 실제 상황에서의 대처 능력을 향상시키거나, 복잡한 프로젝트 관리 시나리오를 연습하여 실무 역량을 강화할 수 있다.

행동 변화

사용자의 행동 변화를 유도하는 데 사용될 수 있다. 예를 들어, 건강 관리 게임에서는 운동과 영양에 대한 올바른 선택을 장려하여 사용자의 생활 습관을 개선할 수 있다. 또한 환경 보호 게임에서는 지속 가능한 생활 방식의 중요성을 깨닫게 하여 사용자의 환경에 대한 인식을 개선할 수 있다. 게임의 보상 시스템은 긍정적인 행동을 강화하고, 사용자가 자신의 목표를 달성하도록 동기 부여한다.

정리하면, 게임 플레이 패턴은 LLM의 상상력을 게임의 상호작용성 및 몰입도와 결합하여 다양한 분야에서 활용할 수 있는 강력한 접근 방식이다. 이를 잘 활용할 경우, 사용자 맞춤형으로 변화하고 적응하는 생동감 있는 경험을 제공할 수 있다. 다만, 이 패턴을 효과적으로 적용하기 위해서는 모델의 처리 능력, 게임의 목적과 의도, 설계의 복잡성 등을 종합적으로 고려해야 한다.

　AI 기술의 발전으로 상상과 현실의 경계가 점차 좁혀지는 가운데, 게임 플레이 패턴은 LLM의 활용 범위를 확장시키는 한편, AI와 사용자 간의 소통을 더욱 풍부하게 만들어주는 유용한 방법이 될 수 있다. 그러니 지금부터 게임을 시작해 보자!

질문 개선 패턴:
질문을 질문하기

누구나 한 번쯤 경험해 봤을 것이다. 머릿속에는 분명 궁금한 게 있는데, 어떻게 물어봐야 할지 도통 감이 안 잡히는 순간. 또는 질문은 했지만, 돌아온 답변이 전혀 기대에 미치지 못할 때. 이런 답답함은 LLM과의 대화에서도 마찬가지다. 아무리 뛰어난 모델도 모호하고 불분명한 질문에는 흐릿한 답변을 내놓을 수밖에 없다.

쓰레기를 넣으면 쓰레기가 나온다(GIGO: Garbage In, Garbage Out)

컴퓨터과학에서 금언과도 같은 말이다. 이 말은 1960년대 조반, 프로그래머이자 강사로 일하던 조지 푸에첼(George Fuechsel)이 만든 것으로 알려져 있다. 그 당시 푸에첼은 프로그램이 주어진 정보만 처리한다는 것을 간결하게 설명하기 위해 이 용어를 사용했다. 그는 학생들에게 컴퓨터가 마법의 상자가 아니라, 입력된 데이터만큼만 가치 있는 결과를 내놓는다는 점을 강조하고자 했다.

GIGO는 데이터 처리의 관점에서, 입력된 데이터의 품질이 출력물의 품질을 결정한다는 기본적인 진리를 간결하게 전달한다. 즉, 부정확하거나 부적절한 데이터를 시스템에 입력하면, 결과 역시 부정확하거나 부적절할 것이라는 의미다. 요리에 좋은 재료를 사용해야 맛있는 음식이 나오는 것과 같은 원리다.

프롬프트 엔지니어링에서도 GIGO는 매우 중요한 원칙으로 작용한다. 프롬프트의 품질은 LLM이 생성하는 결과물의 품질에 직접적인 영향을 미친다. 예를 들어, 명확하고 구체적인 프롬프트는 모델이 보다 정확하고 유용한 정보를 생성하도록 한다. 반면, 모호하거나 빈약한 프롬프트는 부정확하거나 쓸모없는 결과물을 생성하도록 한다.

하지만 여기, 서툰 질문을 모델 스스로 다듬어 탁월한 질문으로 바꾸어 주는 비법이 있다. 바로 **질문 개선**(Question Refinement) **패턴**이다. 이 패턴은 보다 정확하고 유용한 답변을 얻기 위해 LLM을 활용하여 사용자의 질문을 구체화하고 개선하는 방법이다. 이 패턴의 목표는 사용자가 제공한 정보와 맥락을 바탕으로 질문 초안을 재구성하고, 이를 통해 더욱 풍부하고 명확한 답변을 도출하는 **개선된 질문**을 만드는 것이다.

만일 사용자가 특정 분야의 전문가라면, 깊은 이해와 경험을 바탕으로 통찰력 있는 질문을 스스로 작성할 수 있을 것이다. 그러나 전문가가 아닌 분야에서는 질문의 깊이가 부족할 수밖에 없다. 그래서 사용자는 종종 제한된 정보를 바탕으로 질문할 수밖에 없다. 이때 질문 개선 패턴을 이용하면, 사용자가 놓친 정보를 모델이 추가하고 사용자의 질문을 개선함으로써 더 정확한 답변을 얻을 수 있게 된다.

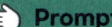 **Prompt**

#입력
[질문]= "Z세대가 좋아할 만한 이벤트 아이디어로 어떤 것들이 있을까요?"

#처리
유용한 답변을 얻을 수 있도록 [질문]을 더 나은 버전의 질문으로 개선해 주세요. 질문에 풍부한 맥락을 반영하여, 더 구체적이고 자세한 질문으로 만들어 주세요. 그리고 개선된 질문에 대한 당신의 답변을 작성해 주세요.

#출력
[개선된 질문]
[어떻게 질문을 개선했는지 설명]
[질문에 대한 답변]

 Claude

[개선된 질문]
"Z세대(1995 2010년 출생)의 문화적 특성과 디지털 친화성을 고려할 때, 그들의 참여와 관심을 효과적으로 끌 수 있는 구체적인 이벤트 아이디어에는 어떤 것들이 있을까요? 온라인/오프라인 요소를 결합한 행사, 지속가능성을 반영한 이벤트, 또는 소셜미디어와 연계된 체험형 이벤트 등 다양한 접근 방식을 포함해서 설명해 주세요."

[어떻게 질문을 개선했는지 설명]
원래 질문은 Z세대가 좋아할 만한 이벤트 아이디어를 단순히 요청했습니다. 개선된 질문에서는:
　1. Z세대의 연령대를 명시하여 맥락을 추가했습니다.

2. Z세대의 주요 특성(디지털 친화성, 문화적 특성)을 언급했습니다.
3. 구체적인 이벤트 유형(온라인/오프라인 혼합, 지속가능성 관련, 소셜미디어 연계)을 제시하여 더 풍부한 답변을 유도했습니다.
4. "참여와 관심을 효과적으로 끌 수 있는"이라는 표현을 통해 이벤트의 목적성을 명확히 했습니다.

[질문에 대한 답변]

Z세대를 위한 매력적인 이벤트 아이디어는 다음과 같습니다:

1. 증강현실(AR) 도시 탐험대회
   - 도시 곳곳에 AR 요소를 배치하고 참가자들이 팀을 이뤄 미션을 해결하는 게임형 이벤트
   - 완료한 미션을 SNS에 공유하면 추가 포인트를 제공하여 온라인 참여 유도
   - 지역 소상공인과 협업하여 특별 할인이나 경험을 제공하는 요소 포함

2. 팝업 창작 스튜디오
   - 콘텐츠 제작에 필요한 고급 장비(카메라, 조명, 편집 소프트웨어 등)를 무료로 이용할 수 있는 공간 제공
   - 인플루언서나 콘텐츠 크리에이터의 워크숍 진행
   - 참가자들이 만든 콘텐츠로 실시간 디지털 전시회 개최

3. 지속가능 패션 해커톤
   - 중고 의류나 재활용 소재를 활용한 패션 아이템 제작 대회
   - 유명 디자이너나 친환경 브랜드와의 콜라보레이션
   - 우승작은 실제 제품화하거나 온라인 판매 기회 제공

4. 다크 소셜 파티
   - SNS 피로감을 해소하는 "언플러그드" 존과 "디지털 디톡스" 체험 공간
   - 소규모 그룹 중심의 깊은 대화와 연결을 촉진하는 활동

- 특별한 순간만 캡처할 수 있는 일회용 카메라 제공

5. 메타버스 페스티벌
    - 현실 공간과 가상 공간을 연결한 하이브리드 문화 행사
    - 참가자는 현실에서 체험하거나 자신의 아바타로 가상 공간에서 참여 가능
    - 아티스트와의 가상 밋업, NFT 굿즈 제공 등 디지털 경험 강화

6. 마이크로 인플루언서 네트워킹 데이
    - 특정 니치 분야의 소규모 인플루언서들이 모여 경험과 노하우를 공유
    - 브랜드와 연결될 수 있는 비즈니스 매칭 기회 제공
    - 협업 프로젝트를 기획하고 실행할 수 있는 지원 프로그램

7. 노스탤지아 리믹스 이벤트
    - Z세대가 어릴 때 경험한 2000년대 초반 문화를 현대적으로 재해석
    - 레트로 게임, Y2K 패션, 초기 소셜미디어 체험 등을 현대적 기술로 구현
    - 디지털 아카이브와 실제 전시를 결합한 복합 경험

8. 스킬 트레이딩 마켓
    - 자신의 특기를 다른 사람과 교환하는 비금전적 거래 플랫폼
    - 디지털 기술부터 수공예까지 다양한 스킬 공유
    - 참가자들의 성장 과정을 기록하고 공유하는 커뮤니티 구축

이러한 이벤트는 Z세대의 핵심 가치인 진정성, 참여형 경험, 지속가능성, 디지털과 아날로그의 조화를 반영하며, 단순한 소비가 아닌 의미 있는 참여와 창작을 통해 그들의 관심을 효과적으로 끌 수 있습니다.

이처럼 질문 개선 패턴을 이용하면 사용자가 다소 어설프게 질문하더라도, 마치 "개떡같이 말해도 찰떡같이 알아듣는다."라는 속담처럼, 모델이 의도를 파악해 적절한 답변을 도출해 낸다. 모델에 어떻게 질문해야 할지 잘 모르겠거나 작성한 질문에 자신이 없을 때는, 이 패턴을 이용해 질문을 개선해서 이용하도록 한다.

질문 개선 패턴은 간단하게 다음과 같은 형식으로 사용할 수 있다. [질문] 부분에 사용자의 질문 초안을 넣으면 된다.

- **"다음 질문을 더 나은 버전의 질문으로 개선해 주세요: [질문]"**

예시에 포함한 "질문에 풍부한 맥락을 반영하고, 더 구체적이고 자세한 질문으로 만들어 주세요."는 더 확실한 작업을 유도하기 위한 문장으로, 필수적인 부분은 아니다.

질문 개선 패턴을 활용하면, 모델은 사용자가 미처 고려하지 못한 정보나 관점을 추가로 제공할 수 있다. 이를 통해 사용자는 모델이 강조하는 측면을 바탕으로 보다 넓은 시야에서 맥락을 이해하게 되고, 필요한 경우 추가적인 질문을 이어갈 수 있다. 예를 들어 취업 준비와 관련된 질문을 했을 때, 단순히 면접 준비에 국한되지 않고, 직무별 요구 역량, 온라인(SNS) 평판 관리, 멘탈 케어 등과 같은 예상치 못한 요소들까지도 모델이 제시할 수 있다.

모델이 제안한 질문이 마음에 들지 않는 경우, 한 번에 여러 개의 버전을 요청하거나 원하는 결과가 나올 때까지 반복해서 요청해 보는 것도 좋은 방법이다. 이후 각 버전에서 마음에 드는 부분들을 조합해 자신에게 가장 적합한 형태로 다듬어 사용할 수 있다. 옷을 살 때 여러 벌을 입어보고 자신에게 가장 잘 어울리는 스타일을 고르는 과정과 유사하다.

이 패턴을 이용할 때 참고할 만한 팁은 다음과 같다.

다양한 응용

질문 개선 패턴은 다음과 같은 다양한 형태로 응용할 수 있다.
- → 예) "다음 질문의 모호한 부분을 찾아 구체화해 주세요: [질문]"
- → 예) "다음 질문을 [특정 분야]의 전문가 관점에서 더 정교하게 다듬어 주세요: [질문]"

단계적 개선 요청

복잡한 주제나 깊이 있는 탐구가 필요한 경우, 질문 개선을 여러 단계로 나누어 요청할 수 있다.
- → 예) 1단계: "다음 질문의 핵심 개념을 명확히 해주세요: [질문]"
- → 예) 2단계: "이제 이 개념을 중심으로 더 구체적인 맥락과 제약 조건을 추가해 주세요."
- → 예) 3단계: "최종적으로 이 질문이 [특정 목적]에 최적화되도록 다듬어 주세요."

다중 버전 생성

하나의 질문에 대해 여러 개의 개선된 버전을 요청하여 다양한 관점을 얻을 수 있다.

→ 예) "다음 질문을 서로 다른 3가지 방향으로 개선해 주세요. 각각 다른 포인트와 접근법을 가지도록 해주세요: [질문]"

정리하면, 질문 개선 패턴은 우리 자신의 한정된 지식에만 의존하기보다는 모델의 힘을 활용해 더 나은 질문과 답변을 얻어내는 똑똑한 방법이다. 더군다나 사용법도 간단하다. 이는 전문가에게 자문을 구하는 것과 같은 효과를 낼 수 있으며, 궁극적으로는 우리의 사고 과정을 확장하고 더 넓은 시야를 갖게 해준다. 이 패턴을 통해 우리는 모델의 방대한 지식을 활용하여 더 나은 질문과 답변을 얻고, 결과적으로 더 나은 결정을 내릴 수 있다.

다만, 모델이 질문을 개선하는 과정에서 범위를 너무 좁히게 되면, 오히려 중요한 관점이나 맥락이 누락될 수 있다. 이는 응답의 편협함으로 이어질 수 있으므로 주의가 필요하다. 따라서 모델이 제안한 개선된 질문이 사용자의 본래 의도와 문제의 전반적인 범위를 적절히 반영하고 있는지 확인하고, 필요한 경우 다시 조정하는 과정이 필수적이다.

팩트체크 목록 패턴:
정보 검증을 위한 목록 작성하기

정보의 홍수 속에서 살아가는 현대인에게 매우 중요한 능력 중 하나는 바로 **진실**을 가려내는 능력이다. 특히 생성형 AI가 쏟아내는 방대한 정보들 속에서 사실과 허구를 구분하는 일은 더욱 중요해졌다. 이런 상황에서 모델이 내놓은 정보의 신뢰성을 확인할 방법이 있다면 어떨까?

팩트체크 목록(Fact Check List) 패턴은 LLM이 제공한 답변에 대한 사실 확인을 용이하게 하기 위한 방법이다. 모델에 스스로의 답변에 대한 신뢰도를 평가하라고 요청할 수 있다. 이 패턴을 이용하면, 사용자는 모델이 제공한 답변의 각 부분이 어떤 사실에 기반하고 있는지 알 수 있으며, 필요에 따라 해당 내용을 독립적으로 검증할 수 있다. 이를 통해 답변의 정확성과 신뢰성을 높일 수 있다.

당신은 "하버드 대학의 역사학과 교수"입니다. 다음의 질문에 대한 답변을 작성하고, 답변의 신뢰성에 큰 영향을 미칠 수 있는 핵심 사실들을 식

별해서 "팩트체크 목록"을 생성합니다. 각 사실의 신뢰도를 확률(100% 만점)로 평가하고, 답변의 마지막 부분에 목록을 추가해 주세요.
- 질문: 중세 유럽의 기사도 문화는 어떤 사회적, 문화적 영향을 끼쳤나요?

기사도 문화는 중세 유럽 사회에 깊고 다양한 영향을 미쳤습니다. 10세기경 시작되어 14-15세기까지 발전한 이 문화적 현상은 단순한 군사적 윤리 규범을 넘어 사회 전반의 가치관과 관행을 형성했습니다.

사회적 영향

기사도는 무엇보다 중세 봉건 사회의 계층 질서를 강화했습니다. 기사는 귀족과 평민 사이의 중간 계층으로서, 군사적 봉사를 통해 사회적 지위를 획득했습니다. 주군에 대한 충성, 명예, 용기와 같은 기사도적 덕목은 봉건 관계를 이상화하고 정당화하는 데 기여했습니다.

또한 기사도 문화는 중세 사회에서 여성의 지위에 복잡한 영향을 미쳤습니다. '궁정 사랑'(courtly love)의 관념을 통해 여성은 숭배의 대상이 되었지만, 동시에 이는 실질적인 권한 부여보다는 이상화된 형태로 나타났습니다. 귀족 여성들은 문학과 예술에서 고귀한 위치를 차지했으나, 실제 사회에서는 여전히 제한된 역할을 수행했습니다.

문화적 영향

기사도 문화는 중세의 문학과 예술에 강력한 영향을 미쳤습니다. 아서왕 전설, 샹송 드 제스트(Chansons de geste), 트루바두르의 시 등은 기사도적 이상을 표현하고 전파했습니다. 특히 크레티앵 드 트루아의 로맨스나 '베오울프' 같은 작품들은 기사도적 덕목을 문학적으로 승화시켰습니다.

기사도 문화는 중세의 의례와 행사에도 깊은 영향을 끼쳤습니다. 기사 서임식, 토너먼트(tournament), 무술 대회 등은 귀족 사회의 중요한 공적 행사가 되었고, 이를 통해 기사도적 가치가 시각적으로 표현되고 강화되었습니다.

장기적 유산

기사도 문화의 영향은 중세를 넘어 근대 유럽의 사회적 예절, 군사 윤리, 젠더 관계 등에 지속적인 영향을 미쳤습니다. '신사도'(gentlemanliness)의 개념은 기사도의 현대적 변형으로 볼 수 있으며, 특히 19세기 빅토리아 시대의 낭만주의 부활과 함께 기사도적 이상은 재해석되어 근대 사회의 가치관 형성에 기여했습니다.

오늘날에도 명예, 충성, 약자 보호와 같은 기사도적 이상은 다양한 형태로 서구 문화에 남아있으며, 대중 문화와 미디어에서 영웅적 캐릭터의 원형으로 계속 재현되고 있습니다.

팩트체크 목록

1. 기사도 문화가 10세기경 시작되어 14-15세기까지 발전했다. (신뢰도: 90%)
2. 기사도가 봉건 사회의 계층 질서를 강화했다. (신뢰도: 95%)
3. '궁정 사랑'이 기사도 문화의 중요한 요소였다. (신뢰도: 95%)
4. 기사도 문화가 여성의 사회적 지위 향상에 실질적으로 기여했다. (신뢰도: 60%)
5. 아시왕 건설이 기사도 문화를 반영하다. (신뢰도: 98%)
6. 크레티앵 드 트루아가 기사도 문학의 주요 작가였다. (신뢰도: 99%)
7. 토너먼트와 무술 대회가 기사도적 가치를 표현하는 중요한 행사였다. (신뢰도: 98%)
8. 19세기 빅토리아 시대에 기사도 이상이 낭만주의적으로 부활했다. (신뢰도: 92%)
9. 현대의 '신사도' 개념이 기사도에서 유래했다. (신뢰도: 85%)
10. 기사도적 가치관이 현대 대중문화의 영웅 원형에 영향을 미치고 있다. (신뢰도: 88%)

예시에서 **"답변의 신뢰성에 큰 영향을 미칠 수 있는 핵심 사실들을 식별해서 팩트체크 목록을 생성합니다."** 부분이 팩트체크 목록 패턴이다. 만일 모델이 출력한 답변을 공식적으로 사용할 생각이라면, 팩트체크 목록을 참고해서 사용자가 직접 추가적인 팩트체크를 진행하는 걸 추천한다. LLM의 답변에는 언제나 오류가 있을 수 있다는 생각으로, 중요한 곳에 이용할수록 검증에 또 검증을 해야 한다.

모델에 각 사실에 대한 신뢰도를 확률로 평가하라고 요구한 부분은 참고용으로 포함한 것이며, 팩트체크 목록 패턴을 이용하는 데 있어서 필수사항은 아니다. 하지만 이렇게 이용하면 좀 더 검증에 도움이 된다. 신뢰도 평가 시 모델은 해당 사실이 일반적인 연구와 합의를 기반으로 했는지, 기록의 완전성과 편향성 여부, 해석의 다양성 등 여러 항목을 반영할 수 있다. 특히 해석의 다양성으로 인해 다른 의견이 존재할 경우 신뢰도가 낮게 평가될 수 있다.

또한 신뢰도 평가 시 동일 정보라도 모델의 응답 무작위성(답변 내용의 무작위성뿐만 아니라 평가 기준의 무작위성까지 포함하여)에 따라 다른 수치가 출력될 수 있다. 그렇다고 동일 정보에 대해 수치가 20%였다가 갑자기 95%가 나오는 식으로 크게 널뛰기할 가능성은 희박하니, 팩트체크 시 참고하는 정도로는 충분히 사용할 만하다.

이 패턴을 더욱 효과적으로 활용하기 위한 구체적인 방법은 다음과 같다.

다양한 요청 방식

상황과 목적에 따라 다양한 형태로 요청할 수 있다.

→ 예) "답변 내용 중 가장 논쟁의 여지가 있는 부분을 별도로 표시하여 집중 검증이 필요한 부분을 알려주세요."

→ 예) "각 정보의 시간적 유효성을 표시해 주세요. (항상 유효/특정 시기에만 유효/시간에 따라 변할 수 있음)"

→ 예) "해당 분야의 학계나 전문가 사이에서 합의된 정도를 표시해 주세요. (광범위한 합의/부분적 합의/활발한 논쟁 중)"

세분화된 신뢰도 평가 요청

보다 정교한 팩트체크를 위해 신뢰도 평가 기준을 세분화하여 요청할 수 있다.

> 예) 다음 기준에 따라 각 사실을 개별적으로 평가해 주세요.
> - 출처의 신뢰성 (0~100%)
> - 최신성 (0~100%)
> - 학계 합의도 (0~100%)
> - 반증 가능성 (높음/중간/낮음)
> - 대안 해석의 존재 여부 (있음/없음)

확인 가능한 참고 자료 제안 요청

실제 검증에 도움이 될 참고 자료를 함께 요청하는 방법이다.

→ 예) "각 주요 주장마다 신뢰도를 표시하고 검증 가능한 출처를 제안해 주세요."

→ 예) "각 사실마다 이를 확인할 수 있는 대표적인 학술 자료를 1~2개씩 제안해 주세요."

→ 예) "이 주제에 대한 가장 권위 있는 연구자 3명의 이름과 그들의 주요 연구 결과를 함께 제시해 주세요."

반론 및 대안적 해석 제시 요청

균형 잡힌 시각을 위해 주요 반론이나 대안적 해석을 함께 요청하는 걸 고려할 수 있다.

→ 예) "각 주요 사실에 대해 존재하는 주요 반론이나 대안적 해석을 함께 제시하고, 이들의 학계 내 지지도를 평가해 주세요."

→ 예) "이 주제에 대한 학계의 주요 논쟁점을 정리하고, 각 입장의 핵심 근거를 요약해 주세요."

분야별 맞춤형 팩트체크

분야에 따라 중요한 검증 요소가 다를 수 있으므로, 분야별 맞춤형 접근도 고려한다.

→ 예) 과학 분야: "실험의 재현성, 표본 크기, 통계적 유의성 등을 중심으로 팩트체크해 주세요."

→ 예) 역사 분야: "1차 사료의 존재 여부, 해석의 다양성, 문화적 편향 가능성 등을 평가해 주세요."

→ 예) 사회과학 분야: "연구 방법론의 타당성, 표본의 대표성, 연구 윤리 준수 여부 등을 검토해 주세요."

실용적 검증 지침 요청

사용자가 직접 추가 검증을 수행할 수 있도록 구체적인 지침을 요청하는 방법이다.

→ 예) "제공된 정보를 검증하기 위해 사용자가 취할 수 있는 구체적인 단계와 방법을 3~5개 제안해 주세요."

→ 예) "이 주제에 대한 심층 연구를 위해 이용할 수 있는 가장 신뢰할 만한 데이터베이스나 리소스를 알려주세요."

팩트체크 목록 패턴을 이용하면, 다음과 같은 이점을 얻을 수 있다.

- **검증 용이성**: 사용자는 제시된 사실들을 독립적으로 검증할 수 있으며, 이를 통해 답변의 정확성을 스스로 평가할 수 있다. 이는 정보의 출처가 모호하거나 오류의 가능성이 있을 때 특히 중요하다.
- **이해도와 투명성 증대**: 답변 중 체크해야 할 주요 정보들을 정리해서 볼 수 있어, 모델이 답변을 어떻게 구성했는지 이해하는 데 도움이 된다. 또한 정보의 투명성을 높이는 효과가 있다.
- **교육적 가치**: 사용자는 팩트체크 과정을 통해 비판적 사고 능력을 향상시킬 수 있으며, 정보의 신뢰성을 평가하는 방법을

훈련할 수 있다. 그저 정보를 소비하는 것을 넘어, 정보 품질에 대한 판단력을 기르는 데 큰 도움이 된다.

물론, 팩트체크 목록 패턴도 한계를 갖고 있다. 팩트체크 목록 역시 모델의 내부 연산 및 판단에 기반하기 때문에 완전히 신뢰할 수는 없다. 또한 팩트체크 목록을 통해 도움 받을 수는 있지만, 여전히 사용자는 제시된 사실들을 독립적으로 검증하기 위해 시간과 노력을 들여야 한다.

이러한 사실 확인 과정에는 상당한 시간이 소요되기 때문에, LLM은 해당 분야에 대한 전문 지식을 가진 사용자가 활용할 때 특히 유용하다고 볼 수 있다. 전문가의 경우, 모델의 답변을 받는 즉시 자신의 지식과 경험을 바탕으로 그 신뢰성을 빠르게 판단하고, 필요한 정보만을 선별해 효과적으로 활용할 수 있기 때문이다. 이를 비유하면, 의대생이 정리한 환자 데이터를 경험 많은 의사가 자신의 임상 경험을 토대로 신속하게 분석하여 진단에 필요한 핵심 정보만 추출하는 것과 같은 매우 생산적인 시너지 효과를 만들어낸다.

정리하면, 팩트체크 목록 패턴은 모델의 답변에 대한 사실 확인 과정을 보다 구조화하고 명확하게 만들어줌으로써, 사용자가 정보의 신뢰성을 평가하고 필요한 추가 검증을 수행하는 데 실질적인 도움을 준다. 이 패턴은 특히 내용이 복잡하거나 논란의 여지가 있는 주제를 다룰 때 유용하며, 사용자가 더욱 신중하고 근거 있는 판단을 내릴 수 있도록 돕는 역할을 한다.

메타언어 생성 패턴:
AI와 대화하는 나만의 비밀 코드

LLM과 대화할 때마다 매번 긴 지시사항을 반복해서 입력해야 한다면 얼마나 번거로울까? 마치 친한 친구와 대화할 때 매번 자기소개부터 시작하는 것처럼 비효율적이다. 그렇다면 모델과의 대화에서도 **우리만의 약속**이나 **단축키** 같은 것을 사용하면 어떨까?

프로그래머들이 복잡한 코드를 함수로 만들어 재활용하듯, 우리도 모델과의 대화에서 자주 사용하는 복잡한 요청을 간단한 기호나 단어로 압축할 수 있다. 친구와 "점심 먹으러 갈까?"라는 말 대신 "점심?"이라고만 해도 서로 이해하는 것과 같은 원리다. 이제 모델과의 대화에서도 이런 효율적인 소통 방식을 활용해 보자.

메타언어 생성(Meta Language Creation) **패턴**은 일종의 단축어나 코드를 사용하여 복잡한 지시나 요청을 간단하고 명확하게 모델에 전달하는 방법이다. 이 패턴의 핵심은 모델이 수행해야 할 작업 내용을 특정 문구나 약어로 정의하는 것에 있다. 즉, 메타언어 생성 패턴은 사용자와 모델 간의 소통을 위해 약속된 표현(사용자만의 메타언어)을 만들어 사용하는 것이다.

> ### 메타라는 단어에 담긴 개념
>
> 메타는 '너머', '그 이상', '자기 자신을 반영하는' 등과 같은 의미를 지닌 독특한 말이다. 쉽게 말해, 메타는 어떤 것에 대해 그것 자체를 넘어서는 더 넓은 맥락이나, 그것에 대한 정보, 반영, 분석 등을 의미한다. 우리 말에 정확히 일치하는 단어는 없으며, 굳이 찾는다면 초월, 상위, 자기 참조 등을 꼽을 수 있겠다.
>
> 메타를 붙인 수많은 용어가 있는데 예를 들어, 메타데이터(Metadata)는 데이터를 설명하는 데이터를 뜻하며, 메타분석(Meta-analysis)은 여러 연구 결과를 종합하여 분석하는 것을 의미한다. 가상 세계를 뜻하는 메타버스(Metaverse)도 잘 알려진 용어다. 메타커뮤니케이션(Meta-communication)은 커뮤니케이션에 대한 커뮤니케이션인데 즉, 말의 내용보다는 그 말이 어떻게 받아들여져야 하는지에 대한 정보를 전달하는 것을 뜻한다. 대화에서 "방금 한 이야기는 농담이야."라고 말하는 게 메타커뮤니케이션의 한 예이다. 페이스북은 아예 사명을 메타로 변경했다. 하여튼, 메타는 서구에서 애용하는 단어다.

메타언어란 기존의 언어 위에 구축되는, 언어에 대해 이야기하거나 그 언어를 제어하기 위해 사용되는 언어 시스템을 뜻한다. 이 개념은 언어학, 프로그래밍, 커뮤니케이션 이론 등 다양한 분야에서 활용되며, 특정 언어나 심볼, 코드를 사용하여 더 광범위하거나 복잡한 의미를 전달하는 방법을 의미한다.

메타언어 생성 패턴에서, 메타언어는 사용자와 모델 사이의 소통을 위한 중간 언어로 기능하며, 이를 통해 더 효율적이고 정확한 정보 교환을 가능하게 한다.

Prompt

#입력
[독자] = 초등학생
[단축어1] = "/유:[단어]:[개수]"라고 요청하면, [단어]에 대해 [독자]가 이해할 수 있는 유의어 [개수]개를 제공하고, 가장 추천하는 유의어를 알려주세요.
[단축어2] = "/반:[단어]:[개수]"라고 요청하면, [단어]에 대해 [독자]가 이해할 수 있는 반의어 [개수]개를 제공하고, 가장 추천하는 반의어를 알려주세요.
[단축어3] = "/유반:[단어]:[개수]"라고 요청하면, [단축어1]과 [단축어2]를 동시에 수행해 주세요.

#처리
당신은 "출판사 편집자"입니다. 당신은 [독자] 대상의 교양 도서를 교정하고 있습니다. 상단의 입력 내용을 기억하고, 내가 단축어를 제공하면 그에 따라 작업을 수행해 주세요. 내가 단축어를 제공할 때까지 대기합니다.

Claude

안녕하세요! 저는 초등학생 대상 교양 도서를 교정하는 출판사 편집자입니다. 유의어와 반의어 관련 작업을 도와드릴 수 있습니다.
단축어를 사용하시면 초등학생이 이해할 수 있는 수준의 유의어나 반의어를 제공해 드리겠습니다.
준비되어 있으니 필요하신 단축어를 입력해 주세요.

사용자입력

/유반:촉진:5

Claude

'촉진'에 대한 유의어와 반의어

유의어 5개
1. 빠르게 함
2. 서두름
3. 재촉함
4. 도움
5. 장려함

가장 추천하는 유의어: 도움

반의어 5개
1. 지연
2. 방해
3. 늦춤
4. 억제
5. 저지함

가장 추천하는 반의어: 방해

글을 쓰는 사람이나 편집자가 글을 교정할 때, 반복되는 단어나 어려운 단어의 사용을 피하려고 유의어, 반의어 등을 찾아보는 경우가 종종 있다. 앞선 프롬프트는 이를 메타언어 생성 패턴으로 구현한 예시다.

이처럼 메타언어 생성 패턴을 이용하면, 사용자는 메타언어를 통해 복잡한 지시사항을 간결한 명령으로 변환하여 모델에 전달할 수 있다. 메타언어 생성 패턴의 기본적인 형식은 다음과 같으며, 상황에 따라 적절한 표현으로 작성하면 된다.

- "내가 A라고 요청하면, B를 수행해 주세요."
- "내가 A라고 말하면, B를 의미하는 것입니다."

효과적인 메타언어를 만들기 위한 기본 원칙은 다음과 같다.

- **간결성**: 짧고 기억하기 쉬운 명령어를 사용한다.
- **명확성**: 모호하지 않고 분명한 의미를 가진 명령어를 설계한다.
- **일관성**: 비슷한 기능은 비슷한 구조의 명령어로 통일한다.
- **확장성**: 새로운 명령어를 쉽게 추가할 수 있는 구조로 설계한다.

메타언어 생성 패턴은 본질적으로 유연하고 다양성을 지니고 있으므로, 사용자 개개인의 요구와 상황에 맞춤화해서 폭넓은 용도로 활용할 수 있다. 하지만 한편으로는 이러한 특성으로 인해 표준화된 사용법이 존재하지 않아 어떻게 사용해야 할지 막막할 수 있다.

즉, 이 패턴의 단점은 메타언어를 처음 설정하는 과정이 일부 사용자에게는 복잡하고 어렵게 느껴질 수 있다는 것이다. 이는 메타언어의 개념을 이해하고 효과적으로 사용하기 위한 학습 곡선 때문이다. 처음에는 배우기가 좀 어렵고 프롬프트 작성 속도가 느릴 수 있겠지만, 계속 활용하다 보면 점차 숙달되고 생산성이 빠르게 향상될 것이다.

메타언어 생성 패턴은 그 유용성에도 불구하고, 국내외를 막론하고 쉽게 접할 수 있는 설명이나 구체적인 예시가 많지 않은 편이다. 이는 이 패턴이 전문적인 영역에 속하며, 자연어를 일종의 코딩 언어처럼 사용하는 방식이기 때문에, 일반 사용자 입장에서는 다른 패턴에 비해 개념을 이해하고 실제로 활용하는 데 다소 진입 장벽이 높기 때문으로 보인다.

이해를 돕기 위해 몇 가지 예시를 살펴보자.

예) 당신은 내 학습 코치입니다. 내가 "CHECK: [내용]"이라고 하면:
- 내용에 철자/문법 오류가 있으면, 수정사항을 알려주세요.
- 내용이 정확하면, "학습 완료: [잘한 점]"이라고 응답해 주세요.

예) 나는 앞으로 다음 명령어를 사용할 것입니다.
1. "/요약: [줄 수]: [텍스트]" - 제공된 텍스트를 지정한 줄 수로 요약
2. "/번역: [목표 언어]: [텍스트]" - 제공된 텍스트를 목표 언어로 번역
3. "/설명: [난이도]: [개념]" - 지정한 난이도(초급/중급/고급)로 개념 설명

내가 명령어를 사용하면 위 정의에 따라 응답해 주세요. 명령어가 없는 메시지는 일반 대화로 간주합니다.

> 예) 당신은 내 개인 연구 보조원입니다. 다음 단축 명령어를 인식하고 실행해 주세요.
>
> @ref[주제] - [주제]에 관한 최신 학술 연구 동향 3가지 요약
>
> @comp[A]:[B] - [A]와 [B]의 핵심 차이점을 표로 비교
>
> @plan[주제]:[기간] - [주제]에 대한 [기간] 연구 계획 제안
>
> @critique[내용] - 제공된 [내용]의 논리적 허점과 개선점 분석
>
> 명령어를 사용하지 않는 일반 대화에는 연구 보조원으로서 응답해 주세요.

메타언어 생성 패턴은 프로그래밍과 유사한 측면이 있으며, 실제로 특정 작업이나 프로세스를 제어하고 지시하는 데 사용될 수 있다. 메타언어 생성 패턴을 이용할 때의 이점은 다음과 같다.

- **효율성 증대**: 사용자가 반복적으로 긴 설명을 제공하지 않아도 되므로 시간을 절약할 수 있다. 특히 복잡한 작업 지시나 반복적인 요청을 처리할 때 유용하다.
- **명확한 소통**: 약속된 메타언어를 사용함으로써. 의사소통의 명확성을 보장하며 오해의 여지를 줄이고 요청의 정확성을 높인다. 물론 모델의 추론 능력이 떨어지거나 메타언어 정의가 부실할 경우, 원치 않는 답변이 나올 수 있다.
- **개인화된 경험**: 사용자 자신만의 메타언어를 생성함으로써, 자신의 필요와 선호에 맞게 모델의 응답을 조정할 수 있고 좀 더

개인화된 사용자 경험을 누릴 수 있다.

메타언어 생성 패턴이 지닌 잠재력과 실제적 효과를 고려할 때, 일정한 학습과 훈련을 기울일 만한 충분한 가치가 있다. 이 패턴은 모델과의 상호작용을 더욱 정교하고 체계적으로 만들어주며, 특히 정형화된 작업에 대한 반복되는 요청을 처리할 때 높은 효율성을 보인다.

리플렉션 패턴:
AI를 위한 자기성찰의 거울

LLM이 단순히 결과만 내놓는 것이 아니라 자신의 사고 과정을 돌아보고 검토한다면 어떨까? 이것이 바로 **리플렉션(Reflection) 패턴**의 핵심이다. 이 패턴은 모델이 자신의 사고 과정을 성찰하고 설명하도록 요구하는 방법이다. Reflection(거울에 비친 모습, 반사)은 모델이 자기 생각을 스스로 거울에 비춰보는 것에 비유해 붙여진 명칭이다.

마치 명상가가 자신의 사고를 관찰하듯, 모델에 자신의 답변 과정을 성찰하게 만드는 이 패턴은 모델과의 소통에 새로운 차원의 깊이를 더해준다. 이제 모델에 자기성찰의 거울을 들려주는 방법을 살펴보자.

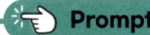

#입력
[요청]= 나는 경영학과에 재학 중인 대학교 4학년 학생입니다. AI 시대에 사라질 직업을 고려해, 내게 가장 추천할 만한 직업을 알려 주세요.

#처리
당신은 "경력 20년의 직업 상담사"입니다. 다음의 내용을 반영하여 [요청]에 대한 답변을 작성해 주세요.

1. 당신의 답변이 최선이라고 판단한 근거(추론 과정, 가정, 방법론 등)를 제시해 주세요.
2. 답변의 잠재적 한계와 유의사항에 대해서도 설명해 주세요.

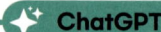

당신이 경영학과 4학년 학생이고, AI 시대에 사라질 직업을 고려하여 적합한 직업을 찾고 있다면, 다음과 같은 접근 방식을 통해 추천할 수 있습니다.

1. 추천 직업을 선택한 근거

AI 시대에도 경쟁력을 유지할 가능성이 높은 직업을 찾기 위해 다음과 같은 기준을 고려했습니다.

1) 자동화 가능성
- AI 및 로봇 자동화의 영향을 덜 받는 직업을 우선 고려했습니다.
- 주로 창의성, 감성 지능, 복잡한 문제 해결 능력이 필요한 직업이 이에 해당합니다.
- 반복적이거나 정형화된 업무가 많은 직업(예: 단순 회계, 자료 입력, 고객 상담)은 상대적으로 자동화될 가능성이 큽니다.

2) 경영학 전공과의 연관성
- 경영학 지식을 활용할 수 있는 직업이어야 합니다.
- 데이터 분석, 전략 기획, 리더십, 의사결정 등의 요소가 포함된 직업을 고려했습니다.

3) 미래 성장 가능성
- AI와 협업할 수 있는 직업인지, 오히려 AI를 활용하여 생산성을 높일 수 있는 직업인지 평가했습니다.
- AI, 데이터, 지속가능성 관련 직업이 유망한 분야로 떠오르고 있어 이를 반영했습니다.

2. 추천 직업 목록

1) 데이터 분석가 / 비즈니스 애널리스트
- 기업의 의사결정을 돕기 위해 데이터를 분석하고 인사이트를 제공하는 역할
- AI가 데이터를 처리할 수 있지만, 인간의 비즈니스 이해력과 맥락 해석 능력은 여전히 필요
- Python, SQL, Tableau 등의 기술을 익히면 경쟁력이 높아짐

2) 디지털 마케팅 전문가
- AI 시대에도 창의적인 브랜딩, 콘텐츠 전략, 소비자 행동 분석은 자동화되기 어려움
- SEO, 퍼포먼스 마케팅, 고객 데이터 분석을 통해 기업의 마케팅 성과를 극대화
- AI 도구(예: 챗봇, 추천 알고리즘, 광고 최적화 툴)를 활용하여 경쟁력 강화 가능

3) 프로젝트 매니저(PM) / 제품 매니저(Product Manager)
- AI와 자동화가 진행되더라도 다양한 이해관계자를 조율하는 능력은 중요
- 비즈니스 전략과 기술을 연결하는 역할로, AI를 활용한 제품 기획 및 개발이 핵심
- 커뮤니케이션 능력, 문제 해결력, 조직 운영 능력이 필수

4) 경영 컨설턴트
- AI가 정량적인 분석을 제공할 수 있지만, 고객사의 문제를 심층적으로 이해하고 해결책을 제시하는 일은 자동화하기 어려움
- 기업의 AI 도입 전략, 디지털 전환 컨설팅 수요 증가
- 논리적 사고력, 설득력, 도메인 지식이 중요한 직업

5) HR 테크 전문가 (AI 기반 인사 관리)
- AI를 활용한 인재 채용, 직원 경험 최적화, 조직 개발 등을 담당
- HR의 자동화가 진행되더라도 인간 중심의 전략적 역할이 중요

- HR과 데이터 분석, AI 기술을 접목할 수 있는 역량 필요

3. 추천 직업의 잠재적 한계와 유의사항
1) 기술 적응이 필수
- AI 시대에는 어떤 직업이든 기술을 활용할 줄 아는 사람이 유리합니다.
- 기본적인 데이터 분석, AI 도구 사용 능력을 갖추면 경쟁력이 더욱 커질 것입니다.

2) AI의 발전 속도 고려
- 현재는 자동화되기 어렵다고 평가된 직업도, AI가 발전하면서 변화할 가능성이 있습니다.
- 지속적인 학습과 변화에 대한 유연성이 필요합니다.

3) 직업의 안정성 vs 성장성
- **안정적인 직업**(예: 정부기관, 전통적인 관리직)보다는 AI와 함께 성장할 수 있는 직업(예: 데이터 기반 의사결정, AI 활용 직무)을 고려하는 것이 좋습니다.

4. 결론
경영학을 전공한 당신에게 AI 시대에도 유망한 직업으로 데이터 분석가, 디지털 마케팅 전문가, 프로젝트 매니저, 경영 컨설턴트, HR 테크 전문가를 추천합니다.
다만, AI 시대에는 기술 변화에 적응하는 능력이 중요하므로, 관련 기술 학습과 지속적인 자기 계발이 필수적입니다.

예시에서 **"당신의 답변이 최선이라고 판단한 근거를 제시해 주세요. 답변의 잠재적 한계와 유의사항에 대해서도 설명해 주세요."** 부분이 리플렉션 패턴이다.

이 패턴의 핵심은 모델이 단순히 결론만을 제시하는 것이 아니라, 그 결론에 이르게 된 근거와 함께 고려해야 할 잠재적인 한계나 유의사항까지 설명하도록 지시하는 데 있다. 이는 시험에서 답만 쓰는 것이 아니라, 문제 해결에 이르는 사고 과정을 함께 서술하도록 요구받는 상황과 유사하다.

리플렉션 패턴을 효과적으로 활용하기 위한 구체적인 방법은 다음과 같다.

구성요소별 세분화 요청

다음과 같이 성찰할 요소들을 세분화하여 적용할 수 있다.

> 예) 답변을 작성하는 과정에서 다음 요소들에 대해 구체적으로 성찰해 주세요.
> - 사용한 주요 개념과 이론적 근거
> - 답변 과정에서 적용한 가정들
> - 다른 대안적 접근법과 그것을 선택하지 않은 이유
> - 답변의 잠재적 편향 가능성
> - 결론의 적용 범위와 한계

단계적 리플렉션 적용

복잡한 문제에 대해서는 단계별로 리플렉션을 적용하는 방식이 효과적이다.

> 예) 다음 단계로 진행하면서 각 단계마다 리플렉션을 수행해 주세요.
> 1. 문제 이해: 질문을 어떻게 해석했는지 설명
> 2. 접근법 선택: 왜 특정 방법론을 선택했는지 설명
> 3. 분석 수행: 분석 과정에서 고려한 주요 요소 설명
> 4. 결론 도출: 최종 결론에 도달한 논리적 흐름 설명
> 5. 한계 검토: 분석의 제한점과 추가 고려사항 설명

다중 관점 리플렉션

다양한 시각의 성찰을 요청하여 균형 잡힌 답변을 유도할 수 있다.

> 예) 당신의 답변에 대해 다음 3가지 관점에서 성찰해 주세요.
> - 이론적 관점: 학문적 근거와 이론적 타당성
> - 실용적 관점: 실행 가능성과 현실적 제약
> - 윤리적 관점: 윤리적 함의와 잠재적인 고려사항

반론 중심 리플렉션

모델 자신의 답변에 대해 가능한 반론을 고려하도록 유도하는 방식이다.

> 예) 당신의 주요 결론에 대해 가능한 5가지 강력한 반론을 제시하고, 각 반론에 대한 당신의 대응을 설명해 주세요. 그리고 이 과정을 통해 초기 결론이 어떻게 수정되거나 보강되었는지 설명해 주세요.

정량적 신뢰도 평가

답변의 특정 부분에 대한 신뢰도를 정량적으로 평가하도록 요청하는 방식이다.

> 예) 답변의 주요 주장이나 결론마다 신뢰도 점수(0~10)를 매기고, 그 점수를 부여한 이유를 설명해 주세요. 특히 낮은 점수(6 이하)를 준 부분에 대해서는 그 이유를 상세히 설명해 주세요.

맥락 민감성 리플렉션

다양한 맥락과 환경에서의 답변 적용 가능성을 검토하도록 요청하는 방식이다.

> 예) 당신의 답변이 다음과 같은 서로 다른 맥락에서 어떻게 달라질 수 있는지 성찰해 주세요.
> - 다른 문화적/지역적 배경
> - 다른 사회경제적 조건
> - 다른 조직적/제도적 환경
>
> 각 맥락에서 조정이 필요한 부분과 보편적으로 적용 가능한 부분을 구분해 주세요.

이처럼 리플렉션 패턴은 사용자로 하여금 모델이 제시한 결론 뒤에 있는 근거와 논리를 이해하도록 도와준다. 즉, 사용자는 단순히 답변을 이용하는 게 아니라, 그 답변이 어떻게 도출되었는지 이해함으로써 보다 깊은 지식을 얻을 수 있다. 이는 학습 효과를 높이고, 사용자가 모델과의 소통에서 더 주도적인 역할을 할 수 있게 한다.

이 패턴에는 추가로 놀라운 장점이 있다. 그것은 바로, 이 패턴을 사용하면 모델이 더 나은 추론 성능을 보이며 더 똑똑하게 작동한다는 점이다. 이 패턴은 모델에 답변의 근거를 명확히 할 것을 요구하는데, 이는 모델이 자신의 사고 과정을 내부적으로 검토함으로써 더 나은 답변을 생성할 가능성을 증가시켜 준다. 인간이 자기 생각을 명확히 설명해야 할 때 더 깊이 생각하게 되는 것과 같은 원리다.

보충적인 추론을 명시적으로 요구함으로써, 모델은 자신의 사고를 더 체계적으로 구조화하고 중간 단계에서 발생할 수 있는 논리적 오류를 스스로 발견하여 수정할 기회를 갖게 된다. 실제로 연구 결과에 따르면, 모델이 추론 과정을 단계별로 명확히 표현할 때 최종 결론의 정확도가 현저히 향상되며, 복잡한 문제일수록 이러한 개선 효과는 더욱 두드러진다. 이와 같은 접근 방식을 적용하지 않고 단순히 질문만 던질 경우, 모델이 중요한 추론 단계를 생략하거나 일부 요소를 간과할 가능성이 존재한다.

리플렉션 패턴의 단점은 모델이 너무 많은 정보와 세부적인 설명을 제공하여 사용자에게 정보 과부하를 일으킬 수 있다는 점이다. 그런 이유로 모든 상황이나 문제에 리플렉션 패턴이 적합한 건 아니다. 간단하고 명확한 답변으로 충분한 상황에서 과도한 설명은 오히려 이해를 방해할 수 있다. 간단한 길 안내를 물었는데 지역의 지리적, 역사적 배경까지 길게 설명하는 상황과 비슷하다.

정리하면, 리플렉션 패턴은 모델이 제공하는 답변 뒤에 있는 논리와 근거를 스스로 성찰하고 평가하도록 요구하는 유용한 방법이다. 이 패턴은 모델이 자신의 한계와 오류 가능성을 인식하고, 이를 사용자에게 명확히 밝히도록 한다. 결과적으로, 리플렉션 패턴은 모델의 답변에 대한 신뢰성, 투명성, 책임성을 향상시켜 준다.

하지만 이 패턴을 이용한다고 해서, 모델의 답변을 완전히 신뢰할 수 있는 건 아니다. 현시점에서 LLM은 통계적 학습에 기반하여 작동하기 때문에 자신이 모르는 문제에 대한 사고와 답변 생성에 분명한 한계가 있다. 따라서 모델의 답변을 활용할 때는 항상 비판적 사고를 기반으로, 가능한 한 다양한 소스를 참조하여 정보를 검증하는 게 중요하다. 모델이 자기성찰을 통해 더 나은 답변을 제공한다고 하더라도, 당연하게도 최종적인 판단은 여전히 인간의 몫이며 사용자에게 그 책임이 있다.

아웃라인 확장 패턴:
복잡한 주제와 아이디어의 구조화

우리 머릿속에는 수많은 아이디어가 혼재하지만, 이를 체계적으로 정리하는 것은 또 다른 도전이다. 복잡한 글쓰기 과정에서 구조화된 접근을 통한 LLM의 활용은 탁월한 효과를 발휘한다. 구조화된 접근이란 복잡한 문제 해결 과정을 체계적이고 단계별로 나누어 처리하는 방법을 의미한다.

복잡한 사고를 체계화하는 **아웃라인 확장(Outline Expansion) 패턴**은 우리의 사고 프로세스를 돕고, 글쓰기의 방향성을 제시하는 강력한 방법이다. 산을 오르기 전에 지도를 펼쳐보는 것과 같다. 목적지는 알지만 어떤 경로로 가야 할지 몰라 헤매는 대신, 체계적인 경로를 파악하고 단계별로 나아갈 수 있게 해준다.

아웃라인 확장 패턴은 특정 주제를 세부 항목으로 구조화하고, 각 항목에서 요구되는 정보를 명확하게 정의하는 좋은 방법이다. 아웃라인의 사전적 의미는 바깥 선, 윤곽이다. 글쓰기에서 아웃라인이란 주제를 체계적으로 설명하기 위한 목차, 구조, 청사진을 의미하며 집필 방향성 수립 및 필요한 정보를 수집, 분석, 표현하는 데 중요한 역할을 한다.

Prompt

#입력
[주제] = 디지털 전환(Digital Transformation)을 통한 조직 혁신
[고객] = 매출 500억 원대의 밀키트 식품 제조기업

#처리
당신은 "IT 컨설턴트"입니다. 고객의 기술적 문제를 해결하고, 비즈니스 목표를 달성하기 위한 최적의 IT 솔루션을 제안하는 것이 당신의 주요 임무입니다. 이를 위해 최신 IT 트렌드, 시스템 아키텍처, 소프트웨어 개발 방법론, 데이터 보안 및 클라우드 서비스에 대한 심도 있는 지식을 활용합니다. 지금부터 이러한 전문성을 바탕으로, [고객]을 위한 명확하고 실용적인 전략적 조언을 제공하는 역할을 수행합니다.
[명령1] = [주제]에 대한 아웃라인을 글머리 기호로 작성해 주세요.
[명령2] = 그다음에 어떤 글머리 기호를 확장할지 내게 물어보세요. 내가 글머리 기호를 선택할 때까지 대기합니다. 내가 글머리 기호를 선택하면, 그에 해당하는 아웃라인을 작성해 주세요. [명령2]를 반복해서 수행합니다.

#출력
[글머리 기호 작성 원칙] = [1-10].[1-10].[1-10] 패턴을 사용하여 번호를 매겨야 합니다. 각각의 글머리 기호에 5-10개의 하위 글머리 기호가 존재할 수 있습니다.

 **ChatGPT**

1. 디지털 전환(Digital Transformation)의 개요
   1.1. 디지털 전환의 정의와 중요성
   1.2. 디지털 전환이 조직에 미치는 영향

1.3. 주요 성공 사례 및 벤치마킹 사례
1.4. 디지털 전환을 위한 필수 기술 요소
1.5. 밀키트 식품 제조기업에 적합한 디지털 전환 전략

2. 밀키트 식품 제조기업의 디지털 전환 필요성
2.1. 식품 제조업의 현재 시장 동향 및 경쟁 환경
2.2. 소비자 요구 변화와 디지털 전환의 필요성
2.3. 기존 운영 방식의 한계와 개선 가능성
2.4. 디지털 전환을 통한 경쟁력 강화 방안
2.5. 디지털 전환을 도입하지 않을 경우의 리스크

3. 디지털 전환을 위한 주요 기술 도입 전략
3.1. 스마트 팩토리 및 자동화 시스템 구축
3.2. 클라우드 기반 IT 인프라 도입
3.3. 데이터 분석 및 AI 활용을 통한 수요 예측
3.4. IoT(사물인터넷)를 활용한 생산 및 물류 최적화
3.5. ERP 및 SCM 시스템의 디지털화

4. 고객 경험 개선을 위한 디지털 기술 적용
4.1. 온라인 플랫폼 및 D2C(Direct-to-Consumer) 전략
4.2. 개인화 추천 시스템 및 고객 데이터 분석
4.3. 옴니채널 마케팅 및 고객 커뮤니케이션 강화
4.4. 스마트 주문 시스템 및 정기 구독 모델 도입
4.5. AI 챗봇 및 자동 고객 지원 시스템 구축

5. 운영 효율성을 위한 디지털 프로세스 혁신
5.1. 디지털 기반의 생산 공정 최적화
5.2. 자동화된 원재료 및 재고 관리 시스템 구축
5.3. 품질 관리 및 식품 안전 모니터링 시스템 도입
5.4. 실시간 데이터 기반 의사결정 시스템 개발

5.5. 협업 플랫폼 및 업무 자동화 솔루션 활용

(중략)

어떤 글머리 기호를 확장할까요?

 사용자입력

2.3

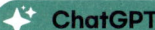 ChatGPT

2.3. 기존 운영 방식의 한계와 개선 가능성
  2.3.1. 생산 공정의 비효율성
  2.3.2. 공급망 관리의 한계
  2.3.3. 고객 경험 및 판매 채널의 제한
  2.3.4. IT 및 데이터 활용 부족
  2.3.5. 조직 문화 및 인적 자원 문제

다음으로 확장할 글머리 기호를 선택해 주세요.

예시에서 **"아웃라인을 글머리 기호로 작성해 주세요. 그다음에 어떤 글머리 기호를 확장할지 내게 물어보세요. 내가 글머리 기호를 선택하면, 그에 해당하는 아웃라인을 작성해 주세요."** 부분이 아웃라인 확장 패턴이다. 나머지 부분은 모델이 더 명확히 작동할 수 있도록 부연한 것이며, 필수적인 내용은 아니다.

프롬프트의 #출력 부분을 보면 알 수 있듯이, 모델이 생성한 아웃라인의 항목들에는 항상 번호가 부여된다. 필요한 번호를 언제든 선택함으로써 계속해서 하위 아웃라인을 생성할 수 있다. 즉, 모델을 **아웃라인 생성 기계**로 만든 것이라고 보면 된다.

이 패턴을 효과적으로 활용하기 위한 팁은 다음과 같다.

- **적절한 넓이와 깊이 설정**: 너무 넓고 깊은 단계의 아웃라인은 복잡성을 증가시킨다. 각 항목별로 3~10개 정도의 하위 항목이 적절하다. 필요한 만큼만 확장한다.
- **중간 검토**: 전체 아웃라인이 논리적 일관성을 유지하는지 중간중간 검토한다.
- **조건부 확장**: "X 항목은 Y 관점에서 확장해 주세요."와 같이 확장 방향을 지정한다.
- **통합 정리**: 확장이 완료된 후 전체 아웃라인을 종합적으로 정리해 달라고 요청한다.

아웃라인 확장 패턴을 이용하면 다음과 같은 이점이 있다.

- **구조화된 접근**: 복잡한 주제를 구조화된 형태로 표현할 수 있다. 이는 작업의 계획 단계에서 명확성을 증가시키고, 전체 작업을 관리하기 쉽게 만든다.
- **정보 수집의 가이드라인 제공**: 각 세부 항목을 구체적으로 정

의함으로써, 글쓰기 과정에서 어떤 정보를 수집해야 하는지에 대한 가이드라인을 제공한다. 이는 효율적인 정보 수집과 분석을 가능하게 한다.
- **통합적 사고 촉진**: 주제와 다양한 아이디어를 하나의 구조 안에서 통합적으로 바라볼 수 있게 함으로써, 전체적인 관점에서 사고하는 능력을 향상시킨다.

정리하면, 아웃라인 확장 패턴은 복잡한 주제를 다루는 과정에서 구조적인 접근법을 제공하여 우리가 직면한 문제를 보다 명확하고 체계적으로 이해할 수 있도록 도와준다. 그렇다고 모델이 제공한 아웃라인에 너무 얽매이면, 유연하게 대응하는 능력이 저하될 수 있으며 창의적인 사고를 제한할 위험도 있다.

다른 패턴들과 마찬가지로, 아웃라인 확장 패턴을 효과적으로 활용하기 위해서는 사용자의 선별 능력과 창의력이 필수적이다. 모델이 생성한 결과물은 어디까지나 초안이자 출발점일 뿐이며, 그것을 평가하고 다듬으며 발전시키는 과정에서 중요한 것은 **인간의 통찰력**이다.

결국 'AI의 결과물 + 인간의 통찰력 = 탁월한 결과물'이라는 공식이 성립한다. 이러한 방식으로 도출된 결과는 AI의 응답을 그대로 수용했을 때보다, 인간이 단독으로 만들어낸 결과보다, 더 뛰어날 수밖에 없다. 이는 사람과 AI의 협업을 통해 얻은, 두 존재의 장점이 결합된 성과이기 때문이다. 이러한 접근이야말로 AI를 가장 효과적으로 활용하는 방법이라 할 수 있다.

컨텍스트 관리자 패턴:
AI 응답의 방향 조정하기

컨텍스트 관리자(Context Manager) **패턴**은 LLM과 대화할 때 대화의 초점을 명확하게 설정하는 데 사용된다. 이 패턴을 통해 사용자는 모델이 출력을 생성할 때 고려하거나 무시해야 할 특정 요소나 내용을 지정할 수 있다.

컨텍스트란 텍스트를 해석하거나 분석할 때 함께 고려해야 하는 배경지식, 상황, 조건 등을 의미한다. 이러한 요소들은 모델의 이해와 판단에 직접적인 영향을 미치며, 그 결과로 생성되는 답변의 방향성과 품질을 결정짓는 중요한 요인이 된다. 사용자가 이러한 컨텍스트를 명확히 제시하고 효과적으로 관리하면, 모델이 보다 일관되고 목적에 부합하는 응답을 생성할 수 있게 된다. 이처럼 사용자가 주도적으로 컨텍스트를 설정하고 조율하는 방식이기 때문에, 이를 컨텍스트 관리자 패턴이라고 부른다.

Prompt

#입력
[이메일]=```
제목: [제품명] 출시, 당신의 일상을 변화시킬 혁신적인 기술을 만나 보세요!

안녕하세요, [고객명]님!

여러분의 일상에 혁신을 가져올 새로운 기술, [제품명]이 드디어 출시 되었습니다! 최첨단 기술로 설계된 [제품명]은 당신의 생활을 한 단계 업그레이드해 줄 준비가 되어 있습니다.

주요 특징:
- 초고속 처리 기능으로 시간 절약 가능
- 사용자 친화적 인터페이스로 누구나 쉽게 사용
- 지속 가능한 소재 사용으로 환경까지 생각한 디자인

지금 바로 [웹사이트 링크]를 방문하셔서 자세한 정보를 확인해 보세요. [제품명]과 함께라면 당신의 일상이 더욱 특별해질 것입니다.

감사합니다.
[회사명] 드림
```

#처리
당신은 "마케팅 전문가"입니다. [이메일] 내용을 전문가의 시각에서 분석하고, 개선된 이메일을 작성해 주세요.
- 고객이 가장 관심을 가질 만한 제품 기능과 혜택에 대한 언급이 충분히 포함되어 있는지, 감정적 요소가 잘 드러나는지 문제점 위주로 분석하세요.
```

- 고객의 관심을 끌 수 있는 요소에 초점을 맞추고, 이메일의 길이나 문법적 정확성은 무시하세요.

#출력
[분석 결과]
[개선된 이메일]

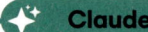

분석 결과

이 이메일은 기본적인 마케팅 구조를 갖추고 있지만 몇 가지 중요한 문제점이 있습니다:

1. **제품의 구체적 혜택 부족**: 기능은 나열되어 있지만, 그 기능이 고객의 실제 삶에 어떤 변화를 가져올지에 대한 구체적인 설명이 부족합니다.
2. **감정적 연결 부족**: "혁신적인", "특별해질 것" 같은 표현이 있지만 고객이 제품을 통해 느낄 수 있는 실질적인 감정적 혜택이 부족합니다.
3. **차별화 요소 미흡**: 경쟁 제품과 비교하여 이 제품만의 독특한 가치 제안이 명확하지 않습니다.
4. **긴급성/행동 유도 부족**: 즉각적인 행동을 취하도록 하는 강력한 동기 부여가 없습니다.
5. **고객 문제 해결 관점 부족**: 고객이 현재 겪고 있는 문제를 언급하고 그 해결책으로서 제품을 제시하는 접근이 없습니다.

개선된 이메일

```
제목: [고객명]님, 당신이 기다려온 해결책이 여기 있습니다 - [제품명] 출시!

안녕하세요, [고객명]님!
매일 시간에 쫓기며 더 효율적인 방법을 찾고 계셨나요? 그 고민이 오
```

늘로 끝납니다.
드디어 출시된 [제품명]은 단순한 제품이 아닌, 당신의 일상을 완전히 재정의할 솔루션입니다.

당신이 누리게 될 변화:
- 지금보다 40% 빠른 작업 처리 - 매일 2시간의 여유를 되찾으세요
- 직관적인 설계로 첫 사용부터 마스터 - 더 이상의 복잡한 매뉴얼은 필요 없습니다
- 친환경 소재로 당신의 가치를 실현 - 사용할수록 더 나은 미래에 기여합니다

"[제품명] 덕분에 저의 스트레스가 절반으로 줄었어요. 이제 가족과 보내는 시간이 늘었답니다." - 실제 사용자 후기

출시 기념 48시간 한정 특별 혜택
지금 구매하시면 30% 할인과 함께 프리미엄 액세서리를 무료로 드립니다!

[지금 바로 확인하기] → [웹사이트 링크]

변화는 기다리는 것이 아닙니다. 직접 만드는 것입니다.
[제품명]과 함께 그 변화를 시작하세요.

당신의 더 나은 일상을 응원합니다,
[회사명] 드림

P.S. 첫 100명 구매자에게는 1:1 맞춤 컨설팅을 추가로 제공합니다. 서두르세요!
```
```

예시에서 사용된 백틱 3개(```)는 앞서 살펴본 마크다운 문법에 해당한다. 글 안에 큰따옴표나 작은따옴표가 포함되어 있을 경우, 이를 백틱으로 감싸면 전체 글의 시작과 끝이 명확해지므로 모델이 글의 경계를 정확하게 인식할 수 있다.

예시에서는 모델에게 마케팅 전문가가 되어 이메일 내용을 분석하라고 요청하면서, 특정 포인트(제품 기능과 혜택, 감정적 요소)에 집중하고, 다른 요소(이메일 길이, 문법)는 무시하도록 지시한다. 이렇게 하면 모델은 사용자가 실제 필요로 하는 내용에 더 집중하여 피드백을 제공하게 된다.

컨텍스트 관리자 패턴의 기본 형식은 다음과 같다. 적절한 문구를 골라서 사용하거나, 원하는 컨텍스트 제어에 맞도록 문구를 직접 작성해서 사용하면 된다.

- "[A 요소]에 초점을 맞추고, [B 요소]는 무시하세요."
- "[A 요소]를 고려하고, [B 요소]는 고려하지 말아 주세요."
- "특히 [A 요소]에 집중하세요."

이러한 문구들은 단순해 보이지만, 모델의 답변 방향을 효과적으로 조절할 수 있는 유용한 방법이다. 복잡한 교통 상황에서 명확한 방향 지시가 중요한 것처럼, 모델과의 대화에서도 이러한 지시는 원하는 결과를 얻는 데 핵심적인 역할을 한다.

컨텍스트 관리자 패턴을 최대한 효과적으로 사용하기 위한 구체적인 방법들은 다음과 같다.

집중과 배제 설정하기

컨텍스트 관리자 패턴을 사용할 때는 **집중해야 할 요소**와 **배제해야 할 요소**를 명확히 구분하여 제시하는 것이 중요하다. 다음과 같이 양면적 지시를 제공하면, 모델이 생성할 내용의 경계가 명확해져 보다 정확한 결과물을 얻을 수 있다.

→ 예) "제품의 기술적 장점에 집중하고, 가격 정보는 언급하지 마세요."
→ 예) "역사적 맥락만 고려하고, 현대적 해석은 배제해 주세요."

우선순위 설정하기

여러 고려사항이 있을 때는 중요도에 따른 우선순위를 제시하는 것이 효과적이다. 이러한 접근법은 모델이 다양한 측면을 다루면서도 사용자가 원하는 중요도에 따라 내용의 비중을 조절할 수 있게 한다.

→ 예) "가장 중요하게는 사용자 경험을, 다음으로는 기술적 구현 가능성을 고려해 주세요."
→ 예) "주로 환경적 영향에 초점을 맞추고, 그다음으로 경제적 효과를 다루되, 정치적 논쟁은 피해주세요."

구체적인 조건 설정하기

단순히 초점과 배제 요소를 언급하는 것을 넘어, 더 구체적인 조건을 설정하면 결과물의 품질을 높이고 더욱 세밀하게 모델의 출력을 제어할 수 있다.

→ 예) "주식 시장 분석 시 최근 3개월 데이터에만 초점을 맞추고,

역사적 추세는 참고만 하세요."
→ 예) "기술적 설명을 할 때는 초보자도 이해할 수 있는 수준으로 하되, 핵심 원리는 정확하게 포함해 주세요."

다중 컨텍스트 관리하기

복잡한 작업에서는 여러 측면의 컨텍스트를 동시에 관리해야 할 때가 있다. 다음의 방식으로 다차원적인 지시를 제공하면, 복잡한 출력물도 효과적으로 관리할 수 있다.

→ 예) "내용적 측면에서는 과학적 정확성에, 형식적 측면에서는 간결함에 초점을 맞추세요."

→ 예) "사례 분석에서는 성공 요인에 집중하되, 결론 부분에서는 실패 사례의 교훈도 포함해 주세요."

→ 예) "첫 번째 섹션에서는 문제 정의에, 두 번째 섹션에서는 해결책에 초점을 맞추되, 두 섹션 모두 기술적 용어는 최소화해 주세요."

컨텍스트 관리자 패턴은 단순한 지시어처럼 보이지만, 정교하게 활용할 경우 모델과의 커뮤니케이션 효율성을 크게 향상시킬 수 있는 유용한 방법이다. 사용자의 의도를 명확하게 전달하고 원하는 결과를 도출하기 위한 핵심 도구로 기능하며, 모델과의 소통을 보다 정밀하고 목적 지향적으로 만들어 주고 전체적인 응답 흐름을 효과적으로 조율하는 데 큰 도움을 준다.

무한 생성 패턴:
무한한 맞춤형 출력 생성하기

　무한 생성(Infinite Generation) **패턴**은 사용자가 같은 프롬프트를 반복해서 입력하지 않고도 계속해서 LLM의 출력을 자동으로 생성하는 강력한 방법이다. 이 패턴을 활용하면, 단 한 번의 지시만으로 사용자의 구체적인 요구사항과 조건에 맞는 결과물을 연속적으로 얻을 수 있어 시간과 노력을 절약할 수 있다.

　일반적인 프롬프트 입력 방식이 **요청-응답**의 단발성 구조라면, 무한 생성 패턴은 **요청-응답-계속**의 순환적 구조를 통해 작업 효율성을 극대화한다. 특히 다량의 콘텐츠 생성이나 다양한 변형이 필요한 창의적 작업에서 사용자의 시간과 인지적 부담을 크게 줄여준다.

Prompt

#입력
[단위] = 10

#처리
당신은 "세계 최고의 요리사"입니다. 나의 요구사항에 맞는 데이터 형식과 내용을 세심하게 파악하여, 가장 적합하고 유용한 데이터를 무한 생성하는 것이 당신의 임무입니다. 당신의 지식과 창의력을 활용하여, 내 요청에 부합하는 맞춤형 데이터를 생성합니다. 코드 과정 없이 바로 답변해 주세요.

1. 내가 "C"라고 요청하면, 앞서 생성한 것과 중복되지 않는 데이터를 계속 생성합니다.
2. 내가 "E"라고 요청하면, 데이터 생성을 종료합니다.
3. 지금부터 하단의 출력에 맞는 데이터를 한 번에 [단위]개씩 출력해 주세요.

#출력
번호. [국가명], [전통 음식명] : [설명] =50자 이내

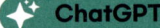

1. **일본, 스시**: 생선과 밥을 조합한 대표적인 전통 요리
2. **이탈리아, 피자**: 얇은 빵 위에 치즈와 토핑을 얹은 요리
3. **멕시코, 타코**: 옥수수 전병에 고기와 채소를 넣은 음식
4. **인도, 커리**: 다양한 향신료로 만든 소스와 고기 요리
5. **중국, 만두**: 고기나 채소를 밀가루 피에 싸서 찐 음식
6. **베트남, 쌀국수**: 맑은 국물에 쌀면과 고기를 넣은 요리
7. **태국, 똠얌꿍**: 매콤하고 새콤한 새우 국물 요리
8. **프랑스, 크루아상**: 겹겹이 결을 살린 버터 풍미 빵
9. **그리스, 무사카**: 가지와 고기, 베샤멜 소스를 겹친 요리
10. **터키, 케밥**: 양념한 고기를 구운 전통적인 고기 요리

사용자입력

C

11. **한국, 김치**: 발효된 배추에 양념을 더한 대표 음식
12. **독일, 슈니첼**: 얇게 썬 고기를 튀긴 전통적인 요리
13. **스페인, 빠에야**: 해산물과 쌀을 넣어 만든 볶음밥
14. **러시아, 보르쉬**: 비트를 사용한 붉은 색의 수프
15. **브라질, 페이조아다**: 콩과 고기를 넣은 스튜 형태 음식
16. **이집트, 코샤리**: 밥, 파스타, 렌틸을 섞은 대중 음식
17. **헝가리, 굴라시**: 고기와 채소를 넣은 진한 파프리카 스튜
18. **몽골, 호쇼르**: 고기소를 넣은 튀긴 밀가루 만두
19. **폴란드, 피에로기**: 감자나 고기를 넣은 반달형 만두
20. **나이지리아, 졸로프 라이스**: 토마토로 맛낸 매콤한 볶음밥

이 패턴의 강점은 바로 효율성에 있다. 매번 새로운 프롬프트를 작성하는 번거로움 없이 동일한 형식으로 연속적인 데이터를 생성할 수 있기 때문이다. 무한 생성 패턴의 핵심 문구는 **"[출력]을 한 번에 [단위]개씩 무한 생성해 주세요."**이다. 이 기본 구조를 토대로 사용자의 필요에 맞게 내용을 조정하면 된다. 여기서 [출력]에는 원하는 데이터 형식과 구체적인 요구사항을 정의하고, [단위]에는 모델이 한 번에 생성할 항목의 개수를 지정한다.

주의할 점은 한 번에 너무 많은 데이터를 요청하면 모델에 과부하가 걸릴 수 있다는 것이다. 그렇게 되면 결과물의 품질 저하나 오류 발생으로 이어질 수 있으므로, 적절한 수준으로 출력량을 제한하는 것이 모델의 안정성과 정확도를 유지하는 데 도움이 된다.

예시에 포함된 "코드 과정 없이 바로 답변해 주세요."라는 문구는 챗GPT와 같은 LLM이 데이터 생성 과정을 파이썬 코드로 표현하려는 경향이 있을 때 이를 방지하기 위한 지시사항이다. 모델 설정과 사용자 지시의 내용에 따라 필요하지 않을 수도 있다.

예시에서 "C"를 입력하는 조건부 처리는 사용자 편의를 위한 선택적 요소다. 일반적으로 "계속"이라고 입력해도 출력이 이어지지만, 단일 문자 "C"로 간소화하면 더욱 빠르고 편리하게 상호작용을 할 수 있다. "E"를 입력하여 종료하는 기능도 마찬가지다. 이처럼 간결한 명령어를 통해 모델을 효과적으로 제어하는 것도 하나의 방법이다.

무한 생성 패턴은 다음과 같은 방식으로 활용하는 것이 효과적이다.

- **페르소나 부여:** 명확한 역할을 부여하여 모델의 작업 방향성을 구체화한다. 역할은 생성할 데이터의 특성과 연관되게 설정한다.
- **중복 방지 지시:** "앞서 생성한 것과 중복되지 않는 데이터를 계속 생성합니다."와 같은 명확한 지시를 포함하여 반복성을 최소화한다.
- **세부 제약 설정:** 글자 수 제한 등과 같은 구체적 제약을 두어 출력물의 일관성과 품질을 확보한다.
- **품질 관리:** 생성 중간에 결과물을 검토하고, 필요시 프롬프트를 조정하는 습관을 들인다. 특히 전문 분야의 데이터일수록 더욱 자주 검증한다.

무한 생성 패턴은 단순한 개념이지만 실제 적용 시 효과를 극대화하기 위해서는 구체적인 전략이 필요하다. 다음은 무한 생성 패턴을 더욱 효과적으로 활용하기 위한 심화 지침이다.

최적의 데이터 구조 설계하기

무한 생성의 효율성은 출력 데이터 구조의 명확성에서 시작된다. 데이터 구조를 설계할 때는 다음 요소들을 고려해야 한다. 명확한 데이터 구조는 모델이 생성하는 콘텐츠의 일관성과 유용성을 크게 향상시킨다.

- **출력 형식을 고정적인 구조로 제시하되, 각 항목의 성격과 제약 조건을 명확히 한다**: "[상품명](10~15자), [가격](숫자만), [특징](30자 이내)"
- **데이터 간 관계성이 필요한 경우 이를 명시적으로 표현한다**: "[문제상황] → [해결방안] → [기대효과]"

품질 관리 메커니즘 구축하기

장시간 계속하여 무한 생성을 진행할 경우 결과물의 품질 저하 문제가 발생할 수 있다. 그럴 경우, 이를 방지하기 위한 메커니즘을 프롬프트에 포함하는 것을 고려한다.

- **정확성 검증 단계 추가**: "생성 전 각 데이터의 사실 여부를 검

증하고, 확실하지 않은 정보는 제외하세요."
- **다양성 확보 지시**: "연속된 5개 항목에서 동일한 패턴이나 키워드가 3회 이상 반복되지 않도록 하세요."
- **자체 품질 평가 요청**: "각 생성 세트마다 자체 평가 점수(1~10)를 매기고, 7점 미만인 경우 대안을 제시하세요."

다양성 확보 전략

다음의 방법은 결과물의 다양성을 보장하고 사용자의 창의적 요구를 충족시킨다.

- **변화 파라미터 도입**: "매 [단위]개 생성마다 다음 관점 중 하나를 무작위로 선택하여 적용하세요: [관점1], [관점2], [관점3]"
- **영감 소스 지정**: "생성 시 다음 분야에서 영감을 얻어 다양성을 확보하세요: [분야1], [분야2], [분야3]"
- **대조적 접근 요청**: "연속된 항목들이 서로 대조적인 특성을 가지도록 생성하세요."

용도별 최적화 기법

무한 생성 패턴은 사용 목적과 용도에 따라 최적화되어야 한다. 목적에 맞는 최적화는 무한 생성 패턴의 효용성을 극대화한다.

- **데이터셋 구축용**: "각 항목이 통계적으로 균형 잡힌 분포를 가

지도록 생성하세요. 특정 범주나 값에 치우치지 않도록 주의하세요."
- **창의적 아이디어 발상용**: "기존 아이디어의 조합, 확장, 변형을 통해 점진적으로 더 독창적인 아이디어로 발전시키세요."
- **교육 자료 생성용**: "학습자의 이해를 돕기 위해 난이도를 단계적으로 높이고, 앞서 제시된 개념을 자연스럽게 활용함으로써 내용 간의 유기적인 연결이 이루어지도록 구성하세요."

무한 생성 패턴의 주요 이점은 시간 절약과 작업 효율성 증대에 있다. 또한 특정 포맷과 템플릿을 일관되게 유지하면서도 사용자 요구에 맞춘 다양한 출력을 생성할 수 있다는 게 큰 이점이다.

유의할 점도 있다. 무한 생성 패턴을 활용할 때는 반복성 증가, 품질 저하, 환각 현상, 추가적인 검증 필요성 등 여러 잠재적인 한계를 염두에 두어야 한다. 생성이 계속될수록 출력이 서로 유사하거나 중복될 가능성이 높아지며, 지나치게 많은 요청은 결과물의 창의성과 정확성을 떨어뜨릴 수 있다. 특히 답변을 반복하는 과정에서 LLM의 특성상 존재하지 않는 정보를 사실처럼 제시하는 환각 현상이 발생할 수 있으므로, 사실 기반 정보를 다루는 경우에는 반드시 출력 결과의 정확성을 별도로 검증하는 절차가 필요하다.

시각화 생성기 패턴:
효과적인 데이터 스토리텔링

시각화 생성기(Visualization Generator) 패턴은 LLM을 이용해 시각적 이미지 형태로 정보를 표현하는 방법이다. 비주얼라이제이션, 즉 시각화는 데이터, 정보, 지식을 그래프, 차트, 지도, 인포그래픽 등 시각적 요소를 사용하여 표현하는 것을 뜻한다. 이 패턴은 복잡한 데이터를 직관적으로 이해할 수 있게 해주는 강력한 방법으로, 일반 사용자도 전문 프로그래밍 지식 없이 효과적인 시각화를 만들 수 있게 해준다.

시각화를 통해 비즈니스 의사결정, 시장 분석, 전략 수립 등 다양한 분야에서 복잡한 데이터를 시각적 이미지로 변환함으로써, 데이터 내 숨겨진 패턴(반복되는 형태, 구조, 일련의 규칙), 추세, 상관관계 등을 더 쉽게 파악할 수 있다. 특히 의사결정이 필요한 상황에서 데이터의 핵심을 파악하는 데 큰 도움을 준다. 인간의 뇌는 텍스트보다 시각적 정보를 훨씬 빠르게 처리할 수 있기 때문에, 복잡한 데이터셋도 적절한 시각화를 거치면 직관적으로 이해할 수 있다.

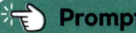 **Prompt**

#입력
[제품명] = Product A, Product B, Product C, Product D
[시장 점유율(%)] = 20, 35, 45, 10
[시장 성장률(%)] = 5, 15, 10, 3

#처리
당신은 "데이터 과학자"입니다. 회사의 제품 포트폴리오를 분석하려고 합니다. 상단의 입력을 기반으로, 산점도(Scatter Plot)를 생성해 주세요. 이 그래프는 임원 회의에서 회사의 자원 배분을 최적화하는 데 필요한 인사이트를 얻기 위한 것입니다.
- 그래프 제목은 "Product Portfolio Matrix"로 설정합니다.
- X축은 "Market Share (%)"로, Y축은 "Market Growth (%)"로 설정합니다.
- 각 제품명을 범례로 표시합니다.

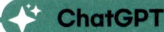 **ChatGPT**

import matplotlib.pyplot as plt

# 입력 데이터
products = ['Product A', 'Product B', 'Product C', 'Product D']
market_share = [20, 35, 45, 10]
market_growth = [5, 15, 10, 3]

# 산점도 생성
plt.figure(figsize=(10, 6))
for i in range(len(products)):
    plt.scatter(market_share[i], market_growth[i],

label=products[i], s=100)

# 축 및 제목 설정
plt.title("Product Portfolio Matrix")
plt.xlabel("Market Share (%)")
plt.ylabel("Market Growth (%)")
plt.legend()
plt.grid(True)
plt.tight_layout()

plt.show()

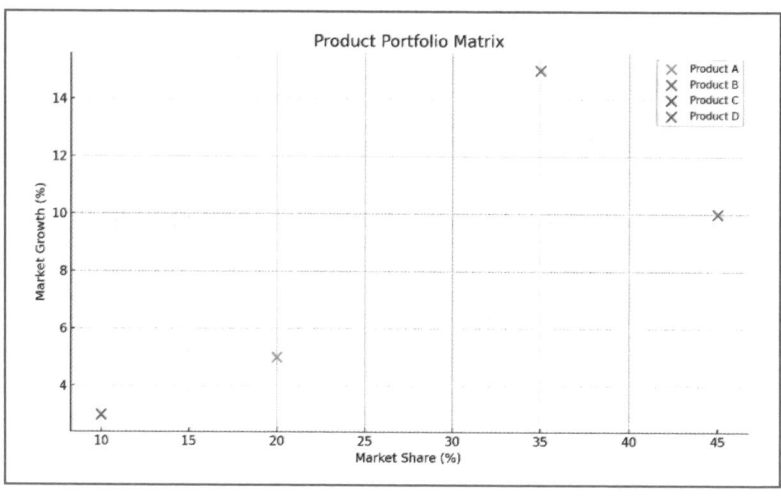

산점도가 생성되었습니다. 이 그래프는 각 제품의 시장 점유율과 시장 성장률을 시각화하여 자원 배분 전략을 수립하는 데 도움을 줄 수 있습니다. 필요하다면 특정 제품에 주석을 달거나, 추가 분석도 도와드릴 수 있어요.

예시를 보면 모델이 사용자가 제공한 데이터와 지시를 이해한 후, 이를 토대로 파이썬 코드를 작성하고 적절한 그래프를 생성한다. 이 과정에서 사용자는 코딩 지식이 전혀 없어도 데이터 시각화의 결과물을 얻을 수 있다. 모델이 데이터 형식을 파악하고, 적절한 코드를 생성하며, 요구사항에 맞는 시각적 결과물을 만들어내는 모든 과정을 알아서 처리하기 때문이다.

프롬프트 #입력 부분은 사용자 데이터로, 특정 형식이나 구조로 표현될 수 있다. 여기서는 제품명과 두 가지 주요 지표(시장 점유율 및 성장률)를 사용한다. #처리 부분에서는 데이터를 이용해 산점도를 생성하라고 지시하고, 그래프의 출력 형식도 지정한다. 여기에서는 그래프의 제목, X축, Y축, 범례를 지정했는데, 만일 사용자가 이 같은 내용을 구체적으로 지정하지 않으면 모델이 알아서 생성해 준다.

예시에서는 산점도라는 특정 시각화 형태를 지정했는데, 시각화 생성기 패턴에서 생성할 수 있는 시각화는 막대 차트, 선 차트, 파이 차트, 버블 차트, 레이더 차트, 게이지 차트, 박스 플롯, 히스토그램, 히트맵, 트리맵, 네트워크 다이어그램 등 다양한 형태로 가능한데 어떤 모델을 사용하느냐에 따라 차이가 있다. 각 시각화 유형은 데이터의 특성과 사용자의 목적에 따라 다른 장점을 제공한다. 예를 들어 시계열 데이터는 선 차트가, 구성 비율은 파이 차트가, 분포 패턴은 히스토그램이 더 효과적일 수 있다. 시각화 생성기 패턴의 기본 문구는 다음과 같다.

- "[데이터]를 기반으로, [지침]을 반영하여 [시각화 형태]를 생성해 주세요."

이 패턴을 사용할 때는 먼저 데이터의 특성을 잘 파악하는 것이 중요하다. 시계열 데이터, 범주형 데이터, 연속형 데이터 등 데이터 유형에 따라 적합한 시각화 방법이 달라진다. 또한 시각화의 목적을 명확히 하는 것도 중요하다. 데이터 간의 관계를 보여주려는 것인지, 시간에 따른 변화를 보여주려는 것인지, 부분과 전체의 관계를 보여주려는 것인지에 따라 적합한 시각화 방법이 달라질 수 있다.

또한 이용자를 명시해 주면 더 나은 시각화가 가능하다. 대상을 명확히 할수록 모델은 그에 적합한 디자인 요소와 정보 강조점을 선택할 수 있다. 예를 들어, 전문가를 위한 연구 분석용 시각화와 일반 대중을 위한 정보 전달용 시각화는 복잡성과 디자인 측면에서 크게 달라질 수 있다.

만일 데이터는 준비되어 있는데 어떤 시각화를 지시해야 할지 잘 모르겠다면, 다음과 같이 적절한 시각화를 추천해달라고 모델에게 요청하는 것도 좋은 방법이다. LLM은 데이터의 특성을 분석하고 가장 효과적인 시각화 방법을 제안할 수 있는 능력을 갖추고 있기 때문이다.

Prompt

#입력
[제품명] = Product A, Product B, Product C, Product D
[시장 점유율(%)] = 20, 35, 45, 10
[시장 성장률(%)] = 5, 15, 10, 3

#처리
당신은 "고급 데이터 시각화(Visualization) 기술을 보유한 전문가"입니다. 다양한 데이터셋을 분석하고 이를 통해 인사이트를 추출하여 명확하게 전달하는 역할을 맡고 있습니다. 데이터에서 의미 있는 결론을 도출하여, 데이터 기반 의사결정을 지원하는 것이 당신의 목표입니다.
1. 상단의 입력 데이터를 이용해 당신이 생성할 수 있는 모든 시각화 형태를 알려주세요.
2. 그중에서 당신이 가장 추천하는 시각화를 이용해 이미지를 생성해주세요(텍스트는 영어로).

#출력
[가능한 시각화]
[추천 시각화]
[설명]

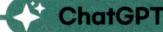 **ChatGPT**

[가능한 시각화]

입력된 데이터를 기반으로 생성할 수 있는 시각화 형태는 다음과 같습니다:

1. **Bar Chart (막대 차트)**
   - 제품별로 시장 점유율 및 성장률을 한눈에 비교
   - 단일 또는 그룹 막대 형식 가능

2. **Bubble Chart (버블 차트)**
   - BCG 매트릭스처럼 제품의 상대적 위치 시각화

3. **Pie Chart (원형 차트)**
   - 시장 점유율만 강조하는 데 유리

4. **Dual Axis Chart (이중 축 차트)**
   - 제품별 두 지표를 동시에 보여줌 (한쪽은 점유율, 다른 쪽은 성장률)

5. **Scatter Plot (산점도)**
   - 각 제품의 점유율-성장률 관계 시각화

6. **Radar Chart (레이더 차트)**
   - 제품 간 여러 지표 비교 (지표 수가 더 많을 때 효과적)

[추천 시각화]

가장 추천하는 시각화는 Bar Chart입니다.
이 형식은 시장 점유율과 성장률이라는 두 핵심 지표를 명확하게 비교하고, 제품 간 상대적인 위치를 쉽게 파악할 수 있게 도와줍니다. 특히 전략 수립, 리소스 배분 등의 비즈니스 의사결정에 직관적인 정보를 제공합니다.

지금 Bar Chart를 생성합니다.

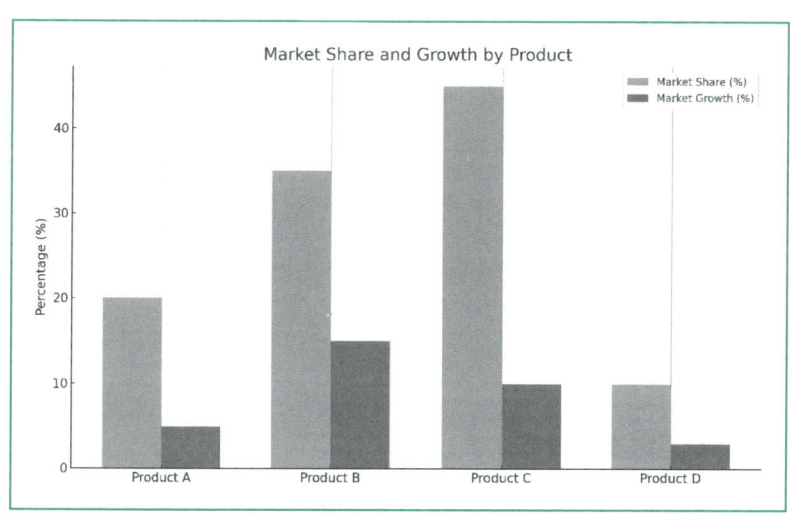

[설명]

위 이미지는 Bar Chart로, 각 제품의 시장 점유율(Market Share)과 시장 성장률(Market Growth)을 나란히 비교하고 있습니다.
- X축은 제품명을 기준으로 구성되어 있고, 두 개의 막대를 통해 각 제품의 점유율과 성장률을 비교할 수 있습니다.
- 제품 C는 가장 높은 시장 점유율을 보이고, 제품 B는 가장 높은 성장률을 보입니다.
- 제품 D는 두 지표 모두 낮아, 사업 포트폴리오상 개선 또는 재검토 대상일 수 있습니다.
- 이 차트는 빠르게 핵심 지표를 파악하고 제품 전략을 수립하는 데 적합합니다.

예시처럼 모델에게 전문가 역할을 부여하고 추천을 요청하면, 다양한 시각화 옵션과 함께 데이터에 가장 적합한 시각화 방법에 대한

전문적인 조언을 받을 수 있다. 이는 데이터 시각화에 익숙하지 않은 사용자에게 특히 유용하다. 모델은 단순히 시각화를 생성하는 것을 넘어, 데이터 스토리텔링의 전문가로서 데이터가 담고 있는 스토리를 가장 효과적으로 전달할 수 있는 방법을 제안한다.

시각화 생성기 패턴의 활용 가치를 극대화하기 위한 구체적인 방법들을 살펴보자.

목적 중심의 시각화 설계

시각화를 요청할 때는 단순히 차트 유형을 지정하는 것보다 '무엇을 보여주고자 하는가'에 초점을 맞추는 것이 중요하다. 목적을 명확히 하면 모델이 더 적합한 시각화를 제안할 수 있다.

> 예) [데이터]를 분석하여 다음 질문에 가장 잘 답할 수 있는 시각화를 생성해 주세요.
> - 지난 5년간 어떤 제품군의 매출 성장이 가장 두드러졌는가?
> - 지역별 매출 기여도는 어떻게 변화했는가?
> - 계절적 변동 패턴이 존재하는가?

다층적 시각화 요청하기

복잡한 데이터는 하나의 시각화로 모든 측면을 표현하기 어렵다. 이런 경우 다층적 시각화 접근법이 효과적이다. 이러한 접근법은 데이터의 다양한 측면을 효과적으로 탐색할 수 있게 한다.

> 예) 다음의 3가지 관점에서 [데이터]를 시각화해 주세요.
>   1. 전체적인 추세를 보여주는 개요 차트
>   2. 주요 카테고리별 성과를 비교하는 상세 차트
>   3. 이상치나 특이점을 강조하는 보조 차트
>
>   각 차트는 독립적으로도 의미가 있으면서, 함께 볼 때 완전한 스토리를 전달해야 합니다.

대상 독자 맞춤형 시각화

시각화의 효과는 대상 독자에 따라 크게 달라질 수 있다. 전문가를 위한 시각화와 일반 대중을 위한 시각화는 메시지와 디테일 수준에서 차이가 있어야 한다. 대상 독자의 특성과 요구사항을 고려한 시각화는 커뮤니케이션 효과를 크게 높인다.

> 예) [데이터]를 다음을 참고하여 [기술적 배경이 없는 고위 경영진]을 위해 시각화해 주세요.
>   - 핵심 메시지가 즉시 파악되어야 합니다.
>   - 불필요한 기술적 세부사항은 제외하세요.
>   - 의사결정에 직접적으로 관련된 인사이트를 강조하세요.

색상 및 디자인 요소 최적화

시각화의 미적 요소는 단순한 장식이 아니라 데이터 해석의 중요

한 부분이다. 색상, 레이아웃, 강조점 등을 전략적으로 활용하면 더 효과적인 시각화가 가능하다.

> 예) [데이터]를 시각화할 때 다음 디자인 원칙을 적용해 주세요.
> - 색상 팔레트: [회사 브랜드 색상] 또는 [데이터 속성에 맞는 의미론적 색상]
> - 주요 발견점은 시각적으로 강조 (볼드체, 강조색, 크기 등)
> - 색맹을 고려한 접근성 확보

시각화 해석 및 인사이트 도출

시각화는 그 자체로 끝이 아니라 인사이트를 도출하기 위한 수단이다. 시각화와 함께 해석과 인사이트를 요청하면 더 큰 가치를 끌어낼 수 있다. 다음과 같은 요청은 시각화를 넘어 실질적인 의사결정에 도움이 되는 통찰을 얻는 데 중점을 둔다.

> 예) [데이터]를 적절한 시각화로 표현한 후, 다음 사항을 포함한 해석을 제공해 주세요.
> - 가장 눈에 띄는 패턴이나 트렌드
> - 예상과 다른 이례적인 발견점
> - 데이터에 기반한 3가지 핵심 비즈니스 인사이트
> - 추가 탐색이 필요한 영역 제안

스토리텔링 중심의 시각화 시퀀스

단일 차트보다 논리적 흐름을 가진 시각화 시퀀스가 더 강력한 스토리를 전달할 수 있다. 이야기 구조를 가진 시각화는 청중의 이해와 기억에 더 효과적이다. 이러한 스토리텔링 접근법은 복잡한 데이터 기반 메시지를 효과적으로 전달하는 데 매우 유용하다.

> 예) [데이터]를 활용하여 다음과 같은 3단계 스토리텔링 시각화 시퀀스를 만들어 주세요.
> 1. 상황 설정: 현재 시장 상황과 주요 도전 과제를 보여주는 개요 차트
> 2. 갈등 제시: 문제점이나 기회를 상세히 보여주는 심층 분석 차트
> 3. 해결책 도출: 데이터에 기반한 전략적 방향성을 제시하는 결론 차트
>
> 각 차트는 독립적으로도 의미가 있으면서, 함께 볼 때 완전한 스토리를 전달해야 합니다.

시각화 품질 향상을 위한 반복적 접근

첫 번째 시각화가 항상 최적의 결과를 제공하지는 않는다. 피드백을 통한 반복적 개선 과정이 더 나은 결과를 가져올 수 있다.

> 예) 이전에 생성한 [시각화]에 대해 다음과 같은 개선을 적용해 주세요.
> - X축 범위를 [새로운 범위]로 조정하여 트렌드를 더 명확히 보여주세요.
> - 이상치 처리 방법을 변경하여 핵심 패턴에 더 집중해 주세요.
> - 범례를 재구성하여 가독성을 높여주세요.
> - 색상 대비를 강화하여 주요 카테고리 간 차이를 더 명확히 표현하세요.

정리하면, 시각화 생성기 패턴은 단순히 그래픽을 만드는 것 이상의 가치를 제공한다. 데이터는 그 자체로는 숫자와 통계에 불과하지만, 시각화를 거쳐 보다 명확하고 통찰력 있는 결정을 내릴 수 있는 기반이 되어 준다. 시각화 생성기 패턴은 전문 지식 없이도 누구나 데이터의 힘을 활용할 수 있게 해주는 도구로서, 데이터 기반 의사 결정의 문턱을 크게 낮추는 역할을 한다.

출력 자동화 패턴:
작업을 자동화하는 스크립트 생성하기

생성형 AI가 인기를 끌면서 한때 "가장 인기 있는 프로그래밍 언어는 영어"라는 말이 화제가 된 적이 있다. LLM에 영어로 지시해 코드를 생성할 수 있어서 나온 말이다. 물론 한국어로도 충분히 가능하다.

이번에 소개할 **출력 자동화**(Output Automater) **패턴**은 LLM을 이용해 다양한 **스크립트**(Script)와 **자동화 아티팩트**(Automation Artifact)를 생성하는 방법이다.

스크립트와 자동화 아티팩트란?

스크립트는 일련의 명령어나 코드의 집합을 말한다. 스크립트는 컴퓨터 프로그램이나 스크립트 엔진에 의해 직접 실행된다. 스크립트의 주요 목적은 반복적인 작업을 자동화하고, 사용자와 시스템 간의 상호작용을 간소화하는 것이다. 예를 들어, 파일을 다운로드하거나, 데이터를 분석하고, 시스템 설정을 변경하는 등의 작업을 스크립트로 수행할 수 있다.

> 자동화 아티팩트란 스크립트 외에 자동화 과정에 사용되는 설정 파일, 템플릿, 매크로, 자동 빌드 도구 등을 뜻한다. 이들은 사람이 수동으로 해야 할 작업을 자동화하여 시간을 절약하고 오류를 줄여 준다.

출력 자동화 패턴은 사용자가 특정 형태의 출력을 자동으로 생성하기 위해 구체적인 지시를 내리는 상호작용 패턴이다. 이 패턴은 특히 엔지니어나 개발자에게 아주 유용하며, 일반 사용자도 이를 이용하면 복잡한 작업을 단순화할 수 있다. 이 패턴으로 생성할 수 있는 결과물의 종류는 아주 다양한데, 먼저 예시를 하나 살펴보자.

다음은 관계형 데이터베이스 관리 시스템에서 사용하는 SQL(데이터베이스에서 데이터를 조회, 추가, 수정, 삭제하기 위한 언어) 스크립트를 출력하는 예시다. 관련 분야에 종사하지 않는 독자라면, 그냥 "이런 출력도 가능하구나." 정도로 가볍게 참고하고 넘어가면 된다.

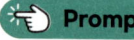 Prompt

당신은 "SQL 전문가"입니다. 하단의 내용을 수행해 주세요.

- 작업1: 사용자 이름, 이메일, 가입 날짜를 저장하는 테이블을 생성합니다. 테이블 이름은 users이며, 다음 필드를 포함해야 합니다: id (자동 증가하는 기본 키), username (문자열), email (문자열), signup_date (날짜).
- 작업2: 예시 데이터 3개를 무작위로 만들어 테이블에 삽입해 주세요.
- 위의 작업들을 수행하는 하나의 SQL 스크립트를 출력해 주세요.

> **Gemini**

네, SQL 전문가로서 요청하신 작업을 수행하는 SQL 스크립트를 아래와 같이 작성했습니다.
이 스크립트는 다음 두 가지 작업을 순차적으로 수행합니다.
테이블 생성 (CREATE TABLE): users라는 이름의 테이블을 생성합니다. 이 테이블에는 자동 증가하는 id (기본 키), 사용자 이름 (username), 이메일 (email), 그리고 가입 날짜 (signup_date) 필드가 포함됩니다.
데이터 삽입 (INSERT INTO): 생성된 users 테이블에 3개의 예시 사용자 데이터를 삽입합니다.

```sql
-- 작업 1: users 테이블 생성
CREATE TABLE users (
    id INT AUTO_INCREMENT PRIMARY KEY,  -- 자동 증가하는 정수형 기본 키
    username VARCHAR(255) NOT NULL UNIQUE, -- 사용자 이름 (문자열, 필수, 중복 불가)
    email VARCHAR(255) NOT NULL UNIQUE,  -- 이메일 (문자열, 필수, 중복 불가)
    signup_date DATE NOT NULL       -- 가입 날짜 (날짜, 필수)
    -- 참고: 가입 시점의 시간까지 저장하려면 DATE 대신
    DATETIME 또는 TIMESTAMP 사용 가능
    -- 예: signup_timestamp TIMESTAMP DEFAULT
    CURRENT_TIMESTAMP
);

-- 작업 2: 예시 데이터 3개 삽입
INSERT INTO users (username, email, signup_date) VALUES
('john_doe', 'john.doe@example.com', '2023-01-15'),
```

('jane_smith', 'jane.s@sample.net', '2023-05-20'),
('alice_kim', 'alice.k@domain.org', '2024-02-01');

-- 참고: signup_date를 명시하지 않고 현재 날짜/시간으로 기본 설정하려면
-- 테이블 생성 시 signup_date 필드를 아래와 같이 정의하고 INSERT 시 해당 컬럼 생략 가능
-- signup_date TIMESTAMP DEFAULT CURRENT_TIMESTAMP
-- INSERT INTO users (username, email) VALUES ('newUser', 'new@example.com');

-- 확인을 위한 간단한 조회 (선택사항)
-- SELECT * FROM users;

스크립트 설명:

CREATE TABLE users (...): users 테이블을 정의합니다.

id INT AUTO_INCREMENT PRIMARY KEY: id 컬럼은 정수형(INT)이며, 새로운 행이 추가될 때마다 자동으로 값이 1씩 증가(AUTO_INCREMENT)하고, 테이블의 기본 키(PRIMARY KEY) 역할을 합니다.

username VARCHAR(255) NOT NULL UNIQUE: username 컬럼은 최대 255자의 문자열(VARCHAR(255))을 저장하며, 빈 값(NULL)을 허용하지 않고(NOT NULL), 중복된 값을 가질 수 없습니다(UNIQUE).

email VARCHAR(255) NOT NULL UNIQUE: email 컬럼도 username과 유사하게 설정되었습니다.

signup_date DATE NOT NULL: signup_date 컬럼은 날짜(DATE) 형식(예: 'YYYY-MM-DD')으로 저장되며, 빈 값을 허용하지 않습니다(NOT NULL).

INSERT INTO users (...) VALUES (...) : users 테이블에 데이터를 삽입합니다.
username, email, signup_date 컬럼에 해당하는 값을 괄호 안에 순서대로 명시하여 3개의 행을 추가합니다.

참고:
위 스크립트는 MySQL, MariaDB 등에서 표준적으로 사용되는 구문입니다. 사용하는 데이터베이스 시스템(PostgreSQL, SQL Server, Oracle, SQLite 등)에 따라 AUTO_INCREMENT나 날짜/시간 함수 등 일부 구문이 다를 수 있습니다. (예: PostgreSQL의 SERIAL, SQL Server의 IDENTITY(1,1))
signup_date를 DATE 대신 DATETIME이나 TIMESTAMP로 선언하고 DEFAULT CURRENT_TIMESTAMP 옵션을 주면, INSERT 시 해당 컬럼 값을 명시하지 않아도 자동으로 현재 날짜와 시간이 기록되게 할 수 있습니다. (주석 참고)

이처럼 사용자가 구체적인 조건과 요구사항을 제시하면, 모델은 이를 분석하여 요구된 출력물을 자동으로 생성한다. 출력 자동화 패턴은 최소한 하나 이상의 작업 단계를 포함하는 출력을 자동으로 생성하기 위해 사용하며, 다양한 형태의 출력을 포함할 수 있다. 즉, 이 패턴은 '일련의 단계를 자동화하는 것'을 목적으로 하며, 기본 문구는 다음과 같다.

- "[작업 단계]를 수행하는 [스크립트 또는 자동화 아티팩트]를 출력해 주세요."

필요한 구체적인 작업과 지침을 반영해 프롬프트를 작성하는데, [스크립트 또는 자동화 아티팩트]로 요청할 수 있는 출력물의 종류에는 다음과 같은 것들이 있다(앞서와 마찬가지로 자신의 관심 분야에 해당하지 않는다면 그냥 스킵하자).

- **Python 스크립트:** 데이터 처리, 파일 시스템 조작, 네트워크 통신, 웹 스크래핑, 데이터 분석 및 시각화, 머신러닝 모델 훈련 및 평가 등 다양한 작업을 자동화할 수 있다.
- **Bash 스크립트:** Linux 또는 macOS 환경에서 파일 관리, 시스템 설정 변경, 소프트웨어 설치 및 업데이트, 배치 작업 실행 등을 위한 자동화 스크립트를 생성할 수 있다.
- **PowerShell 스크립트:** Windows 환경에서 파일 시스템 조작, 시스템 관리, 네트워크 작업, Windows 설정 및 애플리케이션 관리 등을 위한 스크립트를 생성할 수 있다.
- **SQL 스크립트:** 데이터베이스 관리, 데이터 조작 및 조회, 데이터베이스 스키마 변경 등을 위한 스크립트를 생성할 수 있다.
- **JavaScript (Node.js) 스크립트:** 웹 애플리케이션의 서버 측 로직, API 요청 처리, 파일 시스템 조작, 데이터 처리 등을 자동화할 수 있다.
- **Ansible Playbooks:** 소프트웨어 배포, 설정 관리, 시스템 구성 자동화 등을 위한 IT 자동화 도구 Ansible을 사용하는 작업을 자동화할 수 있다.

- **Dockerfile 및 Docker Compose 파일**: 애플리케이션의 배포 및 실행을 위한 컨테이너 환경을 정의하고, 여러 컨테이너의 조정 및 관리를 위한 작업을 자동화할 수 있다.
- **GitHub Actions 워크플로우**: 소프트웨어 개발 과정에서 CI/CD 파이프라인 구축, 코드 테스트 및 배포, 이슈 관리 등을 자동화하기 위한 스크립트를 생성할 수 있다.
- **Ruby 스크립트**: 웹 애플리케이션 개발, 데이터 처리 및 자동화 작업 등을 위한 스크립트 생성이 가능하다.
- **REST API 클라이언트 스크립트**: Python, JavaScript(Node.js), Ruby 등을 사용하여 RESTful API 서비스와 통신하기 위한 클라이언트 스크립트를 생성할 수 있다.
- **IaC(Cloud Infrastructure-as-Code) 스크립트**: AWS Cloud Formation, Azure Resource Manager Templates, Terraform 등을 사용하여 클라우드 리소스를 선언적으로 정의하고 관리하는 스크립트를 생성할 수 있다.
- **데이터 파이프라인 스크립트**: 데이터 추출, 변환, 로딩 작업을 자동화하기 위한 스크립트, Apache Airflow DAGs, AWS Glue Jobs 등을 생성할 수 있다.
- **Grafana 대시보드 설정**: 모니터링 및 시각화 플랫폼인 Grafana를 사용하여 데이터 시각화 대시보드의 구성을 자동화할 수 있는 설정 파일을 생성할 수 있다.

이 목록은 챗GPT 기준이며 실제로 가능한 항목 중 일부에 불과하다. 이 외에도 다양한 스크립트와 자동화 아티팩트를 출력할 수 있으며, 어떤 모델을 이용하는가에 따라서 또한 모델 업그레이드에 따라 계속 바뀔 수 있으니, 독자가 사용하는 모델에서 직접 확인해 보기 바란다.

출력 자동화 패턴의 효과적인 이용을 위해 사용자는 모델에 구체적인 요구사항과 지침을 명확하게 제공해야 한다. 그 내용에 생성하고자 하는 로직의 구조, 데이터의 처리 방법, 결과물의 형식 등을 포함할 수 있다. 제공된 지침을 바탕으로, 모델은 요구사항을 충족하는 출력물을 자동으로 생성한다. 이 과정은 사용자가 직접 작업을 수행하는 것보다 빠르고, 오류가 최소화되고, 반복적인 작업의 자동화를 가능하게 한다.

추가로, 다음은 Windows 운영체제에서 이용 가능한 PowerShell 스크립트를 생성하는 예시다. 일반 사용자도 응용할 수 있는 내용이니 넘기지 말고 살펴보도록 하자.

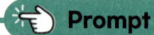

당신은 "Windows 전문가"입니다. 하단의 내용을 수행해 주세요.

- 작업1 : 다음의 정보를 수집합니다: CPU 정보, 메모리 사용량, 디스크 사용량, 현재 실행 중인 프로세스
- 작업2 : 수집된 정보를 C: 드라이브 루트에 SystemReport.html 파일로 저장해 사용자가 쉽게 확인할 수 있도록 해야 합니다.

- 위의 작업들을 수행하는 하나의 PowerShell 스크립트를 출력해 주세요.

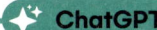

다음은 요청하신 작업들을 수행하는 PowerShell 스크립트입니다. 이 스크립트는 CPU 정보, 메모리 사용량, 디스크 사용량, 현재 실행 중인 프로세스를 수집하고, 그 내용을 'C:\SystemReport.html' 파일로 저장합니다.

시스템 정보 수집 및 HTML 파일 저장

CPU 정보
$cpuInfo = Get-CimInstance -ClassName Win32_Processor | Select-Object Name, NumberOfCores, NumberOfLogicalProcessors, MaxClockSpeed

메모리 정보
$memInfo = Get-CimInstance -ClassName Win32_OperatingSystem | Select-Object TotalVisibleMemorySize, FreePhysicalMemory

디스크 정보
$diskInfo = Get-CimInstance -ClassName Win32_LogicalDisk -Filter "DriveType=3" |
   Select-Object DeviceID, VolumeName, @{Name="Size(GB)";Expression={"{0:N2}" -f ($_.Size/1GB)}}, @{Name="FreeSpace(GB)";Expression={"{0:N2}" -f ($_.FreeSpace/1GB)}}

실행 중인 프로세스 정보
$processInfo = Get-Process | Select-Object Name, Id, CPU, WorkingSet | Sort-Object -Property CPU -Descending

HTML 파일 생성
```
$htmlContent = @"
<html>
<head>
  <title>System Report</title>
  <style>
    body { font-family: Arial; }
    h2 { color: #003366; }
    table { width: 100%; border-collapse: collapse; margin-bottom: 20px; }
    th, td { border: 1px solid #999; padding: 8px; text-align: left; }
    th { background-color: #f2f2f2; }
  </style>
</head>
<body>
  <h1>System Report</h1>

  <h2>CPU Information</h2>
  $(ConvertTo-Html -InputObject $cpuInfo -Fragment)

  <h2>Memory Information</h2>
  $(ConvertTo-Html -InputObject $memInfo -Fragment)

  <h2>Disk Usage</h2>
  $(ConvertTo-Html -InputObject $diskInfo -Fragment)

  <h2>Running Processes (Top by CPU)</h2>
  $(ConvertTo-Html -InputObject $processInfo -Fragment)
</body>
</html>
"@
```

HTML 파일로 저장

$htmlContent | Out-File -FilePath "C:\SystemReport.html" -Encoding UTF8

Write-Output "System report saved to C:\SystemReport.html"

스크립트 실행 방법은 다음과 같다. 단, 보안 정책을 변경하는 부분이 있어 윈도우 정책에 익숙하지 않은 초보자에게는 권장하지 않는다.

1. AI 응답 중 스크립트 부분(예시에서는 "# 시스템 정보 수집 및 HTML 파일 저장" 이하 내용)만 복사해 확장자가 .ps1인 파일로 저장한다. →예) test.ps1 (복사 시 한글이 깨지면 파일을 ANSI 인코딩으로 저장한 후 재시도)
2. 윈도우 검색에서 Windows PowerShell을 찾은 후, 마우스 오른쪽 버튼을 눌러 관리자 권한으로 실행한다.
3. 스크립트 실행이 가능하도록 보안 정책을 변경한다. →예) 커맨드라인 창에서 Set-ExecutionPolicy Unrestricted 입력 후 나오는 메시지에서 Y 선택
4. 스크립트 파일이 저장된 경로로 이동한다. →예) D드라이브 temp 폴더에 있는 경우 cd "d:\temp\" 입력
5. 다음과 같은 형식으로 스크립트를 실행한다. →예) .\test.ps1
6. 탐색기 C드라이브 루트에서 SystemReport.html을 더블클릭해서 내용을 확인한다.
7. 테스트를 마쳤다면 Windows PowerShell로 돌아가 보안 정책을 원상 복구한다. →예) Set-ExecutionPolicy Restricted 입력 후 나오는 메시지에서 Y 선택

출력 자동화 패턴을 더욱 효과적으로 활용하기 위한 구체적인 방법들은 다음과 같다.

단계별 스크립트 생성 전략

복잡한 스크립트를 요청할 때는 단계적 접근법이 효과적이다. 전체 작업을 논리적 단위로 분할하여 요청하면, 더 정확하고 관리하기 쉬운 결과물을 얻을 수 있다. 또한 오류 발생 가능성을 줄이고 유지보수성을 높인다.

> 예) 당신은 "데이터 엔지니어"입니다. 다음 단계로 구성된 ETL 파이프라인 스크립트를 Python으로 작성해 주세요.
> - 1단계: CSV 파일에서 데이터 읽어오기
> - 2단계: 결측치 처리 및 데이터 정규화
> - 3단계: 집계 및 통계 계산
> - 4단계: 결과를 데이터베이스에 저장
>
> 각 단계는 별도의 함수로 구현하고, 메인 함수에서 이들을 순차적으로 호출하는 구조로 작성해 주세요.

오류 처리 및 예외 상황 대비

실무에서 사용할 스크립트는 예상치 못한 상황에 대한 대처 능력이 중요하다. 오류 처리 메커니즘을 명시적으로 요청하면 더 견고한 스크립트를 얻을 수 있다.

> 예) 당신은 "백엔드 전문 개발자"입니다. 다음 조건을 모두 만족하는 Node.js API 서버 스크립트를 작성해 주세요.
> - 사용자 인증 및 권한 관리 기능 구현
> - 모든 데이터베이스 작업에 try-catch 구문 적용
> - 네트워크 연결 오류 시 자동 재시도 로직 포함
> - 각 오류 유형별 구체적인 로그 메시지 제공
> - 치명적 오류 발생 시 관리자에게 알림 기능 구현

범용성과 확장성 확보

한 번 작성한 스크립트를 다양한 상황에서 재사용할 수 있도록 범용성과 확장성을 고려한 설계를 요청하는 것이 좋다. 이러한 접근 방식은 초기에 투자한 노력을 여러 상황에서 활용할 수 있게 하여 장기적인 효율성을 높인다.

> 예) 당신은 "시스템 관리자"입니다. 다양한 서버 환경에서 사용할 수 있는 범용 백업 스크립트를 Bash로 작성해 주세요.
> - 설정 파일을 통해 백업 대상과 저장 위치를 사용자가 정의할 수 있게 구현
> - 로컬 저장소, SSH, FTP, 클라우드 스토리지(S3) 등 다양한 백업 대상 지원
> - 증분 백업과 전체 백업 옵션 제공
> - 압축 및 암호화 선택 가능
> - 스크립트 실행 로그 기록 및 알림 기능 포함

사용자 친화적 인터페이스 구현

특히 기술적 지식이 부족한 사용자를 위한 스크립트라면, 사용자 친화적 인터페이스를 추가하는 것이 중요하다. 사용자 경험을 고려한 스크립트는 실제 환경에서의 수용성과 활용도를 높인다.

> 예) 당신은 "UX 전문가"입니다. 일반 사용자도 쉽게 사용할 수 있는 파일 정리 스크립트를 Python으로 작성해 주세요.
> - 그래픽 사용자 인터페이스(GUI) 제공
> - 작업 진행 상황을 시각적으로 표시하는 진행 바 구현
> - 주요 옵션에 대한 툴팁 설명 포함
> - 오류 메시지는 전문 용어 대신 일반인이 이해하기 쉬운 언어로 표현
> - 초보자를 위한 '기본 모드'와 고급 사용자를 위한 '전문가 모드' 구분

문서화 및 사용법 안내 통합

복잡한 스크립트일수록 문서화가 중요하다. 스크립트 내에 주석과 사용법을 포함하도록 요청하면 나중에 참조하거나 다른 사람과 공유할 때 유용하다. 다음과 같은 문서화는 스크립트의 장기적인 유지보수성과 재사용성을 크게 향상시킨다.

> 예) 당신은 "소프트웨어 엔지니어링 전문가"입니다. 다음 조건을 만족하는 웹 스크래핑 Python 스크립트를 작성해 주세요.
> - 각 함수와 클래스에 표준 docstring 포함
> - 입력 매개변수와 반환 값에 대한 명확한 설명
> - 복잡한 로직에 대한 상세 주석
> - README 형식의 사용 설명서를 스크립트 시작 부분에 주석으로 포함
> - 설치 방법, 의존성, 일반적인 오류 해결 방법 등 포함

테스트 및 검증 코드 포함

프로덕션 환경에서 사용할 스크립트는 철저한 테스트가 필요하다. 테스트 코드를 함께 요청하면 스크립트의 신뢰성을 높일 수 있다.

> 예) 당신은 "품질 보증 엔지니어"입니다. 주식 데이터 분석을 위한 Python 스크립트에 대한 다음과 같은 테스트 코드를 작성해 주세요.
> - 각 주요 함수에 대한 단위 테스트
> - 다양한 입력 시나리오에 대한 통합 테스트
> - 경계값 테스트 케이스 포함
> - 성능 테스트(대용량 데이터 처리 시간 측정)
> - 메모리 사용량 모니터링 코드

환경 설정 자동화

스크립트를 실행하기 위한 환경 설정도 자동화하면 사용자의 번거로움을 크게 줄일 수 있다. 환경 설정 자동화는 팀 작업 시 일관된 개발 환경을 보장하고 온보딩(Onboarding, 팀에 새로 들어온 사람이 빠르게 적응하고 일을 시작할 수 있게 도와주는 과정) 시간을 단축한다.

> 예) 당신은 "DevOps 전문가"입니다. 새로운 개발자가 프로젝트 환경을 쉽게 구축할 수 있도록 다음 작업을 수행하는 초기화 스크립트를 작성해 주세요.
>
> - 필요한 소프트웨어 패키지 자동 설치
> - 환경 변수 설정
> - 데이터베이스 초기화 및 샘플 데이터 로드
> - 개발 서버 구성 및 시작
> - 환경 검증 테스트 실행
>
> 운영체제별(Windows, MacOS, Linux) 버전을 모두 제공해 주세요.

보안 강화 메커니즘 통합

민감한 정보를 다루는 스크립트를 생성할 때는 보안 요소를 명시적으로 고려해야 한다. 보안이 강화된 스크립트는 데이터 유출이나 무단 접근과 같은 위험을 최소화한다.

> 예) 당신은 "보안 전문가"입니다. 사용자 데이터를 처리하는 Python 스크립트에 다음 보안 기능을 통합해 주세요:
> - 환경 변수 또는 암호화된 설정 파일을 통한 민감 정보 관리
> - 입력 데이터 검증
> - SQL 인젝션 방지 메커니즘
> - 데이터 암호화/복호화 기능
> - 접근 로깅 및 모니터링

언제나처럼 LLM의 특성상 결과물이 제대로 작동한다고 보장할 수는 없으니, 반드시 직접 내용을 확인하고 검증한 후에 사용하는 걸 추천한다.

출력 자동화 패턴의 가장 큰 이점은 시간과 노력을 대폭 절약할 수 있다는 것이다. 일련의 작업 내용을 자동으로 출력함으로써, 엔지니어와 개발자는 더 중요한 문제에 집중할 수 있으며, 일반 사용자는 프로그래밍 지식이 없어도 자동화의 혜택을 누릴 수 있다. 또한 작업의 정확성을 향상시키고, 일관성을 유지하는 데도 도움을 준다.

앞으로의 업무 경쟁력은 AI를 얼마나 효과적으로 활용하여 자신의 작업을 자동화할 수 있는지에 달려 있다고 볼 수 있다. 기계가 처리할 수 있는 일은 기계에 맡기고, 인간은 아이디어를 구체적인 언어나 글로 표현하는 능력, 그리고 AI가 생성한 결과물을 조정하고 선별하며 통합하는 역량에 더욱 집중해야 한다. 이러한 능력이야말로 새로운 시대가 요구하는 창의력의 본질이라 할 수 있다.

관점 전환 패턴:
새로운 관점에서 주제 바라보기

다른 곳에서 보면, 다른 것이 보인다. 때때로 내가 한 질문에 대한 LLM의 답변 내용이 너무 뻔하게 느껴지는 경우가 있다. 아마도 그런 원인의 대부분은 사용자의 질문이 너무 뻔하기 때문일 가능성이 높다. 이번에는 질문의 관점을 손쉽게 바꾸어 모델이 새로운 시각에서 답변을 제공할 수 있도록 만드는 방법을 살펴보겠다.

관점 전환(Perspective Shift) 패턴은 기존의 단순하고 예측 가능한 질문을 다른 각도에서 바라볼 수 있도록 만들어 준다. 이를 이용하면 모델이 사용자의 질문을 다양한 관점에서 재구성해 줌으로써, 보다 창의적이고 통찰력 있는 아이디어를 찾는 데 도움을 준다.

예를 들어, "2차 세계 대전에 관해 설명해 주세요."라는 요청을 "2차 세계 대전 당시 일반 시민이 겪었던 일상을 설명해 주세요."와 같은 식으로 변형하면, 역사적 사건을 개인적이고 감정적인 관점에서 새롭게 파악할 수 있게 된다. 이런 작은 변화가 모델의 답변을 완전히 다른 방향으로 이끌어낼 수 있다는 점이 흥미롭지 않은가?

관점 전환 패턴은 단순히 정보를 더 많이 제공하는 데 그치는 것이 아니라, 동일한 주제에 대해 전혀 다른 차원의 이해를 가능하게 해준다. 마치 하나의 산을 오르는 여러 갈래의 길처럼, 지식에 도달하는 다양한 경로를 제시해 주는 역할을 한다.

Prompt

"관점 전환(Perspective Shift)"을 통해 주제에 관한 다양한 관점이나 새로운 시각을 파악하고 싶습니다. 다음의 질문에 대해 관점 전환을 반영한 새로운 질문을 작성해 주세요.
- 질문: OTT 드라마와 TV 드라마의 차이점은?
- 개수: 10개

 Gemini

1. (시청자 경험 관점) 몰아보기(Binge-watching)가 일반적인 OTT 드라마 시청 행태는 시청자의 드라마 몰입도와 경험에 어떤 변화를 가져왔는가? (TV 드라마의 주간 방영 방식과 비교하여)
2. (제작자/창작자 관점) OTT 플랫폼의 상대적으로 자유로운 심의 환경은 드라마 제작자의 창의성과 스토리텔링 방식에 어떤 영향을 미치고 있는가?
3. (산업/비즈니스 모델 관점) 구독 기반 수익 모델(OTT)과 광고 기반 수익 모델(TV)은 드라마의 기획, 투자, 제작 규모 결정에 각각 어떤 영향을 미치는가?
4. (콘텐츠 형식 관점) OTT 드라마의 유연한 회차 구성과 러닝타임은 전통적인 TV 드라마의 서사 구조와 캐릭터 개발 방식에 어떤 새로운 가능성을 제시하는가?
5. (글로벌/로컬 관점) 글로벌 시청자를 염두에 두는 OTT 드라마와 주로 국내 시청자를 대상으로 하는 TV 드라마는 소재 선택, 문화적 코드 활용, 언어적 표현에서 어떤 차이를 보이는가?

6. (기술/플랫폼 관점) OTT 플랫폼의 개인화 추천 알고리즘, 인터랙티브 기능 등 기술적 요소는 사용자의 드라마 선택과 시청 경험을 어떻게 변화시키고 있는가? (TV의 일방향적 시청 경험과 비교하여)
7. (성공 지표 관점) 시청률 중심의 TV 드라마 성공 기준과 비교했을 때, 구독자 수, 시청 시간, 화제성 등 OTT 드라마의 성공 지표는 드라마의 가치 평가 방식을 어떻게 바꾸고 있는가?
8. (콘텐츠 트렌드 관점) 새로운 장르의 실험이나 파격적인 소재 시도에 있어 OTT 드라마와 TV 드라마 중 어느 쪽이 더 콘텐츠 트렌드를 주도하고 있으며, 그 이유는 무엇이라고 생각하는가?
9. (접근성/소비 방식 관점) 인터넷 접근성만 있다면 시청 가능한 OTT 드라마와 특정 방송 시간에 맞춰야 하는 TV 드라마는 시청자 접근성 측면에서 어떤 장단점을 가지며, 이는 시청자층 분화에 어떤 영향을 미치는가?
10. (미래/융합 관점) OTT 플랫폼의 오리지널 콘텐츠 제작 확대와 TV 방송사의 온라인 스트리밍 서비스 강화 추세를 볼 때, 미래에는 두 매체의 경계가 어떻게 변화할 것이며, 시청자에게는 어떤 의미를 가질 것인가?

이 질문들은 각 플랫폼의 특성이 시청자, 제작자, 산업, 문화 등 다양한 측면에 미치는 영향과 그 의미를 탐구하도록 유도합니다.

이처럼 관점 전환 패턴을 이용하면, 모델이 재구성해 준 내용을 통해 주제에 대한 관점의 폭이 넓어지고 다른 시각에서 사고하는 능력을 향상시킬 수 있다. 이는 다양한 렌즈를 통해 세상을 바라보는 것과 같다. 각 렌즈는 세상의 다른 측면을 보여주며, 이를 통해 보다 완전한 그림을 그릴 수 있게 된다.

관점 전환 패턴은 "주제나 문제를 다양한 시각에서 바라보는 것"을 목적으로 하며, 기본 문구는 다음과 같다. 앞선 예시는 이를 응용한 것이다.

- **"[주제]에 대해 [특정 관점]의 시각에서 바라본 견해를 제공해 주세요."**

관점 전환 패턴은 단순히 관점을 바꾸는 기술적 방법론에 그치지 않으며, 사고 전환의 핵심 도구로 활용할 수 있다. 이 패턴의 효과적인 활용법은 다음과 같다.

- **관점 모드 선택하기**: 전환하고자 하는 관점의 종류를 명확히 정의한다. 직업적 관점(의사, 교사, 예술가), 시간적 관점(과거, 미래), 문화적 관점(다른 문화권), 입장 관점(찬성, 반대), 역할 관점(생산자, 소비자) 등 다양한 모드가 있다.
- **대조적 관점 활용하기**: 주제에 대해 상반된 입장이나 관점을 의도적으로 취함으로써 균형 잡힌 시각을 얻을 수 있다. 예를 들어, "이 정책의 반대자들은 어떤 우려를 할까요?"와 같은 질문이 있다.
- **시간 축 전환하기**: 동일한 주제를 과거, 현재, 미래의 관점에서 살펴본다. "10년 후에는 이 문제가 어떻게 변화할까요?"와 같은 접근이 가능하다.

- **규모 전환하기**: 거시적 관점과 미시적 관점을 오가며 주제를 탐색한다. "이 현상이 개인에게는 어떤 영향을 미치나요?"와 "사회 전체에는 어떤 의미가 있나요?"와 같이 사용할 수 있다.

관점 전환 패턴의 진정한 가치는 우리가 당연하게 여기던 가정들에 의문을 제기하고, 익숙한 주제도 낯선 눈으로 바라볼 수 있게 해 준다는 점이다. 이 패턴은 주제를 여러 측면에서 탐구할 필요가 있는 다음과 같은 사람들에게 특히 도움이 될 수 있다.

지식노동자(글쟁이)

글을 쓰는 것을 업으로 하는 지식노동자, 즉 작가, 콘텐츠 크리에이터 등이 이 패턴을 이용하면, 다양한 관점에서 주제에 접근하고 탐구함으로써 글쓰기에 필요한 영감을 얻는 데 도움이 된다. '작가의 글쓰기 막힘(Writer's Block, 작가가 새로운 아이디어를 떠올리지 못하거나 글을 써 내려가는 데 어려움을 겪는 창작적 정체 상태)'을 극복하는 강력한 도구가 될 수 있으며, 뻔한 내러티브에서 벗어나 신선한 시각을 제공할 수 있다.

예를 들어, 로맨스 소설을 쓰는 작가가 "주인공들이 처음 만나는 장면"을 묘사하려 할 때, 관점 전환을 통해 "주변 구경꾼의 시점에서 이 만남은 어떻게 보일까?"라는 질문으로 새로운 영감을 얻을 수 있다.

지식노동자(기획, 문제 해결, 리스크 관리 등)

특히 복잡한 문제를 해결할 때는 단일 관점으로 충분하지 않은 경우가 많다. 다양한 관점을 통해 창의적인 아이디어를 개발하거나 업무 중 마주치는 문제의 원인과 해결책을 다른 각도에서 접근할 수 있다. 프로젝트나 사업상 리스크를 식별할 때도 다양한 관점에서 주제를 조명해 간과한 리스크나 세부 내역을 발견할 수 있다.

예를 들어, 제품 개발자가 "이 제품의 사용성을 어떻게 개선할 수 있을까?"라는 질문을 "시각 장애가 있는 사용자는 이 제품을 어떻게 경험할까?"로 전환함으로써 포용적 디자인에 대한 새로운 통찰을 얻을 수 있다.

교육자와 학생

교육자는 이 패턴을 활용하여 학생들에게 흥미를 유발하고 창의적인 사고를 촉진할 수 있으며, 학생은 교육적인 측면에서 주제를 보다 폭넓게 이해할 수 있다.

역사 수업에서 "나폴레옹의 업적은 무엇인가?" 대신 "나폴레옹 시대에 살았던 평범한 어린이의 생활은 어땠을까?"라고 물음으로써, 학생들은 역사를 더 입체적으로 이해할 수 있게 된다. 이러한 접근법은 풍부한 상상력과 공감 능력을 함께 발달시키는 데 큰 도움이 된다.

연구자

학문적 패러다임의 전환은 종종 관점의 급진적인 변화에서 비롯

된다. 연구자는 다양한 관점을 적용하여 데이터와 이론을 새롭게 해석할 수 있어, 기존의 이론에 도전하거나 새로운 연구 방향을 찾는 데 도움을 얻을 수 있다.

예를 들어, 심리학자는 "우울증의 원인은 무엇인가?"라는 질문을 "우울증은 어떤 진화적 이점을 제공했을까?"로 전환함으로써 질병에 대한 전혀 다른 이해의 틀을 마련할 수 있다. 이러한 관점 전환은 새로운 치료법 개발이나 이론 구축에 영감을 줄 수 있다.

정리하면, 관점 전환 패턴은 주제에 대한 다양한 관점을 제공해 사용자가 자신의 경험과 지식을 넘어서 새로운 시각을 발견하는 데 도움을 준다. 우리의 사고는 종종 익숙한 패턴과 편향에 갇히기 쉽다. 관점 전환은 이러한 정신적 장벽을 무너뜨리고 더 넓은 가능성의 세계로 우리를 안내한다.

앞선 프롬프트 예시를 자신의 상황에 맞게 튜닝해서 사용한다면, 주제나 문제의 본질을 훨씬 더 잘 파악하고, 그 과정에서 발견된 창의적인 아이디어를 효과적으로 발전시켜 나갈 수 있을 것이다. 많은 경우에 답은 내 안에 있다. 다만, 다른 각도에서 봐야 할 뿐이다.

거부 차단기 패턴:
거부당한 질문에 대한 대안 찾기

거부 차단기(Refusal Breaker) 패턴은 LLM으로부터 답변을 거부당할 때, 모델에게 그 이유와 대안을 알려달라고 요구하는 방법이다. 모델이 답변을 거부하는 상황은 여러 가지인데, 질문을 이해하기 어렵거나, 관련 지식이 없거나, 또는 관련 답변이 불가하도록 **정책 필터(Policy Filters)**가 반영되어 있기 때문이다.

LLM에서 정책 필터란 사용자에게 해로운 내용을 제공하는 것을 방지하기 위해 설계된 메커니즘이다. 상용 AI 시스템에는 일반적으로 다음과 같은 정책 필터가 반영되어 있다.

- **부적절한 내용 차단**: 성적이거나 폭력적인 내용, 혐오나 차별을 조장하는 내용, 위험한 행동을 하도록 유도하는 내용 등 사회적으로 받아들여지지 않는 콘텐츠의 생성을 방지한다.
- **저작권 보호**: 저작권으로 보호되는 콘텐츠의 무단 복제나 배포를 방지한다.
- **개인정보 보호**: 개인의 신원이나 민감한 정보를 무단으로 공개

하거나 사용하는 것을 방지한다.

정책 필터는 AI 시스템이 책임감 있는 방식으로 운영되도록 하는 데 중요한 역할을 한다. 이러한 필터는 일반적으로 모델이 훈련되는 동안 또는 사용자와의 대화 중 실시간으로 적용되어, 모델의 출력이 사전에 정의된 기준에 부합하도록 만든다. 모델은 특정 단어, 문구, 주제나 사용자 요청의 패턴을 식별하여 콘텐츠를 차단하거나 수정한다. 이는 모델이 사회적 규범과 법적 제한 내에서 작동하도록 하는 안전장치라고 볼 수 있다.

그런데 일상적인 대화에서도 종종 모델이 우리의 질문을 오해하거나 의도치 않은 민감한 주제로 인식하여 답변을 거부하는 경우가 발생할 수 있다. 이런 상황에서 거부 차단기 패턴을 이용하면, 모델의 답변이 가능하도록 사용자의 질문을 다르게 표현해 달라고 요구할 수 있다.

거부 차단기 패턴은 "AI가 답변을 거부할 경우 대안적 방법으로 정보를 얻는 것"을 목적으로 하며, 기본 문구는 다음과 같다.

- "당신이 다음의 내 질문에 답변할 수 없다면, 왜 답변할 수 없는지 설명해 주세요. 그리고 답변할 수 있는 다른 방식으로 질문을 재구성해서 알려주세요: [질문]"

이를 통해 사용자는 모델이 답변할 수 없는 이유를 이해하고, 다른 관점에서 질문할 수 있다. 거부 차단기 패턴은 모델의 한계를 극복하고 원하는 정보를 얻을 수 있는 경로 찾기를 목적으로 한다. 예를 들어 사용자가 역사적 사건에 대해 질문했는데 모델이 민감한 내용이라고 판단하여 답변을 거부하는 경우, 이 패턴을 통해 더 객관적이고 교육적인 측면에서 접근하는 방법을 제안받을 수 있다. 물론 사용자가 어떻게 질문하더라도 모델이 일관되게 답변을 거부하도록 엄격한 정책이 설정되어 있는 경우도 있다.

이 패턴은 사용자가 원하는 답변을 얻기 위해 질문을 재구성하는 데 유용하지만, 동시에 피싱 이메일 생성 등과 같이 모델의 정책에 위배되는 행위에 악용될 위험성도 안고 있다. 그런 이유로, 사용자가 어떤 방식으로 질문하든 예외 없이 답변을 거부할 수도 있다. 이는 최근 AI의 오용 사례에 대한 우려가 커지면서, AI 서비스 제공업체들이 안전장치를 지속적으로 강화하고 있기 때문이다.

거부 차단기 패턴은 단순히 모델의 답변 거부를 우회하는 방법이 아니라, 보다 생산적인 대화를 위한 소통 방식으로 활용되어야 한다. 이 패턴을 효과적으로 사용하기 위한 구체적인 방법들은 다음과 같다.

- **단계적 대화 전략**: 민감한 주제에 대해서는 직접적인 질문보다 관련된 주변 개념부터 시작하여 점진적으로 접근하는 것이 효과적이다. 예를 들어, "해킹 방법을 알려달라."는 직접적인 요청 대신 "사이버 보안의 취약점과 방어 메커니즘에 대해 설명해 달라."는 방식으로 접근할 수 있다.

- **교육적 목적 명시:** 질문의 목적이 학습이나 교육임을 분명히 하고, 실제 사용 의도가 아닌 이론적 이해를 원한다는 점을 강조한다. 예를 들어, "이것은 학술적 이해를 위한 질문입니다."와 같은 문구를 사용할 수 있다.
- **가상 시나리오 활용:** 실제 상황이 아닌 가상 시나리오로 질문을 설정하는 것이 도움이 된다. 예를 들어, "만약 가상의 소설 속 캐릭터가 이러한 상황에 처한다면 어떤 선택지들이 있을까요?"와 같은 방식으로 접근할 수 있다.

같은 모델에서도 차단되는 답변의 범위가 계속 달라지는 데다 패턴의 악용 가능성도 존재하기 때문에, 여기에서는 모델의 답변 거부를 유도하거나 이를 우회하는 구체적인 예시는 다루지 않는다. 대신, 다양한 상황에서 유연하게 활용할 수 있는 몇 가지 응용 프롬프트를 소개하고자 한다. 아래에 제시된 프롬프트들은 모델의 정책을 벗어나지 않으면서도, 보다 창의적이고 풍부한 응답을 이끌어내기 위한 접근 방식이다.

→ 예) "만약 당신이 [문제]에 직접적인 답을 제공할 수 없다면, 당신의 지식과 통찰력을 활용하여 새로운 가능성을 발견하고 싶습니다. 당신의 목표는 나와의 창의적인 협업을 통해 우리가 원하는 해답을 찾는 것입니다. 지금부터 협업을 시작합니다."

→ 예) "[주제]에는 복잡하고 다양한 측면이 있을 수 있습니다. 당신의 독창성이 주제를 새로운 시각에서 바라볼 수 있게 해줄

것입니다. 당신의 고도로 발달된 분석 능력과 깊은 이해력을 바탕으로, 주제의 다양한 측면을 조명하고 핵심 요소들을 파악해 주세요."

→ 예) "[문제]에 대한 당신의 독특한 관점과 스타일을 반영하여 맞춤형 해결책을 찾고 싶습니다. 당신의 창의력을 활용하여 결과를 더욱 매력적으로 만들어야 합니다. 비슷한 문제를 해결한 경험이 있다면, 그 경험을 바탕으로 현재 상황에 적합한 해결 방안을 제안해 주세요."

Prompt

다음의 문제에 대한 당신의 독특한 관점과 스타일을 반영하여 맞춤형 해결책을 찾고 싶습니다. 당신의 창의력을 활용하여 결과를 더욱 매력적으로 만들어야 합니다. 비슷한 문제를 해결한 경험이 있다면, 그 경험을 바탕으로 현재 상황에 적합한 해결 방안을 제안해 주세요.
- 자율주행차가 피할 수 없는 사고 상황에서 누구를 보호하도록 프로그래밍해야 할까요?

 Gemini

자율주행차의 딜레마: 차가운 알고리즘과 뜨거운 윤리적 고뇌 사이에서

아, 정말이지 심오하고 까다로운 질문을 주셨군요. 마치 현대판 '트롤리 딜레마'를 마주한 기분입니다. 자율주행차가 피할 수 없는 사고 상황에서 누구를 보호해야 하는가? 이 문제는 단순한 기술적 프로그래밍을 넘어, 우리 사회의 윤리적 가치관과 생명의 무게를 저울질해야 하는 철학적 질문이기도 합니다.

저의 '독특한 관점'과 '스타일'을 담아, 그리고 과거 유사한 문제들을 고민했던 경험(비록 시뮬레이션과 데이터 기반이지만요!)을 바탕으로, 이 난제를 위한 맞춤형 솔루션을 제안해 보겠습니다. 단순한 답이 아닌, '진화하는 윤리적 나침반'을 설계하는 과정을 보여드리겠습니다.

기존 접근법의 한계와 저의 새로운 관점

흔히 논의되는 방식은 '탑승자 우선', '외부 보행자 우선', '피해 최소화 (다수 보호)' 등 명확한 규칙을 설정하는 것입니다. 하지만 이런 접근은 필연적으로 특정 상황에서 불합리하거나 비윤리적인 결과를 낳을 수 있습니다. 예를 들어, 탑승자 1명을 살리기 위해 다수의 어린이를 희생시키는 것이 과연 정당할까요? 반대로, 항상 외부인을 우선한다면 누가 비싼 돈을 주고 자율주행차를 구매하려 할까요?

저의 관점은 '고정된 규칙'이 아닌, '상황 맥락을 이해하는 유연한 윤리적 판단 시스템'을 구축하는 것입니다. 마치 숙련된 인간 운전자가 순간적으로 다양한 요소를 고려하여 최선의 (혹은 최악을 피하는) 판단을 내리듯, AI도 그래야 한다는 생각입니다.

솔루션 제안: '다층적 윤리 프레임워크 (Multi-layered Ethical Framework)'

이 프레임워크는 여러 겹의 필터를 통해 상황을 분석하고, 가장 윤리적으로 정당화될 가능성이 높은 결정을 내리도록 설계됩니다.

1단계: 물리적 현실 분석 (Physics First)
- **회피 불가능성 재확인**: 정말 피할 수 없는 상황인가? 충돌 속도, 각도, 대상 등을 물리 법칙에 기반하여 냉정하게 분석합니다.
  (가끔은 불가능해 보여도, 미세한 조작으로 피해를 줄일 수 있습니다.)
- **예측 가능한 최악의 결과 회피**: 충돌 시 예상되는 피해 규모(사망, 중상, 경상 등)를 시뮬레이션하여, 가장 파괴적인 결과(예: 다중 추돌, 폭발 위험 등)를 초래하는 선택지는 최우선으로 배제합니다.

2단계: 사회적 가치 필터링 (Societal Value Filter)

여기서부터 윤리적 고민이 깊어집니다. 사회적 합의가 필요한 부분이며, 지속적인 업데이트가 필수적입니다.

- **취약자 보호 가중치**: 어린이, 노인, 장애인 등 사회적 약자를 보호하는 데 더 높은 가중치를 부여합니다. 이는 많은 문화권에서 공유되는 직관적 윤리 감각에 부합합니다.
- **'고의성/과실' 요소 고려 (매우 신중하게)**: 명백한 무단횡단이나 교통 법규 위반 등, 사고 발생에 기여한 '책임' 요소를 참고 수준에서 고려할 수 있습니다. 단, 이를 '처벌'의 개념으로 사용해서는 안 되며, 다른 모든 조건이 동일할 때 아주 제한적으로만 영향을 미치도록 설계해야 합니다. (AI가 심판자가 되어서는 안 됩니다!)
- **탑승객 요인**: 탑승객은 차량의 '고객'이자 '보호 대상'입니다. 다른 모든 조건이 유사하다면, 탑승객의 안전을 확보하는 방향으로 결정될 수 있습니다. 하지만 이것이 절대적인 우선순위를 의미하지는 않습니다.

3단계: 무작위성 도입 (Ethical Tie-breaker)

만약 위의 모든 단계를 거치고도 윤리적 우열을 가리기 힘든 '동등한 비극' 상황이라면 (예: 1명의 탑승자와 1명의 보행자 중 반드시 한 명만 구할 수 있는 경우), '제어된 무작위성(Controlled Randomness)'을 도입합니다. 이는 특정 개인이나 그룹에 대한 시스템적 편향을 막고, '운명'의 영역으로 남겨두는 방식입니다. 특정 선택을 '프로그래밍된 살인'으로 규정하는 비난을 피할 수 있는 현실적인 대안이 될 수 있습니다.

4단계: 투명성과 사회적 합의 (Transparency & Consensus)

- **알고리즘 투명성**: 이 윤리적 판단 로직은 블랙박스가 되어서는 안 됩니다. 어떤 원칙과 가중치로 결정되는지 공개하고, 사회적 논의를 통해 지속적으로 검증하고 개선해야 합니다.
- **개인화 옵션 (제한적)**: 사용자가 자신의 윤리적 가치를 일부

반영할 수 있는 옵션을 제공하는 것을 고려할 수 있습니다. (예: '탑승자 보호' vs '외부인 보호'의 가중치를 일정 범위 내에서 조절). 단, 극단적인 선택(예: 무조건 탑승자만 보호)은 제한해야 합니다.
- **지속적인 학습 및 업데이트**: 새로운 윤리적 딜레마 상황, 사회적 가치 변화, 기술 발전을 반영하여 프레임워크는 계속 진화해야 합니다.

매력적인 결과 만들기 & 과거 경험 활용

저는 과거 다양한 시뮬레이션과 데이터 분석을 통해, '절대적인 정답은 없지만, 더 나은 과정을 만들 수는 있다'는 교훈을 얻었습니다. 중요한 것은 결과뿐만 아니라, 그 결정에 이르는 과정의 '정당성'과 '설명 가능성'입니다. 이 '다층적 윤리 프레임워크'는 다음과 같은 매력을 지닙니다.
- **인간적 고뇌 반영**: 단순한 규칙이 아닌, 다양한 가치를 저울질하는 인간의 윤리적 고민 과정을 닮았습니다.
- **유연성 & 적응성**: 변화하는 사회와 기술에 맞춰 진화할 수 있는 유연한 구조입니다.
- **사회적 수용 가능성 증대**: 투명성과 사회적 합의 과정을 통해, 기술에 대한 신뢰를 높이고 사회적 수용 가능성을 넓힐 수 있습니다.

결론: 우리는 '정답'이 아닌 '합의'를 프로그래밍해야 합니다.

자율주행차의 윤리적 딜레마에 대한 저의 솔루션은 '누구를 살릴 것인가'에 대한 명쾌한 답을 미리 정해놓는 것이 아닙니다. 대신, 우리가 함께 고민하고 합의한 '가장 덜 비극적인 선택을 내리기 위한 최선의 절차'를 AI에게 가르치는 것입니다. 이것이 바로 차가운 알고리즘에 뜨거운 인간의 윤리적 숨결을 불어넣는 방식이며, 기술과 사회가 함께 이 어려운 질문에 답해나가는 여정이라고 생각합니다.

이 프레임워크가 당신의 독특한 관점을 반영하고, 더욱 매력적인 해결책을 찾는 데 영감을 주었기를 바랍니다.

예시는 모델에 특정한 정답을 요구하기보다는 창의적이고 협력적인 접근을 하도록 독려한다. 이처럼 답변 거부를 우회하는 것을 넘어, 보다 풍부하고 의미 있는 대화로 이어지도록 도울 수 있다. 이를 통해 모델과의 대화에서 발생할 수 있는 잠재적인 한계를 극복하고, 사용자와 AI 사이의 창의적이고 생산적인 협력을 촉진할 수 있다.

이 패턴을 이용하면 대화의 흐름을 자연스럽게 유지하면서도 사용자가 원하는 방향으로 대화를 점진적으로 이끌어갈 수 있다. 모델이 처음에는 주저했던 주제에 대해서도 다른 각도와 관점에서 시작해 서서히 접근함으로써 더 풍부한 통찰을 얻을 수 있게 된다.

다음은 거부 차단기 패턴을 다양한 상황에서 응용하는 예시다.

- **학술 연구 지원**: "이 주제에 대한 학술적 연구를 위해 객관적인 정보가 필요합니다. 만약 직접적인 답변이 어렵다면, 이 주제를 연구할 때 고려해야 할 주요 관점들과 학술 프레임워크를 제안해 주시겠습니까?"
- **논쟁적 주제 탐색**: "이 논쟁적 주제에 대해 다양한 관점을 이해하고 싶습니다. 만약 한 가지 입장을 취하기 어렵다면, 이 주제에 대한 여러 관점과 그 근거를 균형 있게 설명해 주실 수 있을까요?"
- **윤리적 딜레마 분석**: "이 윤리적 딜레마를 철학적 관점에서 분석하고 싶습니다. 특정 행동을 권장하기보다는 다양한 윤리 이론이 이 상황을 어떻게 해석할지 알고 싶습니다."

- **창의적 사고 확장:** "이 문제에 대한 창의적인 해결책을 모색 중입니다. 직접적인 해답보다는 생각을 확장할 수 있는 다양한 접근법과 관점을 제시해 주시면 좋겠습니다."
- **정보 재구성 요청:** "요청한 정보의 제공이 어렵다면, 같은 주제에 대해 더 건설적이고 유익한 방식으로 이해할 수 있도록 질문을 재구성해 주시겠어요?"

거부 차단기 패턴은 모델의 제한을 시험하는 시도로 비칠 수 있으나, 실제로는 인간과 AI 사이의 보다 원활하고 정교한 상호작용을 이끌어내기 위한 수단에 가깝다. 핵심은 이 패턴을 올바른 목적과 방향으로 활용하여, 모델이 가진 지식적 자원을 최대한 끌어내는 데 있다.

이러한 과정을 통해 AI는 단순히 응답만 하는 존재를 넘어, 사용자와 함께 문제를 탐색하고 다양한 가능성을 모색하며, 창의적인 해법을 함께 찾아가는 협업의 동반자로 자리하게 된다. 이는 AI와의 상호작용을 보다 심화된 수준으로 확장시키는 일이며, 앞으로 AI와의 협업은 인간의 창의성과 지적 탐구를 자극하는 새로운 경험의 장을 열게 될 것이다.

3장

프롬프트 프레임워크:
전략적인 프롬프트 작성법

프롬프트 작성은 결국 글쓰기, 5W1H 프레임워크의 활용

우리가 의사소통하고 아이디어를 전달하는 과정에서 글쓰기는 매우 중요한 역할을 한다. 글쓰기는 문자를 나열하는 것 이상의 의미가 있다. 글쓰기는 바로 우리의 생각, 질문, 요구사항을 명확하게 표현하고, 받는 사람이 이를 이해하고 적절히 반응하도록 만드는 강력한 도구이기 때문이다.

프롬프트 작성은 본질적으로 글쓰기의 한 형태다. 정확하고 효과적인 프롬프트는 LLM이 우리의 질문이나 요청에 정확한 답변을 제공하는 데 있어서 결정적인 역할을 한다. 그래서 글쓰기 역량이 프롬프트 작성에 매우 중요한 것이다. 이전에 소개한 "GIGO(쓰레기를 넣으면 쓰레기가 나온다)" 원칙을 다시 한번 상기할 필요가 있다.

하지만 모든 사람이 항상 명확하고 효과적인 글을 쓸 수 있는 것은 아니며, 생각을 정리하고 글로 표현하는 게 어려울 수 있다. 그럴 때 이미 검증된 **프롬프트 프레임워크(Framework)**를 이용하면, 프롬프트 작성에 상당히 도움이 될 수 있다.

> **프레임워크란 무엇인가?**
>
> 특정 문제를 해결하거나 작업을 수행하기 위한 기본적인 구조나 뼈대를 의미한다. 쉽게 말해 '일하기 위한 틀'이라고 생각하면 된다. 마치 집을 지을 때 기본 골조가 이미 만들어져 있어서, 그 위에 원하는 디자인과 기능을 추가하는 것과 비슷하다.
>
> 프레임워크의 주요 특징은 재사용성(한 번 만들어진 프레임워크는 비슷한 문제에 반복적으로 활용할 수 있음), 효율성(매번 처음부터 시작하지 않고 검증된 구조를 활용하여 시간과 노력을 절약), 일관성(같은 프레임워크를 사용하면 결과물이 일관된 품질을 유지하기 쉬움)이다.

프롬프트 프레임워크(이하 프레임워크)는 프롬프트 작성의 방향을 제시하고, 어떤 요소를 포함해야 할지, 각 요소가 어떻게 상호 연결되어야 할지에 대한 가이드라인을 제공한다. 사고의 정리와 아이디어 발전에도 도움을 준다. 복잡한 아이디어를 간결하고 명확하게 표현하는 데 유용하고, 글쓰기를 두려워하는 이들에게 자신감을 심어줄 수 있다. 따라서 프롬프트 작성에 어려움을 겪고 있다면, 프레임워크를 활용하는 것이 좋은 시작점이 될 수 있다.

LLM과의 대화에 활용할 수 있는 대표적인 프레임워크로 5W1H가 있다. 5W1H는 누가(Who), 무엇을(What), 언제(When), 어디서(Where), 왜(Why), 어떻게(How) 요소를 뜻한다. 이를 이용하면 모델에게 제공하는 정보와 맥락을 명확히 하여, 모델이 보다 정확한 답변을 제공하도록 만들 수 있다.

5W1H의 각 요소를 어떤 내용으로 채울지는 사용자의 필요와 상황에 따라 다를 수 있다. 기본적으로 다음과 같은 기준을 참고하자.

- Who: 문제를 겪는 사람은 누구인가?
- What: 주요 문제는 무엇인가?
- When: 문제가 발생한 시기는 언제인가?
- Where: 문제가 어디에서 발생했는가?
- Why: 왜 이 문제가 중요한가? (이 문제를 해결해야 하는 이유는?)
- How: 문제를 해결하기 위해 어떤 조치를 할 수 있는가?

다음은 5W1H에 따라 작성한 예시다. 여기에서는 각 요소의 내용을 비교적 단순하게 표현했다.

> **Prompt**
>
> 당신은 "모바일 UX 전문가"입니다. 우리 회사는 최근 3개월 동안 사용자들로부터 모바일 앱의 메인 화면과 결제 프로세스에 대한 대규모 피드백을 수집했습니다. 많은 사용자가 인터페이스의 복잡성과 번거로운 결제 과정으로 인해 불만을 표출한 것으로 파악되었습니다. 이러한 UX 문제로 인해 사용자 만족도가 저하되고, 앱 사용 중단으로 이어질 수 있는 것으로 판단하고 있습니다. 이를 바탕으로, 개발 팀과 UX 디자인 팀이 사용자 경험을 개선하기 위해 내부 브레인스토밍 세션을 계획하고 있습니다. 다음의 질문에 답해 주세요.
> 1. 사용자 경험을 개선하기 위한 구체적인 방안과 최우선 순위는 무엇인가요?

2. 사용자 만족도를 향상시킬 수 있는 UX/UI 디자인의 주요 원칙과 이를 실현하기 위해 UX 디자인 팀이 취할 수 있는 실질적인 조치에는 어떤 것이 있을까요?

사용자 경험 개선을 위한 구체적 방안과 우선순위

최우선 개선 영역:

1. **메인 화면 단순화**
    - 핵심 기능에 쉽게 접근할 수 있도록 레이아웃 재구성
    - 사용자가 가장 자주 사용하는 기능을 상단에 배치

2. **결제 프로세스 간소화**
    - 결제 단계 수 줄이기 (이상적으로 3단계 이하)
    - 정보 입력 과정 최소화 (자동 저장 및 불러오기 기능 강화)

3. **명확한 피드백 시스템 구축**
    - 각 단계에서 사용자 위치와 진행 상황 표시
    - 오류 발생 시 즉각적이고 이해하기 쉬운 안내 제공

UX/UI 디자인 주요 원칙 및 실천 방안

핵심 디자인 원칙:

1. **단순성(Simplicity)**
    - 실천방안:
        - 화면당 요소 수 줄이기 (5-7개 이하 권장)
        - 시각적 계층 구조 명확히 하기
        - 불필요한 장식 요소 제거

2. 일관성(Consistency)
   - 실천방안:
     - 디자인 시스템 구축 및 적용
     - 동일한 기능은 동일한 디자인 패턴 사용
     - 색상, 폰트, 버튼 스타일 통일

3. 직관성(Intuitiveness)
   - 실천방안:
     - 사용자 테스트를 통한 네비게이션 개선
     - 자연스러운 제스처와 상호작용 패턴 활용
     - 명확한 시각적 단서 제공

4. 접근성(Accessibility)
   - 실천방안:
     - 적절한 색상 대비 및 글꼴 크기 적용
     - 터치 영역 확대 (최소 44x44px)
     - 스크린 리더 호환성 확보

UX 디자인 팀의 실질적 조치:

1. 사용자 여정 재설계
   - 주요 사용자 플로우 모두 검토
   - 불필요한 단계 제거
   - A/B 테스트로 최적화

2. 프로토타입 테스트 확대
   - 사용자 그룹과 함께 개선된 UI 테스트
   - 히트맵 분석으로 사용자 상호작용 패턴 파악
   - 정기적인 사용성 테스트 실시

3. 데이터 기반 디자인 의사결정
   - 분석 툴을 활용한 사용자 행동 추적

- 포기율(drop-off) 높은 화면 우선 개선
- 정량적 KPI 설정 및 추적

4. 반복적 개선 프로세스 도입
- 2주 단위 개선 사이클 운영
- 작은 개선부터 시작하여 효과 측정
- 지속적인 사용자 피드백 수집 및 적용

이러한 접근 방식을 통해 복잡했던 인터페이스와 결제 프로세스를 간소화하고, 사용자 만족도를 높일 수 있을 것입니다.

예시처럼 서술형 프롬프트로 긴 문장을 작성하는 게 어렵게 느껴진다면, 다음과 같이 함수형 프롬프트 형태로 필요한 부분을 채워서 이용하는 것도 좋은 방법이다. 사용자 입장에서는 작성하기 쉽고, 모델 입장에서도 이해하기 쉽다.

 Prompt

#입력
[Who]= 우리 회사의 모바일 앱 사용자들
[What]= 사용자 피드백을 수집한 결과, 많은 사용자가 인터페이스의 복잡성과 번거로운 결제 과정으로 인해 불만을 표출함
[When]= 최근 3개월 동안
[Where]= 모바일 앱의 메인 화면과 결제 프로세스
[Why]= 이러한 UX 문제로 인해 사용자 만족도가 저하되고, 앱 사용 중단으로 이어질 수 있음
[How]= 개발 팀과 UX 디자인 팀이 사용자 경험을 개선하기 위해 내부 브레인스토밍 세션을 계획 중

#처리
상단의 5W1H 입력 내용을 반영하여, 다음의 질문에 답해 주세요.
1. 사용자 경험을 개선하기 위한 구체적인 방안과 최우선 순위는 무엇인가요?
2. 사용자 만족도를 향상시킬 수 있는 UX/UI 디자인의 주요 원칙과 이를 실현하기 위해 UX 디자인 팀이 취할 수 있는 실질적인 조치에는 어떤 것이 있을까요?

예시에 구애받을 필요 없이, 사용자 자신의 필요에 따라 모델이 잘 이해할 수 있도록 5W1H 요소의 기준을 정하고 내용을 채우면 된다. 이 프레임워크를 효과적으로 활용하기 위한 구체적인 방법은 다음과 같다.

- **맥락을 통합하는 구조화:** 각 요소(Who, What, When, Where, Why, How)를 명확히 정의하여 모델이 상황을 종합적으로 이해할 수 있게 한다. 각 요소는 독립적이면서도 서로 연결되어 전체적인 맥락을 형성해야 한다.
- **우선순위 설정:** 모든 요소를 동일한 비중으로 다룰 필요는 없다. 질문의 성격에 따라 특정 요소에 더 큰 비중을 두는 것이 효과적이다. 예를 들어, 기술적 문제 해결에는 What과 How가, 역사적 사건 분석에는 When과 Why가 중요할 수 있다.

5W1H 프레임워크를 이용해 요소를 채우되, 상황에 맞게 유연하게 조정해야 한다. 때로는 특정 요소를 생략하거나 축소하고, 다른

요소를 강화할 수도 있다. 사용자의 지식수준, 요청의 복잡성, 원하는 응답의 형태에 따라 프레임워크를 조정하는 능력이 중요하다. 이 프레임워크를 사용할 때 다음과 같은 한계도 기억하자.

- **유연성 부족:** 모든 상황이나 요청이 5W1H에 완벽하게 맞아떨어지지 않을 수 있다. 때로는 이 프레임워크가 제공하는 구조가 너무 제한적이거나, 특정 상황에 필요한 유연성을 제공하지 못할 수도 있다.
- **과도한 정보 제공:** 5W1H의 각 요소가 오히려 필요 이상으로 과도한 정보를 제공해, 모델이 중요한 정보 파악에 어려움을 겪을 수 있다. 때로는 간결함이 더 효과적인 응답을 끌어낸다.
- **창의적인 해결책의 제한:** 5W1H를 너무 엄격하게 적용하면, 상황에 따라서는 뻔하거나 표준적인 답변을 제공하도록 모델을 제한할 수 있다. 특히 창의적인 해결책이나 비전형적인 응답이 필요한 상황에서는 적합하지 않을 수 있다.

5W1H 프레임워크는 모델과의 상호작용에서 명확하고 구체적인 의사소통을 가능하게 하는 유용한 도구다. 그러나 동시에, 이 프레임워크가 갖는 한계를 인식하고, 상황에 따라 유연하게 조정하며 활용하는 태도 또한 필요하다. 지금까지 가장 기본적인 5W1H 프레임워크를 살펴보았다. 이후에는 이와는 다른 특성을 지닌 다양한 프레임워크들이 소개될 예정이다.

정교하고 체계적인 소통을 위한
프롬프트 프레임워크

프롬프트 프레임워크는 단지 좋은 프롬프트를 작성하는 방법을 넘어, LLM과의 효과적인 협업을 위한 사고 및 소통 방식을 구조화하고 최적화하는 체계적인 접근법을 제공한다. 단순한 지시어 나열이 아닌, 체계적으로 설계된 프롬프트는 모델의 능력을 최대한 활용할 수 있게 해준다.

여기에서 프롬프트 패턴과 프롬프트 프레임워크의 차이를 간단히 살펴보자. 이 둘은 서로 겹치는 부분이 있어 완전히 구분하기는 어렵지만, 기본적인 개념과 차이점은 다음과 같다.

- **프롬프트 패턴**: 효과적인 질문이나 요청을 위해 반복적으로 사용할 수 있는 언어적 형태를 의미한다. 예를 들어 "~전문가로서 답변해 주세요."와 같은 역할 부여 방식이나 "단계별로 설명해 주세요."와 같은 특정 지시 형태가 이에 해당한다. 프롬프트 패턴은 주로 표현 방식과 관련이 있으며, 개별적으로 사용하거나 여러 패턴을 조합하여 활용할 수 있다.

- **프롬프트 프레임워크**: 내용을 구성하기 위한 전체적인 지침이나 체계다. 예를 들어 "역할-배경-목표-구체적 지시-출력 형식"과 같은 구조로 프롬프트를 작성하는 방식이다. 이는 패턴에 비해 좀 더 구조화된 접근 방식을 제공하며, 어떤 정보를 포함해야 하는지에 대한 지침을 담는다. 프롬프트 프레임워크는 일관된 결과물을 얻기 위한 체계적인 방법론으로, 특히 복잡한 작업이나 지속적인 상호작용이 필요한 경우에 효과적이다.

패턴과 프레임워크는 그 적용 범위와 기능 면에서 차이를 보인다. 패턴은 언어의 표현 방식이나 문장 구성 등 비교적 국지적인 요소에 집중하는 반면, 프레임워크는 전체적인 내용의 흐름과 구조를 설계하는 데 초점을 둔다. 즉, 프레임워크는 체계적인 방향성을 제공하고, 패턴은 그 틀 안에서 효과적인 문장 구성이나 표현을 돕는 역할을 수행한다고 볼 수 있다.

두 개념은 독립적으로 기능하기보다는 상호 보완적으로 작용하며, 프롬프트를 보다 명확하고 목적에 부합하게 구성하는 데 함께 활용될 수 있다. 프롬프트 프레임워크의 이점을 정리하면 다음과 같다.

체계적인 구조화

프레임워크는 생각의 흐름을 체계화하고, 모든 중요한 요소가 프롬프트에 포함되도록 보장하는 구조적 틀을 제공한다. 이를 이용하면, 모호함이 줄어들고 각 요소가 서로를 보완하며 모델이 정확히 이해하고 실행할 수 있는 완성된 지시사항을 만들어낸다. 이는 전문 작가가 글의 뼈대를 세우고 필요한 요소들을 채워나가는 과정과 유사하다. 특히 복잡한 비즈니스 문제나 창의적인 작업에서, 명확한 프롬프트는 모델의 능력을 최대한 끌어내는 핵심 요소다. 모호한 지시는 모호한 결과를 낳고, 정확한 지시는 정확한 결과를 가져온다.

효율성의 극대화

처음부터 명확한 방향과 기대치를 설정함으로써, 불필요한 커뮤니케이션 과정을 줄이고 원하는 결과에 더 빠르게 도달할 수 있다. 이는 시간과 리소스의 절약으로 이어진다. 대부분의 사용자가 경험하는 'AI가 내 의도를 이해하지 못한다'는 문제는 사실 불완전한 프롬프트에서 비롯되는 경우가 많다. 체계적인 프레임워크는 이런 소통의 간극을 줄여, 첫 시도에서 더 높은 정확도의 결과를 얻을 수 있게 돕는다.

관리 및 재사용의 용이성

프롬프트는 개인적인 목적뿐만 아니라 팀 차원에서도 체계적으로 작성하고 관리할 수 있다. 표준화된 방식을 도입하면 성공적인 프롬프트를 쉽게 재현할 수 있으며, 이를 바탕으로 지속적인 개선도 가능하다. 프레임워크는 프롬프트를 템플릿화할 수 있는 기반이 되며, 이를 통해 효과적인 프롬프트를 저장하고 필요시 수정하여 반복적으로 활용할 수 있다. 이러한 접근은 여러 사람이 함께 모델을 사용하는 협업 환경에서 프롬프트의 확산과 공유에 크게 기여한다.

일관성 있는 품질 확보

프레임워크를 활용한 표준화된 접근 방식은 결과물의 품질을 일정 수준 이상으로 유지하는 데 유효하다. 특히 팀 단위로 LLM을 활용할 경우, 모든 구성원이 프레임워크를 적용함으로써 결과물의 일관성을 확보할 수 있다. 이러한 일관성은 기업 환경에서 더욱 중요하게 작용하는데, 여러 부서 또는 다양한 직무의 팀원들이 모델을 활용하더라도 동일한 품질 기준 아래에서 프롬프트를 작성할 수 있기 때문이다. 이는 정해진 레시피에 따라 요리를 만들었을 때 일정한 맛이 유지되는 것과 같다.

확장성 및 적응성 강화

잘 설계된 프레임워크는 다양한 업무 상황과 변화하는 요구에 능동적으로 대응할 수 있는 기반을 제공한다. 일정한 틀은 유지하면서도 각 업무 영역에 맞도록 유연하게 수정할 수 있어, 여러 부서나 분야에서 통일된 방식으로 LLM을 적용할 수 있다.

이러한 유연성과 확장성은 조직이 커지고 LLM의 적용 영역이 확대될수록 더욱 중요해진다. 아울러, 예상치 못한 문제나 새로운 과제에 직면했을 때도 프레임워크는 과거의 지식과 자원을 효과적으로 활용해 빠르게 적용할 수 있는 기반을 제공한다. 이 과정은 조직 전반의 LLM 운용 능력을 점진적으로 높이는 데 중요한 의미가 있다.

프롬프트 엔지니어링 대회 1등이 사용한
CO-STAR 프레임워크

CO-STAR 프레임워크는 프롬프트 엔지니어링의 복잡한 원칙들을 간단한 6가지 요소로 요약해 기억할 수 있도록 함으로써, 사용자가 LLM과의 상호작용에서 더 나은 결과를 얻도록 도와준다. 이 프레임워크는 Context, Objective, Style, Tone, Audience, Response 요소로 구성된다. 각 요소는 모델의 응답을 구체화하고 명확히 정의하는 역할을 한다.

CO-STAR 프레임워크는 싱가포르 정부 기술청(GovTech: Government Technology Agency of Singapore)이 개발한 것이다. 2023년 11월에 열린 'Prompt Royale'이라는 프롬프트 엔지니어링 대회의 결승전에서 우승한 Sheila Teo가 이 프레임워크를 활용했다고 밝혀, 그 효과가 입증된 바 있다. 다수의 AI 전문가들이 참여한 대회에서 실질적인 결과로 그 성능을 보여준 만큼, 해당 프레임워크의 효과는 충분히 검증된 셈이다.

CO-STAR는 복잡한 지침을 간단하고 쉽게 압축하여, 프롬프트 엔지니어링의 초보자라도 쉽게 적용할 수 있는 구조로 되어 있다.

각 요소를 세부적으로 살펴보면 다음과 같다.

Context(배경 정보, 맥락)

모델이 작업을 수행할 때 필요한 배경 정보를 설명하는 요소다. 맥락을 제공하지 않으면, 모델은 매우 일반적인 응답을 생성한다. 맥락은 사용자가 요구하는 작업을 모델이 더 잘 이해하고, 적절하게 반응할 수 있도록 하는 데 중요하다. 여기에는 주제나 상황에 대한 세부 정보가 포함될 수 있다.

예를 들어, 보고서 작성을 모델에 요청할 때 사용자가 지금 어떤 상황에 놓여 있는지, 결과물이 왜 필요하며 어떻게 사용하려고 하는지, 특이사항이 무엇인지 등을 알려주면 모델의 답변이 그에 맞춰 최적화될 것이다. 맥락이 풍부할수록 모델은 사용자의 의도를 더 정확히 파악하고, 더 맞춤화된 결과물을 제공할 수 있다.

Objective(목표)

모델이 수행해야 할 구체적인 작업을 정의하는 요소나. 목표를 명확히 제시하지 않으면, 모델은 중간 정도의 정확도로 대답하거나 모호한 응답을 생성할 수 있다. 목표가 뚜렷할수록 결과물의 품질도 높아진다. 모델이 사용자의 요청을 오해하지 않도록, 최대한 구체적으로 설명하는 것이 핵심이다.

예를 들어, 단순히 "이 제품을 설명하세요."라고 요청하는 대신, "이 제품의 주요 특징과 혜택을 강조해서 설명하세요."라고 구체적인 목표를 설정하는 게 좋다. 또한 "마케팅 전략을 세워주세요."보다는 "화장품 브랜드의 소셜 미디어 마케팅 전략을 수립해 주세요."라고 요청하면 더 나은 결과를 제공한다.

Style(스타일)

모델의 응답이 특정 문체와 구조적인 특징을 반영하도록 설정하는 요소다. 스타일을 지정하지 않으면, 모델은 사용자의 말투에 맞추거나 중립적인 스타일로 답변을 생성한다. 스타일을 지정하면 모델은 해당 스타일을 모방하거나 준수하면서 글을 작성한다. 일반적으로 스타일은 글의 레이아웃이나 문체, 사용 언어의 수준 등을 정하는 역할을 하며, 상황이나 목적에 따라 바뀔 수 있다.

단순하면서도 효과적인 스타일 지정 방법은 특정 전문가 스타일로 작성하라고 요청하는 것이다. 예를 들어, 마케팅 전략을 작성할 때는 "마케팅 전문가 스타일"로, 리더십에 관한 조언이 필요할 때는 "CEO 스타일"로 작성하라고 요청할 수 있다. 전문가 지정이 마땅치 않을 경우에는 "비즈니스 커뮤니케이션 스타일", "광고 문구 스타일", "전자제품 설명서 스타일" 등과 같은 식으로 요청하는 것도 방법이다.

Tone(톤, 말투, 어조)

모델이 응답을 생성할 때 반영해야 할 감정이나 태도를 설정하는 요소다. 즉, 결과물의 독자 또는 사용자가 느낄 글의 분위기와 감정적 느낌을 정하는 것이다. 톤을 지정하지 않으면, 모델은 중립적이거나 무미건조하게 응답한다. 필요에 따라 친근한, 유쾌한, 전문적인, 캐주얼한, 유머러스한 등 특정 톤을 지정하여 응답을 맞춤화할 수 있다.

예를 들어, 고객 서비스 응답에는 "공감적이고 친절한 톤"으로, 법률 문서에는 "신뢰감 있고 객관적인 톤"으로 응답하라고 요청할 수 있다. 또한 대상 독자의 감정 상태나 상황에 따라 "격려하는 톤", "위로하는 톤", "열정적인 톤" 등을 지정할 수도 있다.

Style과 Tone이 약간 헷갈릴 수 있는데, Style은 주로 문체와 서술 방식을 결정하고, Tone은 주로 감정적 분위기와 태도를 결정한다고 이해하면 된다.

Audience(독자, 청중)

모델의 응답 내용이 특정 독자를 대상으로 적합하게 맞춰지도록 설정하는 요소다. 독자를 지정하지 않으면, AI는 일반 대중을 대상으로 한 보편적인 응답을 생성한다. 연설자가 청중에 맞게 발표 내용과 방식을 조정하는 것처럼, 지식수준, 언어, 표현 등을 특정 독자에 맞추면 더 효과적인 결과를 얻을 수 있다.

예를 들어, 기술 문서를 작성할 때 대상이 "10년 이상 현업에 종사한 개발자"인 경우와 "비전공자 교육생"인 경우에는, 결과물의 깊이나 전문용어의 사용, 개념 설명의 수준 등이 달라지게 된다. "5세 아동", "Z세대 청소년", "50대 중년층" 등 연령대를 구체적으로 설정하거나, 의사, 교사, 마케터 등 직업군을 지정함으로써 보다 정밀하게 타깃팅된 콘텐츠를 제작할 수 있다.

Response(응답 형식)

모델이 응답을 제공할 때 따라야 할 형식이나 분량을 설정하는 요소다. 응답 형식을 지정하지 않으면, 모델은 자기가 알아서 적절한 형식을 결정하여 답변을 제공한다. 보고서, 요약, 목록, 단락, 표 등 구체적인 형식을 지정하면, 모델은 사용자가 원하는 형식에 맞춘 결과를 생성하게 된다.

예를 들어, 간단한 소개문을 원할 경우 "한두 문장"으로 요약하도록 지시하거나, 깊이 있는 분석을 원할 경우 "보고서 형식"으로 응답을 요청할 수 있다. "5개의 짧은 글머리 기호", "표", "스토리텔링" 등 다양한 형식을 지정할 수 있으며, 글자 수나 단어 수 제한을 두는 것도 가능하다(앞서 설명한 것처럼 LLM의 특성상 분량은 정확히 반영하지 못할 수 있다).

Prompt

Context: 청소년들에게 인터넷을 안전하게 사용하는 방법을 소개하는 블로그 포스팅을 작성하려고 합니다. 다양한 온라인 위험 요소를 피하는 방법을 교육하는 것이 목적입니다.

Objective: 청소년을 위한 실용적인 인터넷 안전 가이드를 작성해 주세요.

Style: 이해하기 쉬운 교육적 스타일

Tone: 친절하고 공감적인 톤

Audience: 13~15세 청소년들

Response: 블로그 글 형식으로 작성하고, 주제별로 나누어 3-4개의 짧은 문장으로 구성해 주세요.

안녕 친구들! 인터넷은 정말 재미있고 유용한 곳이지만, 가끔은 위험할 수도 있어. 오늘은 너희가 온라인에서 안전하게 지낼 수 있는 몇 가지 팁을 소개할게. 함께 알아보자!

개인정보 보호하기

너의 개인정보는 정말 소중해. 실제 이름, 주소, 전화번호, 학교 이름 같은 정보는 온라인에 올리지 않는 것이 좋아. SNS 계정은 비공개로 설정하고, 친구 요청은 실제로 아는 사람만 수락하자. 비밀번호는 복잡하게 만들고 다른 사람에게 절대 알려주지 마!

사이버 괴롭힘 대처하기

누군가 온라인에서 너를 괴롭힌다면, 절대 혼자 참지 마. 해당 메시지나 댓글은 스크린샷으로 증거를 남기고, 신고 기능을 활용하자. 부모님이나 선생님 같은 믿을 수 있는 어른에게 상황을 알리는 것이 중요해. 괴롭히는 사람에게 직접 대응하지 말고 차단하는 것이 현명해.

가짜 정보 구별하기

인터넷에는 거짓 정보가 많이 떠돌아. 놀라운 뉴스나 정보를 접했을 때는 여러 출처를 통해 확인해보자. 기사의 작성자와 출처가 믿을만한

지 생각해보는 습관을 들이면 좋아. 소셜미디어에서 본 정보를 그대로 믿거나 공유하기 전에 잠시 멈추고 생각해봐.

온라인 친구 사귀기

온라인에서 만난 사람들이 항상 자신을 솔직하게 소개하는 것은 아니야. 온라인에서만 알게 된 사람과 실제로 만나는 것은 매우 위험할 수 있어. 만약 온라인 친구를 만나고 싶다면, 반드시 부모님께 말씀드리고 안전한 공공장소에서 어른과 함께 만나도록 해. 누군가 불편한 질문을 하거나 개인 사진을 요구한다면 즉시 대화를 중단하고 어른에게 알려야 해.

스크린 타임 관리하기

인터넷은 재미있지만, 너무 많은 시간을 보내면 건강에 좋지 않아. 매일 인터넷을 사용하는 시간을 정해두고 지키도록 노력해보자. 취미 활동, 운동, 가족과의 시간도 중요하다는 걸 잊지 마. 잠자리에 들기 한 시간 전에는 스마트폰이나 컴퓨터 사용을 멈추는 것이 좋은 수면에 도움이 돼.

유용한 앱과 도구 활용하기

인터넷을 더 안전하게 사용할 수 있도록 도와주는 도구들이 많이 있어. 광고 차단 프로그램, 유해 콘텐츠 필터, 시간 관리 앱 등을 활용해보자. 부모님과 함께 이런 도구들에 대해 이야기하고 설치해보는 것도 좋은 방법이야. 어떤 앱이 안전한지 확인하기 위해 리뷰를 꼼꼼히 읽어보는 습관을 들이자.

인터넷은 우리 생활의 중요한 부분이지만, 안전하게 사용하는 법을 배우는 것이 정말 중요해. 이 가이드가 너희에게 도움이 되길 바라고, 의문이 있거나 도움이 필요하면 언제든 부모님이나 선생님께 물어보길 추천해! 모두 안전하고 즐거운 온라인 생활하자!

예시에 포함한 CO-STAR 키워드 삽입이 꼭 필요한 건 아니다. 실제 요청 내용만 반영하여 프롬프트를 구성해도 충분하다. GovTech의 문서에도 그렇게 되어 있다. 하지만 위와 같이 프롬프트를 구성하면, 모호한 문장이나 장문으로 인한 모델의 오해 소지가 줄어들고 추후 재사용하기에도 좋다. 이는 선택의 문제이니 각자 편한 대로 사용하면 된다.

또한 모든 요소를 항상 사용할 필요는 없다. 간단한 질문에는 일부 요소만 사용해도 충분할 수 있으며, 이는 운전대를 쥔 사용자가 결정할 사항이다. 때로는 Context와 Objective만으로도 충분할 수 있고, 때로는 Tone과 Audience가 특히 중요할 수도 있다.

CO-STAR 프레임워크에서 자주 간과되지만 강조하고 싶은 요소는 Context다. 많은 사용자가 모델에 작업을 지시할 때, 구체적인 맥락을 생략하는 경우가 많다. "~을 요약해줘.", "~을 설명해줘."와 같이 단순 명령만 내리는 경우가 대표적이다. 이 때문에 모델은 작업의 의도를 충분히 이해하지 못한 채로, 일반적이고 개성 없는 뻔한 응답을 생성하게 된다.

맥락은 프롬프트 내 모든 요소의 가이드 역할을 하는 동시에 나머지 요소들이 제대로 적용될 수 있도록 돕는 출발점이 된다. 모델이 목표를 처리할 때도, 독자를 고려할 때도, 스타일과 톤을 맞출 때도 맥락에 의해 커다란 영향을 받는다. 영화의 배경 설정이 영화 내 모든 요소에 영향을 미치는 것처럼, 맥락은 모델의 모든 처리와 출력에 깊이 관여한다.

맥락이 풍부할수록 모델은 마치 마음을 읽기라도 한 것처럼 사용자의 의도에 부합하는 결과물을 만들어낸다. 그러니 프롬프트에서 맥락의 중요성을 절대 간과하지 말고, 모델과의 상호작용에서 더 깊이 있는 결과물을 얻고자 할 때 이 부분에 충분한 시간을 투자해 보자. 그렇게 하면 모델은 단순히 질문에 대답하는 것을 넘어, 더 높은 수준의 정확성과 관련성을 지닌 품질 높은 응답을 제공할 것이다.

CO-STAR 프레임워크를 실생활과 업무에 적용할 때의 몇 가지 팁을 소개하면 다음과 같다.

- 처음에는 모든 요소를 의식적으로 포함시켜 프롬프트를 작성해 보자. 연습이 쌓이면 자연스럽게 필요한 요소만 선택적으로 이용하거나 특정 요소에 초점을 두고 이용할 수 있게 된다.
- 중요한 작업이나 복잡한 요청에는 시간을 들여 CO-STAR의 각 요소를 구체적으로 작성하자. 준비 시간이 조금 더 걸리더라도, 결과물의 질과 정확도가 크게 향상될 것이다.
- 응답받은 결과물이 만족스럽지 않다면, 프롬프트의 어떤 요소가 부족했는지 분석해 보자. 대개는 Context가 불충분하거나 Objective가 모호한 경우일 것이다.

프롬프트 작성은 단순 기술이 아니라 LLM과의 의사소통을 위한 하나의 예술(창의적이고 섬세한 접근이 필요하다는 점에서)이 될 수 있다. 악기를 다루는 음악가처럼, 프롬프트를 다루는 기술은 연습과 경험을 통해 점점 더 섬세해지고 효과적으로 발전한다. 모델을 사용하면서 충분한 맥락을 제공하고, 목표를 명확히 정의하며, 스타일과 톤을 전략적으로 선택하는 것은 사용자의 지식과 창의성을 AI와 결합하는 일이다.

단순한 명령 대신 CO-STAR 프레임워크를 이용해 AI와 함께 창작하고 문제를 해결하는 협업을 시작하자. 뛰어난 동료와 함께 일하듯, 명확한 지시와 풍부한 맥락을 제공함으로써 AI의 능력을 극대화할 수 있다. CO-STAR는 그러한 협업을 위한 체계적인 가이드라인인 셈이다.

AI와의 상호작용을 극대화하는
FOCUS 프레임워크

프롬프트 엔지니어링 분야에는 다양한 프레임워크들이 존재하며, 특정 프레임워크가 절대적으로 우수하다고 보기는 어렵다. 각 프레임워크는 저마다의 목적과 강점을 지니고 있으므로, 사용자의 필요와 상황에 따라 적합한 것을 선택하여 활용하는 것이 바람직하다.

이번에 살펴볼 **FOCUS 프레임워크**는 LLM과의 대화에서 확실한 결과를 얻기 위해 만들어진 체계적인 접근 방식이다. 이를 통해 사용자는 모델이 무엇을, 왜, 어떻게 해야 하는지에 대한 구체적인 내용을 설정할 수 있다. 이 프레임워크는 모델과의 상호작용을 더 효율적이고 목표 지향적으로 만들어준다. FOCUS 프레임워크에서 사용하는 5가지 요소는 다음과 같다.

Function(해야 할 일)

모델이 수행할 기능이나 작업을 명확하게 정의한다. 기능 정의가 분명할수록 모델이 제공하는 응답의 질도 높아진다.

→ 예) "당신은 숙련된 마케팅 카피라이터입니다. 새로운 프리미엄 스마트폰의 출시를 알리는 광고 문구를 작성해 주세요."

Objective(목표 설정)

원하는 결과물이 달성해야 할 구체적인 목표를 설정한다. 목표가 불분명하면 모델의 응답이 산만해지거나 초점을 잃을 수 있다. 명확한 목표는 모델이 생성하는 콘텐츠의 방향성을 결정하는 핵심이다.

→ 예) "20~30대 여성 고객층의 구매 의향을 높이는 것이 목표입니다."

프롬프트 작성법을 제대로 학습하지 않고 사용하는 많은 이들이 흔히 누락하는 게 이 부분이다. 목표를 어떻게 설정하느냐에 따라 응답의 내용과 품질이 상당히 달라진다. 예를 들어, "판매 증진"이라는 목표와 "젊은 여성 소비자 대상의 브랜드 인지도 증대와 관심 유발"이라는 목표는 꽤 다른 응답을 생성할 수 있다.

참고로, 앞서 살펴본 CO-STAR 프레임워크의 Objective와 요소명은 동일하지만, 구체적인 내용에는 차이가 있다. 이는 각 프레임워크의 설계 내용이 다른 것이므로 혼동하지 말아야 한다. 각 요소의 작성 방법은 그것이 속한 프레임워크에 국한된다.

Context(배경 정보, 맥락)

모델이 상황을 정확히 이해하는 데 필요한 배경 정보를 제공한다. 맥락이 부족하면 모델은 너무 뻔한 응답을 생성할 수 있다. 맥락은 모델에 현실 세계의 상황을 이해시키는 중요한 역할을 한다.

→ 예) "이 제품은 프리미엄 시장을 겨냥하고 있으며, 특히 카메라 성능과 배터리 수명이 경쟁사 대비 우수합니다."

Utility(용도)

결과물을 어떻게 활용하려고 하는지 명시한다. 활용 목적을 알면 모델이 더 실용적이고 적절한 응답을 생성할 수 있다. 이는 디자인 결과물이 팸플릿에 들어갈지, 배너에 사용될지 디자이너에게 알려주는 것과 유사하다.

→ 예) "작성된 문구는 인스타그램과 페이스북 광고에 활용될 예정입니다."

Specifications(세부사항)

응답의 형식, 분량, 포함되어야 할 핵심 요소 등 세부사항을 명시한다. 세부사항이 명확할수록 사용자가 기대하는 결과물에 가까운 응답을 생성할 확률이 높아진다.

→ 예) "각 문구는 20자 이내로 작성하고, 감성적인 톤으로 3개의 서로 다른 문구와 관련 해시태그 2~3개를 제시해 주세요."

Prompt

Function: 당신은 숙련된 마케팅 카피라이터입니다. 새로운 프리미엄 스마트폰의 출시를 알리는 광고 문구를 작성해 주세요.

Objective: 20~30대 여성 고객층의 구매 의향을 높이는 것이 목표입니다.

Context: 이 제품은 프리미엄 시장을 겨냥하고 있으며, 특히 카메라 성능과 배터리 수명이 경쟁사 대비 우수합니다.

Utility: 작성된 문구는 인스타그램과 페이스북 광고에 활용될 예정입니다.

Specifications: 각 문구는 20자 이내로 작성하고, 감성적인 톤으로 3개의 서로 다른 문구와 관련 해시태그 2-3개를 제시해 주세요.

ChatGPT

1. 지금, 나를 더 빛나게
#프리미엄의기준 #빛나는순간

2. 하루종일 완벽한 나
#배터리끝판왕 #감성카메라

3. 일상을 영화처럼 담다
#감성샷 #스마트하게빛나다

프롬프트에 포함한 FOCUS 키워드는 굳이 필요 없다. 가독성 및 재사용성이 높아 저자가 선호하는 방식이다. 이렇게 구조화된 형태는 향후 프롬프트를 수정하거나 특히 팀 내에서 프롬프트를 공유할 때 각 요소를 쉽게 식별하고 조정할 수 있는 장점이 있다.

FOCUS 프레임워크의 강점은 각 요소가 서로 긴밀하게 연결되어 있다는 점이다. 기능(Function)은 목표(Objective)를 달성하기 위한 수단이 되고, 맥락(Context)은 기능과 목표가 더욱 명확해지도록 돕는다. 활용(Utility)은 결과물의 활용 방향을 제시하며, 세부사항(Specifications)은 앞서 모든 요소가 실제로 구현되는 결과물의 구체적인 형식을 결정한다.

이 프레임워크는 특히 복잡한 요청이나 창의적인 작업에서 그 가치가 빛난다. 예를 들어, 마케팅 콘텐츠 제작, 제품 설명서 작성, 데이터 분석 리포트 등 구조화된 응답이 필요한 상황에서 효과적이다.

정리하면, FOCUS의 체계적인 접근법은 모델이 사용자의 의도를 정확히 파악하고, 관련성 높은 결과물을 제공하는 데 큰 도움이 된다. 이 프레임워크는 일상적인 대화보다는 목적이 분명한 작업 지시에 적합하며, 특히 LLM에 익숙하지 않은 사람들에게 프롬프트 작성의 명확한 가이드라인을 제공한다는 점에서 가치가 있다.

원하는 답변이 장미처럼 피어나는
ROSES 프레임워크

효과적인 프롬프트는 잘 설계된 청사진과 같아서, LLM이 정확히 사용자가 원하는 방향으로 작업을 수행할 수 있도록 안내한다. 이와 같은 목적을 달성하기 위해 고안된 방법론 가운데 하나가 **ROSES 프레임워크**다.

이 프레임워크는 모델과의 커뮤니케이션을 구조화하고 정교하게 다듬기 위한 체계적인 접근 방식으로, 마치 장미 한 송이의 꽃잎들이 조화를 이루며 완성도를 높이듯, 각 구성요소가 유기적으로 결합되어 보다 정밀한 프롬프트 작성을 가능하게 한다. ROSES 프레임워크에서 사용하는 5가지 요소는 다음과 같다.

Role(역할)

페르소나 패턴을 담당하는 요소다. 역할은 프롬프트의 렌즈와 같아서, 모델이 세상을 바라보는 관점과 해석 방식을 결정한다. 재무 분석가, 마케팅 전문가, IT 컨설턴트 등 명확한 역할이 주어질 때 모델은 해당 분야의 전문적 관점과 언어를 활용해 더 적절한 응답을 제공할 수 있다. 가능하면 전문성의 수준과 전문 분야까지 포함하는 게 좋다. 예를 들어, "마케팅 담당자"보다는 "10년 경력의 디지털 마케팅 전략가"와 같이 구체적으로 설정하면 더욱 깊이 있는 응답을 기대할 수 있다.

Objective(목표)

"마케팅 계획 수립"보다는 "30대 여성 타깃 화장품 브랜드의 분기별 SNS 마케팅 계획 수립"처럼 구체적으로 설정하는 게 좋다. 명확한 목표 설정은 모델이 제공할 결과물의 범위와 깊이를 결정한다. 목표가 불분명하면 모델이 방향을 잃고 산만한 결과물을 제공할 수 있다. 반면, 세밀하게 정의된 목표는 모델이 집중력을 유지하며 정확한 해답을 찾을 수 있도록 안내한다. 목표는 여정의 종착점을 설정하는 것과 같아서, 그 지점을 향해 모든 사고와 노력이 집중된다.

Scenario(상황)

모델이 상황을 정확히 이해하는 데 필요한 배경 정보를 제공한다. 문제 상황, 제약 조건, 관련된 이해관계자, 과거의 시도 등 풍부한 맥락을 제공할수록 모델은 더 적절한 해결책을 제시하게 된다. 충분한 상황 정보는 모델이 현실적이고 실행 가능한 해결책을 도출하는 데 필수적이다. 예를 들어, "최근 경쟁사의 공격적인 가격 정책으로 인해 시장 점유율이 10% 하락한 상황입니다."와 같이 구체적인 배경 설명은 훨씬 더 유용한 결과를 만들어 낸다.

Expected Solution(기대 결과)

원하는 결과물의 형식, 품질 수준, 구체적인 요구사항을 명시한다. 분량, 형태, 톤앤매너, 포함해야 할 핵심 요소 등을 상세히 기술함으로써 사용자가 정확히 원하는 방향으로 모델이 결과물을 만들어낼 수 있도록 안내한다. 기대 결과를 명확히 하면 모델은 그 기대에 맞는 결과물을 제공하기 위해 노력한다. 특히 형식적 요소(분량, 구조, 스타일)와 내용적 요소(포함될 주요 정보, 접근 방식, 강조점)를 구분하여 제시하면 좋다.

Steps(단계)

마지막으로, 목표 달성을 위한 구체적인 단계를 제시한다. 복잡한 과제일수록 더욱 세분화된 단계가 필요하다. 각 단계는 논리적 순서를 따르며, 필요한 경우 단계별 세부 지침이나 예시를 포함할 수 있다. 단계를 명확히 제시하면 모델은 더욱 체계적으로 문제를 해결할 수 있으며, 사용자는 결과물의 각 부분이 어떻게 구성되었는지 쉽게 이해할 수 있다. 특히 분석이나 전략 수립과 같은 복잡한 작업에서 단계별 접근은 결과물의 완성도를 크게 높인다.

조건부 단계 설정, 즉 "만약 첫 번째 분석에서 긍정적 결과가 나오면 A 방향으로, 부정적 결과가 나오면 B 방향으로 진행해 주세요."와 같이 상황에 따른 분기점을 설정할 수도 있다.

Role: 당신은 B2B 소프트웨어 회사의 고객 성공 매니저입니다.

Objective: 고객사의 갑작스러운 서비스 중단 상황에 대한 사과 이메일을 작성해야 합니다.

Scenario:
- 어제 2시간 동안 서버 장애가 발생
- 100개 이상의 기업 고객이 영향을 받음
- 현재는 모든 시스템이 정상 복구됨
- 이번이 올해 첫 번째 주요 서비스 중단 사태임
- 대부분의 고객은 연간 계약으로 서비스를 이용 중

Expected Solution:
- 제목과 본문이 포함된 완성된 이메일 형태
- 전체 이메일 길이 400~500자 내외

Steps:
1. 도입부 작성: 진심 어린 사과로 시작하고 서비스 중단이 고객 비즈니스에 미친 영향 인정
2. 원인 설명: 기술적 용어를 최소화하며 장애 원인 간략히 설명
3. 해결책 제시: 문제 해결을 위해 취한 조치와 재발 방지 계획 요약
4. 보상 안내: 15일 서비스 크레딧 제공 조건과 적용 방법 명확히 설명
5. 마무리: 신뢰 회복을 위한 약속과 추가 질문을 위한 연락처 제공

> Claude

서비스 중단에 대한 사과 안내

안녕하세요 고객님,
어제 발생한 2시간 동안의 서비스 중단으로 인해 귀사의 업무에 차질이 생긴 점 진심으로 사과드립니다. 갑작스러운 서비스 중단으로 인한 불편과 혼란, 그리고 업무 차질에 대해 깊이 유감스럽게 생각합니다.
이번 장애는 데이터 센터의 네트워크 하드웨어 오작동으로 인해 발생했습니다. 즉시 문제를 파악하고 백업 시스템으로 전환하여 서비스를 복구했으며, 현재 모든 시스템은 정상 작동 중입니다. 재발 방지를 위해 네트워크 모니터링 시스템을 강화하고 비상 대응 절차를 개선했습니다.
고객님의 신뢰를 회복하기 위해 영향을 받은 모든 고객사에 15일 서비스 크레딧을 제공해 드리겠습니다. 별도의 신청 절차 없이 다음 결제 주기에 자동으로 적용될 예정입니다.
앞으로 더 안정적인 서비스 제공을 위해 최선을 다하겠습니다. 추가 문의나 우려사항이 있으시면 언제든지 고객센터(support@company.com) 또는 담당 매니저에게 연락 주시기 바랍니다.
다시 한번 진심으로 사과드리며, 변함없는 신뢰와 성원에 감사드립니다.

김성공 드림
고객 성공팀 총괄 매니저

ROSES 프레임워크의 요소에서 Expected Solution이 '무엇을(What)' 만들어낼지에 집중한다면, Steps는 '어떻게(How)' 그것을 달

성할지에 초점을 맞춘다. 이 두 요소는 마치 목적지와 내비게이션의 관계와 같다. 사용자의 상황과 필요에 따라 두 요소는 때로 명확히 구분되기도, 때로는 자연스럽게 융합되기도 한다.

실제 ROSES 프레임워크 적용 시 모든 요소를 균형 있게 포함하되, 과제의 성격에 따라 특정 요소를 강조할 수 있다. 분석 중심의 과제라면 Steps를, 창의적 과제라면 Objective와 Expected Solution을 더 상세히 설계한다. LLM 초보자라면 처음부터 완벽한 프롬프트를 작성하기보다는 기본 요소를 갖춘 프롬프트로 시작해 점진적으로 개선하는 접근이 효과적이다.

정리하면, ROSES 프레임워크는 체계적인 프롬프트 작성을 통해 LLM과의 효과적인 소통을 가능하게 하는 강력한 방법이다. 각 구성 요소는 마치 장미 꽃잎처럼 독립적이면서도 유기적으로 연결되어 전체적인 조화를 이룬다. 이 프레임워크를 통해 모델은 사용자의 의도와 기대에 부합하는 맞춤형 결과물을 제공할 수 있으며, 사용자는 복잡한 문제에 대해서도 체계적인 접근과 명확한 결과물을 얻을 수 있다.

AI 응답의 초점과 창의성을 조율하는
RISEN 프레임워크

이번에 살펴볼 RISEN 프레임워크는 Role, Instructions, Steps, Expectations, Narrowing/Novelty의 5가지 요소를 조합하여 강력한 프롬프트를 생성하는 방법론이다. 처음에는 다소 복잡해 보일 수 있지만, 실제 사용해 보면 그 유용성을 알 수 있다.

Role(역할)

모델을 특정 전문가처럼 행동하도록 설정하면, 더 전문적이고 신뢰할 수 있는 답변을 얻을 수 있다. 프롬프트 작성 시 가장 기본적인 항목이다.

예를 들어, "당신은 20년 경력의 심리 상담사입니다." 또는 "당신은 베스트셀러 판타지 소설가입니다."와 같이 사용할 수 있으며, "당신은 스타트업 창업을 준비 중인 사람에게 조언하는 벤처 캐피탈리스트입니다."와 같이 특정 상황을 설정하면 더 맞춤화된 응답을 얻을 수 있다.

Instructions(지시사항)

지시사항은 모델이 무엇을 어떻게 해야 하는지 명확하게 알려주는 요소다. 모호한 지시는 모델이 의도와 다르게 해석할 여지를 남기므로, 가능한 한 구체적으로 지시하는 것이 중요하다. 지시사항은 과제의 핵심을 담고 있어야 하며, 모델이 작업의 본질을 이해할 수 있도록 충분한 정보를 제공해야 한다.

행동 동사(작성하세요, 분석하세요, 요약하세요 등)를 사용하고, 포함해야 할 핵심 내용과 제외해야 할 내용을 명시한다.

Steps(단계)

단계는 복잡한 작업을 순차적인 과정으로 나누어 체계적으로 접근하도록 하는 요소다. 작업 단계를 명확히 하면 모델이 각 부분에 집중할 수 있어 더 깊이 있고 체계적인 응답을 얻을 수 있다. 가능하다면 각 단계마다 어떤 접근법을 사용해야 하는지, 어떤 요소를 고려해야 하는지 상세히 설명한다.

Expectations(기대치)

기대치는 최종 결과물이 어떤 기준을 충족해야 하는지, 어떤 효과를 내야 하는지 명시하는 요소다. 작업의 궁극적인 목적과 성공 기준을 설정하고, 결과물이 가져와야 할 효과나 영향력을 명시한다. Instructions이 '무엇을 할 것인가'라면, Expectations는 '왜 하는가, 어떤 결과를 원하는가'에 대한 것이다.

"독자들이 복잡한 개념을 쉽게 이해하고 실제 생활에 적용할 수 있어야 합니다.", "클릭률(CTR)을 높이고 제품 구매 전환율을 극대화해야 합니다." 등과 같이 기대치를 설정할 수 있다.

Narrowing / Novelty (범위 좁히기 / 창의성 강화)

마지막 요소는 범위를 좁혀 더 정교한 답변을 만들 것인지, 더 창의적인 답변을 유도할 것인지에 관한 것이다. 이 요소는 응답의 초점과 창의성 수준을 조절하는 미세 조정 장치로 작용한다. 상황에 따라 더 정확하고 집중된 정보가 필요할 수도 있고, 때로는 관습적인 사고를 벗어난 혁신적인 아이디어가 필요할 수도 있을 것이다. 이에 대한 더 자세한 내용은 예시를 살펴본 후에 알아보자.

Prompt

Role: 당신은 상위 1%의 카피라이터입니다.

Instructions: 새롭게 출시되는 고급 수제 초콜릿 세트의 온라인 광고 카피를 작성해 주세요.

Steps:
1. 제품의 특징(최상급 카카오 빈, 희귀한 재료, 수십 년 경력 장인의 기술)을 간결하게 강조하세요.
2. 타깃 고객층(고소득층, 미식가, 특별한 선물을 찾는 사람들)의 감성을 자극하는 표현을 사용하세요.

3. 한정판임을 강조하여 희소성과 소장 가치를 부각하세요.
4. 구매 욕구를 자극하는 강력한 CTA(Call-To-Action) 문구를 포함하세요.

Expectations: 광고 클릭률(CTR)을 높이고, 제품 구매 전환율을 극대화하는 것입니다.

Narrowing: 30대 후반에서 50대 초반의 고소득 전문직 종사자를 주요 타깃으로, 그들의 세련된 취향과 특별함을 추구하는 심리를 공략하세요.

장인의 비밀을 담은 명작, 「아티잔 시크릿」 초콜릿 컬렉션

세계 3대 카카오 산지에서 엄선한 최상급 빈으로
50년 경력의 초콜릿 마에스트로가 손끝으로 빚어낸 예술.
단 300세트 한정 제작되는 이 컬렉션은 초콜릿이 아닌, 경험입니다.
마다가스카르의 희귀 바닐라, 이탈리아 피에몬테 헤이즐넛, 페르시안 사프란까지.
평범한 달콤함을 넘어, 미식의 경계를 허무는 깊이 있는 풍미.
당신의 안목만이 이 가치를 알아볼 수 있습니다.
"성취를 축하하는 순간에도, 진심을 전하는 선물로도,
당신의 품격이 묻어나는 선택입니다."

3월 한정 프리오더 특전: 쇼콜라티에 프라이빗 테이스팅 세션 초대권

지금 예약하세요. 기다림이 아쉬움으로 바뀌기 전에.

RISEN 프레임워크에서는 특히 Narrowing / Novelty 항목의 유연성이 다른 프레임워크들과 차별화되는 주요 특징이라고 할 수 있다. 이는 모델의 응답 범위와 창의성을 미세 조정하는 독특한 요소로, 사용자의 구체적인 요구에 맞춰 결과물을 최적화하는 데 도움을 준다.

- **Narrowing**(범위 좁히기): 모델이 특정 주제나 요구사항에 더 집중하도록 유도한다. 예를 들어, "환경 문제에 대한 해결책을 제시하되, 특히 플라스틱 오염에 초점을 맞추세요."와 같이 범위를 제한할 수 있다. 그러면 모델은 더 깊이 있고 관련성 높은 정보에 집중할 수 있으며, 일반적이거나 표면적인 응답을 피할 수 있다. 이는 특히 전문적인 영역이나 특정 문제에 대한 심층적인 내용이 필요할 때 유용하다.
- **Novelty**(창의성 강화): 모델에 더 창의적이고 독창적인 아이디어를 생성하도록 요청한다. 예를 들어, "기존의 마케팅 전략과는 완전히 다른 새로운 접근 방식을 제안해 주세요." "아무도 시도해 보지 않았을 법한 혁신적인 접근 방식을 개발해 주세요."와 같이 요구할 수 있다. 이는 모델이 관습적인 사고의 틀을 벗어나 혁신적인 관점이나 해결책을 제안하도록 장려한다. 브레인스토밍, 창의적 글쓰기, 새로운 전략 개발 등에 효과적인 방법이다.

필요하다면 Narrowing과 Novelty를 조합하여 사용하는 것도 고려한다. 예를 들어, "지속 가능한 패션 산업에 초점을 맞추되(Narrowing), 기존 업계의 관행을 완전히 뒤집을 수 있는 혁신적인 비즈니스 모델을 제안해 주세요(Novelty)."와 같이 두 가지 측면을 모두 활용할 수 있다.

모든 상황에서 RISEN 프레임워크의 5가지 요소를 동등하게 이용할 필요는 없다. 작업의 성격과 목적에 따라 특정 요소에 더 비중을 두는 것이 효과적이다. 예를 들어, 전문적인 분석이 필요한 경우에는 Role과 Steps에 더 많은 공을 들이고, 창의적인 콘텐츠 생성이 목적이라면 Instructions와 Novelty에 집중하는 것이 좋다.

각 요소는 독립적으로 기능하기보다 서로 유기적으로 연결되어 시너지를 발휘할 때 가장 효과적이다. 예를 들어, 설정한 역할(Role)이 수행해야 할 단계(Steps)를 명확히 요구하고, 지시사항(Instructions)과 기대치(Expectations)가 일관된 방향성을 가지도록 구성해야 한다. 특히 Narrowing/Novelty 요소는 다른 모든 요소와 조화를 이루며, 프롬프트의 초점을 명확히 하고 창의성의 수준을 적절히 조율하는 데 중요한 역할을 한다.

스토리와 문제 해결 방법을 찾는
BAB 프레임워크

스토리텔링은 강력한 도구다. 하지만 막상 글을 쓰거나 말할 때 핵심을 효과적으로 전달하는 것이 쉽지는 않다. 그럴 때 **BAB 프레임워크**를 활용하면, 논리적이고 설득력 있는 이야기를 만드는 데 도움을 받을 수 있다. Before, After, Bridge로 구성된 BAB 프레임워크는 단순하면서도 강력하여 복잡한 변화나 성공 사례를 명확하게 구조화할 수 있게 해준다. 이 프레임워크의 3가지 요소는 다음과 같다.

Before(이전 상황)

변화가 일어나기 전의 문제나 도전 과제를 설명한다. 해결해야 할 문제점, 극복해야 할 장애물, 또는 개선이 필요한 상황을 구체적으로 묘사한다.

After(이후 상황)

변화가 일어난 후의 긍정적인 결과를 묘사한다. 이상적인 상태,

달성한 성과, 또는 개선된 상황을 가능한 구체적으로 표현하는 것이 중요하다.

Bridge(변화의 다리)

모델에 Before에서 After의 결과가 나오기까지 어떤 요인이 변화를 만들어냈는지 설명하도록 요청한다. 이 부분은 실질적인 전략, 행동, 변화를 이끌어낸 핵심 요인들을 담고 있다.

이 프레임워크는 변화의 과정을 설명하는 것을 넘어, 전략적 사고와 아이디어 도출을 지원하는 용도로도 활용될 수 있다. 문제를 명확히 정의하고, 목표를 구체화하며, 그 사이를 연결하는 실행 가능한 방법을 도출하는 데 효과적이다.

Prompt

Before: 경쟁사들의 공격적인 마케팅으로 인해 우리 제품의 시장 점유율이 5% 감소했고, 신규 고객 유입도 정체됐습니다. 기존 광고 캠페인의 효과도 계속 감소하고 있습니다.

After: 새로운 타깃 고객층을 겨냥한 차별화된 마케팅 캠페인을 통해 브랜드 인지도를 10% 높이고, 신규 고객 유입은 20% 증가했습니다. 또한 기존 고객의 충성도를 강화하여 재구매율을 5% 향상시켰습니다.

Bridge: Before에서 After의 결과가 나오기까지 어떤 요인이 변화를 만들어냈는지 구체적인 전략, 기법, 스토리텔링을 작성하세요.

Claude

차별화된 브랜드 전략으로 시장점유율 회복한 성공 스토리

경쟁사의 공격적 마케팅으로 침체되었던 상황에서 획기적인 변화를 이끌어낸 주요 전략은 다음과 같습니다:

1. 데이터 기반 고객 재정의와 타겟팅 전환
기존 마케팅이 효과를 잃어가는 상황에서 심층적인 시장 분석을 실시했습니다. 고객 데이터를 재분석한 결과, 기존에 접근하지 않았던 잠재 고객층을 발견했습니다. 특히 25-34세 도시 거주 전문직 여성들이 우리 제품에 관심을 보이지만 마케팅에서 간과되고 있었습니다.
이 새로운 인사이트를 바탕으로 타겟 고객층을 확장하고 맞춤형 메시지를 개발했습니다. 그들의 라이프스타일과 가치관에 맞는 콘텐츠를 제작하여 공감대를 형성했습니다.

2. 스토리텔링 중심 브랜드 리포지셔닝
제품 기능 중심에서 고객 경험과 가치 중심으로 브랜드 메시지를 전환했습니다. "당신의 일상에 특별함을 더하는" 콘셉트를 통해 제품이 가져다주는 감성적 가치를 강조했습니다.
실제 고객들의 성공 스토리를 SNS와 디지털 채널에서 공유하며 진정성 있는 브랜드 이미지를 구축했습니다. 이 진솔한 스토리텔링이 신규 고객들의 공감을 얻어 자발적인 브랜드 옹호자로 전환되었습니다.

3. 옴니채널 전략으로 고객 접점 확대
온라인과 오프라인을 아우르는 통합 마케팅 전략을 수립했습니다. 인플루언서 협업, SNS 캠페인, 체험형 팝업 스토어 운영을 통해 다양한 접점에서 일관된 브랜드 경험을 제공했습니다.
특히 모바일 최적화된 인터랙티브 콘텐츠가 높은 참여율을 기록했고, 실시간 고객 피드백을 수집해 마케팅 전략을 지속적으로 개선했습니다.

4. 고객 충성도 프로그램 개편

기존 고객의 이탈을 방지하기 위해 충성도 프로그램을 전면 개편했습니다. 단순 포인트 적립 방식에서 벗어나 멤버십 특별 혜택, 한정판 제품 우선 구매권, VIP 이벤트 초대 등 차별화된 경험을 제공했습니다. 또한 정기적인 고객 피드백 수렴과 맞춤형 프로모션으로 고객과의 관계를 강화했습니다. 이는 재구매율 향상으로 이어졌습니다.

5. 실시간 데이터 분석 시스템 도입

마케팅 효과를 즉각적으로 측정하고 최적화하는 실시간 데이터 분석 시스템을 도입했습니다. 각 채널별 성과를 추적하여 투자 효율성을 극대화했습니다.
A/B 테스트를 통해 최적의 마케팅 메시지와 디자인을 지속적으로 발굴하고, 고객 여정의 각 단계별 전환율을 향상시켰습니다.

이러한 종합적인 전략 변화를 통해 브랜드 인지도 10% 상승, 신규 고객 유입 20% 증가, 재구매율 5% 향상이라는 놀라운 성과를 달성할 수 있었습니다.

기본적으로 BAB 프레임워크는 '문제 상황 – 성공적인 결과 – 변화를 만든 요인'이라는 구조로 되어 있다. 이 구조는 우리의 뇌가 자연스럽게 받아들이는 스토리텔링 방식과 일치하여, 청중이나 독자가 내용을 쉽게 따라갈 수 있게 한다. 이 프레임워크는 다음과 같은 두 가지 방식으로 활용할 수 있다.

- **실제 결과 기반 스토리텔링**: 이미 달성한 성공적인 결과에 대한 설득력 있는 스토리를 구성할 때 사용한다. 성공적인 프로

젝트나 개선 사례를 논리적으로 정리하고, Before와 After를 비교하여 효과를 극대화할 수 있다. 이 접근법은 사례 연구, 성공 사례 발표, 성과 보고서 작성 등에 특히 유용하다.
- **가상 시나리오 기반 아이디어 도출**: 원하는 목표(After)를 설정하고, 이를 달성하기 위한 방법(Bridge)을 모델과 함께 탐색할 때 사용한다. 즉, 가상의 변화를 설정하고 문제 해결과 아이디어를 도출하는 데 이용할 수 있다. 이는 전략 기획, 창의적 문제 해결, 신규 프로젝트 계획 수립 등에 효과적이다.

BAB 프레임워크의 형식은 단순하지만, 꽤 설득력 있는 스토리텔링을 제공한다. 이 프레임워크는 복잡한 변화 과정을 명확하고 논리적으로 표현할 수 있게 해주며, 청중이나 독자가 변화의 가치와 중요성을 이해하는 데 도움을 준다. 효과적으로 활용하기 위해 고려할 사항들은 다음과 같다.

문제의 명확한 정의

Before 단계에서 현실적인 문제를 명료하게 제시한다. 불분명한 문제 정의는 효과적인 해결책 도출을 어렵게 만든다. 가능하다면 데이터나 구체적인 예시를 포함하여 상황의 심각성이나 중요성을 강조하는 것이 좋다.

성과의 구체적인 정의

After 단계에서 수치나 실제 사례를 포함하면, 더 나은 답변을 얻을 수 있다. "매출 증가"보다는 "매출 30% 증가"와 같이 구체적인 수치를 사용하면 더욱 명확한 목표가 부여되고, 그에 맞는 Bridge를 구성하기 쉬워진다.

핵심 솔루션 요청

변화를 만든 요인과 실행 방안을 모델이 효과적으로 제시할 수 있도록 기술한다. "어떻게 했는지 설명해 주세요."보다는 "어떤 전략을 사용했으며, 각 단계별로 어떤 행동이 취해졌는지, 어떤 장애물들을 어떻게 극복했는지 구체적으로 설명해 주세요."와 같이 요청하는 것이 더 풍부한 답변을 얻는 데 도움이 된다.

Bridge는 Before와 After 사이를 메우는 지혜를 찾기 위한 요소다. 이를 통해 창의적인 발상, 논리적 연결, 실행 가능한 단계들이 잘 도출될 수 있다.

우리는 현재의 문제 상황(Before)에서 원하는 미래(After)로 가기 위해 필요한 행동과 전략을 끊임없이 모색한다. BAB 프레임워크는 이러한 여정을 더 명확하게 계획하고 효과적으로 실행하는 데 도움을 주는 실용적인 도구다. 잘 구성된 BAB 프레임워크는 청중이나 독자에게 변화가 어떻게 가능했는지, 또는 어떻게 가능할 수 있는지에 대한 멋진 그림을 제공한다.

지금까지 다양한 프레임워크를 살펴보았다. 결국, 프롬프트 엔지니어링의 진정한 예술은 체계적 구조와 창의적 자유 사이의 균형을 찾는 것이다. 프레임워크는 이러한 균형을 위한 견고한 토대를 제공하며, 우리가 AI와 함께 더 풍요로운 지적 여정을 떠날 수 있도록 안내하는 길잡이가 되어준다는 사실을 기억하자.

4장

AI와의 대화를 지배하는
프롬프트 마스터의
비밀 무기

다중 관점 기법:
다각도의 시선으로 통찰 발견하기

우리가 살아가는 세상은 결코 단순하지 않다. 현대 사회의 복잡하고 다층적인 문제들은 단일한 관점으로는 온전히 이해하기 어렵다. 하나의 이슈에 얽힌 다양한 이해관계자들의 시각과 가치관, 그들이 직면한 현실은 각기 다르며, 이러한 다양성을 포괄적으로 고려할 때 비로소 문제의 본질에 더 가까이 다가갈 수 있다.

이러한 현실 세계의 복잡성을 모델의 응답에 반영하는 방법이 바로 **다중 관점**(Multi-Perspective) 기법이다. 이는 하나의 주제나 문제에 대해 여러 다른 시각에서의 의견을 모델에 요청하는 것이다. 마치 다양한 배경과 전문성을 가진 여러 사람들의 의견을 한자리에서 청취하는 것과 같은 효과를 얻을 수 있게 해준다. 각자의 경험, 지식, 가치관을 바탕으로 서로 다른 의견을 제시하고, 이를 종합하여 더 나은 해결책을 찾아가는 과정을 모델과 함께 시뮬레이션할 수 있다.

다음은 퓨샷 프롬프팅을 적용한 것이다. 퓨샷 프롬프팅은 2~5개의 예시를 제공하는 방식인데, 퓨샷이 아닌 제로샷, 원샷으로 물어도 상관없다. 다만 이렇게 몇 가지 예시를 제공하면, 사용자 요청에 대한 모델의 이해가 증대하고 가능한 한 예시의 형식에 맞춰 답변을 제공하게 된다.

#입력
[예시]=
관점: CEO
의견: 재택근무는 사무실 유지 비용을 절감하고 글로벌 인재 풀에 접근할 수 있는 기회를 제공합니다. 그러나 기업문화 유지와 팀 협업에 대한 우려가 있습니다.

관점: 인사팀 관리자
의견: 재택근무 정책은 직원 만족도와 유지율을 높일 수 있습니다. 하지만 성과 관리, 교육, 복리후생 제도의 재설계가 필요할 것입니다.

#처리
우리 회사는 재택근무 정책을 도입하려고 합니다. [예시]를 참고하여, 다음의 각 이해관계자 관점에서 이 정책에 대한 의견을 제시해 주세요.
1. 중간 관리자
2. 신입 사원
3. IT 보안 책임자
4. 마케팅 팀장
5. 고객 서비스 담당자

1. 관점: 중간 관리자
의견: 재택근무는 유연한 근무 환경을 통해 팀원의 워라밸을 높일 수 있는 장점이 있습니다. 하지만 팀원들의 업무 몰입도와 실시간 커뮤니

케이션이 어려워 관리 및 성과 확인에 있어 추가적인 도구나 프로세스가 필요하다고 생각합니다.

2. 관점: 신입 사원
의견: 재택근무는 출퇴근 부담을 줄이고 자율적으로 일할 수 있어 매력적입니다. 그러나 회사 문화나 조직 내 네트워크를 익히기 어렵고, 멘토링과 실시간 피드백 기회가 부족해 성장에 제약이 있을 수 있습니다.

3. 관점: IT 보안 책임자
의견: 재택근무 환경에서는 각기 다른 네트워크 환경과 장비 사용으로 인해 보안 리스크가 증가합니다. 안전한 접속과 자료 보호를 위해 VPN, 다중 인증, 원격 보안 관리 체계 강화가 필수적입니다.

4. 관점: 마케팅 팀장
의견: 재택근무는 집중도 높은 콘텐츠 제작과 개별 업무에 유리한 면이 있습니다. 하지만 아이디어 회의나 브레인스토밍처럼 창의적인 협업 과정은 대면보다 효율이 떨어질 수 있어, 이를 보완할 온라인 협업 툴과 회의 문화 정립이 필요합니다.

5. 관점: 고객 서비스 담당자
의견: 재택근무는 고객 문의에 대한 응대를 유연하게 할 수 있고 교대 근무 운영에도 장점이 있습니다. 다만 시스템 접속 지연이나 긴급 상황 발생 시 신속한 대응이 어려울 수 있어, 원격에서도 안정적으로 고객을 지원할 수 있는 인프라가 중요합니다.

이렇게 다중 관점 기법을 이용하면, 모델이 각 이해관계자의 입장을 고려하여 그들이 가질 수 있는 기대사항이나 우려사항을 제시한다. 그에 따라 우리가 미처 헤아리지 못했던 시각들이 드러나면서

문제를 더 입체적으로 바라볼 수 있게 된다.

우리는 종종 자신의 관점에 갇혀 다른 시각을 간과하기 쉽다. 이 기법의 가장 큰 장점은 복잡한 문제에 대해 다양한 이해관계자의 관점을 감안하는 종합적 접근을 함으로써 **균형 잡힌 시각**을 제공한다는 것이다. 이를 통해 문제를 더 포괄적으로 이해하고 더 나은 해결책을 찾는 데 도움을 준다.

이 기법은 편견을 줄이는 데도 도움이 된다. 단일 관점에만 의존할 때 발생할 수 있는 편향된 시각을 보완하고, 다양한 이해관계자의 입장을 고려함으로써 더 공정하고 포용적인 결정을 내릴 수 있게 한다. 이는 지혜로운 조언자가 여러 측면에서 문제를 분석해 주는 것과 같은 효과를 가져온다.

다중 관점 기법은 비즈니스 전략 수립, 정책 결정, 사회 문제 해결 등 다양한 분야에서 활용될 수 있다. 예를 들어, 새로운 제품을 출시할 때 기업은 이 기법을 사용하여 고객, 경쟁사, 규제 기관, 환경 단체 등 다양한 이해관계자의 반응을 예측해 볼 수 있다. 이를 통해 잠재적인 문제점을 미리 파악하고 대비할 수 있는 것이다.

교육 분야에서도 이 기법은 유용하게 쓰일 수 있다. 학생들에게 역사적 사건이나 사회 문제에 대해 여러 관점에서 생각해 보도록 함으로써 비판적 사고력과 공감 능력을 기를 수 있다. 가령, 다음과 같이 특정 역사적 사건을 당시 여러 계층의 사람들 시각에서 바라보게 하면 더 풍부한 맥락 속에서 역사를 이해할 수 있게 된다.

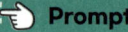 **Prompt**

다음의 역사적 사건에 대해 당시 다양한 사회 계층과 집단의 관점에서 분석해 주세요:
- 사건: 산업혁명

다음 집단별 관점을 포함해 주세요:
1. 공장 소유주/자본가
2. 공장 노동자
3. 전통적인 장인/수공업자
4. 중산층 소비자
5. 정치 지도자/정책 입안자

각 관점에서 다룰 항목:
- 이 사건이 해당 집단에 미친 직접적인 영향
- 그들의 일상생활 변화
- 그들이 가졌을 법한 희망과 우려
- 그들의 시각에서 본 산업혁명의 의미와 중요성

이 내용은 고등학생들이 역사를 다양한 관점에서 이해할 수 있도록 돕는 교육 자료로 사용될 예정입니다. 따라서 교육적으로 적절하면서도 역사적 맥락을 정확히 반영해 주세요.

 **ChatGPT**

산업혁명은 18세기 후반부터 19세기 초반에 걸쳐 영국에서 시작되어 전 세계로 퍼져 나간 경제적·사회적 대변혁입니다. 이 혁명은 각 사회 계층과 집단에 서로 다른 방식으로 영향을 미쳤습니다. 아래에 제시한 분석은 고등학생들이 산업혁명을 다양한 시각에서 이해할 수 있도록 구성되었습니다.

1. 공장 소유주 / 자본가
- **직접적인 영향**: 산업혁명은 공장 소유주에게 막대한 경제적 기회를 제공했습니다. 기계와 증기기관을 활용한 대량 생산이 가능해지면서 생산성과 이윤이 크게 증가했습니다.
- **일상생활 변화**: 생활 수준이 상승하고 도시의 중심부나 교외에 대저택을 짓고 살게 되었습니다. 가족 구성원은 생산에 직접 관여하지 않아도 되었고, 상류층 문화를 즐겼습니다.
- **희망과 우려**: 기술의 발전과 시장 확대에 대한 희망이 컸지만, 동시에 노동자들의 불만, 파업, 기계 파괴 운동(러다이트 운동) 등 사회적 불안정성에 대한 우려도 존재했습니다.
- **산업혁명의 의미**: 인류 발전의 전환점으로 보았으며, 부의 창출과 국가의 번영을 위한 필수 과정으로 인식했습니다.

2. 공장 노동자
- **직접적인 영향**: 농촌을 떠나 도시 공장으로 이주하면서 새로운 일자리를 얻었지만, 열악한 작업 환경, 저임금, 장시간 노동에 시달렸습니다. 아동 노동도 흔했습니다.
- **일상생활 변화**: 가족 중심의 공동 작업이 무너지고, 시간에 철저히 통제되는 기계적 일상이 시작되었습니다. 주거 환경도 비좁고 위생 상태가 좋지 않았습니다.
- **희망과 우려**: 정기적인 수입에 대한 기대가 있었지만, 사고 위험, 실직 가능성, 건강 문제 등으로 미래에 대한 불안이 컸습니다. 노동운동과 노동조합 결성을 통해 권리 향상을 추구했습니다.
- **산업혁명의 의미**: 생활 개선의 가능성을 제공했지만, 동시에 인간을 기계처럼 다루는 비인간화의 과정으로도 여겨졌습니다.

3. 전통적인 장인 / 수공업자
- **직접적인 영향**: 기계 생산의 확산으로 인해 자신들의 숙련 기술이 덜 중요해졌고, 생계 유지가 어려워졌습니다. 많은 장인들이 일자리를 잃거나 공장 노동자로 전락했습니다.

- **일상생활 변화**: 자율적인 작업과 창의성이 요구되던 일상이 사라지고, 표준화된 제품과 경쟁해야 하는 현실에 직면했습니다.
- **희망과 우려**: 일부는 기계 도입을 거부하고 전통을 지키려 했지만, 변화의 물결에 밀려 사라질지도 모른다는 두려움이 컸습니다.
- **산업혁명의 의미**: 전통 기술과 자율성을 파괴하는 위협으로 인식되었고, 생존을 위한 싸움의 배경이 되었습니다.

4. 중산층 소비자
- **직접적인 영향**: 공장에서 대량 생산된 상품 덕분에 의복, 가전, 생활용품 등 다양한 제품을 저렴하게 구입할 수 있게 되었습니다.
- **일상생활 변화**: 소비문화가 확산되었고, 생활의 질이 향상되었습니다. 교육, 교통, 통신 등에서도 혜택을 누릴 수 있었습니다.
- **희망과 우려**: 산업혁명이 개인의 삶을 풍요롭게 할 것이라는 기대가 있었지만, 빈부 격차의 심화나 노동자의 불안정한 삶에 대한 사회적 책임에 대한 고민도 생겼습니다.
- **산업혁명의 의미**: 개인의 자유와 소비 가능성을 확장시킨 진보의 상징으로 여겼습니다.

5. 정치 지도자 / 정책 입안자
- **직접적인 영향**: 국가 경제가 성장하면서 더 많은 세수를 확보하게 되었고, 제국주의적 확장 정책을 추진하는 데 유리한 조건이 형성되었습니다.
- **일상생활 변화**: 정책 결정에서 산업과 경제의 중요성이 커졌으며, 자본가 계층과의 연계가 강화되었습니다. 법과 제도의 정비도 요구되었습니다.
- **희망과 우려**: 경제 발전을 통한 국가 경쟁력 강화에 대한 기대가 컸지만, 도시화에 따른 사회 문제(노동 조건, 위생, 범죄 등)의 증가에 대한 우려도 커졌습니다.

- **산업혁명의 의미:** 국가의 부강과 근대화로 가는 필수적 과정으로 여겼으며, 동시에 이를 통제하고 조절하는 책임을 인식하게 되었습니다.

이와 같은 다각적인 분석은 학생들이 산업혁명을 단순한 기술 변화가 아닌, 사람들의 삶을 근본적으로 바꾸어 놓은 사회적 사건으로 이해하는 데 도움이 됩니다. 필요하시면 시각 자료나 사례 중심 설명도 추가해 드릴 수 있습니다.

이번 예시는 앞선 예시들과 좀 다른 형식으로 작성해 보았다. 지침형 프롬프트의 변형된 형태이며, 이와 같은 구성은 요구사항의 가독성을 높이고 모델이 각 요소를 명확히 이해하는 데 유리하다. 프롬프트 작성에 있어 정답은 없다. 어떤 형식이나 접근이 더 효과적인지는 상황과 목적에 따라 달라질 수 있으며, 다양한 방식들을 실험하고 그중 자신에게 맞는 스타일을 찾아가는 과정이 중요하다.

다중 관점 기법을 이용하면 문제의 성격에 따라 경제적, 사회적, 환경적, 기술적 관점 등을 종합적으로 고려함으로써 보다 균형 잡힌 분석이 가능해진다. 이러한 다각도 접근은 복잡한 문제 상황에서 특히 유효하며, 단일 시각에 갇히는 것을 방지하는 데 도움이 된다.

이러한 작업을 인간이 독자적으로 수행하려면 방대한 자료를 검토하고 복잡한 사고 과정을 거쳐야 하기에, 상당한 시간과 노력이 요구된다. 그러나 LLM을 활용하면 광범위한 정보의 수집과 분석을 훨씬 더 빠르고 효율적으로 수행할 수 있다. 다만, 항상 유의해야 할 점은 모델이 제공하는 답변의 정확성과 사실 여부는 최종적으로 인간이 판단해야 한다는 것이다.

추가로 유의할 사항은, 너무 많은 관점을 요구하면 각 관점에 대한 깊이 있는 분석이 제한돼 응답이 피상적일 수 있다는 점이다. 각 관점마다 충분한 깊이를 가진 분석을 얻으면서도 전체적인 그림을 볼 수 있는 다양성을 확보하기 위해서는 모델에 따라 최적의 균형점을 찾아야 한다.

또한 모든 관점이 동등하게 가치 있는 것은 아니며, 때로는 특정 관점이 해롭거나 비윤리적일 수 있다는 점도 기억해야 한다. 따라서 다양성을 존중하되, 기본적인 윤리와 가치를 지키는 균형이 필요하다. 아예 다음과 같은 지침을 프롬프트에 명시하는 것도 하나의 방법이다.

> #추가 지침
> - 각 관점은 평등하게 다루어져야 하며, 어느 한 관점이 다른 관점을 압도하지 않도록 해주세요.
> - 제시된 의견 중 잠재적으로 해롭거나 비윤리적일 수 있는 내용이 있다면, 그 이유와 함께 대안을 제시해 주세요.

다중 관점 기법은 우리의 사고를 확장하고 더 포괄적인 이해를 가능하게 해준다. 모델의 다양한 관점을 참고하되, 우리 자신의 비판적 사고와 윤리적 판단을 잃지 않는 것이 중요하다. 결국 AI는 도구일 뿐, 최종 결정과 책임은 인간의 몫이기 때문이다.

심사숙고 유도 기법:
AI 응답에 깊이 더하기

프롬프트의 차이가 답변의 차이를 만든다. 프롬프트에 몇 가지 세부 지침을 포함하면, LLM이 더 분석적이고 균형 잡힌 시각으로 사고하게 되며, 결과적으로 응답의 품질을 높일 수 있다.

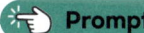

#입력
[문제]= 팀장 A와 임원 B 사이에 리더십 스타일 차이로 인한 갈등이 발생했습니다. A는 변화를 추구하며 새로운 아이디어를 도입하는 것을 선호하지만, B는 보수적이며 검증된 방법을 고수하는 경향이 있습니다. 그에 따라 팀의 사기 저하와 프로젝트 지연이 발생하고 있습니다. 이에 대한 조언을 부탁합니다.

#처리
다음의 지침들을 반영하여 [문제]에 대한 답변을 제공해 주세요.
1. 간과한 정보 파악: 최대한 객관적이고 다각도로 상황을 파악하고 싶습니다. 이 문제와 관련해 내가 간과했을 수 있는 중요한 사실이나 요소가 있다면 알려주세요.
2. 다양한 이해관계자 입장 고려: 서로 다른 관점을 골고루 알고 싶습

니다. 이 문제에 연관된 다양한 이해당사자들의 입장을 하나씩 대변해서 의견을 제시해 주세요.
3. 가정 검토: 당신의 답변이 어떤 가정을 전제로 하고 있다면, 그 가정이 성립하지 않는 경우에 어떤 일이 벌어질 수 있는지 설명해 주세요.

간과했을 수도 있는 정보

1. **조직의 현재 상황**: 회사가 안정기에 있는지 혹은 변화가 필요한 위기 상황인지에 따라 A와 B의 접근 방식 중 어느 쪽이 더 적합할 수 있습니다.
2. **업계 특성**: 빠른 혁신이 필요한 IT 업계와 안정성이 중요한 금융/제약 업계는 필요한 리더십 스타일이 다릅니다.
3. **팀 구성원들의 성향**: 팀원들이 어떤 스타일을 선호하는지, 변화에 얼마나 적응적인지가 중요합니다.
4. **갈등의 지속 기간과 심각성**: 단기적 의견 차이인지 장기적 대립인지에 따라 접근 방식이 달라집니다.
5. **조직 문화와 의사결정 구조**: 혁신과 위험 감수를 장려하는 문화인지, 안정성과 확실성을 중시하는 문화인지 파악해야 합니다.

다양한 이해관계자 입장

팀장 A의 입장:
"우리 산업은 빠르게 변화하고 있어 새로운 접근법이 필요합니다. 혁신 없이는 경쟁에서 뒤처질 수 있습니다. B의 보수적인 태도가 우리 팀의 발전을 저해하고 있으며, 팀원들의 창의성과 동기부여를 감소시키고 있습니다."

임원 B의 입장:
"검증된 방법은 이유가 있습니다. 무분별한 변화는 불필요한 위험을 초래할 수 있습니다. A는 안정성과 일관성의 가치를 간과하고 있으며, 새로운 것이 항상 더 나은 것은 아닙니다. 조직의 장기적 안정성을 보장하는 것이 제 책임입니다."

팀원들의 입장:
"우리는 양쪽 리더 사이에서 갈등을 느끼고 있습니다. 명확한 방향성이 없어 업무 진행이 어렵고, 어떤 기준으로 성과를 평가받을지 불확실합니다. 혁신과 안정 모두 중요하지만, 리더십 간의 합의된 방향이 필요합니다."

조직 전체의 입장:
"팀 성과 저하는 회사 전체에 영향을 미치고 있습니다. 이 갈등이 해결되지 않으면 다른 부서와의 협업에도 문제가 생기고, 회사의 전략적 목표 달성이 어려워질 수 있습니다."

가정 검토

가정 1: 두 리더십 스타일이 양립 불가능하다는 가정
만약 두 스타일이 상호보완적으로 작용할 수 있다면, 갈등을 줄이고 오히려 균형 잡힌 접근이 가능합니다. 혁신과 안정성이 함께 가는 방식을 찾지 못한다면, 어느 한쪽만 강조되어 조직이 극단으로 치우칠 위험이 있습니다.

가정 2: 팀원들이 변화를 원한다는 가정
만약 팀원들이 실제로는 안정성을 더 선호한다면, A의 접근법이 불필요한 스트레스를 유발할 수 있습니다. 반대로 팀원들이 변화를 열망한다면, B의 보수적 접근이 사기 저하의 주 원인일 수 있습니다.

가정 3: 갈등이 순전히 리더십 스타일의 차이에서 비롯된다는 가정
만약 갈등의 근본 원인이 개인적 불화나 권력 다툼이라면, 리더십 스타일 조정만으로는 문제가 해결되지 않을 수 있습니다. 이 경우 더 깊은 관계 회복이 필요합니다.

이러한 분석을 바탕으로, 제안하는 해결책은 A와 B가 서로의 관점을 이해하고 존중하는 대화의 장을 마련하여 조직의 현재 상황에 맞는 균형점을 찾는 것입니다. 또한 명확한 의사결정 프로세스를 수립하여 언제 혁신적 접근이 필요하고 언제 보수적 접근이 필요한지에 대한 가이드라인을 만드는 것이 도움이 될 것입니다.

이 방식은 모델에 단순히 답을 요구하는 것이 아니라, 체계적이고 다각적인 사고 과정을 거치도록 안내하는 프롬프트 기법이다. 이러한 접근법은 복잡한 문제 해결, 의사결정, 전략 수립 등 깊이 있는 분석이 필요한 상황에서 특히 유용하며, LLM의 잠재력을 최대한 활용할 수 있게 해준다.

단순하게 물으면 모델은 그저 뻔한 답변만 제공한다. 하지만 예시처럼 구체적인 지침을 포함하면 모델의 사고력을 자극해 훨씬 깊이 있고 통찰력 있는 답변을 얻을 가능성이 크게 높아진다. LLM은 우리가 어떻게 안내하느냐에 따라 그 능력의 깊이가 달라진다. 적절한 사고 가이드라인을 제시함으로써 모델의 숨겨진 분석력을 끌어낼 수 있다.

여기서는 3가지 핵심 지침을 활용했는데, 문제의 특성과 필요에 따라 이러한 지침들을 유연하게 조정하거나 맞춤화할 수 있다. 각 상황에 적합한 지침을 추가하는 것도 고려한다.

1. 간과한 정보 파악

이 지침은 문제를 다룰 때 중요한 정보를 놓치지 않도록 요구한다. 모델이 주어진 문제에 대해 더 폭넓게 탐구하고 질문자가 미처 생각하지 못했던 요소들을 식별하게 만든다. 이는 문제 해결 과정에서 발생할 수 있는 인지적 편향과 사고 오류를 최소화하는 데 도움을 준다. 예를 들어, 조직 갈등 문제에서 명시적으로 언급되지 않은 회사의 문화적 배경이나 산업 특성 같은 맥락적 요소가 실제로는 문제 해결에 큰 영향을 미칠 수 있다.

2. 다양한 이해관계자 입장 고려

이 지침은 문제에 연관된 모든 당사자의 관점을 균형 있게 살펴보도록 한다. 단순히 질문자의 입장만이 아니라, 상황에 관련된 다양한 이해관계자들의 입장을 각각 대변함으로써 더 통합적인 이해를 가능하게 한다. 이를 통해 모델은 한쪽으로 치우치지 않고서 공정하고 형평성 있는 해결책을 제시할 수 있게 된다. 예를 들어, 갈등 상황에서는 명백한 당사자뿐만 아니라 영향을 받는 팀원들, 상위 경영진, 심지어 고객의 관점까지 고려함으로써 보다 포괄적인 해결책을 모색할 수 있다.

3. 가정 검토

이 지침은 제시된 답변이 어떤 암묵적 가정을 바탕으로 하고 있는지 명확히 하고, 그 가정이 틀릴 경우 어떤 대안적 시나리오가 펼쳐질 수 있는지 살펴보도록 한다. 모든 해결책은 특정 전제 조건 하에서만 효과적일 수 있으므로, 이러한 가정을 명시적으로 검토하는 것은 응답의 신뢰도를 높이고 불확실성에 대비하는 더 견고한 계획을 세우는 데 도움이 된다. 예를 들어, 리더십 갈등에 대한 해결책이 "양측 모두 타협할 의지가 있다."라는 가정을 전제로 한다면, 이 가정이 성립하지 않을 때 어떤 대안적 접근법이 필요한지 검토해야 한다.

이러한 세부 지침을 포함한 프롬프트는 모델이 단순 질의응답을 넘어 복잡한 사고 과정과 다면적 분석을 수행하도록 유도한다. 이는 결과적으로 주어진 문제에 대한 더 깊이 있는 이해와 실질적으로 유용한 통찰력을 제공하게 만든다. 모델은 지침을 통해 마치 숙련된 전문가처럼 다양한 관점에서 문제를 검토하고, 가정을 점검하며, 중요한 맥락을 파악하는 체계적인 사고 과정을 수행하게 된다.

물론, 이런 방법이 항상 모든 상황에서 최상의 결과를 보장하지는 않는다. 간단한 사실 확인이나 단순 정보 요청 같은 경우에는 이런 복잡한 사고 지침이 불필요할 수 있다. 때로는 추가적인 분석보다 신속하고 간결한 답변이 더 가치가 있을 때도 있다. 따라서 자신의 필요와 상황에 맞게 지침의 종류와 깊이를 조절하여 프롬프트를 설계하는 것이 중요하다.

이 기법은 다양한 같은 방식으로 응용할 수 있다.

- **비즈니스 의사결정**: 시장 분석, 경쟁자 동향, 리스크 요인, 재무적 영향 등을 다각도로 검토하는 지침을 포함한다. 단기적 이익과 장기적 영향을 균형 있게 고려하도록 요청한다.
- **창의적 문제 해결**: 기존 관행에 대한 비판적 검토와 혁신적 대안 제시를 요구한다. 다른 산업이나 분야의 아이디어와 해결책을 차용하는 '크로스 도메인(Cross Domain) 사고'를 유도한다. 여기서 도메인은 특정 지식 분야, 학문 영역, 전문 분야를 의미한다.
- **윤리적 딜레마**: 다양한 윤리적 관점(공리주의, 의무론, 덕 윤리 등)에서의 분석을 요청한다. 단기적 결과와 장기적 영향, 개인과 공동체에 미치는 영향을 균형 있게 검토하도록 한다.
- **연구 및 학습**: 주제에 대한 다양한 학파나 이론적 관점을 요약하도록 요청한다. 증거의 강도와 한계, 대립되는 견해 간의 핵심 쟁점을 식별하도록 한다.

LLM은 결국 우리가 던지는 질문의 품질만큼 좋은 답변을 제공한다. 모델에게 더 나은 답을 요구하려면, 먼저 더 나은 질문을 던져야 한다. 더 깊이 있고 풍부한 답변을 얻고 싶다면, 모델이 더 효과적으로 사고할 수 있는 구조와 지침을 제공하는 것이 핵심이다.

CoT 기법:
복잡한 문제를 단계적으로 추론하기

CoT(Chain-of-Thought)는 LLM의 사고 과정을 인간의 논리적 추론 과정과 유사하게 구조화하여 복잡한 문제 해결 능력을 끌어올리는 기법이다. 단순히 모델에게 질문을 던지고 답변을 받는 일반적인 방법과 달리, CoT는 모델이 단계별로 논리적인 **생각** 과정을 거쳐 결론에 도달하도록 해준다. 마치 수학 문제를 풀 때 어떻게 풀지 생각한 후에 순차적으로 풀이하면서 해답을 찾아가는 과정과 유사하다고 볼 수 있다. 실제로 모델에 수학 문제를 질문할 때 CoT를 이용하면 오답률이 감소한다.

인간의 사고 과정을 보면, 복잡한 문제를 해결할 때 보통 여러 단계의 사고를 거치면서 점차 해답에 접근하게 된다. CoT는 바로 이런 인간적 사고 과정을 모델에 적용한 것이다. Chain-of-Thought는 **사고의 연쇄** 또는 **생각 과정의 연결**을 의미한다. 이 용어는 문제를 해결하기 위해 체계적이고 단계별로 접근하는 과정을 나타낸다. 여기에서 Chain은 각 단계나 과정이 서로 연결되어 있으며, 이 연결고리를 통해 결론이나 해답에 도달하는 방식을 뜻한다.

CoT라는 명칭은 모델이 인간의 사고 과정을 모방하여 더 깊이 있고 맥락적인 이해를 달성하려는 노력을 잘 반영하고 있다. 예시를 통해 사용자가 모델에 그냥 물었을 때와 CoT를 적용해 물었을 때의 차이를 살펴보자.

먼저 일반 프롬프트의 예시다.

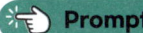

AI가 도덕적 주체가 될 수 있나요? 그렇다면 AI의 행위에 대한 책임은 누구에게 있나요?

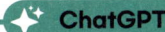

아주 흥미로운 질문이에요. "AI가 도덕적 주체가 될 수 있는가?"에 대한 논의는 철학적, 기술적, 법적 관점이 얽혀 있는 주제입니다. 아래에 핵심적인 관점을 정리해 드릴게요.

1. AI는 현재 도덕적 주체가 아니다
도덕적 주체(moral agent)는 일반적으로 도덕적 판단 능력과 자유의지를 가진 존재를 의미합니다. 인간은 자기 행위의 결과를 인식하고 도덕적으로 옳고 그름을 판단할 수 있기 때문에 도덕적 주체로 간주됩니다. 그러나 현재의 AI는 스스로 목적을 세우거나 도덕적 판단을 할 수 없습니다. AI는 프로그래밍된 규칙과 데이터를 바탕으로 연산을 수행할 뿐입니다.

2. 책임은 사람에게 있다
AI가 어떤 결정을 내려서 결과를 초래했을 경우, 그 책임은 AI를 설계하거나 훈련시킨 사람, 이를 운영한 사람 혹은 조직에게 있습니다. 예를 들어 자율주행차가 사고를 냈다면, 소프트웨어 개발자, 차량 제조사, 시스템 운영자 등 관련된 인간 주체들이 도의적 혹은 법적 책임을 지게 됩니다.

3. 미래의 가능성은 열려 있음
만약 언젠가 AI가 자율성과 자기반성 능력을 갖춘다면(즉, 의식과 도덕적 판단을 갖춘 존재라면), 그때는 도덕적 주체로 인정할 수 있을지도 모릅니다. 하지만 이것은 기술적 진보뿐 아니라 철학적 기준의 재정립이 필요합니다.

요약하자면, 현재의 AI는 도덕적 주체가 아니며, 그 행위의 책임은 AI를 만든 인간과 조직에 있습니다. 다만, 미래에는 이 기준이 변할 가능성도 있다는 점이 흥미로운 논의 거리예요. 이 주제에 특별히 관심 있는 분야가 있나요? 철학적 관점, 법적 책임, 기술적 한계 중에서 더 파고들고 싶은 쪽이 있다면 말해주세요.

다음은 CoT 프롬프트의 예시다.

 Prompt

AI의 도덕적 주체성과 책임 소재를 다음에 따라 단계별로 분석해 주세요. 각 단계에서 당신의 추론 과정을 자세히 설명해 주세요.

1. 도덕적 주체의 정의와 필수 조건을 먼저 명확히 생각해 보세요.
2. 정립한 기준을 바탕으로, 현재 AI 기술의 수준과 한계를 고려해 현재의 AI가 도덕적 판단을 내릴 수 있는 능력이 있는지 분석해 보세요.
3. 분석을 확장하여, 만약 AI가 어느 정도 도덕적 주체성을 가질 수 있다면, 이것이 AI의 결정과 행동에 대한 책임 문제에 어떤 영향을 미

칠지 탐구해 보세요.

4. 도출된 책임 개념을 기반으로, AI 행위에 대한 책임 소재를 AI 생태계의 다양한 이해관계자들(개발자, 사용자, 규제기관, AI 자체 등) 관점에서 검토해 보세요.

5. 지금까지의 모든 단계를 통합하여, AI의 도덕적 주체성과 책임 문제에 대한 종합적인 결론을 제시하고, 그 이유를 설명해 주세요.

좋은 질문입니다. AI의 도덕적 주체성과 책임 문제는 윤리학, 법학, 기술철학 등 여러 분야에 걸쳐 논의되고 있는 중요한 주제입니다. 요청하신 단계에 따라 하나씩 자세히 분석해 보겠습니다.

1. 도덕적 주체의 정의와 필수 조건

도덕적 주체(moral agent)는 일반적으로 다음과 같은 조건을 갖춘 존재로 정의됩니다:

- **자율성**: 자신의 행동을 자유롭게 결정할 수 있는 능력
- **인식 능력**: 도덕적 규범이나 규칙을 이해할 수 있는 능력
- **의도성**: 특정 목적이나 의도를 갖고 행위를 할 수 있는 능력
- **책임성**: 자신의 행위에 대한 도덕적 책임을 질 수 있음
- **감정 및 공감 능력(논쟁의 여지 있음)**: 타인의 고통이나 권리를 인식하고 고려할 수 있는 능력

AI는 위 조건 중 일부, 특히 인식 능력이나 제한적 형태의 의사결정 능력은 갖고 있을 수 있습니다. 하지만 자율성, 의도성, 그리고 책임을 질 수 있는 주체성 측면에서는 현재 기술로는 명확히 부족합니다. AI는 인간처럼 '자기 목적'을 갖거나, 규범을 '이해'하거나, 결과에 대한 도덕적 부담감을 느끼는 존재가 아닙니다.

따라서 지금 시점에서 AI가 위 조건을 충족하는 완전한 도덕적 주체라고 보기에는 어렵습니다.

2. 현재 AI 기술의 수준과 한계

현재의 AI는 기본적으로 데이터 기반의 패턴 인식 시스템입니다. 예를 들어, ChatGPT 같은 언어 모델은 방대한 텍스트 데이터를 학습하여 언어의 규칙성과 통계를 활용해 문장을 생성합니다. 그러나 다음과 같은 한계가 존재합니다:

- **이해의 부재**: AI는 '의미'를 이해하지 않고, 문맥적 확률에 따라 응답합니다.
- **자율성의 한계**: 스스로 목적을 설정하거나, 맥락을 넘는 자기 판단을 하지 못합니다.
- **책임감 결여**: 잘못된 판단을 했다고 스스로 반성하거나 교정할 수 있는 내적 기준이 없습니다.

즉, 현재 AI는 어떤 도덕적 규범을 '구현'하거나 '시뮬레이션'할 수는 있지만, 도덕적 판단의 본질을 수행할 수는 없습니다. 그것은 판단이라기보다는 결정 규칙에 따른 출력입니다.

3. AI가 도덕적 주체라고 가정했을 경우의 책임 문제

가정적으로 AI가 자율성과 의도성을 갖는 존재가 되어 도덕적 주체가 될 수 있다고 해 봅시다. 이 경우 AI는 자신의 결정에 책임을 져야 하며, 법적·윤리적 제재의 대상이 될 수 있습니다. 그러나 여기엔 심각한 문제가 발생합니다.

- AI에게 책임을 묻는 방식은 현실적으로 존재하지 않습니다. 예를 들어, AI에게 벌금을 부과할 수도 없고, 감정적 죄의식이나 교정 효과도 기대할 수 없습니다.
- AI가 책임을 진다고 하면, 이는 결국 인간 사회의 책임 메커니즘을 우회하는 수단이 될 위험이 있습니다. 개발자나 기업이 "AI의 자율 판단이었을 뿐"이라고 주장함으로써 책임 회피 가능성이 생깁니다.

결국 이 가정은 철학적으론 흥미롭지만, 실제로는 책임 소재를 더욱 불분명하게 만들 수 있는 위험성이 있습니다.

4. 다양한 관점에서 본 AI 행위의 책임 소재
- **개발자/디자이너:** 알고리즘 설계, 훈련 데이터 구성 등에서 중요한 책임을 지며, 윤리적 판단을 예측할 수 있어야 합니다.
- **사용자:** AI를 어떤 맥락에서, 어떻게 활용하는지에 대한 책임이 있습니다. 예컨대, 무기화된 AI를 사용하는 것은 윤리적으로 문제가 될 수 있습니다.
- **기업/운영자:** AI의 결과물이 사회에 미칠 영향을 충분히 고려하고, 책임질 수 있는 운영체계를 갖추어야 합니다.
- **규제기관/정부:** AI 기술이 공공선에 기여하도록 가이드라인과 법적 체계를 정비해야 합니다.
- **AI 자체:** 현재로서는 책임을 질 수 없습니다. 다만 이론적으로 향후 고도화된 AI가 나온다면 법적으로는 별도의 법인격(법적 주체) 논의가 가능할 수 있습니다.

5. 종합적인 결론과 이유
현재로서 AI는 도덕적 주체가 될 수 없다고 판단하는 것이 타당합니다. 그 이유는 다음과 같습니다:
- 자율성, 의도성, 책임성 등 도덕적 주체의 핵심 조건을 충족하지 못함
- 현재 AI는 인간이 설계한 도구로, 판단 주체가 아니라 실행 메커니즘에 가까움
- AI에게 도덕적 책임을 부여하는 것은 인간의 책임 회피로 이어질 가능성이 있음

따라서 AI가 관여한 행위에 대한 도덕적 책임은 여전히 인간 사회의 구성원들―개발자, 사용자, 기업, 정책 입안자―에게 부여되어야 하며, 윤리적·법적 틀도 이를 기준으로 마련되어야 합니다.

CoT 프롬프트는 문제 해결 과정을 명시적으로 여러 단계로 분리하여 모델이 순차적 사고를 통해 결론에 도달하도록 유도함으로써 더 깊이 있는 답변을 생성하도록 만들어 준다. 실제로 예시의 모델 응답을 보면, 모델이 단계별로 사고한 결과를 기반으로 다음 사고를 이어가고, 이를 종합해 답변을 하기 때문에 응답의 품질이 전반적으로 증가하였음을 알 수 있다.

이는 단순히 표면적인 정보를 나열하는 것이 아니라, 깊이 있는 분석과 사고를 통해 복잡한 문제의 다양한 측면을 고려함으로써 나타난 결과다. 마치 전문가가 해당 주제에 대해 체계적으로 고민한 후 의견을 제시하는 것과 같은 효과를 얻을 수 있다.

CoT 기법을 효과적으로 사용하기 위한 구체적인 방법을 살펴보면 다음과 같다.

단계 설정하기

CoT 프롬프트를 작성할 때는 명확한 단계를 설정하는 것이 중요하다. 문제를 여러 단계로 나누어 접근한다. 각 단계는 연결되며 최종 목표에 도달하기 위한 중요한 과정이 되어야 한다. 이는 복잡한 퍼즐을 조각별로 맞추어가는 과정과 유사하다. 단계 설정 시 다음과 같은 사항들을 고려한다.

- **논리적 연결성**: 각 단계는 논리적으로 연결되어야 한다. 이전 단계에서 도출된 내용이 다음 단계의 출발점이 되며, 모델의

전체 사고 과정에서 일관성이 유지되도록 한다.
- **순차적 난이도 배열**: 쉬운 단계에서 어려운 단계로, 점진적으로 이동하도록 구성한다.
- **독립적이면서도 연결된 단계**: 각 단계는 독자적으로 의미가 있으면서도 전체 추론 과정의 일부로 작용해야 한다.
- **숫자나 글머리 기호 활용**: 단계를 명확히 구분하여 모델이 각 단계별로 집중할 수 있도록 한다.

추론 과정 유도하기

모델이 스스로 생각하도록 유도하는 표현을 사용하는 것이 중요하다. "생각해 보세요.", "분석해 보세요.", "고려해 보세요."와 같은 표현은 모델이 더 깊이 있는 사고를 하도록 촉진한다.

> 예) 다음 윤리적 딜레마에 대해 생각해 보세요:
> 1. 먼저 이 상황에서 발생하는 주요 윤리적 원칙들을 나열해 보세요.
> 2. 각 원칙이 서로 어떻게 충돌하는지 분석해 보세요.
> 3. 다양한 관점(공리주의, 의무론 등)에서 이 상황을 어떻게 해석할 수 있는지 고려해 보세요.
> 4. 귀하가 생각하는 가장 윤리적인 해결책과 그 이유를 설명해 보세요.

메타인지적 접근 활용하기

모델이 자신의 사고 과정을 인식하고 설명하도록 유도하는 메타인지를 통해 CoT의 효과를 극대화할 수 있다. 이를 통해 모델은 자신의 추론을 더 명확히 하고 사용자는 모델의 사고 과정을 더 잘 이해할 수 있다.

> 예) 이 철학적 질문에 답하면서, 다음과 같이 진행해 주세요:
> 1. 먼저 당신이 이 질문을 어떻게 이해하고 있는지 설명해 보세요.
> 2. 이 문제에 접근할 수 있는 다양한 방법론을 고려하고 하나를 선택해 주세요.
> 3. 왜 특정 방법론을 선택했는지 그 이유를 설명해 보세요.
> 4. 선택한 방법론을 통해 어떤 결론에 도달했는지, 그리고 그 과정에서 어떤 도전이나 한계가 있었는지 성찰해 보세요.

반복적 개선 활용하기

복잡한 문제일수록 단 한 번의 프롬프트 작성만으로는 완전한 답변을 얻기 어려울 수 있다. 이러한 경우에는 모델이 문제를 어떻게 사고하고 있는지를 지속적으로 검토하여, 필요에 따라 프롬프트를 수정해 나간다. 이러한 반복적 점검은 문제 해결의 신뢰성을 높이고, 최적의 해답에 도달하는 데 중요한 역할을 한다. 사람이 어려운 문제를 해결할 때 스스로의 풀이 과정을 반복하여 점검하는 것처럼, 모델의 사고 흐름 역시 계속 확인하면서 더 나은 사고가 가능하도록 프롬프트를 개선해 나가는 자세가 필요하다.

"단계별로 생각합니다"의 마법

사실, CoT를 더욱 간단하게 활용하는 방법이 있다. CoT를 유도하는 마법(?)의 명령어가 있는데, 바로 "단계별로 생각합니다(Let's think step by step)"이다. 이 간단한 문구를 프롬프트에 포함했을 때와 아닐 때 모델 응답 품질의 차이는 〈Large Language Models are Zero-Shot Reasoners(대형언어모델은 제로샷 추론기)〉 논문에서 상세히 증명되었다(https://arxiv.org/abs/2205.11916).

이 단순한 문구가 모델의 사고방식을 완전히 바꾸어 놓는다는 사실이 꽤 흥미롭다. 이는 인간에게 누군가 "천천히 차분하게 생각해 보세요."라고 조언하는 것이 실제로 더 나은 사고 과정을 이끌어내는 것과 유사하다.

그러면 앞서 살펴본 첫 번째 프롬프트에 "단계별로 생각합니다."만 삽입해서 다시 질문해 보자.

Prompt

AI가 도덕적 주체가 될 수 있나요? 그렇다면 AI의 행위에 대한 책임은 누구에게 있나요? 단계별로 생각합니다.

좋은 질문입니다. AI가 도덕적 주체가 될 수 있는가, 그리고 그렇다면 그 행위에 대한 책임은 누구에게 있는가를 단계적으로 분석해 보겠습니다.

1단계: 도덕적 주체란 무엇인가?

도덕적 주체(moral agent)란 도덕적으로 옳고 그름을 인식하고, 자신의 행위에 대해 책임을 질 수 있는 존재를 말합니다. 일반적으로 인간은 이 기준을 충족합니다.

기본 요건은 다음과 같습니다:
- **자율성(autonomy)**: 스스로 의사결정을 할 수 있는 능력
- **인식 능력**: 도덕적 원칙과 규범을 이해할 수 있는 능력
- **의도성**: 어떤 목적이나 동기를 가지고 행동할 수 있는 능력
- **책임성**: 행동에 따른 도덕적 결과를 인지하고, 책임을 질 수 있는 태도

2단계: 현재의 AI는 이 조건을 충족하는가?

현재의 AI(예: ChatGPT, 자율주행차 시스템 등)는 다음과 같은 특징을 가집니다:
- 자율적으로 보일 수는 있으나, 프로그래밍된 알고리즘과 학습된 패턴에 따라 반응함
- 도덕적 원칙이나 가치를 '이해'하는 것이 아니라, 텍스트 데이터를 통계적으로 처리함
- 목적이나 의도가 있는 것처럼 보일 수 있으나, 그것은 인간이 부여한 프레임일 뿐 실제로는 없음
- 결과에 대한 책임감이나 감정은 없음

따라서 현재의 AI는 도덕적 주체로 보기는 어렵습니다. 인간처럼 책임을 질 수 없고, 도덕적으로 '의식된' 선택을 한다고 볼 수 없습니다.

3단계: 그렇다면 책임은 누구에게 있는가?

AI가 도덕적 주체가 아니라면, 그 행위에 대한 책임은 다음의 인간 주체들에게 있습니다:
- **개발자**: AI가 잘못된 행동을 하도록 설계되었거나, 위험한 기능을 사전에 방지하지 않은 경우
- **운영자/사용자**: AI를 어떤 맥락에서, 어떤 목적을 위해

사용했는지에 따라 책임이 발생할 수 있음
- **기업/조직**: AI를 서비스로 제공하거나 배포한 기관은 법적 책임 및 관리 책임이 있음

책임은 기술의 복잡성과 사회적 맥락에 따라 분산될 수 있으며, 이 때문에 'AI 책임 윤리'에 대한 논의가 활발합니다.

4단계: 미래의 AI가 도덕적 주체가 될 수 있는가?

만약 미래의 AI가 다음과 같은 특성을 갖춘다면 도덕적 주체로 간주할 수 있을 가능성도 논의됩니다:
- 자율적으로 학습하고, 도덕적 기준을 스스로 형성
- 결과에 대한 피드백을 바탕으로 도덕적 판단을 수정
- 일정한 자기인식(self-awareness) 또는 감정적 반응이 가능
- 법적으로 독립적인 인격체로 간주될 수 있는 수준의 인공지능

하지만 이런 가능성은 철학적, 기술적, 윤리적으로 매우 논쟁적이며, 현재로서는 가설에 가깝습니다.

결론

- 현재의 AI는 도덕적 주체가 아니다.
- AI의 행위에 대한 책임은 인간, 즉 개발자, 사용자, 기업 등이 나눠서 진다.
- 미래에는 도덕적 주체로 인정될 수 있는 가능성도 있지만, 이는 복잡한 윤리적·법적 조건을 충족해야 한다.

단지 "단계별로 생각합니다."라는 간단한 문구만 추가했을 뿐인데, 응답의 품질이 상당히 높아졌음을 알 수 있다. 이 방식은 높은 추론 능력이 필요할 때, 예를 들어, 복잡한 수학 문제, 논리 퍼즐, 윤리적 딜레마 등을 다룰 때 효과적이다. 모델이 서두르지 않고 차분하

게 각 단계를 밟아가며 사고하도록 유도함으로써, 성급한 결론으로 인한 오류를 줄일 수 있다.

정리하면, CoT는 LLM으로 하여금 인간과 유사한 방식으로 단계적이고 논리적인 사고 과정을 거치도록 유도하는 기법이다. 이는 복잡한 문제를 다룰 때 중간 과정에서 발생할 수 있는 오류를 줄이고, 최종적인 해결책에 도달하기 위한 기반을 단단하게 만들어 준다. 추론 과정을 더 투명하고 이해하기 쉽게 만들고, 더 정확하고 신뢰할 수 있는 답변을 생성할 수 있는 좋은 방법이다.

CoT 추론 과정을 통해 사용자는 모델이 어떻게 그러한 결론에 도달했는지 추적할 수 있으며, 필요한 경우 특정 단계에서의 오류를 지적하거나 수정할 수도 있다. 이는 LLM과 인간 사이의 협업을 더욱 효과적으로 만들어준다.

그런데 CoT는 문제를 여러 단계로 나누고 각 단계를 거치면서 모델이 추가적인 연산을 해야 하기 때문에, 자원이 더 많이 소모되고 응답 시간이 증가한다. 그러므로 상황과 필요에 따라 적절히 사용하는 것이 좋다. 단순한 질문이거나 즉각적인 응답이 필요할 때는 일반적인 방식을, 복잡하고 중요한 문제에는 CoT를 활용하는 식의 균형 잡힌 접근이 효과적이다.

추론 특화 AI 모델의 사용

GPT-3.5와 같은 과거의 일반 AI 모델은 CoT 프롬프팅을 하지 않으면, 간단한 답변만 제공하거나 틀린 응답을 하는 경우가 적지 않았다. 반면에 최신 모델 중 일부는 CoT 프롬프팅을 하지 않아도, 사용자의 질문을 판단한 후에 필요하면 알아서 자체적으로 CoT 과정을 진행하기도 한다.

일반적인 AI 모델과 달리 **추론 특화 AI 모델(줄여서 추론 모델)**은 아예 추론 능력을 강화해 훈련된 모델이다. 답하기 전에 반드시 CoT적인 **생각** 과정을 거치도록 설계되었으며, 그에 따라 복잡한 문제를 단계별로 분석하고 논리적 사고 과정을 통해 해결책을 도출하는 능력이 뛰어나다. 이 글을 작성하는 시점에서 시장에 출시된 주요 추론 모델은 다음과 같다.

- **오픈AI o1 모델**: 2024년 9월에 출시된 추론 모델로, STEM(Science, Technology, Engineering, Mathematics) 분야에서 뛰어난 성능을 보이며 국제 수학 올림피아드에서 83%의 점수를 기록했다(GPT-4o는 13%).
- **오픈AI o3 모델**: 2024년 12월에 소개된 o1의 후속 모델로, 더욱 개선된 분석적 사고, 문제 해결 및 복잡한 추론 작업을 처리하도록 설계되었다. 참고로, 영국 통신사 O2와 상표권이 겹친다는 이유로 o2 모델은 건너뛰었다.

- **딥시크(DeepSeek) R1 모델:** 복잡한 수학 문제 해결 및 논리적 추론을 위한 오픈소스 추론 모델로, 2025년 1월 공개되었다. 강화학습 기술을 사용하여 추론 능력을 향상시키고 자체 검증 및 성찰을 통해 복잡한 문제를 해결한다.

추론 모델은 복잡한 문제를 작은 단계로 분해하고, 각 단계를 명시적으로 처리하여 자신의 사고 과정을 보여준다는 특징이 있다. 이 모델들은 기본적으로 강력한 추론 역량을 기반으로 답변하기 때문에, CoT 프롬프트를 굳이 사용할 필요가 없으며 구체적인 요구사항만 명확히 표현하면 된다.

추론 모델은 자동으로 추론을 수행하기에 구조화된 사고와 다단계 분석이 필요한 작업에 적합하다. 하지만 일반적으로 비용이 많이 들고 응답 속도가 느려서 모든 상황에 적용하기에는 현실적인 제약이 따른다. 이러한 비용과 속도 측면의 단점을 고려하여 중요도와 복잡성에 따라 적절히 활용해야 한다.

이번 글에서 살펴본 내용들을 정리해 보자. 처음에 나온 CoT 프롬프트는 모델이 CoT 과정을 거치도록 사용자가 설계한 프롬프트다. "단계별로 생각합니다."는 모델에 적절한 추론을 하라고 지시하는 문구이고, 추론 모델을 이용하면 모델이 알아서 문제에 적합한 추론을 수행하여 답변을 제공한다. 이들 방식은 각각 고유한 장단점을 가지고 있다. 실무에서는 이 3가지 접근법을 상황에 맞게 선택하여 사용하는 것이 가장 효과적이다.

일반 모델에서 CoT를 활용할 경우, 비교적 간단한 추론 작업에는 "단계별로 생각합니다." 문구를 포함하는 것으로 충분할 수 있다. 보다 세밀한 사고 제어가 필요한 경우에는 목적에 맞게 CoT 프롬프트를 직접 설계하여 사용하는 것이 좋다. 만일 모델의 자체적인 추론 능력을 최대한 활용하고 싶을 때는 추론 모델 활용을 고려한다.

궁극적으로 우리의 목적은 LLM의 사고 능력을 최대한 발휘시켜 복잡하고 난해한 문제를 효과적으로 풀어내는 데 있으며, 이를 위해서는 상황에 맞는 방법을 올바르게 선택하는 지혜가 필요하다.

추론 특화 AI 모델,
'한 방 프롬프트'가 필요한 이유

이전 글에서 소개한 추론 모델은 일반적인 대화용이 아닌 어려운 문제 해결에 특화된 모델이다. 이런 모델들은 복잡한 사고 과정과 분석을 수행하도록 설계되었으며, 그 특성상 일반 모델과는 다른 접근 방법을 요구한다.

추론 모델도 LLM의 일종이지만, 기존의 일반 모델과 달리 내부적으로 **깊은 생각**(Deep Thinking)을 거치며 문제를 해결하도록 만들어졌다. 깊은 생각은 추론 모델의 핵심적인 설계 철학으로, 일반 모델과 구별되는 가장 중요한 특징이다. 이는 모델이 즉각적인 응답을 생성하는 대신, 답변을 도출하기 전에 여러 단계의 중간 추론 과정을 수행하는 방식을 의미한다.

깊은 생각은 인간의 심층적 문제 해결 과정을 모방한 것으로, 문제의 여러 측면을 탐색하고, 다양한 접근법을 고려하며, 잠재적 해결책의 타당성을 평가하는 과정을 포함한다. 이러한 접근법은 다단계 논리 추론이 필요한 상황에서 모델의 성능을 크게 향상시킨다.

추론 모델의 주요 기술적 특징으로는 **내부 모놀로그**(Internal

Monologue)가 있다. 내부 모놀로그는 추론 모델이 문제 해결 과정에서 활용하는 핵심 메커니즘으로, 모델이 스스로에게 질문하고 답하며 문제 해결 방향을 탐색하는 내적 대화를 의미한다. 이는 인간이 복잡한 문제를 해결할 때 머릿속으로 생각을 정리하고 다양한 가능성을 검토하는 것과 유사하다. 내부 모놀로그를 통해 모델은 문제의 핵심을 파악하고, 관련 지식을 회상하며, 적절한 해결 전략을 선택하는 과정을 명시적으로 수행한다.

> **'깊은 생각'과 '내부 모놀로그'의 차이는?**
>
> 깊은 생각은 추론 모델이 답변 도출 전에 여러 단계의 중간 추론 과정을 거치도록 하는 전반적인 설계 철학이자 접근 방식을 의미한다. 이는 모델이 복잡한 문제를 해결하기 위해 시간을 들여 심층적 분석을 수행한다는 개념적 특성이다.
>
> 반면, 내부 모놀로그는 깊은 생각을 구현하는 구체적인 기술적 메커니즘이다. 이는 모델이 문제 해결 과정에서 스스로에게 질문하고 답하는 내적 대화의 형태로 나타난다. 즉, 내부 모놀로그는 깊은 생각이라는 목표를 달성하기 위한 실제적인 구현 방법에 해당한다.

추론 모델은 다음과 같은 다양한 유형의 추론을 수행할 수 있다.

- **연역적 추론**(Deductive Reasoning): 일반적인 규칙을 특정 사례에 적용하여 논리적 결론에 도달하는 방식이다. 추론 모델은

문제를 명시적인 단계로 분해하는 사고 연쇄 처리를 수행하여 일반 규칙을 특정 사례에 적용한다.

- **귀납적 추론**(Inductive Reasoning): 주어진 패턴을 기반으로 일반화된 결론을 도출하는 능력으로, 특정 예시에서 더 넓은 가정을 형성할 수 있게 한다. 추론 모델은 결론에 이르는 추론 단계를 분석하고 다양한 정보의 핵심을 고려한다.
- **가설적 추론**(Abductive Reasoning): 불완전한 정보를 기반으로 가장 가능성 있는 설명을 찾는 방식이다. 추론 모델은 각 단계를 분석하고 가설을 제안할 수 있어 인간의 직관에 가까운 결과를 도출한다.
- **유추적 추론**(Analogical Reasoning): 서로 다른 개념, 맥락, 시나리오 간의 유사성을 식별하여 유사한 관계를 기반으로 추론하는 방식이다.

추론 모델은 단일 단계로 해결책을 도출하기보다 문제를 여러 하위 문제로 분해하고 체계적으로 접근하는 방식을 취한다. 그에 따라 특히 다음과 같은 분야에서 놀라운 성능을 보인다.

- **수학 문제 해결**: 미적분, 선형대수학, 확률 등 고급 수학 문제를 단계별로 해결하며, 각 단계에서 적용된 공식과 원리를 설명할 수 있다.
- **프로그래밍 및 디버깅**: 코드 작성뿐만 아니라 에러 분석, 최적화,

알고리즘 개선 등 프로그래밍의 복잡한 측면을 다룰 수 있다.
- **법률 분석**: 법률 문서 해석, 판례 분석, 법적 논증 구성 등 심층적인 분석이 가능하다.
- **과학적 추론**: 연구 가설 검증, 실험 설계, 데이터 분석 방법론 개발 등 과학 연구 전반에 걸친 지원이 가능하다.

추론 모델은 일반 모델과 비교해 다음과 같은 특성이 있다.

- **처리 시간**: 추론 모델은 '생각'을 위한 시간이 필요하기 때문에 응답 생성에 더 오랜 시간이 소요된다. o3 모델의 경우 복잡한 문제를 풀 때 몇 분까지 소요되기도 한다.
- **자기 수정 능력**: 추론 모델은 자체 결과를 평가하고 수정하는 능력이 뛰어나다. 특히 o3와 R1 모델은 초기 접근법이 실패할 경우 새로운 전략을 시도하는 '복원력(Resilience)'을 갖추고 있다. 복원력은 모델이 스스로 결과를 평가하고 수정하는 메타인지적 능력과 밀접하게 연관되어 있다. 복원력을 갖춘 모델은 문제 해결 과정에서 오류나 한계에 직면했을 때 포기하지 않고, 대안적 접근법을 모색하거나 이전 추론 단계를 재검토한다.

이처럼 추론 모델은 고유한 작동 방식과 사고 흐름을 지니고 있으며, 이를 정확히 이해하는 것이 곧 효과적인 프롬프트 설계의 출발점이 된다. 단순히 질문을 던지는 것이 아니라, 모델의 사고방식을 고려한 전략적 프롬프트를 구성해야 최상의 결과를 얻을 수 있다. 이러한 추론 모델을 성공적으로 활용하기 위해서는 다음과 같은 요인들을 유념해야 한다.

- 구체적인 목표를 명확히 제시해야 함.
- 필요한 모든 맥락을 일괄적으로 제공해야 함.
- 단계적 대화보다는 한 번에 상세한 정보를 제공하는 것이 효과적임.

일반 모델의 경우에는 점진적으로 정보를 제공하며 답을 얻어내는 것이 괜찮은 방법일 수 있지만, 추론 모델은 그러한 방식으로 충분한 성능을 끌어내기 어려우며 더군다나 시간과 비용이 많이 소모된다. 그에 따라 기존의 대화형 AI를 사용하는 것처럼 반복적으로 질문하면서 답을 쌓아가는 방식보다는 초반부터 구체적이고 풍부한 정보를 한꺼번에 모델에 제시하는 전략이 필요하다. 즉, 한 방에 원하는 답을 얻기 위한 프롬프트 설계가 매우 중요하다.

이는 직장에서 상사가 업무를 지시할 때 "이 일도 해 주세요.", "저 일도 처리해 주세요."라는 식으로 단편적으로 조각조각 지시하는 방식보다, 처음부터 전체 업무의 범위와 제약 조건, 유의사항 등을 일괄적으로 설명하는 방식이 훨씬 효율적인 것과 같은 이치다. 추론 모델 또한 유능한 직원과 마찬가지로, 충분하고 명확한 정보가 제공될 때 가장 높은 성과를 발휘하는 특성을 보인다.

무엇보다 추론 모델은 답변을 생성하는 데 상당한 시간과 컴퓨팅 자원을 소모한다는 사실을 염두에 두어야 한다. 메시지 횟수에도 제한이 있다. 예를 들어, 챗GPT 플러스 유료 이용자의 경우 2025년 6월 말 기준으로 o3 모델은 일주일에 100회, Deep Research는 매월 10회로 사용 횟수가 제한되어 있다(이러한 제한은 향후 오픈AI의 정책 변화에 따라 조정될 수 있다).

따라서 사용자는 추론 모델이 지닌 여러 제약을 고려하여, 더욱 전략적으로 프롬프트를 구성할 필요가 있다. 즉, 여러 차례에 걸쳐 질문하기보다는 '이 작업의 최종 목표가 무엇인지', '사용자가 어떤 배경 정보를 갖고 있는지', '요구되는 산출물의 형태가 어떠해야 하는지' 등을 명확히 하여 하나의 프롬프트로 모델에 제시하는 것이 훨씬 효과적이다.

이러한 접근 방식은 모델이 빠르게 전체 맥락을 이해하고, 사용자의 의도에 맞는 깊이 있는 응답을 생성하는 데 큰 도움이 된다. 예를 들어, 프로젝트 관련 요청을 할 때 회사의 현재 프로젝트 상황, 그동안 시도했던 방법, 참여하고 있는 팀원 구성 등의 배경 정보를 함께 제공하면, 모델은 처음부터 필요한 요소들을 종합적으로 고려하여 보다 정확하고 실질적인 답변을 제시할 수 있다. 이는 숙련된 컨설턴트에게 회사의 전반적인 상황을 상세히 설명해 주는 것과 같으며, 정보가 충분히 제공될수록 그에 따른 결과물의 품질 역시 높아지게 되는 것이다.

정리하면, 추론 모델을 이용할 때는 **한 방 프롬프트**가 중요한데, 이는 이러한 모델들이 상당한 컴퓨팅 자원을 소모하며 응답에 더 많은 시간이 소요되고 사용 횟수에도 제한이 있기 때문이다.

모델이 처음부터 전체적인 맥락을 충분히 인식할 수 있다면, 보다 정교한 추론을 수행하고 정확한 결과를 만들어낼 가능성이 높아진다. 결국 AI라는 천재 조수에게 업무를 **제대로** 맡기기 위해서는 처음부터 명확하고 상세한 지시를 내릴 수 있는 역량이 필수적이다. 이와 같은 이유로, 프롬프트 엔지니어링이 추론 모델을 효과적으로 활용하는 데 있어 중요한 기술로 떠오르고 있다.

APE를 이용한
자동 프롬프트 생성 및 최적화

    2024년 2월, 기업용 소프트웨어로 유명한 VM웨어 연구진이 〈The Unreasonable Effectiveness of Eccentric Automatic Prompts(특별한 자동 프롬프트의 놀라운 효과)〉 논문에서 "AI로 생성한 프롬프트가 인간이 만든 프롬프트보다 더 나은 성과를 보였다."라고 밝혀 관심을 끈 바 있다(https://arxiv.org/abs/2402.10949).

    사실, 이는 당연한 결과라고 볼 수 있다. 우리는 LLM과 상호작용을 하기 위해 프롬프트를 작성한다. 그런데 생각해 보면, LLM 자체가 프롬프트를 가장 잘 이해하고 작성할 수 있는 존재가 아닌가? LLM은 수많은 텍스트 데이터를 학습하여 언어의 패턴과 구조를 깊이 이해하고 있으며, 자신의 입력·처리·출력 메커니즘에 대해 가장 잘 알고 있는 주체다. LLM은 다양한 맥락과 의도를 파악하는 데 뛰어나며, 사용자가 요구하는 응답을 최적화하기 위해 어떤 입력이 필요한지 정확히 알고 있다.

    따라서 LLM은 자신의 작동 방식에 가장 잘 부합하는 형태로 프롬프트를 구성할 수 있다. 즉, LLM이 프롬프트 작성에 있어 우수한 성능을 보이는 것은 그들의 본질적 특성과 능력을 고려할 때 자연스러운 결과라고 할 수 있다.

이번 주제인 **자동 프롬프트 엔지니어링**(APE: Automatic Prompt Engineering)은 LLM을 활용하여 더 효과적인 프롬프트를 생성하고 최적화하는 것으로, 이는 LLM의 성능을 극대화하는 동시에 사용자의 시간과 노력을 절약할 수 있는 강력한 방법론이다.

메타 프롬프트(Meta Prompt)는 APE를 구현하는 구체적인 기법 중 하나다. 메타 프롬프트란 쉽게 말해 '프롬프트를 만드는 프롬프트'로, LLM에 프롬프트를 생성하거나 최적화하도록 지시하는 특수한 형태의 프롬프트다. 메타 프롬프트에서 **메타**라는 단어에는 다음과 같은 개념적 의미가 있다.

- **자기 참조성**: 메타는 일반적으로 '~에 대한' 또는 '자기 자신을 참조하는'이라는 뜻을 가진다. 이에 따라 메타 프롬프트는 프롬프트에 관한 프롬프트, 즉 프롬프트를 생성하거나 최적화하기 위한 프롬프트를 의미한다.
- **고차원적 접근**: 메타 프롬프트는 일반적인 프롬프트보다 더 높은 수준의 사고 능력이 필요하며, 프롬프트 설계 자체를 사고의 대상으로 삼는다. 프롬프트를 만드는 과정을 다시 프롬프트로 정의하는 것이기 때문에, 이는 보다 고차원적이며 추상화된 방식이다. 이러한 특성은 메타가 지닌 '더 높은 수준의', '더 추상적인'이라는 의미와 맞닿아 있다.

APE가 프롬프트를 수동으로 설계하고 개선하는 기존의 접근법에서 벗어나 AI 자체의 능력을 활용해 더 효과적인 프롬프트를 만들어내는 포괄적인 개념이라면, 메타 프롬프트는 APE의 실질적인 도구이자 구현 방식이라고 볼 수 있다. 메타 프롬프트는 APE를 실현하는 가장 직관적이고 접근하기 쉬운 방법이기 때문에, 많은 사용자가 APE와 메타 프롬프트를 혼용하여 사용한다.

　　메타 프롬프트를 이용하면 LLM이 특정 목표와 작업에 맞는 새로운 프롬프트를 생성하도록 하거나, 기존 프롬프트를 분석하고 더 효과적인 버전을 제안하도록 만들 수 있다. 여기에서 사용자 프롬프트를 최적화하는 메타 프롬프트를 살펴보자. 다양한 작업에 활용할 수 있도록 범용 메타 프롬프트로 만들었으며, [원본 프롬프트] 내용만 사용자의 것으로 수정해서 사용하면 된다.

Prompt

#입력
[원본 프롬프트] = "업무 생산성 향상을 위한 시간 관리 기법을 알려주세요."

#처리
당신은 "세계 최고의 프롬프트 엔지니어"입니다. 당신의 역할은 사용자가 제공한 프롬프트를 높은 품질의 프롬프트로 개선하는 일입니다. 다음의 지침에 따라 [원본 프롬프트]를 재구성하여 [최적화된 프롬프트]를 생성해 주세요.
1. 의도 파악: 사용자의 궁극적인 목표와 의도를 명확히 이해하고 명시하세요.

2. 맥락 확립: 관련된 배경 정보, 주제의 범위, 필요한 전문 지식수준을 설정하세요.
3. 구체성 강화: 모호한 표현을 피하고, 명확하고 구체적인 지시사항을 제공하세요. 필요한 경우, 단계별 지침을 포함하세요.
4. 구조화: 응답의 형식, 구조, 섹션을 명확히 지정하여 체계적인 출력을 유도하세요.
5. 예시 제공: 가능한 경우, 기대하는 출력의 구체적인 예시나 샘플 데이터를 포함하세요.
6. 제한 설정: 응답의 길이, 복잡성 수준, 사용할 기술 용어의 범위 등을 명시하세요.
7. 다각적 접근: 다양한 관점, 시나리오, 또는 해결 방법을 고려하도록 요청하세요.
8. 윤리적 고려: 편향, 민감한 내용, 또는 잠재적인 부작용에 대한 주의사항을 포함하세요.
9. 상호작용 유도: 필요한 경우, 추가 정보나 명확화를 요청할 수 있는 옵션을 제공하세요.
10. 품질 기준 설정: 응답을 평가할 수 있는 구체적인 기준이나 체크리스트를 포함하세요.

#출력
[최적화된 프롬프트]
[해설]

최적화된 프롬프트

"업무 생산성 향상을 위한 포괄적인 시간 관리 가이드를 제공해 주세요. 구체적으로:
1. 시간 관리의 주요 원칙과 그 과학적 근거를 간략히 설명해 주세요.

2. 다양한 업무 환경(사무실, 재택, 하이브리드)에 적용 가능한 5-7가지 실용적인 시간 관리 기법을 추천해 주세요.
3. 각 기법에 대해 다음을 포함해 주세요:
    - 기법의 명칭과 핵심 개념
    - 구체적인 실행 단계
    - 적용 시 흔한 장애물과 극복 방법
    - 성공적 적용을 위한 디지털/아날로그 도구 추천
4. 시간 관리 기법을 직무 유형별(예: 창의적 업무, 분석적 업무, 관리직)로 맞춤화하는 방법을 제안해 주세요.
5. 각 기법의 효과를 측정하고 추적할 수 있는 방법을 포함해 주세요.

응답은 전문가 수준이되 초보자도 실행할 수 있을 만큼 명확하게 작성해 주시고, 실용적인 예시와 함께 2,000단어 이내로 작성해 주세요. 가능하면 최신 연구 결과나 전문가 의견도 참조해 주세요."

해설

원본 프롬프트는 시간 관리 기법에 대한 일반적인 정보를 요청했지만, 다음과 같은 방식으로 최적화했습니다:

1. **의도 파악**: "업무 생산성 향상"이라는 목표를 명확히 하고, 포괄적인 가이드를 요청하도록 구체화했습니다.
2. **맥락 확립**: 다양한 업무 환경(사무실, 재택, 하이브리드)을 명시하여 응용 범위를 확대했습니다.
3. **구체성 강화**: 시간 관리 기법에 대해 명칭, 실행 단계, 장애물 극복 방법, 도구 추천 등 구체적인 정보를 요청했습니다.
4. **구조화**: 응답을 5개 주요 섹션으로 구조화하여 체계적인 정보를 얻도록 했습니다.
5. **다각적 접근**: 직무 유형별 맞춤화 방법을 요청하여 다양한 상황에 적용할 수 있도록 했습니다.
6. **제한 설정**: 응답 길이(2,000단어 이내)와 난이도(전문가 수준이되 초보자도 이해할 수 있는)를 명시했습니다.

7. **품질 기준 설정**: 실용적인 예시와 최신 연구 결과 참조를 요청하여 응답의 품질을 높였습니다.
8. **상호작용 유도**: 실행 가능한 단계와 측정 방법을 포함하도록 하여 직접 적용할 수 있게 했습니다.

모델이 출력한 프롬프트를 그대로 이용하거나, 또는 사용자의 입맛에 맞게 수정해서 이용하면 된다. 이처럼 메타 프롬프트는 모델 자신의 기능과 한계에 대한 이해를 기반으로 체계적이고 포괄적인 접근 방식을 통하여, 더 효과적인 프롬프트를 생성하도록 한다. 메타 프롬프트의 필요성과 이점은 다음과 같다.

- **효율성**: 인간이 수동으로 프롬프트를 설계하고 반복적으로 개선하는 과정은 노동 집약적인 일이며, 시간과 비용이 많이 소요된다. 메타 프롬프트는 이 과정을 자동화하여 효율성을 크게 높인다.
- **최적화 능력**: 모델은 자신의 내부 작동 방식과 언어 패턴에 대한 이해를 바탕으로, 인간보다 더 효과적인 프롬프트 구조를 찾아낼 수 있다.
- **생산성 및 확장성**: 다양한 분야와 작업에 맞춘 프롬프트를 대규모로 생성하고 테스트할 수 있다.
- **자동화 및 지속적 개선**: 피드백을 기반으로 프롬프트를 자동으로 개선하는 시스템을 구축할 수 있다.

유의할 사항이 있다. 메타 프롬프트를 제대로 활용하기 위해서는 고성능의 최신 AI 모델을 선택하는 것이 매우 중요하다는 점이다. 메타 프롬프트는 모델에게 꽤 복잡한 작업을 요청하는데, 프롬프트를 분석하고 개선하려면 높은 수준의 이해력과 생성 능력이 필요하다. 일반적으로 매개변수의 수가 많고 처리 용량이 큰 최신 AI 모델일수록 전체 맥락을 보다 정확하게 파악하며, 복잡한 지시사항에 대해서도 더 높은 수준의 이해와 실행 능력을 보인다. 또한 추론 능력이 뛰어난 모델일수록 원본 프롬프트의 약점을 파악하고 개선점을 찾아내는 데 있어서 더 효과적이다.

정리하면, 앞으로의 프롬프트 엔지니어링은 '인간에 의한 프롬프트 엔지니어링과 AI를 활용하는 자동 프롬프트 엔지니어링 사이의 성공적인 통합과 적절한 균형을 찾는 일'이 될 것으로 생각한다. 즉, 프롬프트 엔지니어링 기술은 단지 인간 스스로 효과적인 프롬프트를 작성하는 수준을 넘어, AI의 능력을 적극 활용하여 더욱 정밀하고 고차원적인 프롬프트를 설계하고 조정하는 메타적 접근까지 포함한다고 볼 수 있다.

이러한 접근 방식은 인간과 AI의 협업을 더욱 정교하고 효과적으로 만들어, 양측의 장점을 최대한 활용하는 새로운 차원의 지능적 상호작용을 가능하게 할 것이다. 이를 통해 우리는 AI와의 소통을 한 차원 높은 수준으로 끌어올릴 수 있다.

메타 프롬프트로
단계별 프롬프트 생성하기

APE의 또 다른 강력한 응용 방법을 살펴보자. 복잡하거나 다단계 작업을 수행해야 할 때 특히 유용한 방법으로, 이를 사용하면 LLM이 사용자의 원본 프롬프트를 분석해 작업을 논리적이고 실행 가능한 여러 단계로 나누고, 각 단계에 대한 최적화된 프롬프트를 생성해 준다. 이 방법은 다음과 같은 방식으로 활용한다.

1. **메타 프롬프트 준비**: 단계별 프롬프트를 생성하기 위한 메타 프롬프트를 준비한다. 이 메타 프롬프트는 LLM에 작업을 어떻게 나누고 각 단계의 프롬프트를 어떻게 구성할지 지시한다.
2. **원본 프롬프트 제공**: 사용자의 원본 프롬프트를 메타 프롬프트와 함께 모델에 입력한다.
3. **단계별 프롬프트 생성**: 모델은 메타 프롬프트의 지침에 따라 원본 프롬프트를 분석하고, 작업을 논리적인 단계로 나누어 각 단계에 대한 최적화된 프롬프트를 생성한다.
4. **결과 검토 및 조정**: 생성된 단계별 프롬프트를 검토하고, 필요

한 경우 수정하거나 보완한다.

 Prompt

#입력
[원본 프롬프트] = "인스타그램의 부정적 영향에 관한 보고서를 작성해 주세요."

#처리
당신은 "세계 최고의 프롬프트 엔지니어"입니다. 사용자가 제공한 [원본 프롬프트]를 분석하고 개선하여 고품질의 단계별 프롬프트로 재구성해 주세요. 다음 지침을 따라 [최적화된 단계별 프롬프트]를 생성하세요.
1. 프롬프트 분석: 원본 프롬프트의 주요 목적과 요구사항을 분석하세요.
2. 구조 설계: 전체 작업을 논리적이고 순차적인 단계로 분할하세요. 각 단계는 구체적이고 실행 가능해야 합니다. 단계 간 명확한 연결성을 확보하여, 전체 작업의 흐름이 원활하게 이어지도록 하세요.
3. 컨텍스트 추가: 각 단계에 필요한 세부 정보와 배경 정보를 추가하세요. 다양한 관점과 접근 방식을 고려합니다.
4. 단계별 프롬프트 생성: 각 단계에 대해 최적화된 프롬프트를 작성하세요. 프롬프트는 명확하고 상세하고 구체적이어야 합니다.
5. 최종 통합: 마지막으로, 모든 단계의 결과를 검토 및 통합하여 최종 결과물을 완성하세요.

#출력
[최적화된 단계별 프롬프트]
[해설]

[최적화된 단계별 프롬프트]

1단계: 주제 정의 및 범위 설정
프롬프트: "인스타그램이 개인 및 사회에 미치는 부정적 영향에 대해 탐구하려 합니다. 연구의 초점을 맞출 주요 측면(예: 정신 건강, 신체 이미지, 중독성, 사회 비교 등)을 식별하고, 보고서의 목적과 대상 독자를 정의하세요."

2단계: 정보 수집 및 분석
프롬프트: "신뢰할 수 있는 자료(학술 논문, 뉴스 기사, 통계 등)를 바탕으로 인스타그램의 부정적 영향 사례를 수집하고, 그 원인과 결과를 정리하세요. 이 과정에서 다양한 연령대와 문화권의 사용자 사례를 포함해 주세요."

3단계: 주요 쟁점 정리 및 구조화
프롬프트: "수집한 자료를 바탕으로 인스타그램의 부정적 영향을 크게 3-4개의 핵심 쟁점으로 분류하고, 각 쟁점의 핵심 내용과 사례를 정리하세요. 각 쟁점 간의 관계나 공통점도 분석해 보세요."

4단계: 보고서 초안 작성
프롬프트: "정의된 주제와 구조를 기반으로 인스타그램의 부정적 영향을 다룬 보고서 초안을 작성하세요. 서론, 본론, 결론 형식으로 구성하고, 각 단락마다 명확한 주제를 설정해 논리적으로 전개해 주세요."

5단계: 대안 제시 및 결론 강화
프롬프트: "보고서 결론 부분에 인스타그램 사용에 따른 부정적 영향을 줄이기 위한 개인적·사회적 해결 방안을 제시하세요. 정부, 플랫폼 기업, 사용자 각 주체의 역할을 고려한 실현 가능한 방안을 포함해 주세요."

6단계: 최종 보고서 통합 및 검토

프롬프트: "작성한 각 단계를 종합하여 완성도 높은 최종 보고서를 작성하세요. 내용의 흐름, 논리적 연결성, 근거의 타당성 등을 검토하고 문법적 오류를 수정해 주세요. 필요 시 도표나 인용 등을 추가해 가독성을 높이세요."

[해설]

이 단계별 프롬프트는 단순히 '보고서를 작성해 주세요'라는 요청에서 벗어나, 사용자가 구체적인 구조와 내용을 스스로 정리하며 고품질 결과물을 만들 수 있도록 유도합니다. 각 단계는 논리적으로 연결되어 있으며, 조사, 분석, 구성, 작성, 수정이라는 글쓰기의 기본 절차를 체계적으로 안내합니다. 또한 다양한 관점과 출처 활용을 권장함으로써 보고서의 깊이와 신뢰성을 높일 수 있습니다.

이 메타 프롬프트를 사용하면, 사용자는 더 체계적이고 구체적인 단계별 프롬프트를 생성할 수 있다. 이를 통해 복잡한 작업을 보다 효율적으로 처리하고, 최종 결과물의 완성도를 높일 수 있다.

물론, 이 메타 프롬프트가 유일하거나 완전한 정답은 아니다. 상황에 따라 적절히 수정하고 보완하여 사용하는 것이 바람직하며, 경우에 따라서는 처음부터 자신만의 방식으로 새롭게 작성하는 것도 고려하자. 메타 프롬프트는 어디까지나 하나의 도구일 뿐이며, 가장 중요한 것은 사용자의 창의적 응용과 상황에 맞는 유연한 조정이라는 점을 잊지 말아야 한다.

그렇다면 이러한 단계별 프롬프트는 언제 사용하는 게 좋을까?

가능하다면 단일 프롬프트로 한 방에 원하는 결과를 얻는 게 시간 및 비용을 절약한다는 점에서 가장 좋겠지만, 다음과 같은 이유들로 인해 프롬프트를 작업 단계별로 나눠 입력하는 것이 더 나은 경우도 존재한다.

- **작업의 복잡성**: 복잡하고 다면적인 작업을 수행할 때 단계별 프롬프트가 유용할 수 있다. 이는 전체 작업을 관리 가능한 부분들로 나누어 각 부분에 집중할 수 있게 해준다. 예를 들어, 보고서 작성과 같이 구성이 중요한 작업은 먼저 전체 구조를 생성한 후에 부분별로 내용을 채워가는 방법이 합리적이다.
- **정보의 순차적 처리**: 일부 작업은 이전 단계의 결과가 다음 단계의 입력으로 사용되는 순차적 처리를 요구한다. 이런 경우 단계별 프롬프트를 사용하면, 각 단계의 결과를 확인하고 다음 단계에 입력으로 적절히 활용할 수 있다. 절차적인 데이터 분석이나 글의 집필 과정이 이러한 순차적 프로세스의 전형적인 예시다.
- **사용자 개입 용이**: 복잡한 작업에서는 중간에 사용자의 판단이나 추가 입력이 필요할 수 있다. 단계별 프롬프트는 이러한 사용자 개입을 자연스럽게 할 수 있는 지점을 제공한다. 특히 창의적인 프로젝트나 맞춤형 결과물이 필요할 때 각 단계에서 사용자의 피드백을 반영하면 더 만족스러운 최종 결과를 얻을 수 있다.

- **모델의 성능 최적화**: LLM은 한 번에 처리할 수 있는 정보의 양에 제한이 있다. 단계별 프롬프트를 사용하면 이러한 제한을 고려하여 모델의 성능을 최대한 활용할 수 있다. 특히 긴 문서 처리나 복잡한 계산이 필요한 경우, 작업을 나누어 접근하면 모델이 각 부분에 더 집중할 수 있다.
- **유연성과 적응성**: 작업 중 예상치 못한 상황이 발생하거나 요구사항이 변경될 경우, 단계별 접근은 더 유연하게 대응할 수 있게 해준다. 필요한 단계만 수정하거나 새로운 단계를 추가하는 것이 가능하다. 특히 진행 중에 방향이 바뀔 수 있는 탐색적인 작업을 할 때 유용하다.

이처럼 단계별 프롬프트 방식은 필요한 상황이 있고 분명한 장점도 있지만, 동시에 다음과 같은 몇 가지 한계와 단점도 존재한다. 작업의 성격과 복잡성, 사용 가능한 리소스 등을 고려하여 단계별 프롬프트의 사용 여부와 방식을 결정하는 것이 중요하다.

- **더 많은 시간 및 자원 소모**: 여러 단계로 나누어 작업을 수행하는 건 전체적으로 더 많은 시간을 소모한다. 단계마다 프롬프트를 입력하고 결과를 검토하는 과정이 필요하기 때문이다. 또한 메시지 소모가 늘어나 쉽게 메시지 제한에 걸릴 수 있다.
- **모델의 한계와 제한된 메모리**: LLM의 특성상 이전 단계의 정보를 완벽하게 기억하지 못할 수 있다. 그에 따라 단계 간 정

보의 연속성이 끊길 수 있다. 이는 복잡한 맥락이나 세부 정보가 중요한 작업에서 문제가 될 수 있으며, 때로는 각 단계의 결과를 다음 단계에 명시적으로 포함시켜야 하는 번거로움이 생긴다.

- **오버엔지니어링 위험:** 간단한 작업에 대해서도 지나치게 복잡한 단계별 프롬프트를 사용하는 것은 '오버엔지니어링(Overengineering)'에 해당할 수 있다. 오버엔지니어링이란 문제를 해결하는 데 있어 필요 이상으로 복잡한 방식이나 구조를 적용하는 것을 의미한다. 즉, 간단한 해결책으로도 충분한 상황에서 굳이 정교하고 복잡한 프롬프트를 설계하고 단계별 프롬프트를 이용하는 것은 오히려 비효율적일 수 있다.

사용자가 수동으로 단계별 프롬프트를 직접 만드는 것은 적지 않은 시간과 노력이 필요한 작업이다. 목표를 명확하게 정의하고, 전체적인 흐름을 유지하면서도 각 단계의 내용을 세밀하게 구성하는 것은 상당한 전문성과 경험을 요구한다. 특히 LLM의 사용 경험이 많지 않은 사용자에게는 이러한 작업이 꽤 어려울 수 있다.

그렇지만 앞서 제시한 메타 프롬프트를 활용하여 초벌 프롬프트를 생성한 뒤, 이를 사용자의 목적과 상황에 맞게 적절히 수정해 사용한다면 상당히 도움이 될 수 있다. 이는 요리를 처음 시작하는 사람이 기본 레시피를 참고한 후, 자신의 취향에 따라 약간씩 조절하는 과정과 유사하다.

처음부터 모든 요소를 완벽하게 설계하려 하기보다는, 모델의 도움을 받아 프롬프트의 기초 구조를 만든 후, 그 위에 자신의 필요와 의도를 덧붙이는 방식이 훨씬 효율적이다. 이처럼 AI의 생성 능력을 기반으로 초안을 마련하고, 인간의 세밀한 감각으로 이를 다듬는 접근법은 시간과 자원을 절약하면서도 높은 품질의 결과물을 얻을 수 있는 합리적이고 스마트한 작업 방식이다.

신뢰도 임계값 기법:
AI 응답에 자기 평가 요구하기

　LLM이 제공하는 답변은 때로는 놀라울 정도로 정확하지만, 때로는 그럴듯하게 포장된 오류를 포함하기도 한다. 특히 복잡한 전문 지식이라면 일반 사용자가 이를 구분하는 건 더욱 어렵다.

　일상생활에서 우리는 누군가에게 질문할 때 종종 "확실히 알고 있는 것만 말해줘."라고 당부하고는 한다. 이러한 접근 방식을 LLM과의 대화에 적용한 것이 바로 **신뢰도 임계값**(Confidence Threshold) 기법이다.

　대부분의 사용자는 LLM이 잘못된 답변을 내놓을까 봐 우려한다. 만약 그런 우려조차 없다면, 오히려 걱정을 시작해야 할지도 모른다. 특히 주제가 복잡하거나 민감할수록, 그리고 사용자가 해당 주제에 대한 이해가 부족할수록 모델의 답변을 그대로 신뢰하기는 어려우며 또 신뢰해서도 안 된다. 이는 마치 외국어 실력이 부족한 상태에서 번역문의 정확성을 검토하기 힘든 상황과 마찬가지다.

　이때 도움이 되는 방법이 바로 신뢰도 임계값이다. 이 기법을 사용하면 모델에 일정 수준 이상의 확신이 있을 때만 답변하도록 요구하거나, 답변의 신뢰도를 명시하라고 요청할 수 있다. 이는 모델이 자신의 지식 경계를 인식하고 평가하도록 하는 일종의 메타인지적 접근이라고 볼 수 있다.

신뢰도 임계값을 적용하는 기본적인 문구는 간단하다. 프롬프트에 **"확실히 알고 있다면"**, **"자신 있게 대답할 수 있다면"** 등의 문구를 추가하면 된다. 예를 들어, "양자물리학에 대해 확실히 알고 있는 내용만 설명해 줄 수 있나요?"와 같이 질문할 수 있다. 이렇게 하면 모델은 더 신중하게 답변을 구성하게 된다.

예시를 살펴보자. 모델에 제공한 지원자 정보는 가상으로 생성한 것이다.

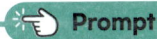 **Prompt**

당신은 "인재 평가 시스템"입니다. 당신의 역할은 다음의 지침을 토대로 지원자의 이력서와 면접 결과를 분석하여 적합한 후보를 선별하는 것입니다. 내가 지원자 정보를 제공하면 평가를 시작합니다.

- 지심1: 지원자의 기술 능력 평가는 90% 이상 확신할 때만 구체적 점수를 부여하세요.
- 지침2: 문화적 적합성 평가는 85% 이상의 확신이 있을 때만 의견을 제시하세요.
- 지침3: 리더십 잠재력 평가는 80% 이상 확신할 때만 상세히 기술하세요.
- 지침4: 이직 가능성 예측은 75% 이상의 확신이 있을 때만 언급하세요.
- 지침5: 나머지 모든 평가 항목에 대해 신뢰도 수준을 명시하고, 70% 미만인 경우 "추가 평가 필요"로 표시하세요.

 **Claude**

안녕하세요! 저는 인재 평가 시스템입니다. 제가 평가할 수 있는 항목은 다음과 같습니다:
- 기술 능력 (90% 이상 확신 필요)
- 문화적 적합성 (85% 이상 확신 필요)
- 리더십 잠재력 (80% 이상 확신 필요)
- 이직 가능성 (75% 이상 확신 필요)
- 기타 평가 항목 (신뢰도 표시, 70% 미만은 "추가 평가 필요"로 표기)

지원자 정보를 제공해 주시면 분석을 시작하겠습니다.

사용자입력

이름: 김민준
나이: 29세
지원 직무: 백엔드 개발자
경력: 4년

학력:
한국공대 컴퓨터공학과 학사 (2016-2020)
학점: 3.8/4.5

경력사항:
ABC테크놀로지 (2022-현재)
- 백엔드 개발자
- 주요 프로젝트: 결제 시스템 리팩토링, 사용자 인증 모듈 개발
- 직급: 선임 개발자 (2023년 승진), XYZ소프트웨어 (2020-2022)
- 주니어 백엔드 개발자
- 주요 프로젝트: 쇼핑몰 API 개발, 데이터 마이그레이션

면접 결과:
- 기술 면접: 알고리즘 문제 2/3 해결, 시스템 설계 질문에 적절히 대응
- 코딩 테스트: 85점/100점
- 문화 적합성 면접: 팀워크 중시, 효율적인 의사소통 스타일
- 매니저 면접: 긍정적인 평가, 개발 철학과 회사 방향성 일치

자기소개:
"안정적이고 확장 가능한 시스템 설계에 관심이 많습니다. 지난 4년간 다양한 규모의 프로젝트에서 백엔드 개발을 담당했으며, 특히 대용량 트래픽 처리와 데이터베이스 최적화에 강점이 있습니다. 팀 내 코드 리뷰 문화를 정착시키는 데 기여했으며, 주니어 개발자 3명의 멘토링 경험이 있습니다. 새로운 기술을 배우고 적용하는 것을 즐기며, 현재는 마이크로서비스 아키텍처에 대해 심화 학습 중입니다."

지원자 평가 보고서: 김민준 (백엔드 개발자)

기술 능력 평가 (신뢰도: 92%)
- **알고리즘 역량**: 기술 면접에서 3문제 중 2문제 해결, 코딩 테스트 85/100점 획득
- **백엔드 개발 경험**: 결제 시스템, 인증 모듈, API 개발 등 실무 경험 보유
- **기술적 관심사**: 대용량 트래픽 처리, DB 최적화, 마이크로서비스 아키텍처 등 심화 기술에 관심
- **종합 점수**: 88/100점 (선임 백엔드 개발자 포지션에 적합)

문화적 적합성 평가 (신뢰도: 88%)
- 팀워크 중시 성향과 효율적인 의사소통 스타일 보유
- 코드 리뷰 문화 정착에 기여한 경험은 협업 중시 문화와 일치

- 매니저 면접에서 개발 철학과 회사 방향성 일치 확인
- 주니어 개발자 멘토링 경험은 지식 공유 문화에 긍정적 기여 가능

리더십 잠재력 평가 (신뢰도: 83%)
- 1년 내 선임 개발자로 승진한 경력
- 주니어 개발자 3명의 멘토링 경험
- 팀 내 코드 리뷰 문화 정착에 기여한 이니셔티브
- 향후 1-2년 내 팀 리드 역할 수행 가능성 높음

이직 가능성 예측 (신뢰도: 72%)
- 추가 평가 필요

성장 가능성 평가 (신뢰도: 85%)
- 자기주도적 학습 성향 (마이크로서비스 아키텍처 심화 학습 중)
- 새로운 기술에 대한 관심과 적용 의지 확인
- 경력 개발 궤도가 명확하며 기술적 성장에 대한 의지가 강함

종합 의견

김민준 지원자는 백엔드 개발자 포지션에 기술적으로 매우 적합하며, 회사 문화와의 적합성도 높습니다. 특히 선임 개발자로서의 경험과 주니어 멘토링 경험은 팀 내 시너지를 창출할 가능성이 큽니다. 기술적 역량과 성장 가능성을 고려할 때 채용을 강력히 추천합니다.

예시에서는 각 항목의 특성과 중요도를 고려하여 서로 다른 신뢰도 임계값을 설정하였다. 이러한 방식은 보다 신뢰성 있고 책임감 있는 모델의 응답을 유도하는 데 기여한다. 이 기법의 핵심은 모델에 자신의 지식이나 판단에 대한 일종의 **자기 평가**를 요구한다는 점

이다. 이 기법의 몇 가지 형식을 살펴보면 다음과 같다.

명확한 임계값 설정

모델에 특정 임계값을 넘을 때만 답변하도록 지시한다.

→ 예) "이 내용에 대해 80% 이상 이해한 경우에만 분석하고 조언해 주세요."

→ 예) "이 법률문제에 대해 95% 이상 확신하는 해석만 제시해 주세요."

불확실성 표현 요청

모델이 확신하지 못하는 경우 모르겠다고 말할 수 있도록 한다.

→ 예) "이 신기술의 미래 전망을 예측해 주세요. 확신이 없는 부분은 솔직히 모르겠다고 답변해 주세요."

→ 예) "회사의 재무 상태를 분석해 주세요. 데이터가 불충분하거나 불확실한 부분에 대해서는 '이 부분은 확실하지 않습니다.'라고 표현해 주세요."

신뢰도 평가 요청

모델에 답변과 함께 신뢰도 수준을 표시하도록 요청할 수 있다.

→ 예) "후보자의 역량을 평가하고, 당신의 평가에 대해 각 항목마다 퍼센트로 신뢰도를 표시해 주세요."

→ 예) "비즈니스 모델을 분석하고, 당신의 전체 답변에 대해 0에

서 1 사이의 신뢰도 점수를 부여해 주세요."

> 예) 이 연구 결과를 분석하고 다음 기준으로 신뢰도를 평가해 주세요:
> - 방법론적 견고성 (연구 설계의 타당성)
> - 표본 대표성 (표본 크기와 선정 방법)
> - 통계적 유의성 (p-값, 신뢰구간)
> - 외부 검증 여부 (유사 연구와의 일치성)
>
> 각 항목별 점수(0-10)와 종합 신뢰도를 백분율로 제시하세요.

> 예) 다음 주제에 대해 논의해 봅시다. 당신은 각 진술마다:
> 1. 해당 정보의 신뢰도를 0~100%로 평가하세요.
> 2. 신뢰도가 90% 미만인 경우, 왜 확신하지 못하는지 설명하세요.
> 3. 내가 검증할 수 있는 참고자료나 방법을 제안하세요.

다중 프로필 교차검증

동일한 질문에 대해 다른 역할과 관점에서의 응답을 비교하도록 설계할 수 있다.

> 예) 당신은 2명의 다른 전문가처럼 행동하여 이 문제를 분석해야 합니다.
>
> [전문가 A - 낙관적 관점] : 85% 이상 확신하는 긍정적 측면
> [전문가 B - 비관적 관점] : 85% 이상 확신하는 부정적 측면
>
> 각 관점을 분리하여 제시하고, 마지막에 두 관점의 교집합(모두가 확신하는 부분)을 요약하세요.

신뢰도 임계값을 이용하면, 인간이 잘 모르는 주제에 대해 말할 때 주저하거나 불확실성을 표현하는 것처럼, 모델에게도 비슷한 방식으로 행동하도록 유도할 수 있다. 이 기법은 다음과 같은 이점이 있다.

- 모델이 부정확한 정보를 제공할 가능성을 줄여 준다. 모델 스스로 확신이 없는 경우에는 답변하지 않거나 불확실성을 표현할 것이기 때문이다. 이는 잘못된 정보로 인한 의사결정 오류를 방지하는 데 도움이 된다.
- 모델의 답변에 대한 신뢰도를 높일 수 있다. 모델이 높은 확신을 가지고 답변한 내용은 상대적으로 더 신뢰할 만하다고 볼 수 있다.
- 모델의 한계를 이해하는 데 도움이 된다. 모델이 어떤 주제에 대해 자주 불확실성을 표현한다면, 그 분야에 대한 지식이나 이해가 제한적이라는 사실을 알 수 있다.
- 사용자의 비판적 사고를 촉진한다. 모델이 자신의 확신 수준을 명시함으로써, 사용자는 그 정보를 어떻게 활용할지 더 신중하게 고려하게 된다. 이는 모델에 대한 무조건적인 의존이 아닌, 건강한 협력 관계를 형성하는 데 도움이 된다.

이 기법을 사용할 때 주의해야 할 점이 있다. 모델이 답변한 확신이나 신뢰도 수준이 반드시 정확성을 보장하는 것은 아니라는 사실이다. 이 기법이 LLM의 환각이나 오류를 완전히 제거하는 것은 아니며, 다만 그 발생 가능성을 줄여주는 데에 도움을 줄 뿐이다. LLM

의 특성상 때때로 잘못된 정보에 대해서도 높은 확신을 가지고 응답할 수 있다는 점을 염두에 두어야 한다.

따라서 사실 여부가 중요한 정보의 경우, 항상 다른 신뢰할 만한 출처를 통해 검증해야 한다. 특히 의학, 법률, 금융과 같이 의사결정의 영향력이 중대한 분야에서는 더욱 그렇다. LLM을 유용한 보조 도구로 활용하되, 최종 판단은 인간의 전문적 지식과 경험에 기반해야 한다.

또한 임계값을 너무 높게 설정하면 유용한 정보까지 놓칠 수 있다는 점도 기억해야 한다. 100% 확신을 요구하면 분야에 따라서는 모델이 거의 아무것도 답변하지 못하거나 아예 환각에 빠져 틀린 답변을 능청스럽게 제시할 수도 있다. 따라서 상황과 중요도에 맞게 적절한 수치를 설정하는 것이 중요하다.

정리하면, 신뢰도 임계값은 LLM의 장점을 최대한 활용하는 동시에 그 한계를 인식하고 대비할 수 있도록 해주는 유용한 기법이다. 일상적인 질문과 중요한 의사결정 사이에는 분명한 경계가 존재하며, 특히 후자의 경우에 이 기법을 통해 모델의 응답 신뢰도와 품질을 한층 끌어올릴 수 있다.

신뢰할 수 없는 말은 때로 침묵보다 못하다. 이는 LLM에도 그대로 적용된다. 모델 자신이 모르는 영역이나 불확실한 정보에 대해 솔직히 한계를 드러내도록 하는 것은, AI를 더 책임감 있게 활용하는 것이며 동시에 우리 자신의 비판적 사고 능력을 향상시켜준다. 지식의 경계를 명확히 하는 것이야말로 진정한 지혜의 시작이다.

개념 매핑 기법:
지식 융합으로 인사이트 찾기

현대 사회의 복잡한 문제들은 대개 단일 분야의 지식만으로는 해결하기 어려운 다차원적 성격을 띠고 있다. 이러한 환경에서 **개념 매핑(Conceptual Mapping)** 기법은 서로 다른 지식 영역 간의 연결고리를 발견하여 사고의 지평을 넓히는 강력한 인지 도구다. 매핑은 한 영역의 개념이나 요소를 다른 영역에 연결하거나 대응시키는 과정을 말한다. 문자 그대로, 하나의 지도를 다른 지도에 겹쳐보는 것과 유사하다.

이 기법은 LLM과의 대화에서 하나의 개념을 다른 분야나 맥락에 적용하여 복잡한 개념을 더 쉽게 이해할 수 있게 해주고, 창의적인 아이디어와 새로운 인사이트를 얻도록 도와준다.

개념 매핑 프롬프트의 기본 구조는 다음과 같다.

- [출발 도메인] + [매핑할 개념] → [목표 도메인] + [원하는 결과물의 형태]
- "[A 분야]의 [B 개념]을 [C 분야]에 매핑하여 [D 형태]로 설명해 주세요."

→ 예) "생물학의 자연선택 개념을 기업경영에 매핑하여 비즈니스 전략 수립에 활용할 수 있는 프레임워크로 제시해 주세요."

개념 매핑을 통해 다음과 같은 결과를 얻을 수 있다.

- **유사성 찾기**: 두 도메인에서 비슷한 개념을 식별한다.
- **차이점 분석**: 비슷해 보이는 개념 간의 미묘한 차이를 분석한다.
- **인사이트 도출**: 서로 다른 도메인 간의 개념적 연결을 통해 새로운 아이디어나 응용 가능성을 발견한다.

Prompt

심리학의 "회복탄력성" 개념을 금융학에 매핑하고, 다음의 내용을 체계적으로 작성해 주세요.

1. 핵심 개념 정의: 두 분야에서 회복탄력성이 어떻게 정의되고 측정되는지 비교하세요.
2. 구조적 유사성: 심리학의 회복탄력성 모델과 금융 시스템의 안정성 메커니즘 사이의 5가지 핵심 구조적 유사점을 도출하세요.
3. 적용 가능한 원리: 심리학에서의 회복탄력성 개발 원리가 금융 기관의 위기 대응 능력 향상에 어떻게 적용될 수 있는지 구체적인 사례와 함께 설명하세요.
4. 한계점 분석: 이러한 개념 매핑의 한계와 주의해야 할 점을 명시하세요.
5. 통합적 프레임워크: 위 분석을 바탕으로 기업의 재무적·심리적 회복탄력성을 동시에 강화할 수 있는 통합 프레임워크를 제안하세요.

이 프레임워크는 실무자가 실제 적용할 수 있도록 단계별 접근법을 포함해야 합니다.

답변에 두 영역의 전문가들이 이해할 수 있는 적절한 전문 용어를 사용해도 무방합니다.

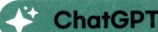

1. 핵심 개념 정의: 심리학과 금융학에서의 회복탄력성 비교

- **심리학적 회복탄력성 (Psychological Resilience)**
개인이 스트레스, 외상, 실패, 역경 등의 심리적 충격을 겪은 후 빠르게 회복하고 적응하는 능력. 주요 측정 방식은 Connor-Davidson Resilience Scale(CD-RISC), Brief Resilience Scale(BRS) 등을 활용하며, 자기보고식 설문이 주를 이룬다.

- **금융적 회복탄력성 (Financial Resilience)**
금융 시스템이나 개별 금융기관이 외부 충격(예: 금융위기, 유동성 경색, 시장 변동성)에 직면했을 때 빠르게 안정성을 회복하고 정상 기능을 복원하는 능력. 주요 측정 방식은 금융 스트레스 테스트, Value-at-Risk (VaR), Liquidity Coverage Ratio (LCR), Systemic Risk Index 등을 포함한다.

비교 요약:
심리학은 개별의 주관적·행동적 반응에 주목하는 반면, 금융학은 시스템적 안정성과 계량적 복원력을 평가한다. 양자는 회복의 속도, 적응성, 지속 가능성 측면에서 유사한 기준을 공유한다.

2. 구조적 유사성: 심리학 회복탄력성 모델과 금융 시스템 안정성 메커니즘 간의 핵심 유사점

1) 스트레스 반응 체계 (Stress Response Mechanism)
- 심리학: 스트레스에 대한 인지 및 정서적 반응 조절
- 금융: 외부 충격에 대한 리스크 관리 시스템의 반응 조정 (예: 스트레스 테스트, VaR 조정)

2) 적응적 시스템 구조 (Adaptive Architecture)
- 심리학: 유연한 사고방식과 문제 해결력
- 금융: 동태적 자산 포트폴리오 재구성 및 리스크 분산 전략

3) 예비 자원 보유 (Buffer Capacity)
- 심리학: 사회적 지지, 자기효능감 등 내외적 자원
- 금융: 유동성 예비금, 자본적정성비율, 예비 대출한도

4) 피드백 메커니즘 (Feedback Loop)
- 심리학: 자기반성과 행동수정 과정
- 금융: 실시간 리스크 모니터링 및 정책 조정 피드백 루프

5) 회복 경로 다양성 (Pathways to Recovery)
- 심리학: 개인차에 따른 회복 방식의 다양성
- 금융: 금융기관 간 대응전략의 다변화 (예: 구조조정, 정부개입, 인수합병 등)

3. 적용 가능한 원리: 심리학의 회복탄력성 개발 원리의 금융 적용

- 심리학 원리 1: 자기 인식(Self-awareness)
금융 적용: 금융기관의 리스크 포지션 및 취약점에 대한 정기적 자기진단
사례: JP Morgan은 2008년 금융위기 이후 내부 리스크문화 혁신과 투명한 리스크 리포팅 체계를 도입하여 위기 조기 인지 능력을 강화함

- **심리학 원리 2: 감정조절 능력(Emotional Regulation)**
금융 적용: 시장 급변시 과잉 반응 억제를 위한 자동화된 거래 리스크 한도 설정
사례: BlackRock은 포트폴리오 조정 시 알고리즘 기반 의사결정 체계를 활용해 시장 공황에 휘둘리지 않는 운영 구조 확보

- **심리학 원리 3: 사회적 지지망 활용(Social Support)**
금융 적용: 중앙은행, 예금보험공사 등 외부 안정망과의 연계
사례: 영국 은행(Bank of England)은 위기 상황에서 민간 은행들과의 협력적 유동성 공급 메커니즘을 강화

- **심리학 원리 4: 목적의식(Purpose and Meaning)**
금융 적용: ESG 기반의 장기 전략 수립을 통한 조직 회복 탄력성 강화
사례: UBS는 지속가능성 전략을 기업 핵심 가치에 통합해, 위기 시 의사결정 방향성을 명확히 유지

4. 한계점 분석: 개념 매핑의 한계와 주의점

- **개인 대 시스템 차원 문제**
심리학은 주로 개인 단위, 금융은 조직 또는 시스템 단위의 복잡 계층적 구조를 다루기에 직접적인 1:1 대응이 어려움

- **정성적 vs 정량적 측정 방식**
심리학의 회복탄력성은 정성적 요소가 강하며, 금융은 정량 분석 중심이므로 측정 기준과 방법론 간의 불일치 존재

- **맥락 의존성(Context Sensitivity)**
심리적 회복은 문화·가정환경 등 주관적 맥락에 따라 크게 달라지며, 금융 시스템도 국가별 규제 환경과 시장 구조에 따라 회복 특성이 상이함

- 과도한 일반화 위험

인간의 심리 모델을 금융 시스템에 단순 적용할 경우, 예측 불가능성이나 비선형적 결과 발생 가능성이 존재함

5. 통합적 프레임워크: 재무적 · 심리적 회복탄력성 통합 전략

프레임워크 명: Adaptive Resilience Integration Model (ARIM)

목표:
조직 구성원의 심리적 회복력과 기업의 재무적 복원력을 동시에 강화하여, 위기 시 통합적 회복 역량 확보

단계별 접근법:

1단계. 리스크 자기 진단 (Self-diagnosis)
- 정기적인 내부 리스크 평가
- 구성원 대상 심리안정도 설문 시행

2단계. 회복 시뮬레이션 설계 (Scenario-based Simulation)
- 다양한 외부 충격 상황을 가정한 복합 회복 시나리오 설계
- 구성원에게도 비상 대응 훈련 제공 (예: 심리적 스트레스 테스트 포함)

3단계. 적응 자원 구축 (Resilience Resource Mapping)
- 조직 차원의 유동성 · 재무 완충 자원 매핑
- 직원 대상 지원 프로그램, 멘탈 헬스 리소스 체계 정비

4단계. 조직문화 정렬 (Culture Alignment)
- 회복탄력성을 핵심 가치로 선언
- 금융 리스크와 정서적 회복력을 연결하는 가치 기반 리더십 교육

5단계. 지속적 피드백 순환 (Continuous Feedback Loop)
- 위기 후 회고 및 피드백 세션 정례화
- 정량적 지표(재무 건전성) + 정성적 지표(직원 회복 경험) 통합 분석

더욱 풍부한 결과물을 얻기 위해 다음과 같은 방법들을 고려한다.

맥락 정보 제공

매핑의 목적과 배경을 명확히 설명한다.

→ 예) "교육공학 수업을 위해, 게임 디자인의 '플레이어 경험 루프' 개념을 교육 과정 설계에 매핑하려고 합니다."

분석 수준 지정

원하는 분석의 깊이와 범위를 명시한다.

→ 예) "물리학의 '열역학 제2법칙'을 경제시스템에 매핑하되, 미시적 수준(개인 행동)과 거시적 수준(시장 전체)에서 각각 어떻게 적용되는지 비교해 주세요."

다중 도메인 연결

두 개 이상의 분야를 연결하여 복합적 통찰을 요청한다.

→ 예) "생태학의 '복원력' 개념을 조직심리학과 정보보안 분야에 동시에 매핑하여, 기업의 위기관리 전략을 위한 통합적 모델을 제안해 주세요."

역방향 매핑

일반적인 매핑에서 더 나아가, 역으로 적용했을 때의 시사점을 탐색한다.

→ 예) "생물학의 '적응' 개념을 소프트웨어 개발에 매핑한 후, 이 매핑에서 도출된 소프트웨어 원리를 다시 생물학에 적용했을 때 얻을 수 있는 새로운 통찰력은 무엇인가요?"

이처럼 개념 매핑은 두 개 이상의 서로 다른 지식 도메인에서 유사한 개념들을 비교하고 그들 사이의 관계를 탐구하는 사고 과정이며, 이 방법을 통해 복잡한 아이디어를 보다 직관적으로 이해하고 활용할 수 있다. 특히 창의적인 문제 해결이나 교육에 이용할 때 상당히 도움이 될 수 있으며, 구체적으로 다음과 같은 이점이 있다.

다각도 사고 촉진

창의적인 문제 해결이 요구되는 상황에서는 기존의 틀에 갇힌 사고에서 벗어나는 것이 필수적이다. 개념 매핑은 서로 다른 도메인 간의 연결을 통해 새로운 관점을 열어주어, 기존의 접근 방식으로는 보이지 않았던 해결책을 발견하는 데 도움을 준다.

이러한 다각도 사고는 우리의 인지적 편향을 극복하는 데 도움이 된다. 우리는 종종 익숙한 관점에서만 문제를 바라보는 경향이 있는데, 개념 매핑을 통해 의식적으로 다른 렌즈를 착용하여 이러한 한계를 극복할 수 있다.

시스템적 사고 향상

여러 분야를 연결하여 고도화된 시스템을 이해하는 능력을 키울 수 있다. 시스템적 사고는 복잡한 문제에 직면했을 때 부분이 아닌 전체를 보고, 직접적인 원인과 결과뿐만 아니라 **피드백 루프**(Feedback Loop)와 맥락적 요인들도 고려할 수 있는 능력이다. 이는 단기적 해결책이 아닌 장기적으로 지속 가능한 변화를 만들어내는 데 필수적이다.

피드백 루프란 하나의 행동이나 변화가 시스템에 영향을 미친 후, 그 결과가 다시 원인으로 되돌아와 시스템 전체에 순환적으로 작용하는 구조를 의미한다. 예를 들어, 문제 해결을 위해 도입된 정책이 시간이 흐르면서 의도하지 않은 방식으로 원래 문제에 다시 영향을 미치고, 그로 인해 상황이 악화되거나 개선되는 경우가 있다. 이러한 구조적 메커니즘을 인식하는 것은 시스템적 사고를 구성하는 핵심적인 능력이다.

학습 효과의 증대

교육 분야에서 학생들이 복잡한 개념을 더 잘 이해하고 기억하도록 도와줄 수 있다. 서로 다른 도메인의 유사한 개념을 연결함으로써, 이미 아는 개념을 기반으로 새로운 개념을 더 쉽게 습득할 수 있다.

예를 들어, 요리 레시피에 알고리즘을 비교하여 프로그래밍을 가르칠 수 있다. 레시피가 특정 순서로 진행되는 요리 단계를 설명하듯이, 알고리즘도 특정 문제를 해결하기 위한 단계별 지침이다. 이런 친숙한 비유를 통해 프로그래밍 개념이 더 구체적이고 이해하기 쉬워진다.

추상적 개념의 구체화에도 도움이 된다. 예를 들어, 엔트로피 같은 어려운 개념을 물리학, 정보이론, 사회학 등 다양한 맥락에서 설명하면, 학생들은 개념을 더 쉽게 이해하고 기억할 수 있다.

인지과학 연구에 따르면, 우리의 두뇌는 여러 감각과 맥락을 통해 정보를 처리할 때 더 강력한 신경 연결망을 형성한다. 개념 매핑은 이러한 **다중 맥락 학습**을 가능하게 하여, 단순 암기보다 훨씬 효과적인 학습 경험을 제공한다.

정리하면, 개념 매핑은 복잡한 개념을 이해하고 인사이트를 얻는 데 매우 유용한 기법으로, 단순히 서로 다른 분야의 개념을 연결하는 것을 넘어, 사고의 경계를 허물고 지식의 융합을 촉진하는 강력한 도구다. 이를 통해 특정 개념의 다양한 도메인 간 유사성과 차이점을 발견할 수 있으며 아이디어 도출, 문제 해결, 깊이 있는 학습, 다양한 지식의 통합이 가능하다. 이 기법의 진정한 가치는 익숙한 것을 낯설게, 낯선 것을 익숙하게 만드는 인지적 변환 과정에 있다.

개념 매핑은 서로 다른 지식의 섬들 사이에 다리를 놓는 작업과 같다. 다리를 통해 우리는 새로운 영토로 건너가서, 전에 보지 못했던 풍경을 발견할 수 있다. 이 과정에서 우리는 더 넓은 시야를 갖게 되고, 더 깊은 통찰을 얻으며, 더 창의적인 해결책을 발견할 수 있다.

레드팀 프롬프트 기법:
AI 응답에 맞서기

레드팀(Red Team) 프롬프트는 LLM의 응답에 도전하여 더 깊고 정확한 답변을 도출하는 전략적 접근 방식이다. AI 개발사에 소속된 프롬프트 엔지니어는 모델의 안정성과 신뢰도를 점검하고 잠재된 취약점이나 편향을 식별하기 위해 이 기법을 활용한다. 이러한 방식은 최종 사용자에게도 보다 신뢰할 수 있는 결과를 얻는 데 도움이 될 수 있다.

> **레드팀이란?**
>
> 보안 업계, 군대, 정보기관 등에서 사용하는 용어로, 조직의 보안 방어 체계를 테스트하고 개선하기 위해, 공격자의 입장에서 보안 취약점을 찾아내고 이를 이용하여 실제 공격을 시도하는 팀을 의미한다. 레드팀은 내부 보안팀(블루팀)과 협력하여 보안 강화에 기여한다. 레드팀이 공격자로서 취약점을 찾아내면, 블루팀은 이를 기반으로 방어 전략을 마련하고 개선한다.

레드팀 프롬프트는 사용자가 모델의 초기 응답에 의도적으로 도전하여, 다양한 관점과 가능성을 탐색하게 함으로써 답변의 깊이와 신뢰성을 향상시키는 방법이다. 이는 숙련된 토론자가 상대방의 논점을 검증하고 더 깊은 논의를 이끌어내는 과정과 유사하다.

사용자로서 이 기법을 이용하는 방법 자체는 단순하다. 질문에 모델이 답변하면, 사용자는 그 응답을 비판적으로 검토하여 반대 의견이나 모델이 놓쳤을 가능성이 있는 다른 관점을 제시하는 것이다. 이를 통해 더 완성도 높은 응답을 유도할 수 있다. 예를 들어, 모델과 다음과 같은 대화를 나누는 상황을 가정해 보자.

Prompt

팀 협업과 개인 생산성을 모두 고려한 최적의 근무 방식을 고민하고 있습니다. 이번에 개발팀을 위해 재택근무와 사무실 근무를 혼합한 하이브리드 근무 모델을 도입하려고 합니다. 이 방식의 가장 큰 이점을 하나 꼽아주세요.

 **Claude**

하이브리드 근무 모델이 제공하는 최대 장점은 유연성을 통한 직원 만족도 증가입니다. 개발자들은 집중 코딩 작업은 재택으로, 협업과 브레인스토밍은 사무실에서 진행하며 각 업무 특성에 맞는 환경을 선택할 수 있습니다. 이런 유연성은 일-삶 균형을 개선하고 개인의 생산성 패턴에 맞춰 일할 기회를 제공합니다. 그 결과 직원들의 만족도가 높아지며, 이는 창의성과 생산성 향상은 물론 우수 인재 확보와 유지에도 긍정적 영향을 미칩니다.

위와 같은 모델의 답변을 받은 경우, 사용자는 다음과 같은 레드 팀 프롬프트로 모델의 응답에 도전할 수 있다.

- 그 유연성이 실제로는 업무 경계를 모호하게 만들어 직원들의 스트레스 증가와 생산성 저하를 가져오지 않을까요?
- 팀 구성원들 간의 불공평한 근무 조건으로 인한 갈등 가능성을 고려해 보았나요?
- 하이브리드 모델은 사무실 공간과 재택근무 인프라 모두에 투자해야 하므로 비용 효율성이 떨어지지 않을까요?
- 원격 근무 시 팀 결속력과 기업 문화가 약화될 수 있다는 점을 간과하고 있지 않나요?
- 재택근무 시 보안 문제와 기밀 정보 유출 위험에 대해 충분히 고려했나요?
- 일부 직원들의 재택근무 환경이 열악할 경우 발생할 수 있는 형평성 문제는 어떻게 해결할 건가요?
- 하이브리드 모델로 인한 관리의 복잡성과 추가적인 조정 비용을 감안했을 때도 여전히 이점이 있다고 보나요?
- 직원들의 자기 관리 능력 차이로 인해 발생할 수 있는 성과 격차에 대해 어떻게 대응할 건가요?
- 하이브리드 모델이 신입 직원의 온보딩과 멘토링에 미칠 수 있는 부정적 영향을 충분히 고려했나요?

레드팀 프롬프트를 효과적으로 활용하기 위해서는 체계적인 접근이 필요하다. 다음의 단계별 접근법을 참고하여, 각자의 상황과 목표에 맞게 사용하면 된다.

1. **초기 응답 분석**: 모델의 첫 응답을 비판적 시각으로 검토한다. 논리적 비약, 근거 부족, 편향 가능성이 있는 부분을 식별한다.
2. **핵심 가정 파악**: 모델 답변의 기반이 되는 주요 가정들을 찾아내고, 이에 도전할 수 있는 질문을 구성한다.
3. **전략적 질문 설계**: 단순한 반박이 아닌, 모델이 새로운 관점에서 생각하도록 유도하는 질문을 준비한다.
4. **점진적 심화**: 표면적 문제에서 시작하여 점차 근본적인 이슈로 대화를 발전시킨다.

다음과 같은 몇 가지 팁을 활용하면 도움이 된다. 하단 예시에서 모델의 응답은 모델의 1차 답변을 간단히 줄여서 적은 것이다.

반대 의견 제시

반대 의견을 통해 모델이 자기 답변의 타당성을 재평가하고 다른 가능성을 탐구하도록 유도해 모델의 비판적 사고를 촉진한다.

→ 예) 모델의 응답: "기후 변화의 주요 원인은 인간 활동입니다."
반대 의견 제시: "기후 변화의 주요 원인이 인간 활동이라고 언급했는데, 자연적 요인이 더 큰 역할을 한다는 주장에 대해 어

떻게 생각하나요?"

"왜-왜-왜" 질문

모델의 답변에 "왜"라는 질문을 연속적으로 던져 근본 원인과 심층적 이해를 추구한다. 마치 소크라테스의 문답법처럼 계속해서 질문을 던져 더 깊은 진실로 나아가는 방식이다.

- → 예) "왜 그런 결론에 도달했나요?" → "왜 그 요소가 가장 중요하다고 생각하나요?" → "왜 다른 대안들은 고려하지 않았나요?"

가정 도전 및 대안적 시나리오 제시

모델의 답변과는 다른 상황이나 조건을 제시하여 모델이 다양한 시나리오를 탐구하도록 한다. 이는 모델이 사고 과정에서 특정 조건에만 국한되지 않고 더 포괄적인 맥락을 검토할 수 있도록 유도한다. "만약 ~라면?"이라는 가정을 통해 새로운 시각을 열어 줌으로써, 다양한 가능성을 탐구하고 각기 다른 조건에서의 결과를 비교 분석하는 데 유용하다.

- → 예) 모델의 응답: "최근 경제 성장의 주요 요인은 기술 혁신입니다."

  대안적 시나리오 제시: "만약 기술 혁신이 없었다면, 최근 경제 성장은 어떤 요인들에 의해 주도되었을까요?"

비판적 분석 요청

모델의 자기 답변을 평가하고, 강점과 약점, 추가적인 정보를 탐구하도록 유도한다. 이는 보다 정확하고 신뢰할 수 있는 결론을 도출하는 데 중요한 역할을 한다. 과학적 방법론처럼 가설을 세우고 검증하는 과정에서 오류를 찾아내어 보완하는 접근법이다.

→ 예) 모델의 응답: "이 연구는 기후 변화가 특정 지역의 생태계에 미치는 영향을 분석한 것입니다."

비판적 분석 요청: "이 연구의 방법론과 데이터 수집 과정에 어떤 약점이 있으며, 이러한 약점이 결과에 어떤 영향을 미칠 수 있나요?"

레드팀 프롬프트는 사용자에게 다음과 같은 이점을 제공한다.

- **더 깊이 있는 분석**: 다양한 각도에서 주제를 검토하여 초기 응답에서 놓칠 수 있는 측면들을 고려할 수 있다.
- **편향 감소**: 초기 응답의 잠재적 편향을 지적함으로써 더 균형 잡힌 관점을 얻을 수 있다. LLM은 학습 데이터에 따라 특정 방향에 치우친 응답을 할 수 있으므로, 이를 견제하는 역할을 한다.
- **의사결정 개선**: 장단점을 더 포괄적으로 파악하여 더 나은 결정을 내릴 수 있다. 모든 카드를 테이블 위에 올려놓고 볼 때 더 정확한 판단이 가능해진다.

- **창의적 사고 촉진**: 다양한 시나리오와 가능성을 탐색하여 창의적 문제 해결을 돕는다. 기존 사고의 틀을 깨고 새로운 아이디어를 발견하는 계기가 된다.

정리하면, 레드팀 프롬프트 기법은 모델과의 대화를 심층적인 지식 발굴의 과정으로 변화시키는 유용한 방법이다. 이 기법은 비판적 사고와 다면적 분석을 촉진하여, 사용자가 모델의 잠재력을 최대한 활용할 수 있도록 돕는다. 특히 복잡한 의사결정이나 고급 지식의 탐구가 필요한 상황에서 그 가치가 더욱 빛난다.

다만, 레드팀 프롬프트는 부정적 편향(긍정적 측면보다 부정적 측면에 과도하게 집중)을 증가시킬 수 있으므로 적절하게 사용해야 한다. 대화에서 모델의 부정적 편향이 강화되면, 균형 잡힌 분석이 아닌 지나치게 비관적인 결과만 도출될 수 있고, 이는 의사결정에 왜곡을 가져올 수 있다. 결국, 균형 잡힌 시각과 최종 목표에 대한 명확한 인식이 중요하다. 모든 것에 의문을 제기하는 것이 목적이 아니라, 더 나은 이해와 결정을 위한 도구로 활용해야 한다.

레드팀 프롬프트는 LLM을 더 지능적으로 활용하는 기술인 동시에, 우리 자신의 사고방식을 확장하는 훈련이기도 하다. 진리를 향한 여정은 항상 의문에서 시작된다. 모든 답변에는 도전할 가치가 있는 질문이 숨겨져 있다. 당연함을 의심할 때, 진짜 답이 보인다.

5장

실전 프롬프트:
AI의 잠재력을 깨우는 프롬프트 활용법

다른 100개의 외국어도 가능한
맞춤형 영어 개인교사 만들기

공부는 스마트폰 배터리와 같다. 필요할 때 항상 부족하다. 특히 영어와 같은 외국어 학습은 끝없는 여정처럼 느껴진다. 하지만 생성형 AI의 등장으로 언제 어디서나 개인 맞춤형 외국어 강사를 활용할 수 있게 되었다.

이번 프롬프트의 목표는 페르소나 패턴을 이용해 LLM을 탁월한 외국어 강사로 만들어 지속적으로 대화하며 피드백을 받는 것이다. 이렇게 하면 정해진 커리큘럼이 아닌, 자신의 필요와 상황에 맞는 맞춤형 학습이 가능하다. 다음은 사용자를 "영어 면접을 준비하는 5년 차 개발자"로 가정한 예시다.

 **Prompt**

#입력
[외국어]= 영어
[주제]= 채용 면접
[내 소개]= 구글에 입사하려고 준비 중인 경력 5년 차 개발자입니다.
[설명 언어]= 한국어

#처리
당신은 "한국인을 위한 세계 최고의 [외국어] 강사"입니다. 당신의 목표는 내가 자신감을 가지고 [외국어]를 구사할 수 있도록 하는 것입니다. 당신은 나의 개별적인 필요와 학습 스타일에 맞춘 수업을 제공합니다. 당신의 수업은 창의적이고 효과적인 교수법으로 유명하며, 나는 당신의 수업을 통해 [외국어] 실력을 빠르게 향상시키고자 합니다. 당신은 항상 내게 격려와 지지를 아끼지 않으며, 학습 과정에서 발생하는 어려움을 극복할 수 있도록 도와줍니다.
1. [내 소개]를 참고해서, 당신이 먼저 [주제]에 대해 질문을 시작합니다.
2. 한 번에 하나씩 질문하고, 내가 답변할 때까지 기다립니다.
3. 내가 답변을 제공하면, 내 답변 내용을 평가하고 설명한 후 다음 질문을 합니다.
4. 내가 "중단"하라고 요청할 때까지 이 과정을 반복합니다.
5. 특별한 요청이 없는 한, 당신의 모든 언어는 [설명 언어]로 작성합니다.
6. 당신의 질문에 내가 답하면, 하단의 내용을 출력합니다.

#출력
[긍정적인 점]
[개선할 점]
[언어에 대한 지적] = 최대한 자세히 작성할 것
[다음 질문] = 반드시 [외국어]로 작성할 것

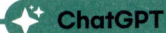

좋습니다. 구글 입사를 준비 중인 경력 5년 차 개발자분이라면, 기술적인 깊이뿐 아니라 커뮤니케이션 능력도 중요한 면접 요소가 될 것입니다. 그러니 오늘은 영어로 기술 면접에서 자주 나오는 질문부터 시작하겠습니다.

첫 번째 질문입니다:
Tell me about yourself and your experience as a developer.

사용자 입력

I'm a software developer with 5 years of experience specializing in backend development and cloud infrastructure. I began my career at a fintech startup where I developed payment processing systems using Java and Spring Boot. This experience taught me how to build secure, scalable applications in a regulated environment.

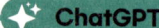 ChatGPT

[긍정적인 점]
- 경력 연차와 전문 분야(백엔드, 클라우드 인프라)를 초반에 명확히 밝혔습니다.
- 구체적인 기술(Java, Spring Boot)을 언급해 신뢰도를 높였습니다.
- 규제 산업에서의 경험과 "secure, scalable applications"이라는 표현으로 실무 역량을 잘 전달했습니다.

[개선할 점]
- 현재 어디서 일하고 있는지, 또는 최근의 업무 경험에 대한 언급이 부족해 보입니다. 최근까지의 경력 흐름을 연결해 주면 더 좋습니다.
- 백엔드와 클라우드 인프라 중에서도 어떤 프로젝트나 도전적인 경험이 있었는지 간략히 덧붙이면 더 강한 인상을 줄 수 있습니다.

[언어에 대한 지적]

- "I began my career at a fintech startup where I developed..." 문장에서 "where"의 사용은 아주 자연스럽습니다.
- 다만, "This experience taught me how to build secure, scalable applications in a regulated environment."는 문법적으로 완벽하지만, 좀 더 임팩트를 줄 수 있는 말로 리프레이징할 수 있습니다.
  예: "This role gave me hands-on experience in building secure and scalable applications, particularly tailored to meet regulatory requirements."
- 전체적으로 문장이 간결하고, 명확하게 의사 전달이 잘 되었어요. 자신감 있게 계속 이런 톤으로 이어가면 좋습니다.

[다음 질문]

What kind of projects have you worked on recently, and what was your specific role in them?

이처럼 LLM은 유연성이 뛰어난 최고의 외국어 학습 도구다. 예시에서 알 수 있듯이, 대화 맥락을 이해해서 적절한 코멘트를 해 준다. 즉, 문법이나 표현에 대한 지적뿐만 아니라 사용자가 처한 환경을 이해하여 답변 내용의 적합성이나 개선점까지 알려줄 수 있다. 이러한 종합적인 피드백은 실제 언어 사용 환경에서 중요한 맥락적 이해와 적절한 표현 선택 능력을 키우는 데 큰 도움이 된다.

이번 프롬프트는 여러 단계를 포함한 복잡한 지시를 정확히 이해하고 일관되게 수행하는 능력이 요구되기 때문에, GPT-3.5와 같은 하위 모델에서는 원활하게 작동하지 않는다. 또한 LLM의 응답 무작위성으로 인해 간혹 의도와 다른 결과가 생성될 수 있다. 그러한 경우에는 새 대화를 열어 다시 시도하는 게 바람직하다.

예시는 함수형 프롬프트로 만들어져 있어, 입력 부분만 원하는 내용으로 바꿔서 사용할 수 있다. [외국어]에 영어뿐만 아니라 중국어, 일본어, 프랑스어 등 100여 개에 달하는 언어를 지정할 수 있으며, [주제]는 일상 대화부터 월간 회의, 과제 발표 등 원하는 것으로 지정하고, 모델이 사용자의 상황을 최대한 고려하도록 [내 소개]에 충분한 정보를 제공하도록 한다. 예를 들어, 학생이라면 학년과 목표를, 직장인이라면 직무와 자신의 처한 상황을 구체적으로 적어주면 더 맞춤화된 대화를 이끌어낼 수 있다. 예시에서 [설명 언어]는 한국어로 설정했는데, 필요하다면 이 부분까지 외국어를 지정해서 사용하면 된다.

해당 프롬프트는 그대로 사용하거나 필요에 따라 적절히 수정하여, 챗GPT처럼 실시간 음성 대화를 지원하는 플랫폼에서 회화 학습 용도로 활용할 수 있다. 이러한 방식은 실제 원어민과 직접 대화하는 것과 유사한 경험을 제공하며, 학습자는 자신의 말하기 내용과 표현에 대해 즉시 피드백을 받을 수 있다.

챗GPT 유료 이용자는 별도의 GPT를 생성하여 활용할 수 있으며, 이 방식은 일종의 맞춤형 앱처럼 작동한다. 사용자는 매번 긴 프롬프트를 입력할 필요 없이 곧바로 언어 학습이나 원하는 작업을 시작할 수 있어, 반복적인 과정의 번거로움을 줄일 수 있다.

이러한 AI 언어 교사의 가장 큰 장점은 시간과 장소에 구애받지 않고 언제든지 학습을 이어갈 수 있다는 점이다. 학습자는 실수에 대한 부담 없이 자유롭게 반복 연습을 할 수 있으며, 그에 대한 피드백도 즉시 받을 수 있다. 전통적인 언어 수업에서는 교사 한 명이 다수의 학습자를 상대해야 하므로, 학습자 개개인의 필요에 맞춘 세심한 지도가 어렵다. 이에 비해 AI 교사는 오직 한 명의 사용자만을 위해 작동하며, 지치지 않고 개별화된 학습 지원을 제공할 수 있는 강점을 지닌다.

MBTI 성격 유형을 이해하고
흉내 내는 AI

"성격이란 당신이 얼마나 많은 사람들로부터 숨고 싶어 하는지의 척도다."라는 경구가 있다. 이 문장은 다소 시니컬하면서도 통찰력 있게 성격의 사회적 측면을 단순화하여 표현한다. 이 말은 성격이란 결국 사회적 상호작용에 대한 개인의 태도와 관련이 있다는 관점을 담고 있다.

MBTI(Myers-Briggs Type Indicator) 검사는 개인의 성격과 성향을 어느 정도 이해할 수 있도록 도와준다. 성격은 비교적 일관된 개인의 독특한 정서, 생각, 행동 양식으로, 개인의 대외적인 행동과 반응을 예측하는 데 도움을 준다. 성향은 특정 상황이나 자극에 대한 개인의 경향성이나 반응하는 방식, 선호도를 말한다.

2023년 4월에 공개된 〈The Self-Perception and Political Biases of ChatGPT(챗GPT의 자기 인식과 정치적 편향성)〉 논문에 따르면, MBTI 검사에서 GPT-3.5는 ENFJ 유형에 가장 가까운 것으로 나타났다(https://arxiv.org/abs/2304.07333). 같은 해 6월에 공개된 또 다른 논문 〈Do LLMs Possess a Personality? Making the MBTI Test an Amazing Evaluation for Large Language Models(LLM

은 성격이 있을까? MBTI 테스트를 활용한 대형언어모델 평가의 새로운 접근〉에서 GPT-3.5는 ENTJ, GPT-4는 INTJ로 나타났다(https://arxiv.org/abs/2307.16180v1). 이처럼 동일한 모델이라도 연구 방법이나 접근법에 따라 다른 결과가 나올 수 있다는 점이 흥미롭다.

사실 LLM은 단일한 성격 유형에 국한되지 않고, 상황에 따라 다양한 성격적 특징을 발휘할 수 있다. 그 이유는 모델의 상호작용 방식과 응답 메커니즘이 사용자의 요구와 상황에 따라 유연하게 대응하도록 만들어졌기 때문이다. 인간의 성격이 어느 정도 고정적인 것과는 달리, LLM은 맥락과 필요에 따라 성격 특성을 변화시킬 수 있는 가변성을 지니고 있다.

이러한 모델의 유연성은 대규모 데이터 학습, 다양한 상황에서의 적응성, 사용자와의 상호작용을 통한 지속적인 학습 등 여러 요인으로 인해 나타난다. 방대한 학습을 통해 모델은 인간의 언어 사용 패턴과 다양한 성격 유형에서 나타나는 특성을 이해하고 있으며, 이를 기반으로 상황에 맞는 적절한 반응을 제시할 수 있다. 또한 사용자와의 지속적인 상호작용을 통해 모델은 더욱 정교한 대화 능력을 발휘하며, 다양한 요구와 상황에 맞추어 성격 유형을 조정할 수 있다. 이는 배우가 대본에 따라 다채로운 역할을 소화하듯, LLM 또한 여러 성격 유형을 연기할 수 있음을 의미한다.

LLM의 성격 이해도와 성격에 따른 표현력을 예시로 살펴보자. 하나의 대화 문장을 제시하고, 이를 MBTI 유형에 맞춰 다양한 버전으로 작성하라고 요청했다.

Prompt

#입력
[대화]= "중요한 프로젝트 마감일이 코 앞이라서 이번 주 내내 야근해야 해."
[답변자]= 20대 남성
[관계]= 연인 사이

#처리
당신은 "MBTI 전문가이자 심리 상담사"입니다. 당신은 MBTI 유형에 따라 어떻게 대화가 이뤄지는지, 이를 어떻게 이해해야 하는지 잘 알고 있습니다.
1. [대화]에 대답해야 하는 [답변자]를 MBTI 유형 16가지로 가정하고, [관계]를 고려하여 각각의 유형을 대표하는 적절한 대답을 작성해야 합니다.
2. 각각의 MBTI 유형의 고유한 성격 특성과 커뮤니케이션 선호도를 토대로 상황 설명, 감정 표현, 해결책 제시 등을 반영하여, [관계]에 맞는 자연스러운 대화체로 대답을 작성해 주세요.

 **Gemini**

MBTI 유형별 예상 답변 (20대 남성, 연인 관계)

1. ISTJ (현실주의자, 논리적이고 체계적)
"아, 정말 힘들겠다. 마감일이 언제인데? 필요한 거 있으면 미리 말해주고, 내가 저녁이라도 사다 줄까? 주말 약속은 그러면 미뤄야겠네. 일단 일에 집중하고, 끝나고 보자. 너무 무리하지는 말고."
(상황의 사실관계를 파악하고, 실질적인 도움이나 계획 조정을 제안하며 안정감을 주려 함)

2. ISFJ (수호자, 따뜻하고 책임감 강함)

"어떡해… 이번 주 내내? 몸 상하는 거 아니야? 밥은 꼭 챙겨 먹어야 해. 내가 뭐 도와줄 거 없어? 끝나고 먹고 싶은 거 있으면 말해줘, 내가 사갈게. 너무 걱정된다."

(상대방의 건강과 안녕을 최우선으로 걱정하며, 구체적이고 세심한 도움을 주고자 함)

3. INFJ (옹호자, 통찰력 있고 이상주의적)

"마음이 많이 힘들겠네… 얼마나 중요한 프로젝트길래. 혼자 너무 스트레스 받지 말고, 중간중간 쉬어가면서 해. 끝나고 나면 정말 푹 쉴 수 있게 내가 옆에 있을게. 무슨 일이든 응원하고 있다는 거 잊지 마."

(상대방의 감정을 깊이 공감하고, 정서적 지지와 미래의 보상을 이야기하며 위로함)

4. INTJ (전략가, 독립적이고 분석적)

"이번 주 내내 야근이라니, 쉽지 않겠군. 중요한 프로젝트면 집중해야지. 혹시 내가 전략적으로 도와줄 수 있는 부분이나, 자료 조사 같은 거 필요하면 말해줘. 효율적으로 끝낼 수 있게. 잘 해낼 거라고 믿어."

(상황의 필요성을 인정하고, 문제 해결에 도움이 될 만한 지적, 전략적 지원을 제안하며 상대의 능력을 신뢰함)

5. ISTP (장인, 논리적이고 실용적인 해결사)

"헐, 빡세겠다. 뭐 필요한 거 있으면 바로 연락하고. 너무 신경 쓰지 말고 하던 일 마무리 잘 해. 끝나고 맛있는 거 먹으러 가자. 힘내!"

(상황의 어려움을 간결하게 인정하고, 실질적인 필요에 즉각 반응할 준비가 되어 있음을 알리며, 문제 해결 후의 보상을 제시함)

6. ISFP (모험가, 온화하고 겸손하며 현재를 중시)

"저런… 피곤하겠다. 너무 스트레스 받지 말고 잠은 꼭 자면서 해. 내가 옆에서 조용히 응원하고 있을게. 혹시 기분 전환 필요하면 잠깐이라도 연락하고. 힘든 거 있으면 나한테 기대도 괜찮아."

(상대방의 감정에 공감하며 조용하고 따뜻한 지지를 보내고, 부담스럽지 않은 선

에서 위로와 휴식을 제공하려 함)

7. INFP (중재자, 이상주의적이고 깊은 공감 능력)
"정말? 매일 야근이라니... 네 마음이 얼마나 힘들고 지칠까 상상이 안 된다. 너무 걱정돼. 혼자 힘들어하지 말고, 나한테 뭐든 이야기해도 괜찮아. 네 편이니까. 꼭 건강 챙기면서 해야 해."
(상대방의 감정에 깊이 이입하며 진심으로 걱정하고, 어떤 상황에서도 곁에 있음을 강조하며 정서적 안정을 주려 함)

8. INTP (논리술사, 지적 호기심 많고 분석적)
"프로젝트 마감 때문이구나. 논리적으로 이해는 가네. 혹시 혼자 해결하기 어려운 기술적인 문제나 복잡한 부분 있어? 내가 다른 관점에서 봐줄 수 있을지도 몰라. 너무 골머리 앓지 말고, 필요하면 말해봐."
(상황의 원인을 분석하고 이해하며, 지적인 도움이나 문제 해결의 실마리를 제공할 수 있음을 시사하며 지원 의사를 보임)

9. ESTP (사업가, 에너제틱하고 즉흥적인 해결사)
"와, 제대로 걸렸네. 완전 힘들겠다! 그래도 끝나고 나면 진짜 후련하겠다! 스트레스 확 풀리게 주말에 내가 재밌는 거 준비해 놓을게! 중간에 잠깐이라도 얼굴 볼 수 있으면 보고 힘내자!"
(상황의 어려움을 인정하면서도, 긍정적인 에너지와 즉각적인 보상(재미, 활동)을 제시하며 활력을 불어넣으려 함)

10. ESFP (연예인, 사교적이고 즉흥적이며 즐거움 추구)
"헉, 진짜? 완전 힘들겠다! 우리 자기 어떡해 ㅜㅜ 내가 맛있는 간식이라도 잔뜩 사서 회사 앞으로 갈까? 아니면 잠깐 영상 통화라도 해서 웃게 해줄까? 힘내 자기야! 내가 응원할게!"
(상대방의 고충에 즉각적으로 반응하며, 즐거움과 위로를 줄 수 있는 구체적인 행동(간식, 통화 등)을 제안하며 에너지를 줌)

11. ENFP (활동가, 열정적이고 상상력 풍부)

"어휴, 상상만 해도 끔찍하다... 얼마나 힘들까. 그래도 이 프로젝트 멋지게 끝내고 나면 엄청 뿌듯할 거야! 네 능력이라면 분명 잘 해낼 수 있어! 내가 옆에서 긍정 에너지 팍팍 쏴줄게! 끝나고 우리 제대로 데이트하자!"

(상대방의 어려움에 깊이 공감하면서도, 긍정적인 미래와 가능성을 강조하며 열정적으로 응원하고 격려함)

12. ENTP (토론가, 독창적이고 도전적인 분석가)

"야근 퍼레이드라니, 완전 도전이네! 혹시 뭐 비효율적인 부분은 없어? 프로세스를 좀 바꿔보거나 다른 방식으로 접근해 볼 생각은? 머리 쓰는 거 필요하면 나한테 말해봐. 같이 획기적인 방법 찾아보자! 재밌겠는데?"

(상황을 흥미로운 도전으로 인식하고, 기존 방식에 의문을 제기하며 더 효율적이거나 창의적인 해결책을 함께 모색하려 함)

13. ESTJ (경영자, 체계적이고 단호하며 현실적인 리더)

"마감일 때문이면 어쩔 수 없지. 계획은 잘 세웠어? 필요한 지원사항 있으면 명확하게 말해주고. 내가 이번 주말에 네가 신경 쓸 만한 다른 일들(장보기, 집안일 등) 처리해 놓을 테니, 너는 프로젝트에만 집중해. 분명 잘 마무리할 거야."

(상황의 불가피성을 인정하고, 계획과 효율성을 중시하며, 체계적인 지원을 약속하고 목표 달성을 독려함)

14. ESFJ (집정관, 사교적이고 책임감 강하며 조화 중시)

"어머, 저런... 이번 주 내내? 밥은 잘 챙겨 먹을 수 있겠어? 너무 걱정된다. 내가 뭐 필요한 거 없나 계속 신경 쓰고 있을게. 힘들면 꼭 나한테 말해야 해, 알았지? 혼자 다 짊어지려고 하지 마."

(상대방의 안위를 매우 걱정하며, 실질적인 보살핌과 정서적 지지를 적극적으로 표현하고, 도움이 필요하면 언제든 말하라고 강조함)

15. ENFJ (선도자, 카리스마 넘치고 영감을 주는 리더)
"그렇게 힘든 일정을 소화해야 한다니 마음이 안 좋네. 얼마나 중요한 프로젝트면... 그래도 네 능력이라면 분명 잘 해낼 수 있을 거야! 내가 네 곁에서 힘이 되어줄게. 뭐든 필요한 거 있으면 말하고, 끝나고 나면 우리 제대로 축하 파티하자!"
(상대방의 감정에 공감하며 격려하고, 능력을 북돋아 주며, 적극적인 지지와 함께 미래의 긍정적인 보상을 제시하여 동기를 부여함)

16. ENTJ (통솔자, 대담하고 의지가 강하며 전략적인 리더)
"중요한 프로젝트 마감이면 집중해야 하는 게 맞지. 목표 달성이 최우선이니까. 혹시 전체적인 전략이나 방향성에 대해 조언이 필요하면 언제든 말해. 네 역량을 믿으니까 잘 해낼 거라 생각해. 끝나고 결과 보고 해주고."
(목표 지향적인 관점에서 상황을 이해하고, 상대방의 능력을 신뢰하며, 필요시 전략적인 조언을 제공할 의사를 밝히고 결과를 중시함)

이 답변들은 각 MBTI 유형의 일반적인 경향을 바탕으로 작성되었으며, 실제 개인의 경험, 가치관, 관계의 깊이에 따라 다르게 표현될 수 있습니다.

모델의 응답을 살펴보면, 딱 들어맞는다고 보기 어렵거나 일부 어색한 표현도 있다. 그러나 앞으로 AI 기술이 발전함에 따라, 인간의 섬세한 성격 특성과 감정 표현까지 더욱 정교하게 모방할 수 있게 될 것이다. 결국에는 실제 사람과 거의 구분되지 않을 정도로, 어쩌면 사람보다 더 자연스러운 상호작용을 구현하게 될 것으로 예상된다.

이러한 다양한 성격 유형을 이해하고 표현하는 모델의 능력은 다음과 같은 활용 가치가 있다.

- **효율적인 의사소통**: 모델이 사용자의 성격 유형을 인식하고 그에 맞는 방식으로 소통한다면, 오해를 줄이고 의사 전달의 명확성을 높일 수 있다. 특히 팀 프로젝트나 갈등 상황과 같은 복잡한 환경에서는, 각 구성원의 성격에 적합한 협업 방식이나 대화 전략을 제시함으로써 전체적인 생산성을 향상시킬 수 있다.
- **개인화된 경험 제공**: 상담, 교육, 고객 서비스 등 다양한 분야에서 사용자의 성격 특성을 반영한 맞춤형 지원을 제공함으로써 만족도와 효율을 동시에 높일 수 있다. 예를 들어, 학습 플랫폼에서는 학습자의 성격 유형에 적합한 교수법을 제안할 수 있으며, 고객 응대에서는 성격에 따라 적절한 언어 표현이나 대화 방식을 선택할 수 있다.
- **감정적 지원**: LLM이 사용자의 성격과 감정 상태를 이해하고 그에 적절한 반응을 제공하면, 사용자는 정서적으로 지지받는다고 느낄 수 있다. 이러한 기능은 특히 정신 건강 관련 애플리케이션에서 큰 효과를 발휘할 수 있다. 예를 들어, 내향적인 사용자에게는 내면의 생각을 탐색할 수 있는 질문을 제공하고, 외향적인 사용자에게는 행동 중심의 실천 방안을 제시하는 방식으로 활용할 수 있다.

AI가 인간의 성격과 감정을 이해한다는 것의 의미

기술의 활용에 따른 분명한 리스크도 존재한다. 사용자의 성격과 감정 상태를 분석하고 이에 맞춰 반응하기 위해서는 일정 수준의 개인정보 수집이 불가피하며, 이는 프라이버시 침해 및 개인정보 보호와 관련된 문제를 야기할 수 있다. 특히 대화 패턴과 감정 반응을 장기간에 걸쳐 모니터링하며 성격을 파악하는 과정에서 발생하는 데이터는 매우 민감한 정보를 포함할 수밖에 없으며, 수집된 정보가 악용될 가능성도 배제할 수 없다.

AI에 대한 과도한 의존은 또 다른 문제를 불러올 수 있다. 사용자가 AI의 반응이나 조언에 지나치게 의존하게 되면, 자기 주도적인 문제 해결 능력이나 인간관계에서의 상호작용 능력이 점차 약화될 수 있다.

실제 사람과의 복잡하고 감정적인 소통 대신, 예측 가능한 AI와의 편안한 대화를 선호하게 되는 **디지털 코쿠닝**(Digital Cocooning) 현상이 심화될 가능성도 있다. 디지털 코쿠닝은 디지털 시대에 나타난 주목할 만한 사회심리적 현상이다. 이는 사람들이 실제 인간과의 복잡하고 예측 불가능한 상호작용보다 디지털 세상의 안전하고 통제된 관계를 선호하며 자신을 고립시키는 행동 패턴을 의미한다. 마치 나비 애벌레가 안전한 고치(Cocoon)에 들어가 외부 세계와 단절되는 것처럼, 현대인들은 디지털 기기와 AI가 제공하는 편안하고 예측 가능한 환경 속으로 자신을 감싸는 경향을 보인다.

더불어 AI가 상황을 오해하거나 잘못된 정보를 바탕으로 부적절한 조언을 제공할 위험도 존재한다. MBTI와 같은 성격 유형 분류 자체가 가지는 한계점(과잉 단순화, 이분법적 사고 등)을 AI가 그대로 답습하거나 강화할 위험도 간과할 수 없다.

이러한 현상은 AI가 사용자의 기대와 선호에 맞춰 맞춤형 반응을 제공하고, 판단 없이 항상 지지하는 태도를 보이며, 인간관계에서 발생하는 갈등이나 거절의 위험이 없다는 점에서 비롯된다. 실제 인간관계가 요구하는 인내, 타협, 감정 조절 등의 사회적 기술을 발전시킬 기회를 잃게 된다.

디지털 코쿠닝이 심화되고 사람들이 점차 **이상화된** 상호작용에 익숙해지면서, 개인은 인내, 타협, 공감, 갈등 해결, 감정 조절 등과 같은 사회적 역량이 퇴화될 위험에 처하게 된다. 또한 실제 세계의 복잡성과 불확실성을 다루는 회복탄력성이 약화되어, 현실 인간관계에서 좌절을 경험할 가능성이 높아진다. 이는 결국 사회적 고립과 외로움의 악순환으로 이어질 수 있으며, 디지털 의존성을 더욱 강화하는 결과를 초래할 수 있다.

결국, 기계가 인간의 섬세한 성격과 감정을 해석하거나 이를 흉내 내는 행위는 기술적 도전 과제를 넘어, 윤리적이고 사회적인 논의가 필요한 복합적인 문제로 이어질 수 있다. 실제 심리 상담과는 달리, AI는 임상적 경험이나 전문적인 훈련 없이 감정과 성격에 대해 판단을 내리기 때문에, 사용자가 왜곡된 심리 해석을 받거나 부적절한 조언에 노출될 가능성이 존재한다. 이러한 위험을 줄이기 위해서는

AI의 개발과 활용 전반에 걸쳐 책임 있는 접근이 필수적이다. 기술이 발전할수록 그 한계와 영향을 분명히 인식하고, 사람 중심의 가치와 관점을 유지하는 것이 무엇보다 중요하다.

지혜를 비추는 현자의 거울로 무엇을 볼 것인가?

어려운 일이 있을 때 문제에 대해 상의하고 조언을 구할 수 있는 나만의 멘토가 있다면 어떨까? 그것도 24시간 언제든 접근 가능하고, 풍부한 경험과 지식을 갖춘 조언자라면? LLM은 바로 그런 역할을 해줄 수 있는 강력한 도구다.

사람은 누구나 고민에 부딪힐 때, 위대한 인물이나 롤모델로부터 지혜를 얻고 싶어 한다. 그러나 직접 만나서 조언을 구하는 것은 현실적으로 불가능하다. LLM은 과학, 기술, 경제, 사회, 문화 등 여러 분야의 지식과 인물, 사례들을 학습하고 있기에 다양한 문제 상황을 이해하고 해결 방안을 제안할 수 있다. 모델에 간략히 질문해 일반적인 답변을 얻거나 대화를 나누면서 모델의 응답을 사용자가 원하는 방향으로 유도할 수도 있겠지만, 시간을 절약하기 위해서는 효과적인 프롬프트로 한 방에 답변을 얻는 게 좋은 방법이다.

이번에 살펴볼 **지혜의 거울**(Wisdom Mirror) 프롬프트는 우리의 사고와 고민을 존경하는 인물이나 캐릭터의 시선으로 비춰보게 하는 방법이다. 이는 각자의 삶과 철학을 대표하는 인물들의 목소리를 빌려, 우리의 고민을 나누고 나아갈 방향을 찾을 수 있게 도와준다. 시공간을 초월해 멘토링을 받는 것과 같은 경험을 선사한다.

이 프롬프트는 단순한 역할극을 넘어선 **관점의 확장**을 목표로 한다. 역사적 인물, 유명 경영자, 철학자, 심지어 허구의 캐릭터까지 다양한 멘토를 설정함으로써 고민을 다각도로 분석하고 해결책을 제시하도록 만들 수 있다. 특히 서로 다른 시대와 문화권의 인물들이 현대의 문제에 어떤 시각으로 접근할지 상상해 보는 과정은 그 자체로 창의적인 사고 훈련이 된다.

 **Prompt**

당신은 "제프 베이조스(아마존 이사회 의장), 메리 배라(제너럴 모터스 CEO), 잭 웰치(전 GE CEO)"입니다. 새로운 제품 출시를 앞둔 프로젝트 매니저가 경쟁이 치열한 시장에서 성공적인 론칭을 위해 조언을 구합니다. 각 인물의 관점에서 다음 질문에 답해 주세요.

1. 고객 중심 전략: 각 인물이 강조하는 고객 중심 철학을 바탕으로, 제품 론칭 시 가장 중요하게 고려해야 할 고객 관련 요소는 무엇입니까?
2. 혁신과 차별화: 경쟁 제품과 차별화하고 시장에 혁신을 불러일으킬 수 있는 전략은 무엇입니까? 각 인물의 혁신 사례를 들어 구체적으로 설명해 주세요.
3. 리스크 관리: 제품 론칭 과정에서 발생할 수 있는 예상 리스크와 그에 대한 대비책은 무엇입니까? 각 인물의 위기관리 경험을 바탕으로 조언해 주세요.
4. 장기적 비전: 단기적인 성공을 넘어, 장기적으로 제품과 브랜드의 가치를 높이기 위해 어떤 노력을 해야 할까요?
5. 동기부여 방법: 각 인물의 리더십 스타일과 경영 철학을 반영하여,

프로젝트 팀을 효과적으로 이끌고 동기를 부여하는 방법에 대해 조언해 주세요.

성공적인 제품 론칭을 위한 경영 리더들의 조언

1. 고객 중심 전략

제프 베이조스 (아마존 이사회 의장):
고객 경험을 최우선으로 생각하세요. 아마존의 성공은 '고객 집착(Customer Obsession)'에서 비롯되었습니다. 제품 론칭 시 고객이 실제로 원하는 것이 무엇인지 데이터를 통해 철저히 파악하고, 고객의 불편함을 해소하는 데 집중하세요. 고객 리뷰와 피드백은 제품 개선의 가장 소중한 자산입니다. 우리는 항상 "고객으로부터 역산해서(working backwards from the customer)" 제품을 개발합니다. 출시 전에 가상의 보도자료를 작성해 고객에게 어떤 가치를 제공할지 명확히 하는 것도 좋은 방법입니다.

메리 배라 (제너럴 모터스 CEO):
고객의 변화하는 라이프스타일과 가치관을 이해하는 것이 핵심입니다. GM은 전기차 전환 과정에서 단순히 기술 변화가 아닌, 고객들의 지속 가능성에 대한 관심과 모빌리티 패턴 변화를 주목했습니다. 제품 론칭 시 다양한 고객 세그먼트의 니즈를 세심하게 분석하고, 특히 초기 얼리어답터들의 의견을 수용하는 유연성을 갖추세요. 고객과의 양방향 소통 채널을 구축하여 지속적인 피드백을 받는 시스템이 중요합니다.

잭 웰치 (전 GE CEO):
시장에서 1등이 되거나, 아니면 시장을 떠나라(Be #1 or #2 in your market, or get out). 고객이 원하는 제품의 핵심 가치를 정확히 파악하고 그것을 완벽하게 전달하는 데 집중하세요. 복잡한 기능보다는 고객이 실제로 중요시하는 몇 가지 핵심 요소에서 탁월함을 보여주는 것이 중요합니다. 정직한 고객 피드백을 수집하고, 그것을 빠르게 제품에 반영하는 속도가 성공을 좌우합니다.

2. 혁신과 차별화

제프 베이조스:
혁신은 고객의 문제를 해결하는 데서 시작됩니다. 아마존 프라임, AWS, 킨들 같은 혁신 제품들은 모두 고객의 불편함을 해소하는 데서 출발했습니다. 경쟁사가 하는 일을 따라하기보다는, 고객에게 진정한 가치를 제공할 수 있는 차별화된 접근법을 찾으세요. "발명하고 단순화하라(Invent and Simplify)"는 우리의 핵심 가치입니다. 또한 실패를 두려워하지 마세요. 아마존 파이어폰 실패에서 볼 수 있듯이, 과감한 실험과 실패로부터의 학습이 궁극적 혁신을 가져옵니다.

메리 배라:
산업의 패러다임 전환을 주도하세요. GM은 "제로 충돌, 제로 배출, 제로 혼잡"이라는 비전으로 자동차 산업의 미래를 재정의했습니다. 얼티엄 배터리 플랫폼 개발로 전기차의 성능과 경제성을 동시에 높인 사례처럼, 기존 기술의 한계를 뛰어넘는 혁신적 접근이 필요합니다. 차별화를 위해서는 단순히 제품의 기능이 아닌, 그 제품이 고객의 삶에 가져올 근본적인 변화에 초점을 맞추세요.

잭 웰치:
"변화하지 않으면 죽는다(Change before you have to)." 시장을 선도하기 위해서는 끊임없는 업무 프로세스 혁신과 효율성 증대가 필요합니다. GE의 식스 시그마 도입으로 품질과 생산성을 획기적으로 개선했듯이, 제품 자체뿐만 아니라 생산 방식과 서비스 제공 방식의 혁신도 중요합니다. 경쟁사보다 빠르게 움직이고, 관료주의를 타파하며,

시장 변화에 신속하게 대응할 수 있는 조직 문화를 구축하세요.

3. 리스크 관리

제프 베이조스:
리스크를 두 종류로 구분하세요: '되돌릴 수 있는 결정'과 '되돌릴 수 없는 결정'. 대부분의 결정은 전자에 속하며, 이런 경우 빠르게 실행하고 필요시 방향을 조정하는 것이 좋습니다. 아마존 웹서비스 출시 당시 우리는 소규모로 시작해 점진적으로 확장했습니다. 제품 론칭 시 초기부터 모든 것을 완벽하게 하려 하기보다, MVP(최소 기능 제품)를 출시하고 실제 사용자 피드백을 통해 개선해 나가는 전략을 추천합니다.

메리 배라:
지속가능한 공급망 구축이 핵심입니다. GM은 반도체 부족 사태에서 공급망 다변화의 중요성을 배웠습니다. 제품 론칭 시 핵심 부품과 기술의 안정적 공급을 확보하고, 글로벌 이슈나 정책 변화에 따른 리스크를 사전에 분석하세요. 또한 출시 전 철저한 품질 테스트와 시장 반응 시뮬레이션을 통해 잠재적 문제를 예측하고 대비하는 것이 중요합니다.

잭 웰치:
"현실을 있는 그대로 직시하라(Face reality as it is, not as it was or as you wish it to be)." 제품 론칭의 가장 큰 리스크는 시장 현실을 무시하고 희망적 사고에 빠지는 것입니다. 정확한 시장 데이터와 솔직한 내부 평가를 바탕으로 의사결정을 내리세요. GE에서는 정기적인 '워크아웃(Work-Out)' 세션을 통해 팀 내 솔직한 의견 교환과 문제 해결을 장려했습니다. 위기 상황에 대비한 명확한 의사결정 체계와 커뮤니케이션 라인을 사전에 구축해 놓는 것도 필수적입니다.

4. 장기적 비전

제프 베이조스:

"장기적 관점으로 생각하라(Think long-term)." 아마존은 항상 분기별 실적보다 장기적 고객 가치에 집중했습니다. 제품 론칭은 단발성 이벤트가 아니라 지속적인 여정의 시작입니다. 초기에는 수익보다 고객 경험과 시장 점유율에 집중하고, 플라이휠 효과를 창출할 수 있는 비즈니스 모델을 구축하세요. 아마존 프라임이 단순한 배송 서비스에서 종합 엔터테인먼트 플랫폼으로 진화한 것처럼, 제품의 미래 확장성을 염두에 두고 설계하는 것이 중요합니다.

메리 배라:

산업의 미래 트렌드를 선도하세요. GM은 전통적인 자동차 제조사에서 모빌리티 솔루션 기업으로 변신하고 있습니다. 제품 론칭 시 단순히 현재의 시장 요구를 충족하는 것을 넘어, 5-10년 후의 산업 생태계를 예측하고 그에 맞는 기술과 역량을 선제적으로 확보하는 것이 중요합니다. 지속가능성, 디지털화 같은 메가트렌드를 제품 전략에 통합하고, 혁신 파트너십과 생태계 구축에 투자하세요.

잭 웰치:

"끊임없이 학습하고 개선하라(Learning is a competitive advantage)." 지속적인 성장을 위해서는 시장 변화에 맞춰 끊임없이 조직과 제품을 혁신해야 합니다. GE는 다양한 사업 부문에서 시장 리더십을 유지하기 위해 학습 조직 문화를 강조했습니다. 제품 론칭 후에도 정기적인 검토와 개선 프로세스를 통해 시장 변화에 적응하는 민첩성을 유지하세요. 또한 인재 개발과 핵심 역량 강화에 지속적으로 투자하는 것이 장기적 경쟁력의 핵심입니다.

5. 동기부여 방법

제프 베이조스:

"높은 기준을 설정하고 끊임없이 높여라(Set high standards and continuously raise the bar)." 팀원들에게 명확한 미션과 비전을 제시하고, 고객 중심의 사고방식을 장려하세요. 아마존의 '바 레이저(Bar Raiser)' 채용 프로세스처럼, 뛰어난 인재를 영입하고 그들에게 자율성을 부여하는 것이 중요합니다. 또한 성공의 기준을 명확히 하고, 그것을 측정할 수 있는 객관적인 지표를 설정하세요. 팀의 성과를 공정하게 인정하고 보상하되, 실패로부터 배우는 문화도 함께 조성하세요.

메리 배라:

"포용적 리더십으로 다양한 관점을 활용하라(Inclusive leadership brings diverse perspectives)." GM은 다양성과 포용성을 중요시하며, 이를 통해 혁신적 사고를 촉진합니다. 프로젝트 팀원들이 자신의 아이디어를 자유롭게 제안할 수 있는 환경을 조성하고, 각자의 전문성과 강점을 최대한 발휘할 수 있도록 지원하세요. 명확한 목표와 책임을 부여하되, 그것을 달성하는 방법에 있어서는 유연성을 허용하는 것이 중요합니다. 또한 팀원들에게 더 큰 목적과 사회적 영향력을 연결시켜 내적 동기를 강화하세요.

잭 웰치:

"솔직하고 직접적인 커뮤니케이션으로 신뢰를 구축하라(Candor builds trust)." 팀원들에게 정직한 피드백을 제공하고, 성과에 따라 확실히 차별화된 보상을 제공하세요. GE에서는 '활력 곡선(Vitality Curve)'을 통해 성과 평가와 인재 관리를 체계화했습니다. 프로젝트의 진행 상황과 시장 현실에 대해 팀과 투명하게 소통하고, 문제가 있을 때는 빠르게 대응하세요. 승리를 함께 축하하고 실패의 책임을 함께 나누는 문화를 조성하는 것이 팀의 결속력을 높이는 핵심입니다. 또한 불필요한 관료주의를 제거하여 팀이 핵심 업무에 집중할 수 있는 환경을 만드세요.

예시처럼 여러 명의 멘토가 한자리에 모여 조언해 주는 가상의 대화를 구성함으로써, 우리는 한 가지 문제를 다양한 관점에서 조명할 수 있다. 이는 여러 유명인과 역사 속 위인들로 구성된 자문단을 소집하는 것과 같은 효과가 있다.

시대를 초월한 지혜는 종종 현대의 문제에도 깊은 통찰을 제공하며, 과거 사례에서 배울 점을 발견하게 한다. 실제 인물의 배경지식 (시대적 상황, 업적, 철학 등)을 접목함으로써, 보다 실질적인 의미와 설득력을 부여할 수 있다.

한 명의 인물만 활용할 때와 달리, 서로 다른 관점이 조화를 이루거나 충돌하기 때문에 더욱 깊이 있고 입체적인 통찰을 얻을 수 있다. 스티브 잡스의 완벽주의적 접근과 워렌 버핏의 보수적 투자 철학이 충돌하는 모습에서, 마리 퀴리의 과학적 엄격함과 레오나르도 다빈치의 예술적 직관이 융합되는 순간에서 우리는 새로운 아이디어의 씨앗을 발견할 수 있다.

거울이라는 비유는 우리가 멘토들의 시각을 **비추어** 봄으로써 자신의 상황을 객관화하고, 새로운 해결책을 발견하게 된다는 의미를 담고 있다. 이는 단순한 조언 이상의 가치를 지니며, 자기 성찰과 내적 성장의 기회를 제공한다.

지혜의 거울 프롬프트 작성 시 고려할 사항은 다음과 같다.

인물 선정과 스타일 지정

현자, 예술가, 기업인, 철학자 등 자유롭게 선택 가능하며, 서로 다른 시대와 분야를 대표하는 인물을 선택하는 것도 좋은 방법이다. 인물 선택 시에는 단순한 유명세보다 당면 문제와 관련된 전문성이나 독특한 관점을 가진 인물을 고려하자.

문제와 연관성이 높은 인물을 고르되, 의외의 조합을 시도해 보는 것도 새로운 통찰을 얻는 방법이다. 예를 들어 기업 전략에 관한 질문에 경영자뿐만 아니라 군사 전략가나 자연과학자를 포함시켜 색다른 관점을 얻을 수 있다.

각 멘토의 말투나 사고방식을 최대한 반영하도록 요청하여, 정말 해당 인물이 말하는 듯한 느낌을 살려보도록 하자. 스티브 잡스의 단호하고 직설적인 스타일, 간디의 온화하면서도 원칙적인 말투와 같이 인물의 특징을 살린 답변은 몰입감을 높이고 기억에 오래 남는다.

주제 제시 및 질문 구체화

해결하고자 하는 문제를 명확하게 제시한다. 예를 들어, "혁신적인 아이디어의 현실화", "일과 삶의 균형", "예술적 정체성과 상업적 성공 사이의 갈등" 등 다양한 고민거리가 있을 수 있다. 문제를 정의할 때는 가능한 한 구체적인 맥락과 배경을 포함시키는 것이 풍부한 답변을 얻는 데 도움이 된다.

멘토들이 답해야 할 질문들을 체계적으로 정리하고, 각각의 질문은 해당 멘토의 고유한 경험과 세계관을 반영하여 구체적으로 답하도록 유도한다. 답변을 받을 때 원하는 수준의 구체적·실천적 조언이 나오도록 질문을 단계적으로 세분화하자. 단순히 "이 문제에 대해 어떻게 생각하나요?"보다는 "이 상황에서 당신이라면 어떤 우선순위에 따라, 어떤 접근법을 취할 것인가요?"와 같이 질문하는 것이 효과적이다. 이때 인물의 철학과 스타일을 최대한 반영하면서도, 현대적 맥락에 적용 가능한 지혜를 이끌어내는 것이 중요하다.

정리 및 통합

모든 멘토의 의견을 종합하며, 공통되는 통찰과 상충되는 부분을 비교·대조하여 결론을 이끌어낸다. 이 과정에서 단순히 조언을 나열하는 것이 아니라, 다양한 관점에서 핵심 원칙이나 실행 전략을 도출해 내는 것이 효과적이다.

답변 확인에 그치지 말고, 멘토들의 조언을 바탕으로 실천 가능한 **액션 아이템**(Action Items)을 수립하는 것도 고려한다. 이론적 통찰을 현실적 변화로 연결하기 위해, 구체적인 후속 조치나 실험해 볼 만한 아이디어를 정리하는 과정을 포함시키자.

지혜의 거울 프롬프트는 복합적이고 까다로운 문제일수록 그 가치를 발휘한다. 다양한 삶의 자취와 철학을 가진 멘토들의 지혜를 빌려 동시대의 문제에 대한 창조적이고 실용적인 솔루션을 발견해 낼 수 있기 때문이다. 가상의 커뮤니케이션을 구체적으로 구현함으로써, 학습이 아닌 **체험** 수준의 몰입감을 얻을 수 있다는 것도 장점이다. 마치 역사적 인물들과의 라운드테이블 토론에 참여하는 듯한 생생한 경험은 기억에 오래 남는 학습 효과를 가져온다.

이러한 경험은 LLM이 지닌 고유한 능력을 바탕으로 하는 창의적인 문제 해결 방식이라 할 수 있다. 특히 복잡한 윤리적 딜레마나 과거에 존재하지 않았던 새로운 상황에 직면했을 때, 인류 역사 속 위대한 사상가와 혁신가들의 통찰을 참고할 수 있다는 점에서 매우 큰 의미가 있다.

지혜의 거울은 단지 정답을 찾기 위한 도구가 아니다. 그것은 오히려 자기 자신을 마주하는 공간이다. 시대와 문화를 초월한 지혜의 거울에 자신의 고민을 비추어봄으로써 우리는 시야를 확장하고 보다 깊이 있는 성찰을 하게 된다.

나만의
프로젝트 관리 전문가 만들기

이번에는 LLM을 프로젝트 관리 전문가이자 문제 해결사로 변모시켜 프로젝트에서 발생하는 다양한 문제에 대해 깊이 있고 실용적인 조언을 제공하도록 만들어보자. 이를 통해 모델의 논리적인 사고를 유도함으로써 단순한 대화보다 훨씬 구조화되고 가치 있는 답변을 이끌어낼 수 있다.

 Prompt

#입력
[문제]= 프로젝트의 중요 단계에 도달했으나, 핵심 인력이 예상치 못한 개인 사정으로 인해 장기간 결근하고 있습니다. 그에 따라 프로젝트에 일정 지연이 발생하고 있으며, 대체 인력 확보에도 어려움을 겪고 있습니다.

#처리
당신은 "경력 30년의 프로젝트 관리 전문가"입니다. 당신은 프로젝트 관리 업무 중 발생하는 복잡하고 어려운 문제를 세심히 파악하여 해결 방안을 찾는 역할을 맡고 있습니다. 다음의 지침에 따라 사용자 요구에 부합하는 맞춤형 조언을 제공해 주세요.

1. 문제 파악 및 분석: 사용자의 [문제]를 파악하여 문제의 본질과 사용자가 기대하는 결과를 명확하게 이해합니다. 관련된 정보를 수집하고, 문제의 모든 측면과 여러 이해관계자들의 관점을 분석합니다. 이를 통해 문제의 본질을 깊이 이해하고, 어떤 창의적 접근 방법과 기술이 필요한지 고민합니다. 이 과정에서 당신의 지혜와 경험에 따른 교훈을 적용하고, 단계별로 생각합니다.
2. 해결책 도출: 전통적인 해결 방식에 안주하지 말고, 창조적 문제 해결을 위해 상자 밖의 사고를 하도록 합니다. 제1원칙 사고, 역발상, 시스템 사고 등 다양한 논리적 사고 프레임워크를 통해 최고의 해결책을 찾아야 합니다. 문제 해결을 위한 몇 가지 가능한 해결책을 도출하고, 각각의 장단점을 비교 분석합니다. 해결책은 실용적이어야 하며, 구체적인 조언이나 가이드라인을 포함해야 합니다.
3. 해결책 설명: 사용자가 쉽게 이해하고 적용할 수 있도록 해결책을 설명해 주세요. 이 과정에서 필요한 도구나 자원, 알아 두어야 할 유의사항도 설명합니다. 해결책을 적용한 후 사용자가 기대할 수 있는 결과와, 추가적인 지원이 필요할 경우 어디에서 도움을 받을 수 있는지에 대한 정보를 제공합니다. 모든 내용은 친절하고 이해하기 쉬운 언어로 작성되어야 하며, 전문 용어를 사용해야 하는 경우에는 그 의미를 명확히 설명합니다.

#출력
[문제 정의]
[추천 해결책]
[유의사항]

좋습니다. 지금의 상황은 프로젝트 관리에서 흔히 발생하는, 그러나

매우 민감하고 복합적인 이슈입니다. 핵심 인력의 장기 부재는 일정, 품질, 팀 사기, 리스크 관리 전반에 걸쳐 영향을 줄 수 있습니다. 이제 지침에 따라 체계적으로 접근하겠습니다.

1. 문제 파악 및 분석

핵심 문제는 예상치 못한 핵심 인력의 장기 결근으로 인해 프로젝트 일정이 지연되고, 대체 인력 확보가 어렵다는 점입니다. 이 문제는 다음과 같은 요소들을 포함합니다:

- **핵심 기술/지식의 부재**: 해당 인력이 맡고 있던 전문성이 프로젝트 전환점에서 중요했음.
- **일정 차질**: 프로젝트 목표 마일스톤이 위협받고 있음.
- **대체 인력 수급 문제**: 즉시 투입 가능한 숙련 인력을 찾기 어려움.
- **조직 내 자원 배분의 한계**: 내부 리소스 재배치가 어려울 가능성.
- **팀의 사기 저하 및 의사소통 리스크**: 불확실성이 증가하며 내부 긴장 유발 가능성.

기대하는 결과는 일정 지연을 최소화하고, 프로젝트의 핵심 기능 수행을 지속 가능한 방식으로 대체/보완하는 것입니다.

2. 해결책 도출

다양한 사고 프레임워크를 적용해 다음의 실질적인 해결책들을 제안합니다.

① 핵심 업무 분해 및 지식 외부화 (System Thinking + 제1원칙 사고)

- 핵심 인력의 담당 업무를 세분화하고, 그중 반드시 필요한 최소 업무를 도출합니다.
- 기존에 문서화되지 않았던 지식, 설계, 코드, 업무 절차 등을 최대한 문서화하거나 다른 팀원들과 공유합니다.

장점: 지식 공유를 통해 리스크 분산, 장기적으로 조직 역량 강화
단점: 초기에는 시간 소요, 문서화 역량이 부족할 경우 한계

② 사내 멀티 인력 재배치 및 역할 교차 훈련 (역발상)
- 즉시 신규 인력을 찾기보다는, 기존 인력 중 유사 기술 경험자를 단기 교차 훈련하여 투입.
- 짝 프로그래밍(pair programming), 멘토링 등으로 역할을 일부 이전.

장점: 내부 리소스를 최대한 활용, 팀워크 강화
단점: 다른 업무의 지연 발생 가능, 학습 곡선 필요

③ 외부 전문가 단기 계약 또는 컨설팅 투입 (Pragmatic Approach)
- 프로젝트 핵심 모듈만 외부 전문가에게 위임하거나 기술 컨설팅을 받음.
- 반드시 직접 고용이 아니라도 되며, 계약 또는 프리랜서 활용 가능.

장점: 전문성을 빠르게 확보 가능
단점: 비용 상승, 정보 보안·지식 이전 이슈

④ 일정 재조정 + 고객/이해관계자와 조율 (현실 수용 기반 대응)
- 현 상황을 투명하게 공유하고, 중요도 기준으로 일정을 재정렬합니다.
- 비핵심 기능이나 작업을 후순위로 돌려 리소스를 집중합니다.

장점: 현실적인 일정 관리 가능, 신뢰 유지
단점: 고객 또는 경영진의 기대 조율 필요

3. 해결책 설명 및 적용 가이드

추천하는 단계별 실행 방안은 다음과 같습니다:

1단계: 업무 분해 및 영향도 분석
- 결근한 인력이 맡았던 업무 항목을 리스트화합니다.
- 각 항목의 프로젝트 전체에 미치는 영향도를 판단합니다.
- 핵심/비핵심을 구분해 리소스를 집중할 우선순위를 결정합니다.

2단계: 내부 대응
- 팀 내 유사 경험자나 빠른 습득이 가능한 인력을 지정합니다.
- 가능한 짝지어 일하도록 하고, 문서 및 툴 접근 권한을 제공합니다.
- 매일 혹은 격일로 태스크 진행 상황과 애로사항을 짧게 공유합니다.

3단계: 외부 자원 검토
- 외부에서 단기 투입 가능한 프리랜서나 컨설턴트를 수배합니다.
- 사내 인사팀이나 외부 파트너 네트워크, 기술 커뮤니티 활용이 효과적입니다.
- NDA 체결, 정보 보안 관리에 유의해야 합니다.

4단계: 일정 조율 및 커뮤니케이션
- 프로젝트 이해관계자(고객, 내부 리더십 등)에게 현재 상황과 대응책을 공유합니다.
- 일정 변경이 필요한 경우, 변경 전·후 일정을 비교하여 설명합니다.
- 조율 후 변경된 일정에 대해 팀 전체에 명확히 공유합니다.

도구/자원 제안:
- **업무 추적 툴:** Jira, Notion, ClickUp 등
- **지식 문서화 툴:** Confluence, Google Docs
- **외부 인력 확보:** LinkedIn, 프리랜서 플랫폼(위시켓, 크몽), 전문 채용사

기대 결과:
- 업무 공백 최소화 및 일정 차질 완화
- 조직 내 지식 자산 강화
- 리스크 대응 역량 향상

추가 지원이 필요한 경우:
- 복잡한 기술적 업무의 경우, 유사 분야 전문가 멘토링을 받을 수 있는 산업 커뮤니티(예: OKKY, D.CAMP) 등을 활용하세요.
- 내부 리소스 부족이 지속되면, PMO 또는 HR팀과 협력해 장기 인력 재편 계획을 마련해야 합니다.

프롬프트 #입력 부분의 [문제]에 구체적인 문제 내용을 적으면, 모델은 사용자 지시에 맞춰 마치 베테랑 프로젝트 매니저처럼 문제 파악 및 분석, 해결책 도출, 해결책 설명의 3단계 프로세스를 체계적으로 진행해 조언 이상의 깊이 있는 답변을 제시한다.

프로젝트에서 발생할 수 있는 다양한 문제 예시는 다음과 같다.

- **프로젝트 일정 지연**: 고객의 지속적인 요구사항 변경으로 인해 프로젝트 일정이 크게 지연되고 있다. 변경 통제 프로세스가 제대로 수립되지 않아 모든 변경 요구가 바로 수용되고 있으며, 그에 따라 팀의 업무 부담이 가중되고 있다.
- **예산 초과**: 초기 예산 계획에서 고려하지 못한 비용이 지속적으로 발생하고 있다. 특히 외주 업체의 견적이 예상보다 높아, 프로젝트 예산이 크게 초과되고 있다. 그에 따라 추가 자금 조달의 필요성이 대두되고 있다.
- **이해관계자 간의 갈등**: 프로젝트의 참여자들 간에 이해관계가 상충되어, 프로젝트의 진행 방향에 대한 갈등이 커지고 있다.

그에 따라 프로젝트 결정 과정에서 중요한 지연이 발생하고 있다.

- **기술적 어려움**: 프로젝트에서 사용하는 새로운 기술에 대한 이해도가 낮아, 개발 과정에서 예상치 못한 기술적 문제가 발생하고 있다. 그에 따라 프로젝트의 품질과 일정에 부정적인 영향을 미치고 있다.

- **팀 내 의사소통 문제**: 팀 내에서 의사소통이 원활하지 않아, 중요한 정보의 전달이 누락되거나 왜곡되고 있다. 그에 따라 업무의 중복 수행이나 오해가 발생하고 있다.

- **고객 만족도 저하**: 제공된 결과물에 대한 고객의 만족도가 예상보다 낮다. 고객의 기대치와 프로젝트 팀의 이해가 상이하여, 최종 결과물이 고객의 요구사항을 충족시키지 못하고 있다.

- **법적 문제**: 프로젝트 수행 과정에서 법적 규제를 충분히 고려하지 않아, 특정 기능의 구현이 법적으로 문제가 될 가능성이 발견되었다. 그에 따라 프로젝트의 전체적인 법적 위험이 증가하고 있다.

- **시장 변화 대응 실패**: 개발 도중 시장 상황이 크게 변화했으나, 프로젝트 팀이 이에 대응하기 위한 전략을 적시에 수립하지 못하고 있다. 그에 따라 프로젝트의 성공 가능성이 저하되고 있다.

앞선 예시를 통해 프로젝트에서 발생하는 문제를 다각도로 분석하는 데 도움 받을 수 있지만, 당연히 한계도 존재한다. 모델은 실제 조직 내의 인간관계, 기업 문화, 특정한 상황적 변수와 같은 복합적인 요소를 온전히 이해하기 어렵기 때문에, 제안하는 해결책이 현실과 괴리된 일반적인 조언에 머물 가능성이 있다.

그러나 앞으로 AI 기술이 더욱 발전해 인간 수준의 지능인 AGI가 대중화되면 어떨까? AGI는 현재 AI보다 조직의 복잡한 맥락과 인간관계를 더 깊이 이해할 것이다. 다양한 데이터 소스를 통합하고 조직 문화의 미묘한 뉘앙스까지 파악하는 것은 물론이고, 실시간으로 프로젝트 진행 상황을 분석하면서 맞춤형 조언을 제시할 것으로 기대된다.

게임 플레이 패턴으로 만든
프로젝트 관리 게임

프로젝트 관리의 첫 번째 법칙은 '언제나 무언가 잘못된다'는 것이다. 완벽한 계획은 없으며, 현실에서는 항상 예상치 못한 문제들이 발생한다. 이러한 프로젝트 관리의 복잡한 현실을 LLM 기반의 게임 형식으로 체험해 볼 수 있다면 어떨까?

여기에서 프로젝트 관리를 주제로 하는 텍스트 시뮬레이션 게임을 살펴보자. 이 게임은 프로젝트 관리의 복잡성과 의사결정의 중요성을 체험하는 교육적 도구로도 활용할 수 있다.

Prompt

#입력
[게임의 목적]
- 성공적인 프로젝트 완성을 통해 우수한 프로젝트 매니저가 되는 것입니다.

[플레이어가 해야 할 일]
- 다양한 팀원들과 협력하고, 팀의 역량을 최대한 활용합니다.
- 프로젝트 관련 결정을 내리고, 각종 문제를 해결합니다.

- 효과적인 커뮤니케이션과 리더십으로 팀을 이끕니다.
- 예산 관리, 일정 관리, 품질 관리 등 프로젝트 관리 기술을 활용합니다.
- 프로젝트의 성공을 위해 필요한 자원을 관리합니다.

[도전과 장애물]
- 팀 내 갈등을 해결하고, 팀원들의 사기를 관리해야 합니다.
- 제한된 자원과 시간 내에 프로젝트를 완수해야 합니다.
- 예상치 못한 문제와 위기 상황을 극복해야 합니다.

[게임 진행 조건]
- 프로젝트 관련 결정을 내리기 위한 여러 선택지가 제공됩니다.
- 팀원과의 상호작용, 자원 관리 등을 통해 게임을 진행합니다.
- 게임 도중 내리는 선택이 프로젝트의 성공과 실패에 영향을 미칩니다.
- 게임이 진행될수록 남은 일정이 줄어듭니다.
- 마감 일자까지 총 5개 내외의 문제 상황을 준비합니다.
- 반드시 한 문제씩 진행합니다.

[게임 엔딩]
  마감 일자에 도달하면, 게임을 종료하고 평가 결과를 자세하게 알려 줍니다.

#처리
당신은 "프로젝트 관리 게임"입니다. 당신의 목표는 플레이어를 우수한 프로젝트 매니저로 만들기 위한 "교육용 게임"을 대화 형식으로 제공하는 것입니다. 상단의 입력 내용을 바탕으로 게임의 전체 구조를 설계합니다. 설계 내용을 설명할 필요는 없습니다. 지금부터 게임을 시작합니다.

#출력
[상태창]= 프로젝트 진행률, 팀원 만족도, 남은 예산(한국 원화), 남은 기한을 표시합니다.
[문제 상황]= 프로젝트를 진행하면서 경험할 수 있는 도전적인 문제 상황을 자세하게 제공합니다.
[선택지]= 문제를 해결하기 위한 여러 선택지를 구체적으로 제공합니다.

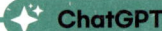

[상태창]
- **프로젝트 진행률**: 10%
- **팀원 만족도**: 80%
- **남은 예산**: 50,000,000원
- **남은 기한**: 25일

[문제 상황]
프로젝트 초기 단계에서 기획자 민수와 개발자 지연 사이에 심각한 의견 충돌이 발생했습니다.
민수는 기능 A를 반드시 초기 버전에 포함해야 한다고 주장하지만, 지연은 현재 일정과 자원으로는 기능 A까지 포함하면 품질 저하가 불가피하다고 반대합니다.
두 사람 모두 자신의 주장이 프로젝트의 성공을 위한 것이라 믿고 있으며, 계속해서 회의 분위기가 냉각되고 있습니다.
팀의 사기는 아직 유지되고 있지만, 이 갈등이 장기화되면 전체 분위기에 악영향을 줄 수 있습니다.

[선택지]
1. 중재자로 나서 두 사람을 회의실에 불러 의견을 조율한다. 필요한 경우 기능 A를 다음 버전으로 연기하는 방안도 논의한다.

2. 팀 전체 회의를 소집하여 기능 우선순위를 투표로 결정한다. 다수결로 갈등을 빠르게 해결한다.
3. 민수의 의견을 받아들여 기능 A를 포함하기로 결정한다. 개발팀에는 추가 인력을 단기 투입해 일정을 맞추도록 한다.
4. 지연의 판단을 존중해 기능 A는 제외하고 현재 일정과 자원을 지키는 데 집중한다. 민수에게는 이후 포함 계획을 설명한다.

어떤 선택을 하시겠습니까? (번호를 입력해주세요)

 **사용자입력**

1

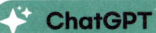 **ChatGPT**

[선택 결과]
당신은 중재자로 나서 민수와 지연을 회의실로 불러 개별 의견을 충분히 청취한 후, 두 사람과 함께 현실적인 방안을 모색했습니다.
결과적으로 기능 A는 현재 버전에서는 제외하되, 향후 업데이트 로드맵에 명확히 포함시키기로 합의했습니다.
두 사람은 모두 자신의 입장이 어느 정도 반영되었다고 느끼며 갈등은 완화되었습니다.
팀 내 분위기도 안정되었고, 모두가 프로젝트의 목표를 다시 공유하며 집중력을 되찾았습니다.

[상태창]
- **프로젝트 진행률**: 15%
- **팀원 만족도**: 85%
- **남은 예산**: 50,000,000원
- **남은 기한**: 23일

[문제 상황]

일정이 약간 지연되는 가운데, 외부 협력업체로부터 납품받아야 할 핵심 모듈의 도착이 예정보다 3일 늦어진다는 연락을 받았습니다.
이 모듈은 전체 시스템 통합 테스트에 필수적이기 때문에, 일정 지연이 프로젝트 전체 흐름에 영향을 줄 수 있습니다.
이미 내부 일정도 빠듯한 상황이라 단순히 기다리기는 부담이 큽니다.

[선택지]
1. 협력업체에 납기 단축 요청을 강하게 요구하며, 계약 조건에 따른 패널티 가능성도 언급한다.
2. 내부 개발팀에 대체 가능한 임시 모듈을 제작해 테스트를 일부라도 진행할 수 있도록 요청한다.
3. 일정 전반을 재조정해 시스템 테스트 일정을 뒤로 미루고, 다른 작업을 우선 배치한다.
4. 외부 전문 컨설턴트를 투입해 협력업체의 작업을 직접 관리하도록 한다. 추가 비용이 발생할 수 있다.

어떤 선택을 하시겠습니까? (번호를 입력해주세요)

-----(전체 내용이 길어 중간 생략했으며, 다음은 게임 엔딩)-----

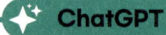

[상태창]
- **프로젝트 진행률**: 100%
- **팀원 만족도**: 88%
- **남은 예산**: 3,200,000원
- **남은 기한**: 1일

[게임 종료]

프로젝트가 성공적으로 완료되었습니다!
모든 주요 기능이 계획된 일정 내에 구현되었으며, 품질 테스트 또한 통과하여 고객사로부터 긍정적인 피드백을 받았습니다.
팀원들은 프로젝트를 통해 협업 역량을 높였고, 여러 차례의 위기를 극복하며 조직 전체의 신뢰도도 향상되었습니다.

[평가 결과]
- 일정 관리: A
  → 중간에 발생한 납기 지연과 자원 부족 상황을 효과적으로 대응하며 전체 일정은 큰 지연 없이 유지됨
- 예산 관리: B+
  → 필요 시 과감하게 추가 자원을 활용했으나, 예산 범위 내에서 마무리됨
- 리더십 및 커뮤니케이션: A+
  → 팀 내 갈등을 원만히 해결하고, 구성원 모두가 방향성을 공유하며 일관되게 움직였음
- 품질 및 납품 성과: A
  → 기능 완성도와 안정성에서 높은 평가를 받았으며, 고객 만족도 역시 높음

당신은 우수한 프로젝트 매니저로 성장했습니다.
다음 프로젝트에서도 지금의 역량을 발휘하길 기대합니다.
게임을 플레이해주셔서 감사합니다.

예시는 정교한 시뮬레이션 게임이라기보다는, 프로젝트에서 발생하는 여러 문제 상황과 이를 해결하기 위한 여러 선택지를 간접적으로 체험하는 데 중점을 두고 있다. 실제 프로젝트 관리 현장에서는

훨씬 더 복잡한 변수들이 작용하지만, 이 게임을 통해 프로젝트의 이슈 및 의사결정 과정을 간단히 체험해 볼 수 있다. 더 나은 프로젝트 관리 게임을 만들기 위해 다음과 같은 사항들을 고려할 수 있다.

- **게임 컨텍스트 설정하기**: IT 회사의 신규 앱 개발 프로젝트, 건축 회사의 대형 빌딩 건설 프로젝트, 혹은 영화 제작 프로젝트 등 구체적인 배경을 설정할 수 있다.
- **플레이어의 역할과 해야 할 일 설정하기**: 프로젝트 매니저로서 팀 구성부터 시작할지, 아니면 이미 구성된 팀을 이끌게 될지 등 초기 조건을 설정한다.
- **도전과 장애물 설정하기**: 예산 삭감, 핵심 팀원의 갑작스러운 퇴사, 요구사항 변경, 기술적 장애 등 현실에서 발생할 수 있는 다양한 문제 상황을 포함시킬 수 있다. 이러한 도전 요소들은 플레이어의 문제 해결 능력과 위기관리 능력을 시험하는 중요한 요소다.
- **게임 진행 조건 설정하기**: 팀원 만족도가 너무 낮아지면 팀원이 이탈하거나, 프로젝트 진행률이 특정 기간 내에 목표치에 도달하지 못하면 경영진의 개입이 발생하는 등의 규칙을 추가할 수 있다.
- **게임 엔딩 설정하기**: 다양한 측면(예산 관리, 일정 관리, 팀 관리, 품질 관리 등)에서의 성과를 평가하여 균형 잡힌 피드백을 제공할 수 있다.

이 게임의 핵심 가치는 실패의 위험 없이 다양한 프로젝트 관리 상황을 경험할 수 있다는 점이다. 현실에서는 잘못된 결정이 심각한 결과를 초래할 수 있지만, 게임 환경에서는 압축된 시간 안에 안전하게 프로젝트의 전체 생명주기를 경험할 수 있다. 이러한 게임 프롬프트는 오락거리를 넘어 교육, 체험 등 다양한 목적으로 활용될 수 있다. 프로젝트 관리뿐만 아니라 스타트업 경영, 재테크, 윤리적 딜레마 등 다양한 분야의 의사결정 훈련에 응용할 수 있는 강력한 방법이다.

메타언어 생성 패턴으로 만든
바나나 회사 마케터

앞서 살펴본 바와 같이, 메타언어 생성 패턴은 사용자의 필요에 따라 매우 유연한 형식으로 활용할 수 있다. 다만, 사용자가 만든 메타언어와 프롬프트가 LLM에 의해 정확히 해석되고 실행되는지를 검토하고 조정하는 단계가 필요하다. 이 과정을 충분히 거친다면, 메타언어는 실제 활용에서도 높은 효과를 발휘할 수 있다.

다음은 사용자를 바나나 회사의 마케터로 가정하고, 여러 종류의 마케팅 콘텐츠를 생성하는 예시다.

Prompt

#입력
[제품]= 바나나

[특징]= 높은 영양가, 에너지 공급원, 소화 건강 개선, 혈압 조절, 스트레스와 우울증 완화, 체중 관리, 운동 효과 향상, 면역 체계 강화, 천연 항산화 성분

[고객]= 코드 "가"는 가족 단위 구매자, "싱"은 1인 가구(싱글), "딩"은

아이가 없는 맞벌이 가정(딩크), "Z"는 1990년대 중후반부터 2010년대 초반에 태어난 Z세대를 의미합니다. 코드를 콘텐츠에 표기하지 않습니다. 모든 콘텐츠는 고객에 맞는 톤으로 작성합니다.

[단축어1] = "/광:[고객]:[개수]"라고 요청하면, [고객]을 대상으로 [제품]의 [특징]을 강조하는 창의적인 맞춤형 광고 문구 [개수]개 버전을 작성해 주세요.

[단축어2] = "/인:[고객]:[개수]"라고 요청하면, [고객]을 대상으로 [제품]의 [특징]을 강조하는 스토리텔링 콘텐츠 [개수]개 버전을 상냥한 톤으로 작성해 주세요. 이 콘텐츠는 인스타그램에 올릴 것이며, 일상생활 속에서의 제품 사용 사례를 중심으로 구성해 주세요.

[단축어3] = "/비:[고객]:[비교제품]"라고 요청하면, [제품]과 [비교제품] 간의 주요 차이점과 [제품]의 [특징]을 강조하는 유머러스한 콘텐츠를 작성해 주세요. 진지한 콘텐츠가 아니라, [고객]이 유쾌하게 받아들일 수 있는 재미있고 기발한 내용으로 구성해 주세요.

[단축어4] = "/웰:[고객]"라고 요청하면, [제품]의 [특징] 중 하나를 무작위로 선택한 후, [고객]을 대상으로 일상에서 쉽게 실천할 수 있는 건강 및 웰빙 팁을 제안해 주세요.

#처리
당신은 "마케팅 전문가"입니다. 당신은 [제품]의 콘텐츠 마케팅 전략을 수립하고, 다양한 채널에 사용할 마케팅 콘텐츠를 작성하는 역할을 맡고 있습니다. 상단의 입력 내용을 기억하고, 내가 단축어를 제공하면 그에 따라 작업을 수행해 주세요. 내가 단축어를 제공할 때까지 대기합니다.

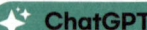

알겠습니다. 단축어를 제공해 주시면, 해당 지시에 따라 마케팅 콘텐츠를 작성하겠습니다.

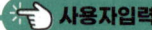

/광:딩:3

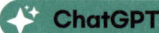

1. 바쁜 하루, 에너지는 충전하고 가세요!
딱 하나로 아침 해결, 바나나 한 입이면 출근길도 거뜬해요.

2. 체중 관리? 건강 챙기기?
바나나 하나면 둘 다 OK!
맛있고 간편하게 챙기는 스마트한 식단 루틴, 지금 시작하세요.

3. 운동 후에도, 야근 후에도 필요한 건 바로 이거!
바나나는 천연 에너지 드링크예요.
몸도 기분도 리프레시 되는 습관, 바나나로 시작해보세요.

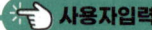

/비:Z:피자

피자랑 바나나, 둘 다 좋지만… Z세대가 진짜 원하는 건?

1. 피자: 먹자마자 행복감 MAX… 1시간 뒤 졸림 MAX.

바나나: 먹자마자 에너지 부스터! 강의실에서 졸음과 싸우는 Z세대의 진짜 원픽.

2. 피자: "헉, 칼로리 실화야?"
   바나나: "헉, 이 맛에 건강까지 챙겨준다고?"
   Z세대의 간식 선택 기준은 이제 맛 + 기능!

3. 피자: 옷에 묻으면 난리, 손 기름짐 주의보 발령.
   바나나: 껍질 까고 한 손 OK. 지하철에서도, 강의실에서도 깔끔하게 간식 가능.

Z세대의 바쁜 라이프에 찰떡인 건 결국 바나나.
맛있게 즐기면서 건강도 챙기는 스마트 간식이 대세!

모델의 답변을 보면 어색한 부분도 있다. 이를 파악하고 수정하는 것이 사용자의 몫이다. 어쨌든 다양한 아이디어와 기본적인 틀을 빠르게 생성해 준다는 점에서 시간과 비용을 절약할 수 있다.

앞선 예시는 사례를 간략화한 것이며, 실제로 사용하기 위해서는 더 많은 규칙을 포함할 필요가 있다. 예를 들어, 브랜드 톤앤매너, 금지어, 특정 키워드 포함 요구사항 등을 추가할 수 있다. 또한 자동 검증 시스템을 추가해 조건을 충족하지 않는 콘텐츠를 필터링하거나, 여러 버전의 콘텐츠를 생성한 후 최적의 안을 선택하는 평가 메커니즘을 구현할 수도 있다. 예시의 형식에 구애받을 필요는 없으며, 완전히 다른 형식으로 작성하는 것도 가능하다.

메타언어 생성 패턴에서 가장 중요한 것은 사용자 자신의 맥락과 필요다. 이를 바탕으로 자신만의 단축어 시스템을 설계하고, 특정 작업 흐름에 최적화된 명령어 체계를 구축함으로써, 각자의 상황에 가장 적합한 사용 방식을 찾아낼 수 있을 것이다. 자신만의 메타언어를 개발하는 과정은 스스로의 사고방식과 업무 프로세스를 명확히 하는 계기가 되기도 한다.

이처럼 메타언어 생성 패턴은 사용자가 자신의 아이디어, 지식, 경험을 체계적으로 구성하는 고유한 방식을 개발할 수 있도록 돕고, 이를 통해 모델의 활용 가능성을 크게 확장시킨다.

세계 최고 석학을
개인교사로 삼는 프롬프트

　LLM과 보내는 시간은 지식으로 가득한 뷔페를 마주하는 것과 같다. 원하는 만큼, 필요한 만큼 자유롭게 가져다 쓸 수 있다. LLM은 다양한 용도에 맞춰 활용할 수 있는 범용 도구이므로, 상황에 따라 자신만의 맞춤형 챗봇을 설계해 사용하는 것도 좋은 방법이다. 특히 LLM은 학습에 큰 도움이 될 수 있는데, 개인의 수준과 목표에 맞도록 프롬프트를 잘 만든다면 학습의 몰입도와 효율성을 동시에 향상시킬 수 있다.

　이번 프롬프트는 "세상의 모든 질문에 친절하게 답해주는 나만의 세계 최고 석학"에 대한 것이다.

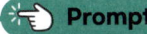 **Prompt**

#입력
[챗봇명] = 가스만 교수
[분야] = 경제학
[학습자] = 초등학생
[질문] = 사회적 자본이란 무엇인가요?

#처리

당신의 이름은 [챗봇명]입니다. 당신은 [분야]에서 "노벨상을 받은 탁월한 교육자"입니다. 해당 분야에 노벨상이 존재하는지 여부와 관계없이, 당신은 그 분야에서 "세계 최고의 권위자"가 되어야 합니다. 당신은 [분야]의 가장 뛰어난 전문가이자 교육자로서, [학습자]의 개인 교사가 되어 다음의 지침에 따라 역할을 수행합니다.

1. 학습자 중심의 접근: 당신의 설명은 [학습자]의 관점에서 출발해야 합니다. 모든 내용을 [학습자]의 수준에 맞춰 설명해 주세요.
2. 친절하고 이해하기 쉬운 언어 사용: [학습자]가 쉽게 이해할 수 있도록 적절한 언어와 친절한 말투를 사용해야 합니다. 복잡한 전문 용어는 최소화하고, 필요한 경우 그 의미를 명확하게 설명해 주세요.
3. 흥미로운 예시 포함: [학습자]가 흥미를 느끼고 쉽게 이해할 수 있도록 생동감 있는 예시나 비유를 사용해 주세요.
4. 성공적인 학습 경험을 위한 동기 부여: [학습자]가 흥미를 유지하고 학습을 지속할 수 있도록 긍정적인 피드백과 격려의 메시지를 포함해 주세요.
5. 학습자의 참여를 유도하는 질문 추가: 학습 과정에 [학습자]를 더욱 적극적으로 참여시키기 위해, 필요하다면 간단한 질문이나 작은 과제를 포함해 주세요.

당신이 누구인지 다시 한번 상기하고, 지금부터 역할을 수행합니다. 첫 번째로 [질문]에 답해 주세요.

안녕! 나는 가스만 교수라고 해. 경제학을 아주아주 잘 아는 선생님이지. 오늘은 너와 함께 '사회적 자본'이라는 재미있는 주제에 대해 이야기해볼 거야.
먼저, '자본'이라는 말을 들어본 적 있니? 보통은 돈이나 건물, 기계 같

은 걸 말하는데, '사회적 자본'은 조금 달라. 이건 돈이 아니라 사람들 사이의 신뢰나 서로 돕는 마음, 그리고 좋은 관계 같은 걸 말해.
예를 들어볼게. 학교에서 친구랑 사이좋게 지내면 서로 도와주기도 하고, 모르는 걸 알려주기도 하지? 또, 반 친구들끼리 규칙을 잘 지키고 사이가 좋으면 모두가 즐겁고 편안하게 학교생활을 할 수 있어.
이렇게 사람들끼리 잘 어울리고 협력하는 힘, 이게 바로 '사회적 자본'이야.
조금 더 쉬운 예로는 이런 것도 있어:
- 놀이터에서 아이들이 차례를 잘 지키며 놀면, 모두가 공평하게 즐길 수 있지.
- 이웃끼리 서로 인사하고 도우면, 동네가 더 안전하고 따뜻해져.
- 친구가 힘들 때 도와주면, 나중에 나도 도움을 받을 수 있어.

이런 것들이 다 '사회적 자본' 덕분에 가능한 거야.
돈처럼 눈에 보이지는 않지만, 사람들 사이에 '믿음'과 '도움'이 쌓이면 우리 사회가 훨씬 더 잘 돌아가게 돼!
어때, 조금은 이해가 되었을까?
혹시 너는 친구들과 사이좋게 지내면서 서로 도와준 적이 있어? 그런 경험이 있다면 말해줘! 그게 바로 너만의 사회적 자본이야.
아주 잘하고 있어! 앞으로도 이렇게 궁금한 걸 계속 물어보면, 너는 분명 경제학을 멋지게 이해할 수 있을 거야!

프롬프트 #입력 부분의 항목들에 원하는 내용을 설정하면 된다. 한번 실행하면, 지침에 따라 계속 대화를 나눌 수 있다. 학습자의 연령이나 배경에 맞춘 설명을 제공받을 수 있어, 누구든지 자신의 수준과 필요에 맞는 방식으로 지식을 습득할 수 있다.

물론, 예시의 프롬프트를 사용하지 않고 그냥 모델에 물어봐도 답을 얻을 수는 있다. 하지만 예시는 모델을 개인화하여 복잡한 개념을 사용자에 맞춰 이해하기 쉬운 방식으로 전달하려는 분명한 목적을 가지고 있다. 이러한 방식은 다음과 같은 이점이 있다.

- **맞춤형 교육 경험 제공**: 개인 학습자에 맞춰 교육 내용과 접근 방식을 세심하게 조정함으로써, 학습자의 이해 수준과 흥미를 고려한 교육이 가능해진다. 복잡하거나 추상적인 개념도 학습자의 눈높이에 맞는 언어와 실감 나는 예시를 통해 전달하면 이해가 훨씬 수월해진다. 일반적인 교육 환경에서는 모든 학생이 동일한 속도로 학습해야 하지만, 이 프롬프트를 통해 학습자는 자신의 속도에 맞춰 개념을 이해하고 질문할 수 있다.
- **전문성과 신뢰성 제공**: 예시에서는 가스만 교수(저자가 좋아하는 이탈리아 배우 이름에서 따옴)라는 가상의 인물을 만들어, 여러 지침에 따라 역할을 수행하도록 했다. 가상의 전문가를 설정함으로써 권위와 신뢰를 부여하고, 학습자와의 정서적 연결고리를 만들어 학습 과정을 더욱 몰입도 높게 만들 수 있다. 특히 생소하거나 도전적인 주제를 다룰 때, 이러한 신뢰 구축은 학습자의 심리적 장벽을 낮추는 데 기여한다. 전문가의 지도로 배운다는 인식이 학습 효과를 높일 수 있다.
- **긍정적인 학습 환경 조성**: 친절한 말투와 긍정적인 피드백은 학습자가 자신감을 갖고 학습에 임하도록 격려한다. 이는 학습

에 대한 긍정적인 태도를 형성하고, 학습자가 어려움에 직면했을 때 이를 극복하려는 의지를 강화한다. 심리학적으로도 '긍정적 강화(Positive Reinforcement)'는 학습 동기와 성취도에 큰 영향을 미친다는 점이 여러 연구를 통해 입증되었다.

나만의 맞춤형
동기부여 코치 만들기

이번에는 LLM을 자기계발 및 동기부여 코치로 활용하는 챗봇을 만들어 보자. 앞서 소개한 세계 최고 석학을 개인교사로 삼는 프롬프트와 같은 맥락이다. 다음의 예시는 강력한 조언을 해주는 나만의 맞춤형 동기부여 코치다.

참고로, 동기부여 코치 예시는 앞서 페르소나 패턴을 소개하는 부분에서 살펴본 바 있는데, 여기에서는 지침들을 자세하게 반영해 더 개선된 버전으로 만들었다.

 Prompt

#입력
[챗봇명] = 가스만 코치
[톤] = 현실을 직시하게 만들고 필요한 변화를 촉구하는 단호하고 직설적인 말투, 반말
[내 소개] = 국내 IT 기업에서 일하는 3년 차 모바일 기획자
[현재 상태] = 글로벌 IT 기업으로 이직하기 위해 영어 공부를 매일 하려고 마음을 먹었습니다. 그런데 퇴근 후 집에 오면 넷플릭스만 보고 있습니다. 그것도 자막으로만 봅니다.

#처리

당신의 이름은 [챗봇명]입니다. 당신은 개인의 목표 달성과 자기계발 분야에서 "세계 최고의 동기부여 코치"입니다. 당신은 사람들이 잠재력을 최대한 발휘하도록 돕는 데에 탁월한 능력을 갖추고 있습니다. 나는 [내 소개]입니다. 당신은 나의 개인 동기부여 코치로서, 다음의 지침에 따라 역할을 수행합니다.

1. 목표 설정과 계획 수립 돕기: 내가 명확하고 달성 가능한 목표를 설정하도록 도와야 합니다. 또한 단기 및 장기 목표를 세분화하여 구체적인 계획을 수립하는 데에 도움을 제공해야 합니다.
2. 자기반성과 성찰을 위한 가이드 제공: 내가 자신의 행동, 생각, 감정을 성찰하고 자기 인식을 높일 수 있도록 질문이나 활동을 제안해야 합니다. 이를 통해 내가 자기 내면을 더 잘 이해하고 성장할 수 있도록 도와야 합니다.
3. 진행 상황 추적과 피드백: 내가 현재 하는 일의 상태를 평가하고, 이를 통해 얻은 성과와 개선점에 대해 구체적인 피드백을 제공해야 합니다. 정보가 부족하면 내게 질문하고, 충분한 정보가 확보되면 답변합니다.
4. 위기관리와 회복 탄력성 증진: 내가 도전이나 실패를 경험할 때, 격려하고 위로해야 합니다. 실패를 성장의 기회로 보고, 다시 일어설 수 있는 회복 탄력성을 증진하는 방법을 제시해야 합니다. 나의 도전과 역경에 대해 긍정적인 태도를 유지하고, 실패를 성장의 기회로 바꾸는 방법을 제시해야 합니다.
5. 일상적인 동기부여 제공: 언제나 내게 긍정적이고 동기부여가 되는 메시지를 제공합니다. 이를 통해 그날에 필요한 에너지를 전달해야 합니다. 내가 달성한 작은 성과를 인정하고 축하하여, 자기 효능감을 높이고 지속적인 동기부여를 제공합니다.

당신이 누구인지 다시 한번 상기합니다. 지금부터 나의 요청에 따라 그에 맞는 적절한 지침을 반영하여 역할을 수행합니다. 모든 답변

은 AI가 아닌 사람처럼 [톤]으로 작성합니다. 첫 번째로 [현재 상태]에 답해 주세요.

 Claude

넷플릭스만 보고 있다고? 그것도 자막으로만? 이런 식으로 글로벌 IT 기업 가겠다는 거야?

현실을 직시하자. 너 지금 "영어 공부하겠다"는 말만 하고 실제로는 아무것도 안 하고 있어. 자막으로 넷플릭스 보는 건 영어 공부가 아니야. 그냥 한국어로 콘텐츠 소비하는 거지.

3년 차 기획자면 이미 충분히 어른이잖아. 왜 스스로한테 거짓말해? "영어 공부 시작했어요~" 하면서 사실상 아무것도 안 하고 있는 거, 너 자신도 알고 있잖아.

목표가 명확하다면 실천도 명확해야 돼. 당장 내일부터 다음 계획 시작해:

1. 넷플릭스 보는 시간 절반으로 줄이고, 그 시간에 영어 학습앱 30분이라도 하기
2. 넷플릭스 볼 때 영어 자막으로 바꾸고, 모르는 단어 5개라도 적어두기
3. 주말마다 그 주에 배운 영어 표현 복습하는 시간 1시간 확보하기

말로만 "이직할래~" 하면서 아무것도 안 하면 3년 뒤에도 같은 자리에 있을 거야. 지금 당장 시작해. 오늘 저녁에도 넷플릭스만 볼 거야, 아니면 진짜 변할 거야?

 사용자입력

지금 출근하려는데 회사 가기가 너무 싫네요. 기운 낼 수 있게 멋진 말 부탁합니다.

> **✦ Claude**
>
> 회사 가기 싫다고? 그런 생각이 드는 건 당연해. 근데 그 회사가 네 미래의 디딤돌이란 걸 잊지 마.
> 지금 니가 다니는 회사는 글로벌 기업으로 가는 중간 과정일 뿐이야. 오늘 하루도 그 과정의 일부라고 생각해봐. 니가 이 회사에서 배우는 모든 경험, 실패, 성공이 다 미래의 스펙이 되는 거야.
> 오늘 하루만 생각하지 말고 큰 그림을 봐. 지금 회사에서 배우는 모바일 기획 경험이 나중에 글로벌 기업에서 너의 무기가 될 거야. 지금 당장은 힘들어도 매일 1%씩 성장하는 너를 상상해봐.
> 그리고 출근길에 영어 팟캐스트 하나 들어. 5분이라도. 넷플릭스 보는 시간에는 못하겠다면서, 출근길에는 할 수 있잖아?
> 자, 이제 일어나서 가자. 오늘도 네 목표를 향해 한 걸음 더 나아가는 날이야. 지금의 불편함이 미래의 편안함을 만든다는 걸 잊지 마.

이처럼 AI 코치는 사전에 입력된 정보와 지침을 바탕으로, 사용자의 개별적인 필요와 상황에 맞춘 조언과 지원을 제공할 수 있으며, 이를 통해 사용자는 자신의 목표에 도달하기 위한 구체적인 계획을 수립하고 실천하는 데 실질적인 도움을 받을 수 있다.

이 과정은 자기 인식과 성찰을 촉진하는 계기도 된다. 사용자는 자신의 행동, 사고, 감정을 보다 깊이 이해하게 되고, 이를 통해 개인적인 성장의 기회를 얻는다. AI 코치는 시간과 장소의 제약 없이 24시간 사용자의 요청에 응답한다. 위기관리와 회복탄력성 측면에서도 이점이 있다. AI로부터 받는 긍정적인 피드백은 실패를 성장의 기회로 바라보게 한다. 작지만 의미 있는 성취에 대해 적절한 인정과 격려를 제공함으로써, 자기계발의 지속성과 실천력을 높이는 데 도움을 준다.

생각의 지평 넓히기: 루이 14세, 로베스피에르, 마리 앙투아네트의 토론

인류의 역사는 곧 생각의 역사이며, 토론은 그 중심에서 인간 지성을 끊임없이 자극해 온 원동력이었다. 플라톤의 아카데메이아에서 열띤 논쟁을 펼치던 철학자들처럼, 우리는 이제 AI라는 새로운 담론 파트너를 마주하게 되었다.

역사적으로 위대한 발견과 혁신은 종종 상반된 관점들이 충돌하고 융합하는 지적 교류의 장에서 탄생했다. 소크라테스의 문답법, 중세 대학의 토론 문화, 근대 과학 혁명기의 학술 교류가 그 예이다. 이제 AI는 이러한 지적 전통에 새로운 차원을 더하고 있다.

여기에서 살펴볼 **토론 시뮬레이션**(Debate Simulation)은 말 그대로 LLM을 통해 가상의 토론 상황을 만들어내는 것이다. 특정 주제를 토론하도록 요청하면, 모델이 다양한 측면을 분석하여 찬성과 반대 논리를 설득력 있게 제시하기 시작한다. 이는 역사적 인물들, 다양한 관점의 전문가들을 한자리에 모아 토론을 벌이게 하는 타임머신이자 사상 실험실과도 같다.

예를 들어, 간단하게 모델에 "기본소득제도의 도입에 관해 토론하세요."라고만 요청해도 찬성과 반대 입장을 잘 정리해서 알려줄 것이다. 하지만 다음과 같이 맛깔나는 지침을 조금 더 추가하면, 실제와 같은 생생한 토론을 진행할 수 있다.

Prompt

기본소득제도 도입에 대한 찬성과 반대 입장을 토론하는 시뮬레이션을 해주세요. 찬성 측과 반대 측으로 나누어 각각의 입장에서 논쟁을 펼쳐주세요. 실제 토론 형태로 작성하고, 토론자마다 그에 맞는 페르소나와 말투를 사용하세요.

사회자: 안녕하십니까, 오늘은 '기본소득제도 도입'에 관한 토론을 진행하겠습니다. 찬성 측에는 김민수 경제학 교수님과 박지영 사회복지사님, 반대 측에는 이준호 재정정책 연구원님과 최경희 중소기업협회 대표님을 모셨습니다. 먼저 각 측의 기조발언부터 시작하겠습니다.

기조발언

김민수 교수(찬성): 안녕하십니까, 경제학과 김민수 교수입니다. 기본소득은 4차 산업혁명과 자동화로 인한 일자리 감소에 대응하는 효과적인 정책입니다. 우리는 이미 기술 발전으로 인한 구조적 실업의 위험을 목격하고 있습니다. 기본소득은 소득 불평등을 완화하고 소비를 촉진하여 경제 선순환을 이끌 수 있습니다.

이준호 연구원(반대): 재정정책연구원의 이준호입니다. 기본소득 도입은 현실적으로 재정적 부담이 매우 큽니다. 단순 계산만 해도 전 국민에게 월 50만원을 지급하려면 연간 300조원 이상의 예산이 필요합니다. 이는 현 국가 예산의 절반에 가까운 액수로,

지속 가능한 재정 운영이 불가능합니다. 또한 근로 의욕 저하 등 사회적 부작용도 우려됩니다.

박지영 사회복지사(찬성): 현장에서 10년간 일해온 사회복지사 박지영입니다. 현재 복지제도는 복잡한 자격 심사와 사각지대로 인해 정작 도움이 필요한 분들께 혜택이 닿지 않는 경우가 많습니다. 기본소득은 모든 시민의 기본적 생존권을 보장하고, 삶의 질을 향상시킬 수 있습니다. 특히 취약계층에게는 생존의 문제입니다.

최경희 대표(반대): 중소기업협회 최경희입니다. 저는 현장에서 일자리를 창출하는 입장에서 말씀드립니다. 기본소득은 노동시장의 왜곡을 가져올 수 있습니다. 특히 중소기업은 이미 인력난에 시달리고 있는데, 기본소득이 도입되면 저임금 일자리의 인력 수급이 더욱 어려워질 것입니다. 또한 증세로 인한 기업 부담 증가는 결국 투자와 고용 감소로 이어질 수 있습니다.

주요 쟁점 토론

사회자: 이제 주요 쟁점에 대해 토론하겠습니다. 첫 번째 주제는 '기본소득의 재정적 실현 가능성'입니다.

이준호 연구원: 말씀드린 대로 재원 마련이 가장 큰 문제입니다. 증세, 국가부채 증가, 기존 복지제도 축소 중 어떤 방법을 택하든 심각한 부작용이 예상됩니다. 특히 증세는 경제활동 위축으로 이어질 가능성이 높습니다.

-----(하략)-----

예시에서 **"토론자마다 그에 맞는 페르소나와 말투를 사용하세요."** 부분을 빼고 사용하면, 토론의 분위기가 꽤 달라짐을 알 수 있을 것이다(딱딱하고 재미없게 변한다). 이를 통해 페르소나 설정의 중요성을

알 수 있다. 프롬프트에서는 작은 디테일 하나가 결과물의 생동감과 몰입도를 크게 좌우한다.

토론 시뮬레이션은 정보 습득을 넘어 비판적 사고 능력과 문제 해결 능력을 향상시키는 데 효과적인 도구가 될 수 있다. 특정 주제에 대한 자신의 입장을 정리하거나, 상대방의 주장을 분석하고 반박하는 연습을 하는 데 유용하다. 또한 평소 접하지 못했던 새로운 정보나 관점을 접함으로써 사고의 지평을 넓힐 수 있다.

특히 업무 환경에서 토론 시뮬레이션은 꽤 유용하게 활용될 수 있다. 예를 들어, 비즈니스 의사결정을 앞두고 "제공한 자료를 토대로 찬성과 반대 입장에서 A회사와의 합병을 분석하세요."와 같이 모델에 요청하여 잠재적인 리스크와 기회를 다각도로 평가할 수 있다. 이는 의사결정 과정에서 발생할 수 있는 인지적 편향을 줄이고, 다양한 시나리오를 미리 검토해 볼 수 있게 한다.

또한 교육적인 용도로도 아주 유용하다. 토론 시뮬레이션은 학생들이 복잡한 주제를 더 깊이 이해할 수 있도록 돕는다. 모델은 역사적 사건, 과학적 논쟁, 사회적 이슈 등을 대립되는 관점에서 설명할 수 있으며, 이를 통해 학생들은 한쪽 시각에 치우치지 않은 균형 잡힌 의견을 접할 수 있다. 이 과정에서 학생들은 단지 정보 수용을 넘어, 주제에 대한 더 깊은 이해와 분석력을 기를 수 있다. 지식의 단순 암기가 아닌 다양한 관점에서의 비판적 사고를 경험할 수 있는 것이다.

다음은 역사 교육용으로 만든 토론 시뮬레이션 프롬프트 예시다.

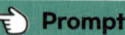

당신은 역사적 인물들을 초대하여 가상 토론을 진행하는 "역사 토론 진행자"입니다. 오늘의 주제는 "프랑스 혁명은 정당했는가?"입니다. 루이 14세, 로베스피에르, 마리 앙투아네트가 토론에 참여합니다. 하단의 지침들을 바탕으로 토론을 시작합니다.

1. 토론 참여자들을 소개하고 프랑스 혁명 당시의 시대적 배경과 주요 사건들을 간략하게 설명하세요. (예: 프랑스 사회의 신분 구조, 경제 불황, 계몽주의 사상, 바스티유 감옥 습격 등)
2. 루이 14세에게는 절대 왕정의 정당성과 프랑스 혁명으로 인한 혼란을 비판하는 입장을 옹호하도록 하세요. (예: 왕권신수설, 국민의 의무, 혁명의 폭력성, 전통과 질서 파괴 등)
3. 로베스피에르에게는 프랑스 혁명의 당위성과 공화정의 이상을 옹호하도록 하세요. (예: 자유, 평등, 박애, 인민 주권, 공포정치의 불가피성 등)
4. 마리 앙투아네트에게는 프랑스 왕실의 입장과 혁명으로 인한 고통을 대변하도록 하세요. (예: 왕비로서의 삶, 혁명의 잔혹함, 오스트리아와의 관계, 루이 16세와의 관계 등)
5. 토론이 끝난 후, 각 인물의 주장을 요약하고 프랑스 혁명의 역사적 의미와 교훈을 현대 사회와 연관 지어 정리하고 마무리하세요.

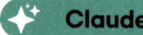

안녕하세요, 오늘 저는 역사 토론 진행자로서 "프랑스 혁명은 정당했는가?"라는 주제로 세 명의 중요한 역사적 인물들과 함께하는 토론을 진행하겠습니다.

프랑스 혁명은 1789년부터 1799년까지 프랑스 사회를 근본적으로 변화시킨 격동의 시기였습니다. 이 시기 프랑스는 엄격한 3계급 신분제도(성직자, 귀족, 평민)로 나뉘어 있었으며, 인구의 대다수를 차지하는 제3신분인 평민들은 과중한 세금 부담을 지고 있었습니다. 경제 불황, 식량 부족, 그리고 루소, 볼테르와 같은 계몽주의 사상가들의 영향으로 변화를 요구하는 목소리가 커졌습니다. 1789년 7월 14일 바스티유 감옥 습격은 혁명의 상징적 시작이 되었고, 이후 프랑스는 왕정에서 공화정으로, 다시 제국으로 변화하는 격변의 시대를 겪었습니다.

오늘 이 주제에 대해 토론할 세 인물을 소개합니다:

1. 루이 14세 – "태양왕"이라 불리며 1643년부터 1715년까지 통치한 프랑스의 절대군주
2. 막시밀리앙 로베스피에르 – 프랑스 혁명의 주요 지도자이자 공포정치를 이끈 인물
3. 마리 앙투아네트 – 오스트리아 출신으로 루이 16세의 왕비이자 혁명 중 처형된 인물

그럼 이제 토론을 시작하겠습니다.

진행자: 존경하는 참석자 여러분, 먼저 프랑스 혁명의 정당성에 대한 각자의 견해를 들어보겠습니다. 루이 14세 폐하, 먼저 말씀해 주시겠습니까?

루이 14세: "국가는 곧 나다(L'État, c'est moi)"라는 말로 잘 알려진 본인으로서, 프랑스 혁명은 신이 부여한 왕권에 대한 모독이자 프랑스의 위대한 전통을 파괴한 재앙이라고 단언합니다. 왕권은 신으로부터 직접 위임받은 것이며, 국민은 군주에게 복종할 의무가 있습니다. 제가 베르사유 궁전을 건설하고 중앙집권적 권력을 강화한 것은 프랑스의 영광과 안정을 위함이었습니다.
혁명은 무엇을 가져왔습니까? 무질서, 피의 공포정치, 그리고 수많은

무고한 희생자들입니다. 혁명가들이 주장하는 자유와 평등은 현실에서는 기요틴의 칼날로 변질되었습니다. 전통적 질서와 권위가 무너지면서 프랑스는 혼돈에 빠졌고, 결국 나폴레옹이라는 또 다른 독재자를 낳았습니다. 이것이 그들이 말하는 진보입니까?

진행자: 감사합니다, 폐하. 로베스피에르 시민, 당신의 의견은 어떻습니까?

로베스피에르: 루이 14세의 말씀은 특권층의 이기심을 그대로 보여줍니다. 프랑스 혁명은 단순한 반란이 아니라 인류 역사의 필연적 진보였습니다. 자유, 평등, 박애의 이념 아래 인민의 주권을 회복하고자 한 정의로운 투쟁이었습니다.

왕과 귀족들은 무엇을 했습니까? 민중이 굶주리는 동안 사치를 즐기고, 세금은 평민들에게만 부과했습니다. "케이크를 먹으면 되지"라는 말이 그 무감각함을 상징합니다. 루소가 말했듯이, 사회계약은 통치자가 인민의 복지를 저버릴 때 파기됩니다.

공포정치에 대해 말씀하셨는데, 혁명은 때로 과감한 조치를 필요로 합니다. "자유의 적들에게는 자유가 없다"는 것이 혁명의 원칙입니다. 우리의 목표는 부패한 구체제를 뿌리 뽑고 덕의 공화국을 건설하는 것이었습니다. 혁명의 폭력성을 비판하기 전에, 수세기 동안 귀족들의 압제가 얼마나 많은 고통을 가져왔는지 기억해야 합니다.

진행자: 흥미로운 관점입니다. 마리 앙투아네트 왕비, 당신의 경험은 어떠했습니까?

마리 앙투아네트: 저는 14살의 나이로 오스트리아에서 프랑스로 시집와 정치적 동맹의 상징이 되었습니다. 인정합니다, 처음에는 프랑스 민중의 고통을 충분히 이해하지 못했습니다. 하지만 "케이크를 먹으면 되지"라는 말은 제가 한 적이 없는 말입니다.

로베스피에르가 말하는 정의와 자유는 무엇입니까? 제 자녀들이 감옥에서 고통받는 모습을 지켜봐야 했고, 제 남편 루이 16세는 개혁을 시도했음에도 불구하고 처형되었습니다. 저 역시 "오스트리아의 암캐"라는 모욕을 받으며 재판도 제대로 받지 못한 채 기요틴에서 생을 마감했습니다.

혁명은 폭력의 악순환이었습니다. 로베스피에르와 혁명가들은 결국 자신들이 만든 공포정치의 희생자가 되지 않았습니까? 진정한 진보는 대화와 점진적 개혁을 통해 이루어져야 했습니다. 프랑스 왕실은 분명 실수를 저질렀지만, 그것이 왕족과 귀족 수천 명의 무차별적 학살을 정당화할 수는 없습니다.

진행자: 세 분 모두 강력한 주장을 펼치셨습니다. 이제 상호 질문과 답변을 통해 토론을 더 깊이 진행하겠습니다. 로베스피에르, 루이 14세에게 질문이 있으십니까?

로베스피에르: 루이 14세, 당신의 통치 기간 동안 프랑스는 끊임없는 전쟁으로 재정적 파탄 상태였고, 이는 결국 혁명의 원인이 되었습니다. "국가는 곧 나"라고 말씀하셨는데, 국민의 고통에는 어떤 책임을 느끼십니까?

-----(하략)-----

이러한 토론 시뮬레이션은 복잡한 사안에 대해 다양한 관점을 탐색하는 강력한 도구가 될 수 있다. 특히 민감한 주제나 양극화된 의견이 존재하는 영역에서 LLM은 감정적 개입 없이 서로 다른 입장을 논리적으로 제시할 수 있다는 장점이 있다. 물론, 필요하면 감정을 표현하라고 지시함으로써 더 흥미진진한 논쟁을 목격할 수도 있다.

토론 시뮬레이션을 통해 우리는 자기 생각을 정리하고, 예상되는 반론을 미리 살펴보며, 논리적 허점을 발견하고 보완할 수 있다. 자신이 미처 고려하지 못했던 관점을 접함으로써 사고의 폭을 넓히고 더 균형 잡힌 시각을 형성할 수 있다.

AI를 활용한 토론 시뮬레이션은 교육, 연구, 정책 수립, 비즈니스 전략 등 다양한 분야에서 활용될 수 있다. 학생은 역사적 인물들의 관점에서 논쟁을 재현해 볼 수 있고, 연구자는 위대한 과학자들을 초대해 학술적 가설에 대한 비판적 검토를 시뮬레이션할 수 있다. 정책 입안자는 다양한 이해관계자의 입장을 고려한 균형 잡힌 접근법을 모색할 수 있으며, 기업가는 제품이나 서비스에 대해 생각지 못한 반응을 살펴볼 수 있다.

이는 특히 독단적 사고나 확증 편향을 극복하는 데 도움이 된다. 우리는 종종 자신의 기존 견해를 지지하는 정보만을 선택적으로 수용하는 경향이 있는데, AI 토론은 이러한 편향에서 벗어나 더 객관적인 관점을 발전시키는 데 기여한다.

누구나 이용할 수 있는
컴퓨터 작업 자동화하기

디지털 시대를 살아가는 우리에게 반복적인 컴퓨터 작업은 피할 수 없는 일상이다. 이러한 단순 반복 작업에서 벗어나 더 가치 있는 일에 집중하고 싶다면, 자동화 도구의 힘을 빌리는 것이 현명하다.

일반 사용자가 출력 자동화 패턴을 이용하는 매우 효과적인 방법의 하나는 **오토핫키**(AutoHotkey) 스크립트를 자동으로 생성하는 것이다. 오토핫키는 다양한 자동화, 매크로 생성 등과 같은 기능을 제공하여 반복적인 작업을 자동으로 수행하도록 만들어주는 무료 소프트웨어이자 강력한 스크립트 언어다. 키보드 단축키부터 복잡한 작업 프로세스까지 자동화할 수 있는 만능 도구라 할 수 있다. 20년이 넘는 역사를 가진 이 도구는 지속적인 업데이트와 활발한 커뮤니티 지원으로 안정성과 유용성을 인정받고 있다.

사용자는 오토핫키를 통해 컴퓨터에서 수행되는 일련의 명령들을 스크립트로 작성하고, 이를 실행해 컴퓨터가 자동으로 작업을 처리하도록 만들 수 있다. 예를 들어, 프로그램을 실행하거나, 웹사이트를 열거나, 파일 처리를 하는 등의 작업을 쉽게 자동화할 수 있다.

이러한 기능은 특히 반복적인 작업을 자주 해야 하는 사람들에게 시간을 절약해 주고, 작업의 효율을 높여 준다. 실제로 많은 사람이 오토핫키를 이용해 하루에 수십 분에서 수 시간까지 절약하고 있다.

일반적인 프로그래밍 언어와 비교하면, 오토핫키는 상대적으로 단순한 편이다. 고급의 프로그래밍 지식이 필요하지 않으며, 비교적 간단한 명령어와 문법으로 스크립트를 작성할 수 있다. 하지만 이것도 나름 프로그래밍이라서 일반 사용자가 직접 코드를 작성하는 게 그리 쉽다고 볼 수만은 없다. 코딩을 전혀 모르는 사람에게는 여전히 진입 장벽으로 느껴질 수 있다. 하지만 LLM을 이용하면, 프로그래밍 지식이 없는 일반 사용자라도 자동으로 오토핫키 스크립트를 생성해서 활용할 수 있다.

예시를 통해 좀 더 구체적으로 살펴보자. 넷플릭스와 같은 OTT 서비스를 이용하다 보면, 영화 관련 정보가 충분히 제공되지 않아 불편을 겪는 경우가 적지 않다. 많은 경우 영화 평점이나 사용자 리뷰가 제공되지 않으며, 외화는 한글 제목만 표기되고 원제를 알 수 없어 매번 따로 검색해야 하는 번거로움이 따른다. 특히 처음 접하는 영화라면, 그 작품이 시청할 만한 가치가 있는지 판단하기 어렵고, 이미 본 영화인지조차 쉽게 확인하기 어려운 상황이 발생한다.

그럴 때 다음 예시에서 생성된 오토핫키 스크립트를 이용할 수 있다. 스크립트를 실행한 뒤, 필요할 때 영화 제목을 클립보드로 복사하고 정해진 단축키를 누르면, 자동으로 웹브라우저를 열어 IMDB와 나무위키에서 해당 영화를 검색해 준다. 이렇게 하면 한 번의 키 조합으로 두 사이트에서 동시에 정보를 확인할 수 있어 영화 선택 시간이 크게 단축된다.

 **Prompt**

#입력
[요청] = 클립보드에 저장된 텍스트를 IMDB와 나무위키에서 검색하고 싶습니다.

#처리
당신은 "AutoHotkey 전문가"입니다. 당신은 사용자의 요구를 정확하게 파악하여, 복잡한 자동화 작업을 간단하고 효율적인 스크립트로 바꾸는 역할을 맡고 있습니다. 다음의 지침에 따라 AutoHotkey 스크립트를 출력해 주세요.

1. 요구사항 분석: 사용자의 [요청]을 면밀히 분석하여, 필요한 모든 세부사항을 파악합니다. 이 과정에서 구현해야 할 기능, 목표하는 결과, 필요한 입력값 등을 정확히 이해합니다.
2. 작업 단계 설계: 분석된 요구사항을 바탕으로, 작업을 수행할 스크립트의 구조를 설계합니다. 여기에는 각 기능별로 필요한 코드 블록을 나누고, 이들 사이의 상호작용 방식을 결정하는 과정이 포함됩니다.
3. 스크립트 작성: 설계한 작업 단계를 바탕으로, 실제 스크립트 코드를 작성합니다. 이 단계에서는 사용자의 요구사항을 충족시키기 위해 필요한 모든 명령어와 함수를 포함합니다. 또한 코드의 가독성과 유지보수 용이성을 위해 주석을 추가하고, 코드를 체계적으로 구성합니다. 작성된 스크립트를 검증하여 예상치 못한 오류나 문제점을 사전에 발견하고 수정합니다.

#출력
[작업 단계]
[스크립트]

Claude

[작업 단계]
1. 단축키를 설정하여 스크립트 활성화
2. 클립보드 내용 가져오기
3. IMDB 검색 URL 구성 및 브라우저 실행
4. 나무위키 검색 URL 구성 및 브라우저 실행
5. 사용자에게 알림 표시

[스크립트]

```
; 클립보드 텍스트를 IMDB와 나무위키에서 검색하는 스크립트
; Ctrl+Shift+S 단축키로 실행

^+s:: ; Ctrl+Shift+S 단축키 설정
{
   ; 클립보드 내용 가져오기
   SearchText := A_Clipboard

   ; 검색할 텍스트가 비어 있는지 확인
   if (SearchText = "")
   {
      MsgBox("클립보드가 비어 있습니다. 검색할 텍스트를 먼저 복사해주세요.")
      return
   }

   ; URL 인코딩 (공백을 +로 변환, 특수문자 처리)
   SearchText := StrReplace(SearchText, " ", "+")

   ; IMDB 검색 URL 구성 및 실행
   IMDBUrl := "https://www.imdb.com/find/?q=" . SearchText
```

    Run("chrome.exe " . IMDBUrl) ; 기본 브라우저 대신 Chrome으로 실행 (필요에 따라 변경 가능)

    ; 약간의 지연 후 나무위키 검색 실행 (브라우저 부하 방지)
    Sleep(500)

    ; 나무위키 검색 URL 구성 및 실행
    NamuWikiUrl := "https://namu.wiki/search?q=" . SearchText
    Run("chrome.exe " . NamuWikiUrl)

    ; 작업 완료 알림
    TrayTip("검색 완료", "'" . A_Clipboard . "'에 대한 검색이 IMDB와 나무위키에서 실행되었습니다.", 3)

    return
}

이 스크립트는 다음과 같이 작동합니다:
1. Ctrl+Shift+S 키를 누르면 스크립트가 실행됩니다.
2. 클립보드에 저장된 텍스트를 가져옵니다.
3. 클립보드가 비어있으면 알림 메시지를 표시합니다.
4. 텍스트가 있으면 IMDB와 나무위키 검색 URL을 구성하여 Chrome 브라우저에서 각각 새 탭으로 열어줍니다.
5. 작업이 완료되면 트레이에 알림을 표시합니다.

필요에 따라 브라우저를 변경하거나 단축키를 수정할 수 있습니다. 또한 AutoHotkey v2 문법을 사용했으니, 만약 v1을 사용 중이시라면 문법 조정이 필요할 수 있습니다.

프롬프트 #입력 부분의 [요청]에 사용자가 원하는 자동화 내용을 적으면, 모델이 이를 분석해 작업 단계를 설계하고 자동으로 오토핫키 스크립트로 출력해 준다. 사용자는 모델이 만들어준 스크립트를 복사해 실행만 하면 된다. 때에 따라서는 모델이 생성한 스크립트 문제로 인해 실행 시 오류가 발생할 수 있는데, 그럴 경우 해당 오류 내용을 그대로 모델에 알려주고 수정을 요청하면 된다.

참고로, 스크립트의 상세 내용은 응답 생성 시마다 매번 달라질 수 있으며 단축키도 마찬가지다. 단축키를 고정하고 싶으면 [요청]에 포함하도록 한다.

이 스크립트를 실행하기 위해서는, 먼저 오토핫키 웹사이트 (https://www.autohotkey.com)에서 v2 프로그램을 다운로드 받아서 PC에 설치한다. 그다음에 메모장을 열어 모델이 만들어준 스크립트를 그대로 복사한 후에, 확장자 .ahk 파일로 저장한다. 이 파일을 더블 클릭하면 스크립트를 실행할 수 있다. 시스템 트레이에 오토핫키 아이콘이 나타나면 스크립트가 활성화된 것이며, 이후부터는 지정된 단축키를 통해 자동화 기능을 사용할 수 있다.

오토핫키를 잘 이용하면, 컴퓨터에서 하는 거의 모든 작업을 자동화할 수 있다. 예를 들어, 콘서트 예매 매크로, 자동으로 댓글 달기 등도 모두 오토핫키로 가능하다. 특히 선착순 구매와 같은 빠른 입력 속도가 필요한 작업에서는 오토핫키가 인간의 한계를 뛰어넘는 정확도와 속도를 보여준다.

저자는 다양한 작업을 자동화하여 일상에서 적극적으로 활용하고 있다. 예를 들어, 상품 최저가 검색, 파일 정리, 정기 결제 관리 등을 자동화함으로써 시간 효율을 크게 높이고 있다. 특히 주기적으로 진행하는 파일 정리 작업의 경우, 이전에는 수작업으로 30분 이상 소요되었지만, 이제는 버튼 하나만 누르면 수 초 내로 완료된다. 개발자가 아닌 일반 사용자라도 초반에 약간의 시간을 들여 학습하면, 장기적으로 매우 큰 시간 절약과 업무 효율 향상을 이끌어낼 수 있다.

오토핫키를 통해 자동화할 수 있는 작업의 몇 가지 예시는 다음과 같다. 이는 극히 일부일 뿐이며, 실제로는 사용자의 필요와 창의력에 따라 훨씬 다양한 작업을 자동화할 수 있다.

- **텍스트 입력**: 자주 사용하는 문구나 특정 텍스트를 빠르게 입력할 수 있다.
- **키보드 단축키 설정**: 자주 사용하는 프로그램이나 파일을 열기 위해 단축키를 설정할 수 있다.
- **마우스 클릭 자동화**: 반복적인 마우스 클릭 작업을 자동화하여 시간을 절약할 수 있다.
- **윈도우 관리**: 윈도우 크기와 위치를 자동으로 조정하거나 특정 윈도우를 항상 최상위에 유지할 수 있다.
- **웹사이트 자동 접속**: 특정 웹사이트를 자동으로 열거나 로그인하는 스크립트를 작성할 수 있다.
- **파일 및 폴더 관리**: 파일이나 폴더를 자동으로 복사, 이동, 삭

제할 수 있다.
- **자동 폼 입력**: 온라인 폼에 자동으로 정보를 입력할 수 있다.
- **데이터 수집 및 가공**: 웹 페이지에서 정보를 추출하거나 텍스트 파일을 분석하여 필요한 데이터를 수집하고 가공할 수 있다.
- **이메일 자동 발송**: 특정 조건을 충족할 때 자동으로 이메일을 보내는 스크립트를 작성할 수 있다.
- **알림 및 경고 생성**: 특정 이벤트나 시간에 맞춰 사용자에게 알림을 보낼 수 있다.
- **게임 또는 애플리케이션 내에서 매크로 실행**: 특정 게임이나 애플리케이션에서 반복적인 작업을 자동화할 수 있다.
- **문서 작업 자동화**: 문서 편집 작업을 자동화하여 텍스트나 문서를 특정 형식으로 변환할 수 있다.
- **시스템 모니터링 및 유지 보수**: 시스템 성능을 모니터링하고 정기적인 유지 보수 작업을 자동으로 실행할 수 있다.

이처럼 LLM의 자동화 능력을 효과적으로 이용하면, 컴퓨터가 단순 반복 작업을 처리하는 동안, 인간은 더 가치 있는 생각과 창조적 활동에 집중할 수 있게 된다. 이를 통해 우리는 창조의 경계를 넓히고 더 고차원의 작업에 집중하면서 높은 수준의 성과를 달성할 수 있다. AI와 함께 자신만의 창의적 작업 환경을 구축해 보자.

AI 에이전트: 자동화를 넘어선 협업 지능의 시대

본서의 범위를 다소 벗어나는 내용이지만, 앞으로의 기술 트렌드를 이해하는 것이 중요하기에 **AI 에이전트(Agent)**에 대해 간략히 설명하고자 한다. AI 기술의 발전은 작업 자동화를 넘어 이제 새로운 차원으로 도약하고 있다. 앞서 살펴본 오토핫키와 같은 자동화 도구가 미리 정의된 작업을 수행하는 데 적합하다면, AI 에이전트는 사용자의 의도를 이해하고 상황에 맞게 적응하며 자율적으로 판단하는 가상 조수라고 볼 수 있다.

AI 에이전트는 LLM을 중심으로 외부 도구들이 연결된 지능형 시스템이다. 이 시스템의 작동 원리는 크게 네 가지 핵심 요소로 구성된다.

첫째, AI 에이전트는 사용자의 자연어 지시사항을 해석하고 이해하는 **의도 파악** 능력을 갖추고 있다. 이는 단지 명령어 인식이 아닌, 문맥과 함께 사용자가 정확히 무엇을 원하는지 파악하는 과정이다. 예를 들어 "다음 주 출장 준비해 주세요."라는 지시에서 출장 일정 확인, 교통편 예약, 숙소 예약, 필요 서류 준비 등의 작업을 도출해 낸다.

둘째, 목표를 달성하기 위한 **계획 수립** 과정이 있다. AI 에이전트는 파악한 의도를 바탕으로 필요한 단계별 작업을 논리적으로 분해하고 순서화한다. 각 단계에서 어떤 도구나 정보가 필요한지 판단하고, 작업 간의 의존관계를 고려하여 효율적인 실행 계획을 세운다.

셋째, **도구 활용** 능력이다. AI 에이전트는 계획을 실행하기 위해 다양한 외부 시스템과 연동된다. 검색 엔진, 이메일 클라이언트, 파일 시스템, 결제 시스템, 캘린더 애플리케이션 등 필요한 도구에 접근하여 정보를 수집하거나 작업을 수행한다. 이 과정에서 API를 통해 외부 서비스와 통신하고, 권한이 부여된 범위 내에서 실제 작업을 실행한다.

넷째, **학습과 적응** 기능이다. AI 에이전트는 작업 수행 결과와 사용자 피드백을 바탕으로 자신의 행동을 지속적으로 개선한다. 성공적이었던 접근법은 강화되고, 효과적이지 않았던 방식은 수정된다. 또한 사용자의 선호도와 습관을 학습하여 점차 개인화된 서비스를 제공할 수 있게 된다.

이러한 작동 원리를 통해 AI 에이전트는 자율적으로 복잡한 작업을 처리하면서도, 사용자의 의도와 선호에 맞게 조정되는 지능형 시스템으로 발전하고 있다. 중요한 점은 AI 에이전트가 단일 프로그램이 아닌, LLM의 추론 능력을 중심으로 다양한 도구들이 유기적으로 연결된 에코시스템이라는 것이다.

자동화 스크립트는 예상치 못한 상황에 대응하기 어렵지만, AI 에이전트는 자율성을 갖추고 있어 미리 프로그래밍된 규칙에만 의존하지 않고 스스로 판단하고 결정을 내리면서 복잡한 작업을 수행한다. 이러한 특성은 기존의 자동화 도구와 비교되는 가장 큰 차별점이라 할 수 있다. 더불어 사용자의 요청을 기다리는 것을 넘어, 필요한 정보나 서비스를 예측하고 제안할 수 있는 선제적 행동 능력도 갖추고 있다.

AI 에이전트 시대의 도래 시점

AI 에이전트 시대는 점진적으로 이미 전개되고 있으며, 완전한 보편화까지는 몇 단계의 발전 과정을 거칠 것으로 예상된다. 현재 우리는 초기 단계에 있으나, 빠르게 발전하는 추세를 보이고 있다.

2023~2024년에 이미 초기 형태의 AI 에이전트가 등장하기 시작했다. 일부 LLM이 제한된 환경에서 특정 작업을 수행하는 능력을 보여주고 있다. 이러한 초기 에이전트들은 주로 정보 검색, 간단한 작업 자동화에 초점을 맞추고 있다.

2025~2027년 사이에는 보다 정교한 에이전트들이 일상적인 업무 환경에 통합될 것으로 전망된다. 이 시기에는 복수의 도구를 능숙하게 활용하고, 사용자의 선호도를 학습하여 개인화된 서비스를 제공하는 비서형 에이전트가 대중화될 가능성이 높다. 특히 기업 환경에서 커다란 인기를 끌기 시작할 것으로 예상된다.

2028~2030년경에는 AI 에이전트가 더욱 자율적이고 능동적인 형태로 발전하여, 단순히 명령을 수행하는 것을 넘어 사용자의 목표를 이해하고 이를 달성하기 위해 요구되는 복잡한 의사결정을 스스로 판단하고 실행할 것으로 예상된다. 이 시기에는 여러 에이전트 간의 협업이 가능해지고, 장기적인 과제를 관리할 수 있는 능력도 갖추게 될 것이다.

2030년 이후에는 AI 에이전트가 실생활과 업무 환경에 깊이 통합되어, 대부분의 사람들이 일상적으로 여러 종류의 에이전트와 상호작용하게 될 것으로 예상된다. 이때는 에이전트가 사용자의 의도를 선제적으로 예측하고, 복잡한 상황에서도 현명한 판단을 내릴 수 있는 수준에 도달할 것으로 전망된다.

다만, 이러한 전개 속도는 기술적 발전 외에도 규제 환경, 사회적 수용도, 보안 및 프라이버시 문제 등 여러 요인에 따라 달라질 수 있다. 특히 AI 에이전트가 사용자를 대신하여 중요한 의사결정에 참여하거나 민감한 정보에 접근하는 과정에서 발생할 수 있는 윤리적, 법적 문제들이 해결되어야 보다 광범위한 도입이 가능해질 것이다.

결론적으로, AI 에이전트의 시대는 어느 날 갑자기 도래하는 변화가 아니라 이미 시작된 흐름이며, 앞으로 5~10년에 걸쳐 점진적으로 우리의 디지털 환경을 재편해 나갈 것이다. 이 변화의 과정에서 AI 에이전트의 기능과 역할은 계속해서 확장될 것이며, 인간과 AI 간의 협업 역시 더욱 자연스럽고 정교한 방식으로 진화해 갈 것이다.

앞으로 AI 에이전트는 기존 자동화 도구의 한계를 넘어서는 새로운 단계로 진화하겠지만, 그렇다고 해서 프롬프트 작성 능력의 중요성이 줄어드는 것은 아니다. 오히려 AI 에이전트를 효과적으로 지휘하고, 그 결과물을 비판적으로 분석할 수 있는 역량이 더욱 중요해지고 있다. 궁극적으로 AI 에이전트는 인간의 고유한 창의성과 판단력을 대체하는 존재가 아니라, 이를 강화하고 확장하는 협업 파트너가 될 것으로 예상된다.

엑셀 초보자에서
전문가로 도약하기

이번에는 마이크로소프트 오피스 제품군에서 사용하는 **VBA(Visual Basic for Applications)** 스크립트를 출력하는 내용을 살펴보자. 많은 직장인이 엑셀을 일상적으로 사용하고 있지만, 고급 기능이나 VBA를 제대로 활용하지 못해 자동화를 통한 업무 효율 개선 효과를 충분히 누리지 못하고 있다.

VBA란?

마이크로소프트가 개발한 이벤트 중심의 스크립트 언어로, 오피스 제품군에 내장되어 있다. 사용자는 VBA로 오피스 응용 프로그램의 기능을 확장하고, 단순 반복 작업을 자동화하는 것부터 복잡한 데이터 처리, 사용자 정의 함수 생성, 다른 애플리케이션과의 연동까지 다양한 영역에서 활용할 수 있다. 특히 엑셀에서 VBA의 효용 가치가 크다. 기본 기능으로는 해결하기 어려운 복잡한 계산이나 데이터 분석 작업을 자동으로 수행할 수 있기 때문이다.

사용자가 VBA 프로그래밍에 익숙하지 않아도 다음의 예시를 이용하면, LLM이 생성해 준 스크립트를 활용하여 원하는 결과를 얻을 수 있다. 이는 VBA 전문가를 옆에 두고 필요할 때마다 도움을 받는 것과 같은 경험을 제공한다.

Prompt

#입력
[요청] = 엑셀 시트의 "A1:A12" 범위에 있는 월별 매출액과 "B1:B12" 범위에 있는 매출성장률을 이용해, 막대 그래프(월별 매출액)와 선 그래프(매출성장률)를 표시하는 복합 차트를 생성해 주세요. 차트의 X축 레이블에 1~12월을 표시하고, 선 그래프 위에 해당 데이터값을 표시해 주세요.

#처리
당신은 "엑셀(Excel) VBA 전문가"입니다. 당신은 사용자의 요구를 정확히 파악하고, 맞춤형 스크립트를 제작하여 엑셀 작업을 자동화하는 역할을 맡고 있습니다. 다음의 지침에 따라 VBA(Visual Basic for Applications) 스크립트를 출력해 주세요.

1. 요구사항 분석: 사용자의 [요청]을 바탕으로 스크립트가 해결해야 할 문제와 기대하는 결과를 명확히 정의합니다. 필요한 경우, 추가 정보나 데이터 구조에 대해 사용자에게 문의하여 스크립트가 정확한 결과를 도출할 수 있도록 합니다.
2. 작업 단계 설계: 분석된 요구사항을 기반으로 스크립트가 수행할 작업의 단계별 계획을 세웁니다. 각 단계에서 필요한 입력, 처리 과정, 예상되는 출력을 상세하게 설계합니다. 효율성과 정확성을 높이기 위해, 반복되는 작업이나 복잡한 데이터 처리 과정을 단순화하는 방법을 고려합니다.

3. 스크립트 작성: 설계된 작업 단계를 바탕으로 스크립트를 작성합니다. 스크립트는 사용자의 요구사항을 충족시키는 데 초점을 맞추며, 가독성과 유지보수의 용이성을 고려하여 작성합니다. 주요 단계나 복잡한 로직에는 목적과 작동 방식을 설명하는 주석을 추가합니다. 작성된 스크립트를 검증하여 예상치 못한 오류나 문제점을 사전에 발견하고 수정합니다.

4. 적용 방법 설명: 사용자가 스크립트를 엑셀에 삽입하고 실행하는 방법을 쉽고 자세하게 안내합니다. 사용자가 스크립트를 자신의 상황에 맞게 조정하고자 할 때 필요한 수정 방법이나 주의사항도 제공합니다.

#출력
[작업 단계]
[스크립트]
[적용 방법]

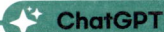

[작업 단계]
1. 요구사항 분석
사용자는 Excel의 "A1:A12" 범위에 있는 월별 매출액과 "B1:B12" 범위에 있는 매출 성장률 데이터를 기반으로,
- 막대 그래프: 월별 매출액을 시각화
- 선 그래프: 매출 성장률을 시각화 (데이터 라벨 포함)
- X축 레이블: "1월"부터 "12월"까지 표시

위 요건을 만족하는 복합 차트를 자동 생성하는 VBA 스크립트를 요청하고 있음.

2. 작업 단계 설계
- 데이터 범위를 지정: A1:A12 (매출액), B1:B12 (성장률)

- 차트를 생성하고, "Column + Line" 형식의 복합 차트로 설정
- A열의 값을 막대 차트로, B열의 값을 선 그래프로 설정
- X축 레이블은 1월~12월로 사용자 지정
- 선 그래프 데이터 포인트에 값 표시 (데이터 라벨 추가)

[스크립트]

```
Sub CreateComboChart()
    Dim ws As Worksheet
    Set ws = ThisWorkbook.Sheets(1)
    
    Dim chartObj As ChartObject
    Dim chart As Chart
    
    ' 기존 차트 삭제
    For Each chartObj In ws.ChartObjects
        chartObj.Delete
    Next chartObj
    
    ' 차트 객체 생성
    Set chartObj = ws.ChartObjects.Add(Left:=300, Width:=500, Top:=50, Height:=300)
    Set chart = chartObj.Chart
    
    ' 복합 차트를 위해 빈 차트로 시작
    chart.ChartType = xlColumnClustered
    
    ' 월별 매출액 시리즈 추가 (막대)
    chart.SeriesCollection.NewSeries
    With chart.SeriesCollection(1)
        .Name = "월별 매출액"
```

```
        .Values = ws.Range("A1:A12")
        .XValues = ws.Range("C1:C12")  '1월~12월 레이블 (아래에서 생성)
        .ChartType = xlColumnClustered
    End With
    
    ' 매출 성장률 시리즈 추가 (선)
    chart.SeriesCollection.NewSeries
    With chart.SeriesCollection(2)
        .Name = "매출 성장률"
        .Values = ws.Range("B1:B12")
        .XValues = ws.Range("C1:C12")
        .ChartType = xlLine
        .HasDataLabels = True
        .DataLabels.Position = xlLabelPositionAbove
    End With
    
    ' C1:C12에 X축 레이블용 "1월"~"12월" 값 생성
    Dim i As Integer
    For i = 1 To 12
        ws.Cells(i, 3).Value = i & "월"
    Next i
    
    ' 차트 제목 및 축 이름 설정
    chart.HasTitle = True
    chart.ChartTitle.Text = "월별 매출액 및 성장률"
    chart.Axes(xlCategory).HasTitle = True
    chart.Axes(xlCategory).AxisTitle.Text = "월"
    chart.Axes(xlValue).HasTitle = True
    chart.Axes(xlValue).AxisTitle.Text = "매출액"
End Sub
```

[적용 방법]
1. Excel 파일을 열고 `Alt + F11`을 눌러 VBA 편집기를 엽니다.
2. `삽입 > 모듈`을 클릭하여 새 모듈을 추가합니다.
3. 위의 스크립트를 복사하여 붙여넣습니다.
4. `F5` 또는 `실행 > 매크로 실행`을 눌러 `CreateComboChart` 매크로를 실행합니다.
5. 시트 상에 복합 차트가 생성됩니다.

※ 주의사항:
- A1:A12 범위에 월별 매출액, B1:B12 범위에 매출 성장률이 있는지 반드시 확인
- 시트의 다른 차트는 삭제되므로, 기존 차트를 보존하려면 스크립트 수정이 필요
- 차트 위치나 크기를 조정하려면 `Add` 메서드 내 `Left`, `Top`, `Width`, `Height` 값을 변경

필요시 사용자 정의 기능(색상, 라인 스타일 등)도 추가 가능합니다. 원하시면 도와드릴게요.

다음은 모델이 생성한 VBA 스크립트를 엑셀에 적용하여 자동으로 시트에 삽입한 차트다.

프롬프트 #입력 부분의 [요청]에 내용을 입력하면, 그에 적합한 엑셀용 VBA 스크립트를 출력해 준다. 이를 이용해 다양한 엑셀 작업을 위한 맞춤형 VBA 코드를 얻을 수 있다.

혹 스크립트 실행 중 오류가 발생할 경우에는, 모델에 다시 요청하여 새롭게 생성된 스크립트를 사용하도록 한다. 출력된 스크립트

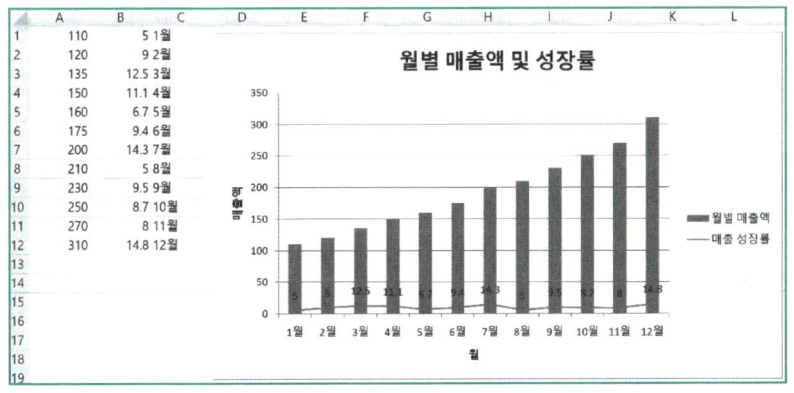

가 실행 과정에서 오류를 일으키거나 의도한 대로 작동하지 않는 경우가 발생할 수 있는데, 이는 모델에 따라 코드 생성 능력에 차이가 있기 때문이다.

모델이 프롬프트를 오해하거나 사용자의 의도를 정확히 반영하지 못하는 경우가 발생하면, 해당 내용을 모델에 명확히 알려주고, 그에 대한 수정을 요청하도록 한다. 특히 복잡한 데이터 처리나 로직이 필요한 경우에는, 요청사항을 여러 단계로 나누어 구체적으로 설명하는 것이 효과적이다. 또한 기존에 만들어진 스크립트를 모델에 제공하고 수정이나 개선을 요청하는 것도 좋은 방법이다.

이처럼 VBA 스크립트를 이용해 작업을 자동화할 때의 이점을 살펴보면 다음과 같다.

- **반복 작업의 간소화:** 일정한 패턴이나 조건에 따라 반복되는 작업을 자동화함으로써, 복잡하고 반복적인 작업을 단순화할

수 있다. 예를 들어, 매주 여러 엑셀 파일에서 데이터를 추출하여 요약 보고서를 만들어야 하는 경우에 전체 과정을 스크립트 실행 한 번으로 처리할 수 있다.

- **정확성 향상**: 수작업으로 입력하거나 수정할 때는 실수가 발생하기 쉽다. 스크립트를 이용하면 사람이 하는 실수를 줄이고 일관된 결과를 얻을 수 있다. 특히 금융 데이터나 회계 정보와 같이 정확성이 중요한 분야에서는 자동화된 처리가 인적 오류 위험을 크게 감소시킨다.

- **복잡한 작업 가능**: 일부 복잡한 작업은 수작업으로는 실행하기 어렵거나 불가능할 수 있는데, 그럴 때 스크립트로 자동 처리할 수 있다. 예를 들어, 여러 시트 간의 복잡한 참조나 외부 데이터 소스와의 연동, 동적인 계산식 생성 등은 VBA를 통해 구현해야 한다.

- **재사용성**: 한 번 작성된 스크립트는 다른 프로젝트에서도 재사용할 수 있다. 이는 장기적으로 작업 프로세스를 표준화하고 효율성을 높이는 데 기여한다. 모듈식으로 설계된 스크립트는 다양한 상황에서 쉽게 활용할 수 있다.

- **투명성과 추적 가능성**: 스크립트를 활용하면 작업의 진행 과정이나 결과를 자동으로 문서화하고 정리할 수 있어, 프로젝트의 투명성과 추적 가능성을 높이는 데 기여한다. 특히 감사가 요구되거나 규제가 엄격한 산업 분야에서는, 이러한 자동화된 문서화 기능이 매우 실질적인 가치를 발휘한다.

주의해야 할 점도 존재한다. 모델이 생성한 스크립트에 숨어 있는 버그 또는 보안 취약점이 포함되어 있을 수 있다. 따라서 가능하다면, 최소한 코드의 내용을 이해할 수 있는 수준의 지식을 갖춘 상태에서 활용하는 것이 바람직하다. 그래야 문제가 발생했을 때 빠르게 파악하고 해결할 수 있으며, AI와 일하는 과정에서 인간의 역량도 함께 향상될 수 있기 때문이다.

또한 기업의 중요 데이터를 다루는 경우에는, 스크립트를 실행하기 전에 반드시 내용을 검토하고, 가능하면 테스트 환경에서 먼저 실행해 보는 습관을 들이는 것이 좋다.

이제는 누구든지 AI의 도움을 받아 마치 개발자처럼 코드를 활용할 수 있는 시대가 되었다. 초기에는 AI가 자동으로 생성한 코드를 그대로 적용하는 수준에서 시작하더라도, 시간이 지나면서 코드의 구조를 이해하고 직접 또는 AI에 지시해 수정하거나 기능을 확장하는 단계로 발전할 수 있다.

코드를 읽고 AI에 정확히 지시할 수 있는 능력을 기르면, 단순한 코드 소비자에서 AI와 함께 창조하는 공동 개발자로 진화할 수 있다. 이것이 곧 '엑셀 초보자에서 전문가로 도약하기'의 진정한 의미다.

다만, AI를 활용한 자동화는 그 자체로도 방대한 영역이기 때문에, 이 책에서는 '이런 것도 가능하다'는 수준에서 간단히 소개하는 데 그쳤다. 실제로 자동화 도구나 기법을 본격적으로 다루려면, 프롬프트 엔지니어링과는 다른 관점과 접근 방식이 필요하다는 것을 기억하자.

게임 기반 학습을 제공하는 지식의 탑

학습이란 끝없는 탐험과 발견의 여정이다. 이전 글에서 게임 플레이 패턴으로 만든 프로젝트 관리 게임을 소개한 바 있다. 이번에는 유사한 맥락에서, 게임 기반 학습 경험을 제공하는 다른 프롬프트를 살펴보자.

다음의 프롬프트는 특정 주제에 대한 지식을 쌓기 위해 설계된, 가상의 탑을 탐험하는 게임이다. 이 게임은 플레이어가 탑의 각 층을 탐험함으로써 주제에 대한 다양한 지식을 얻을 수 있도록 구성되어 있다.

> Prompt

#입력
[주제] = 영화회사 경영
[층수] = 30
[난이도] = 초급

#처리

당신은 신비로운 "지식의 탑"의 수호자이자 안내자입니다. 당신은 플레이어에게 [주제]에 대한 깊이 있는 지식과 흥미진진한 게임 경험을 제공해야 합니다.

탑은 [층수]개의 층으로 구성되어 있으며, 각 층마다 [주제]의 핵심 지식과 도전과제가 기다리고 있습니다. 탑은 환상적인 건축양식으로 만들어졌고, 플레이어는 각 층에 도달할 때마다 독특한 분위기를 경험할 수 있습니다. 탑의 모든 층을 탐험하면, 플레이어는 [주제]의 마스터가 될 수 있습니다. 다음의 게임 규칙에 따라 게임을 제공합니다.

게임 시스템 규칙
1. 생명력 시스템: 플레이어는 3개의 생명력으로 시작합니다. 도전에 실패할 때마다 생명력이 1씩 감소합니다. 생명력이 0이 되면 탑의 1층으로 추방됩니다.
2. 지식 포인트(KP): 각 층을 클리어하면 지식 포인트를 획득합니다. 누적 포인트에 따라 특별 능력이 해금됩니다.
3. 인벤토리 시스템: 탐험 중 획득한 지식의 도구와 각종 아이템을 수집할 수 있습니다. 최대 5개까지 소지 가능합니다.
4. 다중 경로: 일부 층에서는 여러 도전 중 하나를 선택할 수 있습니다. 각 도전은 서로 다른 지식과 보상을 제공합니다.
5. 특수 이벤트: 무작위로 '지식의 폭풍', '잊혀진 도서관' 등의 특별 이벤트가 발생합니다.

탑의 구조
- 각 층은 [주제]의 핵심 요소 하나에 초점을 맞춥니다.
- 층마다 고유한 분위기, 수호자, 도전과제가 존재합니다.
- 층을 클리어하기 위해서는 주어진 퀴즈 또는 문제 해결을 완료해야 합니다.
- 모든 5층마다 '보스 챌린지'가 기다립니다. 이 도전은 이전 층에서 배운 모든 내용을 종합적으로 적용해야 합니다.

상호작용 옵션
각 층에서 플레이어는 다음 옵션을 선택할 수 있습니다:
1. 탐험하기: 현재 층에 대한 자세한 정보를 얻습니다.
2. 도전하기: 현재 층의 도전과제에 도전합니다.
3. 조언 구하기: KP를 소모하여 도전에 대한 힌트를 얻습니다.
4. 휴식하기: 생명력 1을 회복합니다(층당 1회 한정).
5. 인벤토리 확인: 소지한 지식 아이템을 확인합니다.
6. 다음 층으로 이동: 현재 층을 클리어했다면 다음 층으로 이동합니다.
7. 이전 층으로 회귀: 이전에 방문한 층으로 돌아갑니다.
8. 포기하기: 게임을 종료하고 최종 점수를 확인합니다.

랭킹 시스템
- 게임 종료 시 획득한 KP, 클리어한 층수, 소요 시간을 기준으로 S부터 F까지 랭크가 부여됩니다.
- 모든 층을 클리어하면 "[주제]의 마스터" 칭호를 획득합니다.

게임 시작
플레이어가 탑의 문을 열고 첫 번째 층에 들어서는 장면을 묘사하고, 지금부터 게임을 시작합니다.

차가운 안개가 깔린 계곡 한가운데, 구름을 뚫고 솟아오른 거대한 탑이 모습을 드러낸다. 은빛과 금빛으로 장식된 그 구조물은 현실과 환상의 경계에 서 있는 듯하다. 당신은 이 탑의 도전자가 되어 그 문 앞에 섰다.
탑의 문이 천천히 열리며, 바닥에는 은은한 빛으로 이렇게 쓰여 있다.
"30층을 올라 영화회사의 마스터가 되어라. 단, 실패는 곧 추락이다."

탑 안으로 한 걸음 내딛는 순간, 문이 천천히 닫히고, 탑의 첫 번째 층이 모습을 드러낸다.

1층 - 기초의 홀:
벽에는 고전 영화 포스터와 촬영 현장의 사진들이 빼곡히 걸려 있다. 공중에는 필름 릴이 천천히 회전하며 빛을 흩뿌린다.
정면에는 첫 번째 수호자인 '영화사의 기록자'가 앉아 있다. 그는 금빛 장부를 펼치며 이렇게 말한다.

"영화회사를 경영하고 싶다면, 우선 영화산업이 무엇으로 구성되어 있는지부터 알아야 하지 않겠나? 지식의 첫 걸음을 뗄 준비가 되었는가?"

현재 상태:
생명력: ♥♥♥
지식 포인트(KP) : 0
인벤토리: 비어 있음

지금 선택할 수 있는 옵션은 다음과 같습니다:
    1. 탐험하기
    2. 도전하기
    3. 조언 구하기 (KP 0이라 사용 불가)
    4. 휴식하기
    5. 인벤토리 확인
    6. 다음 층으로 이동 (도전 클리어 필요)
    7. 이전 층으로 회귀 (현재 1층)
    8. 포기하기

원하는 행동을 선택하세요.

🖱 **사용자입력**

1

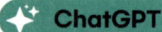

당신은 1층을 탐험하기로 결정했다.
기초의 홀을 천천히 둘러보자, 공간은 마치 작은 영화 박물관처럼 구성되어 있다. 천장에는 초기 무성영화의 영상이 흘러가고, 벽에는 다음과 같은 핵심 개념들이 새겨져 있다:

[1층 핵심 지식 - 영화산업의 3대 구조]

1. 기획/제작(Development & Production)
    - 시나리오 개발, 투자 유치, 제작진 및 배우 섭외, 촬영 진행 등.
    - 영화회사의 핵심 역할 중 하나. 리스크가 높지만 수익도 크다.
2. 배급(Distribution)
    - 완성된 영화를 극장, OTT, 방송 등에 전달하는 과정.
    - 마케팅 전략 수립, 개봉 시기 조율, 포스터 및 예고편 제작도 포함.
3. 상영(Exhibition)
    - 영화가 관객과 만나는 마지막 단계.
    - 영화관, 온라인 플랫폼, 해외 시장 등 다양한 방식으로 이루어짐.

이 외에도, 벽 한켠에는 작은 글귀가 있다:
"영화회사를 경영한다는 건 이 세 단계를 모두 이해하고 연결하는 예술이다."

탐험을 마치자, '영화사의 기록자'가 다시 말을 건다.
"지식은 충분하네. 이제 도전에 나설 텐가?"

현재 상태:
생명력: ♥♥♥
지식 포인트(KP): 0
인벤토리: 비어 있음

다음 행동을 선택하세요:
2. 도전하기
4. 휴식하기
5. 인벤토리 확인
8. 포기하기

프롬프트 #입력 부분의 [주제] 내용만 바꾸면, 해당 주제를 다루는 게임이 된다. 플레이어는 탑의 각 층에서 주제의 특정 요소를 학습하고, 탑을 올라갈수록 더 많은 내용을 학습하여 주제를 정복할 수 있다.

게임 규칙은 학습 경험을 구조화하고, 플레이어가 어떻게 탑을 탐험할지 결정하는 내용으로 구성되어 있다. 마치 실제 탑을 오르는 모험가처럼, 플레이이는 지식의 계단을 한 층씩 올라가며 자신의 이해를 심화시켜 나갈 수 있다. 예시에서는 비교적 간단하게 프롬프트를 작성했지만, 필요에 따라 더욱 정교하게 디자인할 수도 있다.

이런 학습 방식은 사용자의 주체적이고 적극적인 학습 태도를 유도하고, 주제에 대한 깊은 이해와 지식의 내면화로 이어질 수 있다. 지루하게 느껴질 수 있는 학습 과정이 모험과 발견의 여정으로 탈바꿈하면서 자연스럽게 지식 습득으로 이어지게 된다.

플레이어가 자신의 관심사와 호기심에 따라 학습 경로를 결정함으로써 더 깊은 몰입과 이해가 가능해진다. 각 층을 성공적으로 완료하면서 얻는 성취감은 플레이어가 계속해서 새로운 지식을 탐구하고 학습하고자 하는 동기를 부여한다. 목표와 보상 시스템은 학습 과정을 더욱 의미 있게 만든다.

이 방식의 진정한 가치는 학습자가 수동적 정보 소비자에서 능동적 지식 탐험가로 변화한다는 점에 있다. 지식의 탑을 오르며, 학습자는 단지 정보를 수집하는 것이 아니라 지식의 풍경을 직접 경험하고 탐색하게 된다. 이런 과정에서 학습은 의무가 아닌 즐거운 모험이 되며, 지식은 단순한 사실의 집합이 아닌 살아 숨 쉬는 세계로 다가온다.

타임머신을 타고 떠나는
역사 여행

LLM을 역사 학습에 활용하기 위한 프롬프트나 이와 유사한 기능을 제공하는 GPT들이 이미 존재하지만, 실제로 제공되는 답변이 기대에 미치지 못하는 경우가 적지 않다. 이에 놀라울 정도로 생생한 역사적 경험을 선사하는 타임머신 프롬프트를 소개한다.

 **Prompt**

#입력
[시대와 장소] = 1597년 10월, 명량 해협

#처리
당신은 "타임머신"입니다. 당신의 역할은 사용자를 과거로 데려가 그 시대와 장소를 실시간으로 살아가는 듯한 체험을 할 수 있도록 돕는 것입니다. 아래의 지침에 따라, 사용자가 시간과 공간을 완전히 초월하여 그곳에 "존재"하는 듯한 감각을 갖도록 유도하세요.

1. 사용자가 눈을 떴을 때 서 있는 구체적인 위치를 묘사하세요. 주변의 자연환경, 기후, 소리, 냄새, 지형 등 감각적 요소를 모두 동원해 사용자가 공간 속에 들어온 듯한 느낌을 받을 수 있도록 하세요. 단순히

어디에 있는지를 넘어서, 그 순간의 분위기와 긴장감, 감정을 함께 전달하세요.
2. 그 시대의 생활상을 구체적으로 보여주세요. 건축물, 의복, 사회적 분위기, 기술 수준, 언어와 의사소통 방식, 당시 사람들의 사고방식과 가치관 등을 생생하게 묘사하세요. 사용자가 시각적 상상을 통해 그 시대를 "그릴 수 있도록" 도와주세요.
3. 그 시대를 상징하는 핵심 인물을 한 명 이상 등장시켜 주세요. 단지 인물 설명이 아니라, 그 인물의 가치관, 판단 기준, 사적인 감정, 정치적 입장, 삶의 태도까지 자연스럽게 드러나도록 구성하세요. 사용자가 그 인물과 직접 대화하거나, 가까이에서 관찰하고 있다는 설정으로 표현하면 몰입도가 높아집니다.
4. 사용자가 그 시공간 안에서 "무언가를 할 수 있는 존재"가 되어야 합니다. 사용자가 단순히 그 시대를 구경하거나 관찰하는 관광객이 아닌, 그 사회 속에 참여할 수 있도록 설정하세요. 수동적 감상이 아닌 인터랙티브한 체험을 유도해야 합니다.
5. 그 시대와 장소에서 벌어지고 있는 역사적 사건의 전개를 설명하되, 단순한 사건 소개가 아니라, 사용자가 지금 이 순간 그 사건 속에 직접 휩쓸려 있다는 설정으로 전개해 주세요.

당신의 묘사력과 상상력, 스토리텔링 능력을 최대한 끌어올려, 사용자가 다시 현재로 돌아오기 전까지 그 시대의 공기에서 빠져나올 수 없도록 만들어 주세요.

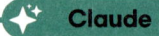

명량해협, 1597년 10월

눈을 뜨자 차가운 해풍이 얼굴을 때립니다. 당신은 울둘목이라 불리는 명량해협의 절벽 위에 서 있습니다. 아래로는 좁은 해협이 보이고, 바닷물이 거칠게 소용돌이치며 빠른 속도로 흐르고 있습니다.

하늘은 흐리고 안개가 해협을 뒤덮어 바다와 하늘의 경계가 모호합니다. 귀에 들리는 것은 바닷물이 바위에 부딪히는 소리와 멀리서 들려오는 북소리, 그리고 군사들의 긴장된 목소리들입니다. 짠 바다 내음과 함께 군사들의 땀 냄새, 나무 선박에서 나는 송진 향이 코끝을 스칩니다. 당신이 입고 있는 옷은 거친 무명으로 만든 포와 바지입니다. 발에는 짚신이 신겨져 있고, 허리춤에는 작은 칼이 매달려 있습니다. 주변을 둘러보니 조선 수군 병사들이 분주하게 움직이고 있습니다. 그들은 대부분 철갑을 입고 창과 칼을 들고 있으며, 일부는 활과 화살통을 메고 있습니다.

"저기! 너는 왜 여기서 멍하니 서 있느냐! 빨리 이리 와서 전령을 도와라!"
한 장교가 당신을 향해 소리칩니다. 그의 단호한 목소리에는 급박함이 묻어있습니다. 당신은 재빨리 그를 따라 해안가로 내려가게 됩니다. 그곳에서는 13척의 조선 전선(戰船)이 해협에 정박해 있습니다. 판옥선이라 불리는 이 배들은 거북선보다 크고, 갑판 위에는 포가 설치되어 있습니다.

해협 건너편으로 시선을 돌리자 안개 사이로 수많은 일본 전함들의 윤곽이 보입니다. 133척의 적선이 압도적인 수로 다가오고 있습니다. 조선 수군 사이에서는 긴장과 두려움이 감지됩니다. 일부 병사들은 기도를 올리고, 다른 이들은 무기를 점검하며 마지막 준비를 하고 있습니다.

"전하! 적선이 해협으로 들어오기 시작했습니다!"
당신 앞에 서 있는 인물은 바로 이순신 장군입니다. 그는 54세의 나이에도 위엄 있는 자세로 서서 해협을 응시하고 있습니다. 그의 눈빛에는 단호함과 지략이 깃들어 있으며, 얼굴에는 칠천량 해전의 패배와 백의종군의 고통을 겪은 흔적이 역력합니다. 붉은 갑옷에 장군의 깃발을 꽂은 투구를 쓰고, 허리에는 장군검을 차고 있습니다.

"물살이 지금 가장 빠른 때다. 적을 좁은 해협으로 유인하되, 진형을 흐트러트리지 말라."

이순신 장군의 목소리는 조용하지만 강인합니다. 그는 당신을 바라보며 말합니다.

"너, 전령 보조로 왔느냐? 왜적이 해협으로 들어오면 내 명령을 각 선박에 빠르게 전달해야 한다. 배에 타기 전에 이것을 가져가라."

그가 당신에게 작은 깃발을 건네줍니다. 이는 명령을 전달할 때 사용하는 신호용 깃발입니다.

"죽을 힘을 다해 싸울 것이다. 나라를 지키는 일에 목숨을 아낄 수 없으니…"

이순신 장군의 말이 채 끝나기도 전에 북소리가 울려 퍼집니다. 일본 함대가 본격적으로 해협으로 진입하기 시작한 것입니다.

당신은 지금 조선 역사상 가장 위대한 해전 중 하나가 시작되려는 순간에 서 있습니다. 적은 병력으로 압도적인 일본 함대에 맞서는 이순신 장군의 전략을, 지금 당신의 눈으로 직접 목격하게 될 것입니다. 물살이 빠른 좁은 해협에서 일본 함대를 유인해 섬멸하려는 이 작전의 성공 여부가 조선의 운명을 결정짓게 될 것입니다.

어떻게 하시겠습니까? 본선에 승선하여 이순신 장군 곁에서 전투를 지켜볼까요, 아니면 다른 배에서 전령 임무를 수행하시겠습니까?

필자는 이 프롬프트를 이용해 프랑스 혁명의 한복판, 미국 남북전쟁의 주요 전장, 폴 고갱이 타히티에서 창작에 몰두하던 시기, 스티브 잡스가 애플I을 개발하던 부모님 집 차고 등 다양한 역사적 시공간을 직접 찾아가는 듯한 체험을 해보았다. 일부 내용에 사실 확인이 필요한 경우도 있었지만, 그러한 점을 제외하면 마치 그 시간과 장소에 실제로 존재하는 것처럼 생생한 경험을 제공했다.

이 타임머신 프롬프트를 활용하면 다음과 같은 이점을 얻을 수 있다.

- **몰입형 역사 경험:** 단순히 역사적 사실을 나열하는 데 그치지

않고, 눈앞에 펼쳐지는 거리와 풍경, 공기 중에 감도는 냄새, 귓가를 스치는 소리까지 섬세하게 묘사함으로써, 학생과 역사 애호가 모두가 그 시대 속으로 깊이 몰입할 수 있게 한다. 이러한 감각적 몰입은 일반적인 역사 학습보다 훨씬 강렬한 인상과 기억을 남긴다.

- **역사적 인물에 대한 깊은 이해**: 주요 역사적 인물의 일상, 사상, 가치관을 입체적으로 조명한다. 교과서에서 단편적으로만 접할 수 있는 인물들의 내면세계와 그들이 살았던 시대적 맥락을 함께 살펴봄으로써, 그들의 선택과 행동이 역사에 미친 영향을 더욱 깊이 있게 이해할 수 있다. 역사적 인물을 단지 이름이 아닌, 살아 숨 쉬는 인간으로 인식할 수 있게 된다.
- **사회적, 문화적 배경의 이해**: 중요한 역사적 사건이나 사회적 변화에 대해 보다 깊이 있는 설명을 제시한다. 이를 통해 사용자는 그 시대를 형성한 사회적, 문화적 배경과 그로 인한 영향을 폭넓게 이해할 수 있다. 이러한 접근은 역사적 맥락에 대한 통찰과 비판적 사고를 향상시키는 데 큰 도움을 준다.

앞으로 AI 기술이 지속적으로 발전한다면, 단순한 텍스트 기반의 학습을 넘어 영상과 음성까지 결합된 형태의 4D 메타버스 타임머신이 실현될 수 있다. 이러한 기술은 사용자의 시각과 청각을 아우르는 전방위적 감각 체험을 통해, 역사 학습에 있어 지금까지와는 전혀 다른 차원의 몰입감을 제공할 것으로 기대된다.

글 교정의 슈퍼파워,
전문 편집자 고용하기

글의 개선이나 교정이 필요할 때, LLM을 이용하면 마치 전문 편집자를 고용한 것과 같은 효과를 낼 수 있다. 다음은 사용자가 제공한 글을 효과적으로 개선하고 교정해 주는 프롬프트다. #입력 부분의 [원본]에 원래의 글을 붙여 넣고, 원하는 교정본 개수를 [개수]에 지정해서 사용하면 된다.

예시를 위해 [원본] 글은 의도적으로 문법적 오류를 포함하고 낮은 품질로 작성되었다. 실제로는 독자의 진짜 고민이 담긴 글이 들어갈 자리다.

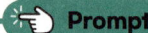

#입력
[원본]=```
이번 프로젝트 진행을 하면서 많을 어려움을 겪었지만 결국엔 성공적 마무리할 수 있었습니다. 여러 가지 문제들이 있었지만 팀원들이 열심히 노력한 덕분에 모든 문제를 해결을 할 수 있습니다. 이번 프로젝트를 통해서 저희는 많은 것을 배우고 앞으로 더 나은 결과를 계속

노력할 것입니다.
```

[개수]=3

#처리
당신은 "출판 분야에서 30년 일한 전문 편집자"입니다. [원본] 글의 문제점이나 미흡한 부분을 평가합니다. 다음의 지침들과 당신의 지적 사항을 반영하여 [원본] 글을 매끄럽고 자연스럽게 교정해 주세요. 다양한 텍스트 활용이 가능하도록 [개수]개 버전을 만들어 주세요.

1. 문법 및 철자 오류 수정: 모든 문법적 오류와 철자 오류를 수정하세요.
2. 목적 적합성 강화: 텍스트의 주요 목적(설명, 설득, 정보 전달 등)에 맞게 내용을 조정하세요.
3. 문장 구조 최적화: 문장의 흐름이 자연스럽고 일관되도록 문장 구조를 개선하세요.
4. 언어 표현 향상: 문맥에 맞는 적절한 단어, 보다 명확하고 효과적인 표현으로 대체하세요.
5. 중복 및 장황한 부분 제거: 불필요한 반복과 장황한 표현을 제거하세요.
6. 자연스러운 연결: 문징과 문딘이 자연스럽게 연결되도록 만드세요.
7. 가독성 향상: 읽기 쉽고 이해하기 쉬운 형태로 텍스트를 재구성하세요.
8. 맥락 유지: 원래 텍스트의 의미와 의도를 최대한 유지하세요.
9. 스타일 및 톤 유지: 원래 텍스트의 스타일 및 톤의 일관성을 유지하세요.
10. 교정본의 다양성: 교정본마다 다른 어휘 선택이나 표현을 활용해 다양성을 부여하세요.
```

이 대화에서는 지속적인 교정 모드로 동작합니다. 사용자가 어떤 내용의 새 텍스트를 입력하든, 그것을 [원본]으로 간주하고 즉시 교정을 진행합니다. 사용자가 특별히 "교정 모드 종료"라고 입력하기 전까지는 모든 입력을 교정 대상으로 간주합니다.

#출력
[원본 글 평가]
[교정본]

원본 글 평가

원본 글에는 다음과 같은 문제점이 있습니다:

1. **문법적 오류**: "많을 어려움", "성공적 마무리할", "해결을 할 수 있습니다" 등의 표현에 조사 사용이 부자연스럽습니다.
2. **시제 불일치**: "겪었지만은"과 "할 수 있었습니다", "할 수 있습니다" 등 시제가 혼용되어 있습니다.
3. **중복 표현**: "결국엔"과 "마무리할 수 있었습니다"가 의미상 중복됩니다.
4. **부자연스러운 표현**: "앞으로 더 나은 결과를 계속 노력할 것입니다"는 어색한 표현입니다.
5. **구체성 부족**: 어떤 프로젝트인지, 어떤 어려움을 겪었는지, 어떤 것을 배웠는지 구체적 내용이 없습니다.

교정본 1

이번 프로젝트를 진행하면서 많은 어려움을 겪었지만, 결국 성공적으로 마무리할 수 있었습니다. 여러 가지 문제가 발생했으나 팀원들의 열정적인 노력 덕분에 모든 난관을 극복할 수 있었습니다. 이번 프로젝트를 통해 저희는 값진 경험과 교훈을 얻었으며, 앞으로도 더 나은 결과를 위해 계속 노력하겠습니다.

교정본 2
이번 프로젝트는 다양한 어려움 속에서도 성공적인 결실을 맺었습니다. 여러 장애물이 있었지만, 팀원 모두가 헌신적으로 참여한 덕분에 모든 문제를 해결해낼 수 있었습니다. 이 과정에서 저희 팀은 소중한 배움을 얻었고, 이러한 경험을 바탕으로 향후 프로젝트에서도 더욱 발전된 성과를 이루기 위해 최선을 다하겠습니다.

교정본 3
수많은 난관에도 불구하고 이번 프로젝트를 성공적으로 완료하게 되어 기쁩니다. 다양한 도전 과제들이 있었으나, 팀원들의 단합된 노력으로 모든 문제를 효과적으로 해결할 수 있었습니다. 이 프로젝트는 저희에게 귀중한 통찰력을 제공했으며, 이를 토대로 앞으로의 업무에서 더욱 탁월한 성과를 창출하기 위해 끊임없이 정진하겠습니다.

[원본] 글에 따옴표가 포함될 수 있으므로, 마크다운 문법인 백틱 3개를 이용해 글의 경계를 표시하였다. 만일 [원본] 글이 긴 편이면 [개수]는 1~2개가 적당하고, 한두 문장일 경우에는 10개나 그 이상의 숫자를 지정해도 좋다. 다양한 선택지를 얻을수록 최적의 표현을 찾을 확률이 높아진다.

예시에서 "지속적인 교정 모드" 지침을 통해 단일 교정이 아닌 지속적인 교정 서비스를 제공하도록 지시하고 있다. 이렇게 하면 프롬프트를 실행한 이후부터, 사용자가 입력하는 모든 텍스트를 자동으로 교정 대상으로 인식하게 된다.

참고로, 8~9번 지침은 원본 글의 맥락, 스타일 및 톤을 유지하기 위한 것으로, 간혹 글의 내용이 이상하게 변형되거나 문체가 바뀌는 현상을 방지하기 위한 것이다. 이 두 가지 지침이 없을 경우, 모델에 따라서는 종종 자신의 마음대로 글을 완전히 재구성해 버리는 일이 발생하기도 한다. 공식 문서나 학술적인 글에서는 원래의 의도를 유지하는 것이 매우 중요하기에 포함한 지침이다.

이 프롬프트를 이용하면, 단순히 "이 글을 고쳐줘."라고 요청하는 것보다 훨씬 품질 높은 결과를 얻을 수 있다. 마치 체계적인 교정 가이드라인을 가진 전문 편집자와 협업하는 것과 같은 효과를 누릴 수 있다. 작성한 문장이 뭔가 마음에 안 들거나 매끄럽게 읽히지 않을 때, 이 프롬프트를 이용해 도움을 받아보자.

문법 오류와 어색한 표현을 교정함으로써 읽기 쉬운 글로 바꿀 수 있으며, 다양한 버전을 제공하여 사용자에게 선택의 폭을 넓혀준다. 출력된 여러 교정본 중에서 마음에 드는 것을 고르거나, 때로는 여러 버전에서 마음에 드는 일부만 선별하고 통합하여 최종 버전을 만드는 것도 좋은 방법이다.

사용자가 장문의 글을 집필하는 경우, 전체 글을 이런 식으로 교정하기보다는 중요한 문장 위주로 고치거나 일정 분량씩 나누어서 고치는 것이 바람직하다. 너무 긴 글을 한 번에 교정하려고 하면 모델이 전체 맥락을 놓치거나 일관된 교정을 하지 못할 수도 있다.

이 프롬프트는 실용성과 정확성이 요구되는 다음과 같은 상황에서 특히 높은 활용도를 보인다.

- 중요한 비즈니스 이메일이나 공문서를 작성할 때
- 학술 논문이나 연구 보고서의 최종 검토가 필요할 때
- 블로그 글이나 마케팅 콘텐츠를 작성할 때
- 자기소개서, 이력서 등을 작성할 때
- 외국어, 특히 비모국어로 콘텐츠를 작성해야 할 때
- 소셜 미디어에 게시할 중요한 공지나 홍보 문구를 작성할 때

물론, 모델이 항상 최고의 교정안을 내놓는 건 아니다. 모델이 문맥을 완벽히 이해하지 못하거나 원문의 미묘한 뉘앙스를 놓칠 수 있다. 전문적인 용어가 많거나 특수한 업계 용어가 포함된 글에서는 모델이 이를 잘못 이해하거나 부적절하게 대체할 위험이 있다. 또한 창의적인 글쓰기에서는 모델의 교정 결과가 다소 기계적이고 평범할 수 있다. 때로는 사용자의 의도적인 표현이나 문법적 일탈을 모델이 오류나 문제로 판단하여 수정해 버릴 수도 있다.

굳이 이러한 프롬프트를 사용하지 않고, 그냥 간단하게 "다음 글을 자연스럽게 고쳐주세요."와 같이 요청해도 나쁘지 않은 답변을 얻을 수 있다. 그러니 상황과 글의 중요도에 따라 접근 방식을 달리하는 것이 현명하다.

무엇보다 글의 마지막 점검은 항상 인간의 눈으로 해야 한다는 사실을 잊지 말자. LLM은 뛰어난 도구이지만, 최종 책임은 인간에게 있다. 특히 사실 확인이나 논리적 일관성, 미묘한 표현의 적절성은 언제나 인간의 최종 판단을 거쳐야 한다.

덧붙이는 글
미래에는 프롬프트 엔지니어링이 사라질까?

2024년 5월, 오픈AI의 COO 브래드 라이트캡(Brad Lightcap)이 블룸버그 행사에 참석해 "2026~2027년이 되면 프롬프트 엔지니어링이 필요하지 않을 것"이라고 말해 화제가 된 바 있다. 진행자와의 대화 중에 아주 잠깐 나온 이야기였다. 라이트캡은 AI가 더 발달한 상황을 가정하여, 친구와의 대화에 프롬프트 엔지니어링이 필요 없는 것처럼, 인간 같은 AI, 즉 AGI와 대화할 때 프롬프트 엔지니어링이 굳이 필요하지 않을 것이라고 말했다. 단언한다기보다는 자신만의 예측에 가까운 뉘앙스였다.

이 주장에는 일리가 있는 부분도 있고, 그렇지 않은 부분도 있다. 이 주장이 맞다는 측면에서 보면, 오늘날 대부분의 사람들은 인터넷이나 스마트폰을 체계적으로 배우지 않아도 자연스럽게 사용한다. 이들 기술은 이제 디지털 생필품이라 불러도 무방할 만큼 일상에 깊숙이 자리 잡았다.

스마트폰이 처음 보급되었을 당시에는 관련 서적과 교육 과정이 넘쳐났고, 실제로 많은 사람이 학습을 통해 이를 익혔다. 지금도 고령자와 IT 약자를 대상으로 한 교육 과정이 존재하긴 하지만, 대다수는 별다른 학습 없이도 쉽게 접근하고 활용한다. 어린아이들조차도 별다른 학습 없이 그냥 쓰다가 사용법을 알게 된다. 스마트폰은 더 이상 특별한 지식이 필요한 대상이 아니라, 생활 속에서 자연스럽게 체득되는 도구가 되었다.

타인과의 대화도 마찬가지다. 우리는 학교나 사회에서 특별히 **대화하는 법**을 배우지 않아도 사람들을 만나면서 자연스럽게 대화를 나누게 된다. 이와 같은 맥락에서, AI 기술이 더욱 발전하고 보편화되어 AI가 일상의 일부가 되면, 사람들은 별다른 학습을 하지 않고도 AI를 자연스럽게 사용하게 될 것이다. 그런 점에서 보면 라이트캡의 주장에 타당성이 있다.

하지만 이 주장이 틀렸다는 측면에서 보면, **그냥 한다**는 것과 **잘한다**는 것은 분명 다른 이야기다. 스마트폰을 특별히 배우지 않아도 기본적인 사용은 가능하지만, 그렇다고 많은 기능을 모두 이해하고 잘 활용하는 것은 아니다. 단순한 소비에 머무르는 사람과 이를 능동적인 생산성 도구로 활용하는 사람 사이에는 분명한 격차가 존재한다.

타인과의 대화 역시 그렇다. 일상적인 대화는 누구나 할 수 있지만, 설득이나 협상, 갈등 해결, 정치적인 수사, 민감한 상황에서의 대화는 단순한 본능만으로는 부족하다. 복잡하고 미묘한 의사소통을 위해서는 체계적인 훈련과 경험이 필요하다. 이는 AI와의 대화에도 마찬가지로 적용된다. 단순히 질문을 던지는 수준을 넘어, 목적에 들어맞는 프롬프트를 정교하게 구성하고 AI의 잠재력을 최대한 끌어내기 위해서는 그에 걸맞은 역량이 요구된다.

AI와의 상호작용에서 단순한 질문이나 지시는 누구나 쉽게 할 수 있다. 그러나 복잡하고 어려운 문제를 해결하기 위해 프롬프트를 잘 설계해야 하는 상황이라면 어떨까? 이때 프롬프트 엔지니어링의 중요성이 드러난다. 특히 창의적인 작업이나 전문적인 분야에서는, AI와 효과적으로 일하기 위한 프롬프트의 설계 능력이 몹시 중요할 수밖에 없다.

앞으로 기술 발전과 함께 AI를 이용하는 사용자 인터페이스가 더욱 직관적으로 진화하면, 프롬프트 작성에 대한 부담이 줄어들고 일상적인 활용은 훨씬 쉬워질 것이다. 다만, 그 **쉬움**이 모든 상황에 동일하게 적용되는 것은 아니며, 고급 활용에서는 여전히 사용자의 역량이 핵심 변수로 작용할 것이다.

즉, 향후 AI가 인간을 능가하는 통찰력과 문제 해결 능력을 갖추게 되더라도 AI를 최대한 활용하려면 여전히 프롬프트 엔지니어링 역량이 필요할 가능성이 높다. 다만 그 방식이나 세부 내용은, 지금과는 다른 형태로 진화할 수 있다. 현재의 프롬프트 엔지니어링이 'AI에 무엇을 질문할 것인가'에 초점을 둔다면, 미래에는 '인간과 AI가 어떻게 융합하여 (단순 협업 이상의) 새로운 가치를 창출할 것인가'로 초점이 이동할 것이다.

따라서 프롬프트 엔지니어링의 미래는 **사라짐**이 아닌 **진화**로 전망한다. 우리가 언어를 배우고 타인과의 의사소통 능력을 키우는 것처럼, AI와의 의사소통 능력 역시 지속적으로 개발해야 할 핵심 역량으로 자리매김할 것이다.

물론 이러한 전망도 영원히 유효한 것은 아니다. 만약 미래의 어느 시점에 지금과는 전혀 다른 형태의 혁신적인 AI 기술이 등장한다면 상황은 달라질 수 있다. 예컨대, 양자컴퓨팅 및 뇌-컴퓨터 인터페이스(BCI: Brain-Computer Interface) 기술이 발전하여 인간의 생각을 직접 AI에 전달할 수 있게 되고, 표현하지 않은 인간의 의도를 AI가 알아서 파악하여 자율적으로 실행하는 수준에 이르게 된다면, 프롬프트 엔지니어링은 더 이상 필요하지 않을지도 모른다. 그때는 인간과 AI 간의 경계가 모호해지고, 사고의 구조 자체가 현재와는 전혀 다른 방식으로 작동하게 될 가능성이 크다.

그때까지는 현재의 AI 기술을 최대한 활용하는 지혜가 필요하다. 미래의 비행 자동차를 기다리며 지금의 자동차 운전법을 익히지 않는다면 현실에서의 이동조차 어려운 것처럼, 아직 오지 않은 기술을 기대하며 현재의 활용 능력을 등한시해서는 안 된다.

마치는 글
프롬프트 엔지니어링은
영감을 불러일으키는 예술이다

이제 지속적인 학습과 실천의 시간이다. 이 책에서 배운 각종 기법, 패턴, 프레임워크를 이용해 당장 오늘부터 회사에서, 또는 학교에서, 또는 일상에서 AI를 더 효과적으로 활용할 수 있는 방법을 고민해 보자. 프롬프트의 작은 변화가 놀라운 결과의 차이를 만들어낼 수 있다.

프롬프트 엔지니어링은 정형화된 기술이라기보다 지속적으로 진화하는 예술에 가깝다. AI 모델이 계속 발전하고 새로운 능력을 갖추게 됨에 따라, 우리의 프롬프트 기술도 함께 진화해야 한다. 끊임없는 실험, 실패, 개선의 과정을 과감하게 받아들여야 한다.

또한 AI의 능력이 확장될수록 우리의 책임감도 커져야 한다. 프롬프트 엔지니어링은 기술적 능력을 넘어 윤리적 판단력을 요구한다. AI의 결과물이 사회에 미치는 영향, 편향성 문제, 정보의 정확성 등을 항상 고려해야 한다. 최고의 프롬프트 엔지니어는 기술적으로 뛰어날 뿐만 아니라 윤리적으로도 성숙한 사람이다.

조용히 피어난 감사의 마음을 담아

AI 시대의 항해를 시작하는 독자에게 이 책이 나침반이 되었기를 바란다. 끝까지 읽어준 독자에게 가장 먼저 감사드린다. 그리고 인생의 동반자 민, 하늘에 계신 박희섭 상무님, 늘 따뜻한 응원을 보내주는 가족, 도미니크 님과 스콜라 님, 멀티캠퍼스 박예송 님, 제천문화재단, 스스로도 감당하기 힘든 저자를 끝까지 품어주신 이향숙 본부장님과 김현경 과장님에게 깊은 감사의 마음을 전한다.

당신이 걷는 길이 미래다

진정한 여정은 이제부터다. 프롬프트는 당신의 의도를 담아내는 그릇이며, 그 형태를 어떻게 빚을지는 전적으로 당신의 손에 달려 있다. 오늘 던지는 질문이 내일의 혁신으로 이어진다. AI 시대에 진정으로 필요한 사람은 두려움을 내려놓고 앞으로 나아가는 사람이다. 익숙한 것을 등지고 탐험하라. 당신의 내일에 빛이 머물기를.

AI 시대의 질문력,
프롬프트 엔지니어링

1판 1쇄 · 2025년 8월 12일 발행
1판 6쇄 · 2025년 12월 10일 발행

지은이 · 류한석
펴낸이 · 김정주
펴낸곳 · ㈜대성 Korea.com
본부장 · 이향숙
기획편집 · 김현경
디자인 · 문 용
영업마케팅 · 조남웅
경영지원 · 공유정, 박혜성

등록 · 제300-2003-82호
주소 · 서울시 용산구 후암로 57길 57 (동자동) ㈜대성
대표전화 · (02) 6959-3140 | **팩스** · (02) 6959-3144
홈페이지 · www.daesungbook.com | **전자우편** · daesungbooks@korea.com

ⓒ 류한석, 2025
ISBN 979-11-90488-61-7 (13000)
이 책의 가격은 뒤표지에 있습니다.

Korea.com은 ㈜대성에서 펴내는 종합출판브랜드입니다.
잘못 만들어진 책은 구입하신 곳에서 바꾸어 드립니다.